21世纪高职高专精品教材·房地产类

房地产估价

理论与实务 （第四版）

FANGDICHAN GUJIA

LILUN YU SHIWU

祝平衡 吴老二 袁彩云 主编

东北财经大学出版社
Dongbei University of Finance & Economics Press
大连

图书在版编目（CIP）数据

房地产估价理论与实务 / 祝平衡，吴老二，袁彩云主编. —4版. —大连：东北财经大学出版社，2016.9（2021.2重印）

（21世纪高职高专精品教材·房地产类）

ISBN 978-7-5654-2435-9

Ⅰ. 房…　Ⅱ. ①祝… ②吴… ③袁…　Ⅲ. 房地产价格-估价-高等职业教育-教材　Ⅳ. F293.35

中国版本图书馆CIP数据核字（2016）第187945号

东北财经大学出版社出版

（大连市黑石礁尖山街217号　邮政编码　116025)

网　　　址：http：//www.dufep.cn

读者信箱：dufep@dufe.edu.cn

大连永盛印业有限公司印刷　东北财经大学出版社发行

幅面尺寸：185mm×260mm　　字数：491千字　　印张：21

2016年9月第4版　　　　　　2021年2月第11次印刷

责任编辑：李丽娟　　　　　　　　责任校对：国齐心

封面设计：张智波　　　　　　　　版式设计：钟福建

定价：34.00元

第四版前言

新的国家标准《房地产估价规范》（GB/T 50291—2015）已于2015年12月1日开始实施，为使教材符合规范性要求，我们依据新标准对本书进行了修订。主要变动如下：

（1）依据新的规范和标准术语，修改或增加了相关概念或者表述，如房地产估价、完全产权价值、市场价格、估价委托人、估价利害关系人、估价目的、估价对象、价值时点、估价假设、估价原则、独立客观公正原则、合法原则、价值时点原则、替代原则、最高最佳利用原则、收益法、成本法、假设开发法等。

（2）增加："4.2报酬资本化法的公式"，"4.5报酬率的确定"，"4.6直接资本化法"，"4.7投资组合技术和剩余技术"，"5.2房地产价格构成"，"5.3.4适用于旧的房地产的成本法公式"，"5.5.2建筑物折旧的求取方法"，"6.2.1动态分析法和静态分析法"，"6.2.2假设开发法的估价前提"，"8.3.5签订书面委托估价合同"等内容。

（3）修改："1.4房地产价值和价格的种类"，"1.6房地产估价的基本要素"，"第2章房地产估价的基本原则"，"3.2比较法的基本步骤"，第4章收益法的操作步骤及收益期和持有期的测算等，第5章成本法估价的操作步骤、重新购建价格的测算及建筑物的折旧等，第6章假设开发法估价的操作步骤等，"第8章房地产估价程序"，"第10章各种目的的房地产估价"等相关内容。

（4）删除：原"4.3资本化率"，原"4.4收益法计算公式"，原"5.1.3房地产价格构成"，原"8.7分析估价对象价值"等内容。

对于附录中的"叙述式估价报告的规范格式及内容要求"，我们采用了《房地产估价规范》（GB/T 50291—2015）的内容。

本教材由中南大学商学院祝平衡老师（经济学博士、中国注册房地产估价师、中国注册房地产经纪人、中国注册土地估价师）对第1、2、3、4章进行修改，并负责全书的校对、审核、定稿；由中南大学商学院工商管理博士后流动站李世刚老师（经济学博士）对第9、10章进行修改；由对外经济贸易大学公共管理学院吴老二老师（经济学博士、中国注册房地产估价师、中国注册土地估价师）对第5、6、8章进行修改，由湖南财政经济学院袁彩云老师（中国注册房地产估价师、中国注册土地估价师）对第7章进行修改。

在修编过程中，我们以中国房地产估价师与房地产经纪人学会最新编写的《全国房地产估价师执业资格考试用书》系列丛书作为重要参考文献，也参考了其他作者的著作、相关文章及历年房地产估价师执业资格考试试题，在此表示衷心的感谢！

书中存在不足之处，敬请各位同仁和读者批评雅正！

祝平衡
2016年8月于长沙

目　录

理 论 篇

第1章

房地产估价概论

学习目标

通过本章的学习，理解房地产、房地产市场、房地产价格、房地产估价的概念；熟悉房地产的存在形态、房地产的类型与属性、房地产市场的类型与属性、房地产价值和价格的种类；掌握房地产价格的特征及其影响因素、房地产估价的基本要素；能运用"房地产是实物、权益和区位三者的有机结合"对相关问题进行分析研究。

引 例

某国有企业经营不善，濒临破产，企业决定出售其所有的厂区并委托估价机构进行估价，但在确定估价范围时买卖双方出现分歧，买方认为厂区的围墙、道路、花坛、树木等都不应在估价范围之内。

你认为这些应该在估价范围之内吗？若估价范围不存在争议，那么估价时，该标的物的评估价格的内涵是什么？其评估价格会受到哪些因素的影响？

1.1 房地产的概念、类型及属性

1.1.1 房地产的概念

1）房地产的内涵

房地产是指土地、建筑物及其他地上定着物，是实物、权益和区位三者的有机结合。

（1）土地

土地为人类社会和经济活动提供了基础。土地既是一种有形的实物，又是一切财富的源泉。在经济学领域，土地、劳动、资本和企业家管理并列被称为四大生产要素；社会学关注土地作为社会全体成员分享的资源；地理学着重描述土地的物理要素以及利用土地的人类活动；法学着重于土地的权利。对房地产估价而言，土地是指地球的陆地表面及其上下一定范围内的空间。具体一宗土地的范围可分为三层：①地球表面，简称地面；②地面以上一定范围内的空间，简称地上空间；③地面以下一定范围内的空间，简称地下空间。

一宗土地的地面范围，是指地球表面该宗土地的"边界"所围绕的面积。在进行房地产估价时，对一宗土地的认识主要包括以下内容：坐落、四至、面积、形状、地势、地质和水文状况、周围环境和景观、利用现状、利用规划、产权状况、基础设施完备程度（指道路、给水、排水、通电、通讯、通邮、通气、热力等）、土地平整程度、土地使用管制等。

值得注意的是，房地产估价意义上的土地与我们平时所讲的土地有较大的区别。平时所讲的土地可以分为以下三类：

①土地即田地、地面，这是人们最一般的认识。

②土地是指"地球上陆地的表面，包括水域在内，是由地貌、土壤、岩石、水文、气候、植被等要素组成的自然综合体"。[①]

③土地是指自然物、自然力或者自然资源。例如，马克思认为："经济学上所说的土地是指未经人的帮助而自然存在的一切劳动对象。"[②]英国著名经济学家马歇尔认为："土地是指大自然为了帮助人类，在陆地、海上、空气、光和热各方面所赠予的物质和力量。"[③]美国土地经济学创始人伊利和莫尔豪斯在他们合著的《土地经济学原理》一书中指出，"经济学家所使用的'土地'这个词，指的是自然的各种力量或自然资源，它的意义不仅是指土地的表面，还包括地面上下的东西"；"经济学上的土地侧重于大自然所赋予的东西"。[④]

（2）建筑物

建筑物包括房屋和构筑物。房屋是指能够遮风避雨并供人类生活、居住、工作、娱乐、储藏物品、纪念或进行其他活动的空间场所，一般由基础、墙、门、窗、柱、梁和屋顶等主要构件组成。构筑物是指建筑物中除了房屋以外的东西，人们一般不直接在其内进行生产和生活，如烟囱、水塔、水井、道路、桥梁、隧道、水坝等。在进行房地产估价时，对建筑物的认识主要包括以下内容：坐落、面积（建筑面积、套内建筑面积、使用面积、分摊土地使用面积）、户型、房型、楼层和层高、高度、结构（钢结构、钢筋混凝土结构、砖混结构、砖木结构、简易结构）、设备（给排水、卫生、燃气、照明、空调、电梯、通讯、通信、有线电视、供热、防灾等设备）、装修、公共配套设施完备程度、平面布置（平面图、户型图等）、外观、建成年月（开工日期和竣工日期）、维修状况、利用现状、产权状况、其他（如通风、采光、隔音、朝向、隔热、抗震、物业管理）等。对建筑物的周围环境和景观的认识包括以下内容：自然环境（环境是否优美、整洁，有无空气、水、噪音、辐射、固体废弃物等的污染及污染程度，环境卫生状况，对于住宅还要看其周边是否有高压输电线路、无线电发射塔、垃圾站等）；人文环境（地区声誉、居民特征、治安状况等）；景观（水景、山景、海景、湖景、江景、河景等）。

（3）其他地上定着物

其他地上定着物是指与土地、建筑物不能分离，或虽能分离，但分离后会破坏土地、建筑物的功能或完整性的定着物。例如，为了提高土地或建筑物的使用价值或功能，而种植在地上的树木、花草，埋设在地下的管线、设施，在地上建造的庭院、花园、假山、围墙等。

（4）实物、权益和区位

房地产是实物、权益和区位三者的有机结合。实物是权益的载体，而最终体现房地产价值的是其权益，区位是影响房地产价值的重要因素。同一物质实体的估价对象房地产，若其权益不同，评估出的客观合理价格或价值也会有所不同。不同类型的房地产，其权益和区位对价值的影响是不同的。

① 吴传钧. 经济大辞典（国土经济·经济地理卷）［M］. 上海：上海辞书出版社，1988：23.
② 马克思. 资本论（第一卷）［M］. 中共中央马克思、恩格斯、列宁、斯大林著作编译局，译. 北京：人民出版社，1975：668.
③ 马歇尔. 经济学原理（上卷）［M］. 朱志泰，译. 北京：商务印书馆，1964：157.
④ 伊利，莫尔豪斯. 土地经济学原理［M］. 滕维藻，译. 北京：商务印书馆，1982：19.

实物是房地产中看得见、摸得着的部分，如建筑物的结构、设备、装修、外观，土地的形状，基础设施的完备程度及平整程度等。

权益是房地产中无形的、不可触摸的部分，包括权利、利益和收益。依托于物质实体上的权益主要有所有权、使用权、租赁权、抵押权、典权、地役权等。其中，所有权是指在法律规定的范围内自由支配房地产并排除他人干涉的权利；使用权是指对房地产占有、使用、收益的权利；租赁权是指通过支付租金而从房屋所有人或土地使用权人那里获得的占有、使用房地产的权利；抵押权是指债务人或者第三人不转移房地产的占有权，而将该房地产作为债权的担保，在债务人不履行债务时，债权人就该房地产的变现款优先受偿的权利。

区位是指地球上某一事物与其他事物在空间方位和距离上的关系，除了地理坐标位置以外，还包括可及性、与其他地方往来的便捷性、与重要场所的距离（分为空间直线距离、交通路线距离和交通时间距离，人们越来越重视交通时间距离而不是空间直线距离），以及周围环境、景观、在城市区域中的地位等。区位是一个综合的概念，除了解释为地球上某一事物的空间几何位置外，还强调自然界的各种地理要素和人类社会经济活动之间的相互联系和相互作用在空间位置上的反映。也就是说，区位是自然地理区位、经济地理区位和交通地理区位在空间地域上有机结合的具体表现。区位差异性反映了城镇不同土地类型的使用价值和收益水平。两宗实物和权益状况相同的房地产，如果区位不同，价值就可能有很大的差异。

2）房地产的存在形态

房地产虽然包括土地和建筑物两大部分，但并不意味着只有土地与建筑物合成一体时才是房地产，单纯的土地或单纯的建筑物也属于房地产，也是房地产的存在形态。房地产有下列三种存在形态：

（1）土地

在实际的房地产估价中，即使在实物形态上，土地与建筑物合成一体，但根据需要，也可以只评估其土地价格，如为征收土地税费或确定划拨土地使用权进入市场需要补交的土地使用权出让金。对于有建筑物的土地，在具体评估时，或者忽视建筑物的存在，将房地产设想为无建筑物的空地，或者考虑建筑物存在对土地价值的影响。

（2）建筑物

建筑物虽然必须建设在土地之上，但在某些特定的情况下，也需要将其单独看待，只评估建筑物的价格，如在房地产投保火灾险时评估其保险价值、灾害发生后评估其损失、为计算建筑物折旧服务进行估价等。在具体评估时，或者忽视土地的存在，将房地产设想为空中楼阁，或者考虑土地存在对建筑物价值的影响。

（3）房地

当实物形态的土地和建筑物合成一体时，也需要将其作为一个整体来估价。在实际估价中，估价对象的物质实体可能既有土地也有建筑物，也可能只是它们中的某一部分，如土地、房屋、构筑物、附属设施、在建工程（包括停缓建工程）等，但估价对象必须包括依托于该物质实体上的具体权益。

1.1.2 房地产的类型

根据不同的需要或按照不同的标准，我们可以从不同的角度对房地产进行分类。对于房地产估价而言，有意义的房地产分类主要有以下六种：

1）按用途划分

按照用途的不同，首先可以把房地产分为居住房地产和非居住房地产。非居住房地产又可以分为商业房地产、办公房地产、工业房地产、农业房地产和特殊用途房地产等。具体而言，房地产按照用途的不同，可以分为以下几类：

①居住房地产。它是指供家庭或个人居住使用的房地产，又可分为住宅和集体宿舍两类。住宅是指供家庭居住使用的房地产，如普通住宅、高档公寓和别墅等。集体宿舍如单身职工宿舍、学生宿舍等。

②商业房地产[①]。它是指供出售商品使用的房地产，如商铺、商店、商场、购物中心、超级市场、专卖店、批发市场等。

③办公房地产。它是指供处理各种事务性工作使用的房地产，即办公楼，又可分为商务办公楼（俗称写字楼）和行政办公楼两类。

④旅馆房地产。它是指供旅客住宿使用的房地产，如宾馆、饭店、酒店、旅店、招待所、度假村、疗养院、培训中心等。

⑤餐饮房地产。它是指供顾客用餐使用的房地产，如餐馆、饭馆、酒楼、饭庄、餐厅、快餐店、美食城等。

⑥体育和娱乐房地产。它是指供人健身、消遣使用的房地产，如体育馆、体育场、保龄球馆、高尔夫球场、滑雪场、影剧院、游乐场、娱乐城、康乐中心等。

⑦工业房地产。它是指供工业生产使用或直接为工业生产服务的房地产，如厂房、仓库等。工业房地产按照用途的不同，又可分为主要生产厂房、辅助生产厂房、动力用厂房、储存用房屋、运输用房屋、企业办公用房、其他（如水泵房、污水处理站等）。

⑧农业房地产。它是指供农业生产使用或直接为农业生产服务的房地产，如农地、果园、苗圃、鱼塘、养殖场、农场、林场、牧场、种子库、拖拉机站、饲养牲畜用房等。

⑨特殊用途房地产。如汽车客运站、火车站、机场、码头、汽车加油站、医院、学校、博物馆、教堂、寺庙、墓地等。

⑩综合用途房地产。它是指具有上述两种以上（含两种）用途的房地产，如商住楼等。

2）按开发程度划分

房地产按开发程度的不同，可以分为以下几类：

①生地。它是指不具有城市基础设施的土地，如荒地、农地等。

②毛地。它是指具有一定城市基础设施，但地上有待拆迁房屋的土地。

③熟地。它是指具有完善的城市基础设施，土地平整，能直接在其上进行房屋建设的土地。按照基础设施完备程度和场地平整程度的不同，熟地又可分为"三通一平"的土地、"五通一平"的土地、"七通一平"的土地等。"三通一平"一般是指通路、通水、通电以及场地平整；"五通一平"一般是指具备道路、给水、排水、电力、通信等基础设施条件以及场地平整；"七通一平"一般是指具备道路、给水、排水、电力、通信、燃气、供热等基础设施条件以及场地平整。

---

① 此处商业房地产的含义与西方国家商业房地产的含义有所不同，它是一个狭义的概念。西方国家的商业房地产是一个较宽泛的概念，包括写字楼（office）、工业（industrial）、零售（retail）和公寓（apartment）四类房地产。

④在建工程。它是指地上建筑物已开始建设但尚未建成，不具备使用条件的房地产。该房地产不一定正在建设，也可能停工多年。在实际估价中，以是否完成工程竣工验收为标志来判断房地产是否为在建工程。未完成竣工验收的房地产为在建工程。

⑤现房。它是指地上建筑物已建成，可直接使用的房地产。现房可能是新的，也可能是旧的。

3）按是否产生收益划分

房地产按其是否产生收益，可以分为以下两类：

①收益性房地产。它是指能直接租赁或者产生其他经济收益的房地产，包括商店、商务办公楼、旅馆、餐馆、影剧院、游乐场、加油站、厂房、农地等。

②非收益性房地产。它是指不能直接产生经济收益的房地产，如私人宅邸、未开发的土地、政府办公楼、教堂、寺院等。

在实际估价中，判定一宗房地产是收益性房地产还是非收益性房地产，不是看该房地产目前是否直接产生经济收益，而是看这种类型的房地产在本质上是否具有直接产生经济收益的能力。例如，某套公寓目前尚未出租，即空置着，无经济收益，但该房地产仍属于收益性房地产。

4）按经营使用方式划分

房地产的经营使用方式主要有出售、出租、自营和自用，相应地，可以把房地产分为出售的房地产、出租的房地产、自营的房地产和自用的房地产。

有的房地产既可以出售，也可以出租或自用，如住宅、写字楼；有的房地产既可以出租或自营，也可以出售，如商店、餐馆；有的房地产主要是自营，如旅馆、汽车加油站、高尔夫球场、影剧院；有的房地产主要是自用，如行政办公楼、学校、特殊厂房。

5）按实物形态划分

房地产按照实物形态的不同，可以分为以下几类：

①土地。它可以分为无建筑物的土地和有建筑物的土地。无建筑物的土地又可以分为生地、毛地、熟地三类。

②建筑物。它可以分为已建造完成的建筑物和尚未建造完成的建筑物。已建造完成的建筑物又可以分为新建筑物和旧建筑物；尚未建造完成的建筑物又可以分为正在建设的建筑物和停缓建设的建筑物。

③房地综合体。它又可以分为现房和在建工程。

④房地产的局部。如某房地产不是整栋房屋，而是其中的某层、某套。

⑤未来状况下的房地产。它是指房地产市场交易对象中存在的"楼花"，即期房。

⑥已经灭失的房地产。如在地震中灭失的房屋、已被拆除的房屋、被火灾完全损坏的房屋。

⑦现在状态下的房地产和过去状态下的房地产的差异部分。如建筑物的装修部分、房地产受损状态与完好状态的差异部分。如果因火灾造成房屋受损，那么保险赔偿的价值评估就属于此类。

⑧以房地产为主的整体资产或者包含其他资产的房地产。例如，正在运营、使用的宾馆、餐馆、商场、汽车加油站、高尔夫球场、影剧院、游乐场、码头等，通常既包含土

地、建筑物等房地产，还包含家具、电器、机器设备、债权债务、特许经营权等其他资产。在这种情况下，通常不能将其视为一些单项资产的简单集合来估价，而应将其视为一个持续经营的有机组织，根据其收益能力来估价。

⑨整体资产中的房地产。如一个企业中的土地或房屋。

6）按权益状况划分

房地产按照权益状况的不同，可以分为以下几类：

①"干净"的所有权的房地产。所谓"干净"，是指没有出租，未设立抵押权、地役权或其他任何形式的他项权利，未被查封，房地产在开发建设过程中的立项、规划、用地审批、施工许可、竣工验收等手续齐全，产权明确的房地产。与不同的土地权利结合，这类房地产又可以分为三种，即"干净"的房屋所有权和出让土地使用权的房地产，如商品房；"干净"的房屋所有权和划拨土地使用权的房地产，如经济适用房、廉租房；"干净"的房屋所有权和集体土地的房地产，如村民住宅。

②共有的房地产和部分产权的房地产。共有的房地产又可以分为共同共有的房地产和按份共有的房地产两种。对于共有的房地产而言，单个共有人不能自作主张，其权利要受到其他共有人的制约。典型的部分产权的房地产是以房改标准价购买的公有住房，这种产权的房地产可以继承和出售，但原出售单位有优先购买权。

③有租约限制、地役权、抵押权的房地产。有租约限制的房地产，即已出租的房地产。有地役权的房地产，即该房地产为他人提供了有限的使用权，如供他人通行。有抵押权的房地产，即已抵押的房地产，简称抵押房地产，抵押人在通知抵押权人并告知受让人的情况下，可以将抵押房地产转让他人。

④已依法列入征收、征用、拆迁范围的房地产。已列入拆迁范围的房地产不得设定抵押权。拆迁范围确定后，拆迁范围内的单位和个人不得新建、扩建、改建房屋，不得改变土地用途，不得租赁房屋。《国有土地上房屋征收与补偿条例》第十六条规定："房屋征收范围确定后，不得在房屋征收范围内实施新建、扩建、改建房屋和改变房屋用途等不当增加补偿费用的行为；违反规定实施的，不予补偿。"

⑤被依法查封、采取财产保全措施或其他形式限制的房地产。

⑥开发手续不齐全的房地产。例如没有"建设用地规划许可证"，或者没有"建设工程规划许可证"，或者没有"建筑工程施工许可证"的房屋。

⑦权属有争议的房地产。它是指房屋所有权、土地使用权不明确，归属有争议的房地产。

⑧临时用地或临时建筑物。它义分为未超过批准期限的房地产和已超过批准期限的房地产两种。

⑨违法、违章建设的房地产。

⑩房地产中的无形资产。某些包含无形资产的房地产，如包含特许经营权的汽车加油站、墓地等，根据评估目的的不同，有时需要评估其包含无形资产在内的价值。

⑪房地产的空间利用权。它又可分为地下空间利用权和地上空间利用权，例如可在其上加盖房屋或树立广告牌的屋顶、可在其上做广告的外墙面、地面为公共绿地或公园的地下商场、地铁站内的地下商店等。

1.1.3 房地产的属性

相对于一般的商品而言，房地产有以下四种属性：自然属性、经济属性、法律属性和社会属性。

1) 自然属性

（1）位置的固定性

土地位置的不可移动性，决定了房地产位置的固定性，决定了房地产只能就地生产、流通和消费，并受制于其所在的空间环境，决定了房地产市场是一个区域性市场，房地产的利用具有鲜明的地域性特征。位置还直接决定了房地产的利用价值，决定房地产利用价值的根本因素——"区位、区位，还是区位"。位置的固定性主要是指自然地理位置不变，但其交通地理位置、经济地理位置却是动态变化的，特别是交通地理位置、经济地理位置的变化，可以使原来不能利用的房地产变得很有价值，也可以使原来能够利用的房地产变得不能再继续使用。

（2）产品的异质性

由于房地产位置的固定性，不同区位的自然、社会、经济条件的差异，以及建筑物的式样、朝向、楼层、规模、装饰、设备等各个方面的差异，因此房地产产品千差万别，世界上不存在完全相同的房地产。即便在同一栋楼房，也不会有相同的房地产。产品的异质性决定了房地产市场不是一个完全统一的市场，而是一个具有区域性和垄断性的市场，其供求状况、价格水平及价格走势都是地区性的，在不同地区之间不仅不同，甚至可能是相反的。

理论研究与实践经验表明，一个产品差异化极高的市场，必然是一个竞争程度较低的市场，很可能形成较高程度的垄断。房地产产品的异质性、土地资源的稀缺性和土地使用管制制度，直接导致了房地产市场竞争的有效性较低，从而形成了房地产市场的垄断性，甚至是较高的垄断性。

（3）使用的耐久性

一般物品在使用过程中会较快地磨损、消耗，但房地产却可以长久使用，其中土地更是可以永久使用。我国法律规定，土地使用权出让的最高年限是居住用地70年，商旅、娱乐用地40年，其他用地50年，因此房屋的经济寿命不能超过70年。房地产使用的耐久性决定了房地产投资具有长期性。房屋使用年限还受城市规划、建筑质量、维修状况、功能布局等综合因素的影响。

（4）使用的适用性

房地产可以应用在工业、商业、住宅等许多方面，并且在一定条件下，不同用途之间可以互相转换。

（5）供给的有限性

受土地数量、年度土地利用计划、城市规划等因素的制约，一定时间内可供利用的土地数量是有限的。受建筑密度、容积率、建筑高度、建设时间等因素的限制，房地产供给的数量是有限的，从而决定了房地产的价格从长远来看是上升的。由于房地产的建筑周期较长，因此，短期内房地产的供给是缺乏弹性的，供给的数量也是有限的。

2) 经济属性

（1）高价值性

相对于其他商品而言，高价值是房地产商品的重要属性之一。一套商品房，动辄几十万元、上百万元，甚至几千万元、上亿元。房地产的高价值性决定了房地产的开发、流通、消费对金融业的依赖性很强。利率的高低、资金的可得性、货币的供应状况、首期付款额度等条件的变化，都会对房地产供求市场产生巨大的影响。如果资金过度支持房地产，就会造成房地产市场火爆、房地产价格泡沫，最终破坏房地产市场的正常秩序；如果资金短缺，就会导致房地产市场萎缩、房地产价格下降，同样也会破坏正常的房地产市场秩序。

（2）保值增值性

由于土地资源的稀缺性、房地产供给的有限性，以及人口的增长、家庭规模的小型化、经济社会的发展、城市基础设施的完善，因此房地产价格的上涨幅度通常大于一般物价的上涨幅度，这使得房地产具有保值增值性。

（3）投资与消费的双重性

一方面，房地产是生产、生活中必不可少的要素和资源，是生产、生活的必需品，既可以作为生产资料，也可以作为生活资料；另一方面，房地产作为一种资产，也是财富的象征。这些都决定了房地产具有投资与消费的双重性。房地产位置的固定性、使用的耐久性、供给的有限性、使用的适用性、保值增值性等，也使房地产成为一种重要的投资品。

（4）利用的外部性

房地产的利用及其价值受周边房地产的利用情况和环境变化的影响。配套服务设施的完善、新道路的贯通、新景观的布置、工厂的设立等，都会对周边房地产的利用和价值产生影响。这种影响既有正外部性，也有负外部性。房地产开发商经常利用房地产的正外部性借景、卖景。

（5）难以变现性

由于房地产产品位置固定、差异大、价值高，再加上房地产市场信息不对称、交易手续复杂、交易税费较多等原因，因此房地产的买卖通常需要较长的时间才能达成。

3）法律属性

（1）交易的登记性

日常生活中的商品交易是物品与产权同时交割，可以把物拿走，而不用登记，对物的占有即达到对产权的拥有。一般商品交易只要钱货两清，交易即完成。房地产由于其位置的固定性，因此只能就地生产、流通和消费，其交易时主要通过"交钥匙"来实现物品的交割，但对物的占有并不代表对产权的拥有，这就决定了房地产的交易必须采用书面形式，必须依法登记并确认生效。此外，在设定房地产抵押贷款担保权时，也必须依法对其进行他项权利的登记并确认生效。

（2）产权的重要性

房地产交易实质上是房地产权益的交易，产权的清晰界定和保护是房地产得以流转的前提。

（3）产权的可分割性

作为物质形态的房地产不易分割或分割后会损害其利用价值，但作为无形资产，其所有权可视为一束权益的集合，可以分开交易，实现其价值，如土地可以租赁、出让，房屋可以出租、抵押、转让等。

（4）易受限制性

由于房地产具有不可移动性、利用的外部性，并且是生产、生活中不可缺少的基础要素，关系到民生、社会稳定，因此世界上几乎所有的国家和地区都对房地产的使用、交易设有一定的限制。政府对房地产的限制一般通过以下三种特权来实现：

①管制权。政府为了增进公共安全、健康、道德和一般社会福利，可以直接对房地产的利用作出限制，如通过城市规划限定建筑物的高度、密度、容积率、绿化率、用途等。

②征收权。政府为了满足公共利益的需要，可以对私有房地产进行强制征收、征用。

③征税权。政府为了增加财政收入，促进房地产业的健康发展，可以对房地产征税。

4）社会属性

（1）社会保障性

每一个社会成员都有获得基本居住条件的权利，且该基本居住条件会随着社会经济的发展而不断提高，即"人人享有适当的住房"。近年来，我国不断加强廉租房和经济适用房的建设，就是房地产的社会保障性的体现。

（2）文化美学价值

建筑物是"凝固的音乐"，是凝固的历史，承载着文化。建筑物作为人类智慧、技术与文化的结晶，反映了人们的伦理观念、审美情趣、价值观念、宗教感情、民族性格，如欧陆风格的建筑物（欧式建筑）、古典风格的建筑物（仿古建筑）、流行性风格的建筑物等。房地产的文化美学价值表现在：作为建筑物背景的自然环境所形成的自然美；城市规划、建筑设计及室内装修所表现的艺术美。与自然景观融为一体的房地产，如长城、故宫、乔家大院、黄鹤楼、岳阳楼、岳麓书院等无不体现了一定的文化美学价值。

（3）心理效应

房地产是人类生存与活动的空间，其中所蕴含的信息对活动者的心理与精神状态有很大影响。例如，别墅给人一种社会地位高、身份尊贵的感觉；贫民窟给人一种社会地位低下，甚至没有自信的自卑感；社区文化经营很好的小区会给人一种集体归属感，可以消除那种"老死不相往来"的孤独感。

1.1.4 房地产状况描述

对房地产状况（估价对象）的描述，可以分解为基本状况、实物状况、权益状况和区位状况四个部分。为了使描述直观、简明，可以先采用表格形式（见表1-1）简要说明房地产的状况，然后分别对其中的实物状况、权益状况和区位状况进行详细描述，通常还应附上位置示意图、宗地图、房产平面图、内外观照片、周围环境和景观照片等来辅助说明房地产状况。

1）房地产基本状况描述

对以房地产为主的估价对象的基本状况的描述，应简要说明以下内容：

①名称。说明估价对象的名字，如估价对象为××小区××楼（座、栋）××门（单元）××号住宅，或××商场，或××大厦，或××酒店，或××项目用地。

表1-1   房地产状况描述摘要

基本状况	名称							
	坐落							
	范围							
	规模	土地面积			建筑面积		其他	
	用途	规划用途				设计用途		
		登记用途				实际用途		
	权属	土地所有权		国有土地		集体土地		
		土地使用权	权利种类	建设用地使用权	出让	划拨		租赁
					土地承包经营权		其他	
					作价出资入股		宅基地使用权	
			权利人					
		房屋所有权人						
实物状况	土地实物状况							
	建筑物实物状况							
权益状况	土地权益状况							
	建筑物权益状况							
区位状况	位置							
	交通条件							
	外部配套设施							
	周围环境和景观							

②坐落。说明估价对象的具体地点，如估价对象位于××市××区××路（大街、大道）××号。

③范围。说明估价对象是仅包括房地产中的土地、建筑物等财产，还是不仅包括上述内容，也包括房地产以外的家具、机器设备、债权债务、特许经营权等其他财产。例如，估价对象仅为土地，不包含地上房屋、树木等其他不动产；或者估价对象包括房屋及其占用范围内的土地；或者估价对象包括房屋及其占用范围内的土地、围墙、树木、室内配备的家具，以及债权债务、特许经营权等财产。

④规模。对于土地，说明土地面积，如估价对象土地面积为××平方米（公顷）；对于建筑物，一般说明建筑面积或者套内建筑面积、使用面积、营业面积、可出租面积，如估价对象的建筑面积为××平方米。

⑤用途。说明估价对象的规划用途、设计用途、登记用途和实际用途。

⑥权属。对于土地，主要说明是国有土地还是集体土地，土地使用权是建设用地使用权还是宅基地使用权，土地承包经营权及其权利人；对于建设用地使用权，还要说明是出让的建设用地使用权，还是划拨的建设用地使用权，或者是其他建设用地使用权。对于房屋所有权，主要说明房屋所有权人。

2）房地产实物状况描述

对房地产实物状况的描述，一般分为土地实物状况和建筑物实物状况两大部分。

（1）土地实物状况描述

对土地实物状况的描述主要包括以下内容：

①四至。说明土地的四邻，如东至××，南至××，西至××，北至××。

②面积。面积单位通常采用平方米（m²）；面积较大的土地的单位通常采用公顷（hm²）。对于房地产开发用地，通常要说明规划总用地面积以及其中的建设用地面积和代征地面积（包括代征道路用地面积、代征绿化用地面积等），不得将建设用地面积与规划总用地面积混淆。

③形状。通常用文字并附图说明。每块土地都是一个封闭多边形，对其形状的描述包括形状规则、形状不规则、正方形、长方形、狭长等。可用来说明土地形状的图有宗地图、规划图、建筑总平面图等。

④地形、地势。说明是平地还是坡地，与相邻土地、道路的高低关系，自然排水状况，被洪水淹没的可能性等。

⑤地基（工程地质）。说明地基承载力和稳定性，地下水位和水质，有无不良地质现象（如崩塌、滑坡、泥石流、断裂带、岩溶）等。

⑥土壤。说明土壤是否受过污染，是否为垃圾填埋场、化工厂原址、盐碱地等。

⑦开发程度。说明到达地块红线的基础设施的完备程度和地块内场地的平整程度，即通常所说的"三通一平""五通一平""七通一平"及其具体内容等。

⑧其他。例如，临街商业用地要说明临街宽度、临街深度和宽深比；农用地还要说明气候条件（如光照、温度、降水量等）、土壤肥力、排水和灌溉条件等。

（2）建筑物实物状况描述

对建筑物实物状况的描述，主要说明以下内容：

①建筑规模。要根据建筑物的使用性质，说明其面积、体积等。面积包括建筑面积、套内建筑面积、使用面积、居住面积、营业面积、可出租面积等。旅馆通常还要说明总客房数或总床位数，以及不同标准的客房数或床位数；餐馆还要说明同时可容纳用餐人数或座位数、餐桌数；影剧院还要说明座位数；医院还要说明床位数；停车场还要说明车位数；仓库一般要说明体积。

②层数和高度。说明建筑物的总层数（包括地上层数和地下层数）或总高度。根据总层数或总高度的不同，建筑物通常可分为低层建筑、多层建筑、中高层建筑、高层建筑和超高层建筑。住宅通常是按照总层数来划分的：1～3层为低层住宅；4～6层为多层住宅；7～9层为中高层住宅；10层以上（含10层）为高层住宅。公共建筑及综合性建筑通常是按照总高度来划分的：总高度超过24米的为高层建筑（但不包括总高度超过24米的单层建筑）；总高度超过100米的，不论是住宅还是公共建筑、综合性建筑，均称为超高层建筑。此外，层高是指上下两层楼面或楼面与

地面之间的垂直距离；室内净高是指楼面或地面至上层楼板底面或吊顶底面之间的垂直距离。

③外观。说明外立面风格等，并附上外观照片。

④建筑结构。建筑结构是指建筑物中由承重构件（包括基础、墙体、柱、梁、楼板、屋架等）组成的体系。建筑结构一般分为钢结构、钢筋混凝土结构、砖混结构、砖木结构、简易结构。按照组成建筑结构的主要建筑材料的不同，建筑结构可分为钢结构、混凝土结构（包括素混凝土结构、钢筋混凝土结构和预应力混凝土结构等）、砌体结构（包括砖结构、石结构和其他材料的砌块结构）、木结构、塑料结构、薄膜充气结构。按照组成建筑结构的主要结构形式的不同，建筑结构可分为墙体结构、框架结构、筒体结构、拱结构、网架结构、空间薄壁结构、悬索结构、舱体结构。

⑤设施设备。说明给水、排水、采暖、通风与空调、燃气、电梯、电气等设施设备的配置情况（有或无）及性能。

⑥装饰装修。说明是毛坯、粗装修，还是精装修。对于有装饰装修的估价对象，还要说明外墙面、内墙面、顶棚、室内地面、门窗等部位的装饰装修标准和程度，所用材料或饰物的质量，以及装饰装修工程的施工质量等。

⑦日照、采光、通风、保温、隔热、隔声、防水。

⑧空间布局。说明空间分区以及各个空间的交通流线是否合理，并附上房产平面图、户型图等。对于住宅，要说明户型；对于商业用房特别是临街铺面房，要说明面宽、进深和宽深比；对于厂房，要说明跨度等。

⑨竣工日期（或建成年月、建成年份、建成年代）和设计使用年限。最好说明竣工日期；不能说明的，要说明建成年月、建成年份、建成年代。设计使用年限是指设计规定的建筑物的结构或结构构件，在正常施工、正常使用和正常维护的情况下，不需要进行大修即可按其预定目的使用的时间。由此，还可以说明建筑物的年龄（已经使用年限）和剩余寿命（剩余使用年限）。

⑩维护情况和完损状况。说明基础的稳固性、沉降情况（沉降是否均匀及其程度），以及墙面、地面、门窗等的破损情况。

⑪其他。说明可间接反映建筑物实物状况的有关情况，如建设单位（如房地产开发企业）、建筑师和设计单位、建筑施工企业、工程监理单位等的名称或者姓名、资质或资格、信誉、品牌等。对于在建工程或期房，还要说明其工程进度（例如是基础某层、正负零，还是结构某层、结构封顶等），以及预计竣工日期、交付日期等。

3）房地产权益状况描述

对房地产权益状况的描述，一般分为土地权益状况和建筑物权益状况两大部分。

（1）土地权益状况描述

对土地权益状况的描述，主要说明以下内容：

①土地所有权状况。说明土地所有权性质，即是国有土地还是集体土地。对于集体土地，还要说明土地所有权由谁行使。例如，估价对象土地为农民集体所有，由××村集体经济组织（××村民委员会、××村民小组等）代表集体行使所有权。

②土地使用权状况。土地使用权状况包括：

A.说明是建设用地使用权还是宅基地使用权，土地承包经营权及其权利人。对于

建设用地使用权，还要说明是出让的建设用地使用权，还是划拨的建设用地使用权，或者是其他建设用地使用权。对于出让的建设用地使用权，还要说明土地使用期限及起止日期、剩余期限、续期的有关规定或约定、到期后对收回的建筑物是否予以补偿等。

B.说明是单独所有还是共有。对于共有的，还要说明是按份共有还是共同共有，以及共有人情况。对于按份共有的，还要说明每个共有人享有的份额。

C.说明土地使用管制情况，即说明是建设用地还是农用地、未利用地。对于房地产开发用地，还要说明规划条件，包括土地用途、容积率或建筑控制规模、建筑高度、建筑密度、绿地率、其他要求。

D.说明土地利用现状，即说明土地上是否有房屋、林木等地上定着物。

E.说明出租或占用情况，即说明有无出租或占用情形。对于已出租的，还要说明承租人、租赁期限及起止日期、租金水平等。

F.说明他项权利设立情况，即说明是否设立了地役权、抵押权等他项权利。

G.说明其他特殊情况，如土地所有权或土地使用权是否不明确或归属是否有争议、土地取得手续是否不齐全、是否为临时用地或违法占地等。为临时用地的，批准期限多长，是否已超过批准期限；是否被依法查封、采取财产保全措施，或以其他形式限制；是否达到法律法规规定的转让条件；是否属于法律法规规定的不得抵押或不得作为出资的财产；是否拖欠建设工程价款；是否已依法公告列入征收、征用范围。

（2）建筑物权益状况描述

对建筑物权益状况的描述，主要说明以下内容：

①房屋所有权状况。说明房屋所有权是单独所有，还是共有。对于共有的，还要说明是按份共有还是共同共有，以及共有人情况。对于按份共有的，还要说明每个共有人享有的份额。

②出租或占用情况。说明有无出租、占用情形。对于已出租的，还要说明承租人、租赁期限及起止日期、租金水平等。

③他项权利设立情况。说明是否设立了地役权、抵押权等他项权利。

④其他特殊情况。说明房屋所有权是否不明确或归属有争议；房屋建设手续是否齐全；是否为临时建筑或违法建筑，若为临时建筑，批准的使用期限多长，是否已超过批准的使用期限；是否被依法查封、采取财产保全措施，或以其他形式限制；是否达到法律法规规定的转让条件；是否属于法律法规规定的不得抵押或不得作为出资的财产；是否拖欠建设工程价款；是否已依法公告列入征收、征用范围。

⑤其他。如物业管理情况，包括物业服务企业、物业服务费标准、管理规定等。因为完善的物业管理是保持及提高房地产价值的一个重要因素。

4）房地产区位状况描述

（1）位置描述

对房地产位置的描述，主要说明以下内容：

①坐落。除了说明估价对象的具体地点，还应附上位置示意图。位置示意图应准确、清楚、比例恰当。例如，估价对象位于××市××区××路（大街、大道）××号，具体位置见位置示意图。

②方位。说明估价对象在某个较大区域（如所在城市）中的方向和位置，以及在某个较小区域（如所在住宅小区、十字路口）中的方向和位置。例如，估价对象位于××市××部（中部、东部、东南部、南部、西南部、西部、西北部、北部、东北部），××路口××角（东北角、东南角、西南角、西北角），××路（大街、大道）××侧（东侧、西侧、南侧、北侧）。

③与相关场所的距离。说明估价对象与其相关的主要场所的距离。例如，估价对象离市中心××公里，离火车站××公里，离机场××公里。

④临街状况。说明估价对象是否临街（路）、临什么样的街（路）、如何临街（路）。例如，估价对象一面临街，所临街道是××大街。

⑤朝向。说明估价对象建筑物的正门或房间的窗户正对着的方向，以及坡地从高到低的方向。例如，估价对象建筑物坐北朝南（坐东朝西）。

（2）交通条件描述

对交通条件的描述，主要说明以下内容：

①道路状况。说明附近有几条道路、到达这些道路的距离，以及各条道路的路况（如道路等级、路面状况、交通流量等）。

②出入可利用的交通工具。说明附近经过的公共汽车、电车、地铁、轻轨、轮渡等公交线路的数量，到达公交站点（如公共汽车站、地铁站等）的距离，公交班次的疏密等。例如，附近有××路公共汽车经过，距离公共汽车站约××米（步行约××分钟），平均每隔10分钟有一辆公共汽车通过。

③交通管制情况。说明受步行街、单行道、限制某些车辆通行、限制通行时间、限制行车速度等影响的情况。

④停车方便程度。说明有无停车场、车位数量、到停车场的距离等。

⑤交通收费情况。说明相关交通工具的票价，有无过路费、过桥费、停车费，以及其收费标准等。

（3）外部配套设施描述

对外部配套设施的描述，包括外部基础设施和外部公共服务设施两大方面。

①外部基础设施。说明道路、给水、排水、电力、通信（如电话、互联网、有线电视）、燃气、供热等设施的完备程度。

②外部公共服务设施。说明一定距离内商业服务、金融、邮电、教育、医疗卫生、文化、体育、社区服务、市政公用和行政管理等设施的完备程度。

（4）周围环境和景观描述

对周围环境和景观的描述，通常用文字并附照片说明，具体包括以下内容：

①自然环境。说明环境是否优美、整洁，有无空气、噪声、水、辐射、固体废弃物等的污染及其污染程度，环境卫生状况。对于住宅，特别需要说明周边有无高压输电线路、无线电发射塔、垃圾站、公共厕所等。

②人文环境。说明估价对象所在地区的声誉、居民特征（如职业、收入水平、文化程度、宗教信仰）、治安状况（如犯罪率）、相邻房地产的利用状况（如用途）等。

③景观。说明有无水景（如海景、江景、河景、湖景）、山景等。

1.2 房地产市场的概念、类型及属性

1.2.1 房地产市场的概念

房地产市场是房地产商品交换的场所和领域，是房地产商品交换或流通关系的总和。由于土地、建筑物及其综合体不能移动，因此房地产交易实质上表现为通过房地产交易契约和合同实现的权属转移。房地产经济活动是通过房地产市场来实现的，房地产市场作为房地产经济活动的载体，本身是一个相对独立的子系统。一个健全的房地产市场，必须具有完整的体系结构和良好的运行状态。

房地产市场由三个方面的要素组成，即房地产市场参与者、房地产产品和房地产交易的组织机构。房地产市场参与者是房地产市场的主体，包括房地产使用者（个人、企业、公共组织、政府）、房地产及服务供给者（国家、企业、个人及物业管理服务企业）、房地产管理者（各级政府）及房地产交易中的各种中介组织；房地产产品主要是指土地、建筑物及其综合体，其权属证书代表了房地产的产权关系，二者共同构成了房地产市场的客体；房地产交易的组织机构为房地产的正常交易提供场所、管理和服务。

1.2.2 房地产市场的类型

房地产市场可以按照区域、产品类型、交易方式和交易顺序等进行分类。

1) 按区域分类

房地产位置的固定性，决定了房地产只能就地生产、流通和消费，决定了房地产市场是一个区域性的市场。将国家作为一个区域，按照区域的不同，房地产市场可以分为中国房地产市场、美国房地产市场、英国房地产市场等；在我国国内，按照区域的不同，房地产市场可以分为北京房地产市场、上海房地产市场、湖北房地产市场、湖南房地产市场等；在我国国内，按城市区域的不同，房地产市场可以分为武汉房地产市场、深圳房地产市场、长沙房地产市场、重庆房地产市场等。在不同的区域，房地产市场会表现出不同的特征。

2) 按产品类型分类

按照产品类型的不同，房地产市场可以分为土地市场和物业市场。物业市场又可以根据其产品类型进一步分为许多子市场，如住宅市场、写字楼市场、零售物业市场、工业房地产市场等。住宅市场还可以根据产品级别分为廉租房市场、经济适用房市场、普通商品住宅市场、别墅市场等，根据交易对象是否存在，分为现房交易市场和期房交易市场（俗称卖"楼花"）。

3) 按交易方式分类

按照交易方式的不同，房地产市场可以分为房地产销售市场、房地产租赁市场、房地产金融市场、房地产中介服务市场和物业管理服务市场等。

4) 按交易顺序分类

按照交易顺序的不同，房地产市场可以分为一级市场、二级市场和三级市场等。一级市场是指土地使用权的出让、租赁市场，政府为唯一的出让者，这类房地产市场具有国家垄断的性质；二级市场是指房地产开发企业与房地产使用者之间的交易市场，即新房交易市场，这类房地产市场具有垄断经营性质，表现为经营者和消费者之间的交易行为；三级

市场是指房地产消费者之间的交易市场，即存量房地产的交易市场，又称二手房交易市场，这类房地产市场具有消费性质，是使用者之间的交易行为，如私有房产出租、出售、置换、赠与等。

对房地产市场进行分类，是了解房地产市场行情的前提条件，是收集房地产估价基础资料的首要条件。对房地产进行估价，特别是运用比较法估价，一定要比照同区域内同类房地产市场的行情。

1.2.3　房地产市场的属性

1）区域性

房地产具有位置的固定性和产品的异质性，决定了房地产市场具有区域性。因为房地产市场具有很强的区域性，所以当某一个地区房地产市场出现供不应求或供过于求的非均衡状态时，就不能像其他商品一样可以进行地区性调剂余缺。这就决定了政府对房地产市场的调控不能全国一刀切，不能采用一个模式或一个政策。

2）垄断竞争性

土地供应的垄断性、供应数量的有限性、房地产位置的固定性、产品的差异性、投资量大等特点，决定了房地产市场的竞争者较少，竞争程度较低，市场竞争机制难以发挥作用，因此，房地产市场具有垄断竞争性。房地产市场价格的形成不完全是买卖双方讨价还价、利益均衡的结果。

3）信息严重不对称性

信息不对称是指信息在交易各方的分布具有非对称性，例如某些信息，交易一方拥有，而交易另一方没有。房地产市场的信息不对称主要表现为购买者信息短缺。商品房购买者对市场供应信息（包括供应数量、产品质量、真实面积、建筑造价与成本）、政府政策信息等往往知之甚少，这也是房地产销售方能够采取"少量多批""售罄""惜售""捂盘""请人排队"等策略成功制造"供不应求"假象的主要原因。另外，房地产销售商往往还会充分利用报纸、广告等媒体发布虚假的价格、供求等信息。房地产市场信息的不对称是影响供求行为的重要因素，这也增加了房地产市场运行的风险，提高了房地产市场运行的成本，最终给市场供求双方带来种种矛盾。

4）需求价格弹性变动较大

房地产商品既是一种生活必需品，又可作为资产形式的投资品，因而其需求弹性具有一定的特殊性。作为生活必需品，房地产的需求价格弹性较低，需求曲线斜率为负；但作为投资品，由于房地产具有保值增值的功能，因此房地产具有较高的需求价格弹性，其需求曲线斜率为正。根据国外的经验，当房地产的价格在合理范围内时，房地产的需求价格弹性较低；而当房地产的价格超过合理范围时，需求弹性就会较大。

5）短期供给弹性较小

房地产市场的供求关系与其基本属性相联系。房地产建设周期长，短期内房地产难以增加或减少；房地产供给弹性变动较小，不能对市场的变化及时作出反应。房地产市场受到土地供给的约束较强，在资本、劳动力和土地三要素中，土地的供给弹性是最小的。在一定时期内，受资源的约束，土地供应无法增加，土地的供应在短时间内很难满足市场需要。因此，房地产需求短期内突然增加，会导致供求关系发生变化，极易造成供给的总量失衡、结构失衡、价格失衡，从而推动房地产价格的上涨。

6）很强的投机性

土地的稀缺性和不可再生性导致房地产本身的稀缺性，再加上房地产产品具有保值增值性和投资品的属性，以及房地产市场的区域性、垄断性、信息严重不对称性，从而决定了房地产市场具有很强的投机性。

7）周期性

从经济周期的角度看，房地产市场也呈现出上升与下降交替循环、相对有规律的上下波动现象。房地产市场的周期一般也可以分为扩张和收缩两个阶段，复苏、繁荣、衰退、萧条四个环节。其中，复苏是指房地产经济的上升或扩张阶段；繁荣是房地产经济的上升阶段的终点，此时的房地产经济达到本轮周期的最高点，随后将进入收缩阶段。衰退是房地产经济的下降或收缩阶段；萧条是房地产经济下降阶段的终点，此时的房地产经济进入本轮周期的最低点，随后将转入上升阶段。

8）很强的政策性和法律强制性

同一般商品市场相比，政府对房地产市场的干预较多。土地是国家的一种重要资源、资产，其使用、规划、开发是否合理，对经济的发展和社会的稳定都具有很大影响，因而各国政府对土地的利用、交易、规划都有严格的控制。此外，房地产市场是具有垄断性、周期性、信息不对称性的非均衡市场，市场自身不能通过市场机制的作用达到均衡状态，需要政府实行必要的政策手段进行干预。

1.3　房地产价格的概念、特征及影响因素

1.3.1　房地产价格的概念

1）房地产价格的内涵

价格是人们为了获得某种商品或劳务所必须付出的代价，是商品的经济价值（交换价值）的货币表现。在市场经济条件下，房地产也是商品，房地产价格自然可定义为：人们为获得房地产所必须付出的代价，是房地产的经济价值（交换价值）的货币表示。

房地产价格的形成来源于两个方面：

一是从规划设计、土地开发到房屋施工安装等过程所凝结的物化劳动和活劳动形成的房地产价值。这部分价值表现出的房地产价格与一般商品价格的形成机理一样，是由社会必要劳动时间决定的，即在社会正常生产条件下，在社会平均的劳动熟练程度和强度下，开发某一土地或建造某一房屋所花费的必要劳动时间。价值（C+V+M）由三部分组成：C是在开发土地或建造房屋的过程中消耗的生产资料的价值，包括所用固定资产的折旧和建筑材料、构配件等流动资产价值的转移；V是劳动者为自己劳动所创造的价值，包括劳动者的工资及工资性的各种津贴；M是劳动者为社会创造的价值，包括利润和税金。

二是资本化的地租，即土地使用权价格（或所有权价格）。没有经过开发且处于自然物质状态的土地是天然形成的，不是劳动的产物，因而本身没有价值。但没有价值不等于没有价格，土地是有价格的，否则，现实中普遍存在的土地价格就不能被理解。所以说，土地是一种特殊商品（导致房地产也为特殊商品的根本原因），土地价格不是土地实体的购买价格，而是土地预期收益的购买价格。在土地所有权的情况下，土地价格的计算公式如下：

土地价格＝地租÷资本化率

2）房地产价格的形成条件

商品之所以有价格，必须满足效用性、相对稀缺性、有效需求三个条件，房地产价格的形成条件也是如此。

效用是一项产品满足人类意愿、需求或欲望的能力。房地产的效用性是指房地产消费者对消费房地产所产生的主观上和心理上的满足程度。由于房地产在诸多方面的不可替代性，人们的生活、学习、工作等均离不开房地产这一最基本的要素，因此房地产的效用性是毋庸置疑的。房地产如果没有效用，人们就不会产生占有房地产的要求或欲望，更谈不上花钱去消费，从而也就不会有价格。同时，各宗房地产的效用性一般来说是不相同的，因而不同的房地产会有不同的价格。

仅具有效用性还不能使房地产有价格。像空气这样的物品，尽管对人类至关重要，没有它我们人类一天也生存不下去，但由于空气数量丰富，供给充足，人们可以随时随地自由取用，不具有可界定的经济价值，因此它无法形成价格。同样，房地产要形成价格，还必须具有稀缺性。房地产的稀缺性是指房地产的数量相对于人们的欲望而言，处于相对不足的状态，也即不能满足人人购买的需要。随着经济、社会的发展和人们生活水平的提高，加上人们永无止境的欲望，以及自然资源尤其是不可再生资源的有限性特点，自然资源的稀缺性是绝对的。但在一定的社会经济发展时期，这种绝对性表现为一定程度的不足，即相对稀缺性。在房地产中，土地是有限的不可再生的资源，建筑物是人工建造之物，相对于人的欲望而言都是不足的。

有了效用性和相对稀缺性，房地产是否就有了价格呢？答案是否定的。房地产的效用性和相对稀缺性是房地产价格形成的必要条件，要使房地产真正具有价格，还必须加上有效需求这一条件。

有效需求是个人或团体参与市场，用现金或其他等值物换取物品或劳务的能力。房地产的有效需求是指消费者经济上能够承受、有现实支付能力的房地产需求。从广义上来讲，人类的欲望是无限的，就住房消费而言，人人都希望拥有比目前面积更大、质量更好、功能更全、区位更优的住房，客观上都存在购买欲望和需要，但如果没有足够的钱，即现实购买力，那么只会有价无市，不能实现消费行为。分清欲望与有效需求是非常重要的，只考虑人们的欲望而不考虑有效需求，盲目投资开发房地产，必将造成房地产的积压和浪费，导致投资失败。我国20世纪90年代初的房地产投资热潮，尤其是某些沿海地区对房地产的盲目投资，形成了泡沫经济，造成了大量的房地产积压，应引以为戒。

综上所述，任何一个房地产价格的形成都要同时具备效用性、相对稀缺性和有效需求这三个条件，它们构成了房地产价格的要素，任何影响房地产价格的具体因素都是通过这三者起作用的。不同房地产的价格之所以有高有低，同一房地产的价格之所以有变化，都是由于这三者的程度不同，以及它们的变化所引起的。

1.3.2　房地产价格的特征

房地产价格与其他一般商品价格相比，既有共同之处，也有不同之处。其共同之处是都为价格，并用货币表示，受价值规律的影响；不同之处则构成了房地产价格的特征，这些特征主要是由土地价格的特征决定的。房地产价格主要有以下几个特征：

（1）房地产价格具有权益性——房地产价格实质上是房地产权益的价格

由于房地产的自然地理位置具有不可移动性，因此在交易中可以转移的，不是房地产的实物，而是房地产的所有权、使用权及其他物权。比如，人们在商场购买电视机，一般说其权益和实物两种转移同时进行，在电视机的所有权从商家转移到消费者手中的同时，电视机实物也从商场转移到消费者家中。而房地产交易只有一种转移，即权益的转移，而且由于房地产价值量大，因此人们对房地产权益的转移更加慎重，房地产权益转移的过程和程序也比一般商品复杂得多。

实物状态相同的房地产，其权益状态可能有很大差异。甚至可能出现这样的情况：实物状态尚好的房地产，由于权益过小，如土地使用年限很短、产权不完全或有争议，因此价值较低；相反，实物状态较差的房地产，由于权益较大，如产权清晰、完全，因此价值可能较高。即使同一宗房地产，转移的权益不同，价格也可能不相同。从这个意义上说，房地产价格是房地产权益的价格。对房地产估价时，一定要充分了解与把握房地产的权益状况。

（2）房地产价格具有区位性——房地产价格受区位的影响很大

由于土地区位不同，土地价格变化很大，因此房地产价格受区位的影响非常明显。区位对房地产价格的影响可分为两个方面：一是地区性，主要反映在不同城市区域之间的房地产差价。一般来讲，相同土地和同质房屋的价格表现为：大城市高于中小城市、沿海城市高于内地城市、市场经济发达的城市高于发展中城市。二是地段性，主要表现为：在同一城市的市区范围内，存在好地段与差地段之别，不同地段之间存在较大的房地产差价。一般来说，相同土地和同质房屋的价格表现为：城市中心区地段高于一般市区地段和郊区地段，街角地和临街地（商业房地产用地）高于附近非街角地和非临街地等。

（3）房地产价格实体具有双重性——房地产价格在其内涵上具有双重的实体性基础

房地产是以土地和附着在土地之上的房屋设施为主要物质形态的财产及其权属关系，这就决定了房地产价格在其内涵上具有双重的实体性基础，其中一部分来源于土地开发和房屋建筑安装劳动所形成的价值，另一部分则来源于土地使用权（或所有权）价格。这一特征指出了房地产商品的物质构成，明确了房地产是房屋设施与土地的有机统一体。

（4）房地产价格形式具有双重性——有买卖价格和租赁价格

由于房地产寿命长、价值大，同一宗房地产可以有买卖和租赁两种经营方式，甚至对于某些房地产（如商务办公楼、公寓、宾馆等）而言，租赁经营是其主要形式，因此房地产同时有价格和租金两种价格形式相对应。房地产价格与租金之间存在一定的转换关系，就如同资本的本金与利息的关系一样。若要计算房地产价格，需要将租金资本化；相反，若要计算租金，只要知道价格和资本化率，也可求得。

（5）房地产价格形成具有长期性——房地产价格是长时期内在各种因素的综合作用下形成的

一宗房地产通常与周围其他房地产构成某一特定地区，但该地区并非固定不变，其社会经济地位等经常处于变化之中；同时，房地产本身也随时间变化而发生着变化。所以，只有考虑该房地产过去如何使用，预计将来能作何种使用，并总结这些考虑结果后，才能形成房地产现在的价格（或某特定时刻的价格）。

（6）房地产价格具有个别性——房地产价格通常是一宗房地产一个价格

一方面，没有完全相同的房地产，除了地理位置绝对不可能相同外，房地产在建造条件、建造标准、配套设施等方面也往往千差万别，因此房地产价格自然会有不同；另一方面，房地产不同于其他一般商品，不能够进行样品交易、品名交易，房地产价格如何，易受交易主体之间个别因素（如偏好、讨价还价能力、感情冲动等）的影响，不同的交易主体会产生不同的房地产价格。

（7）房地产价格具有敏感性——房地产价格关系到国计民生，是一个十分敏感的价格

房地产是人类最基本的生产、生活资料，人类通过对居住性房地产的消费，才能实现生命的各种机能，才能促进社会文明的进步和发展。同时，房地产也是最重要的生产资料之一，人类需要通过使用它来生产其他某些生产资料和消费资料，需要通过使用它来进行商贸、政治、社会活动等。因此，房地产价格的变化，不仅影响经济的发展，而且影响广大人民的生活，影响社会生活和政治局势等。

（8）房地产价格具有增值性——房地产价格呈现较明显的增值趋势

随着人口的增加、经济与社会的发展和人民生活水平的提高，房地产价格在总体上呈现不断上升的趋势。当然，这种上升趋势是呈波浪形的，即房地产价格的上升趋势不是直线形的，而是有波动的。造成房地产价格具有增值性的最主要的原因是：土地资源的有限性及土地投资的积累性；房地产开发建造周期长、投资风险大等。

房地产价格的增值程度在不同的社会经济状态下和不同的区位是不同的。房地产价格的增值性也不是绝对的，在有些情况下可能会出现相反的趋势，如土地使用年限接近到期、国民经济处于衰退阶段等。

1.3.3 房地产价格的影响因素

房地产价格是众多影响因素综合作用的结果。为了做好房地产估价工作，估价师必须熟练地掌握房地产价格的影响因素，以及它们是如何并且在何种程度上影响房地产价格的。

房地产估价的主要难点在于房地产价格的影响因素众多且难以准确量化它们的影响。要准确把握房地产价格的影响因素、准确量化它们对房地产价格的影响，必须明确下列几点认识：

①不同的影响因素及其变化，引起房地产价格变动的方向是不同的。有的因素及其变化会导致房地产价格上升，有的因素及其变化会引起房地产价格下降。而且，对于不同类型的房地产，同一因素或者其变化导致房地产价格变动的方向可能是不同的。例如，某一地带有铁路，如果该地带是居住区，则铁路可能是贬值因素；如果该地带是仓储或工业区，则铁路可能是增值因素。

②不同的影响因素及其变化，引起房地产价格变动的程度是不同的。有的因素及其变化所导致的房地产价格变动幅度较大，有的则较小。以住宅的朝向和楼层为例，通常情况下，朝向对价格的影响比楼层对价格的影响大。但是，对于不同类型的房地产，同一因素对价格的影响大小可能是不同的。例如，商场与住宅相反，楼层对价格的影响比朝向对价格的影响大。

③不同的影响因素的变化与房地产价格变动之间的关系是不同的。有的因素会随着其变化不断提高或降低房地产的价格；有的因素从某一个角度看会提高房地产价格，从另一个角度看则会降低房地产价格，至于它对房地产价格的最终影响如何，是由这两方面的合力决定的。例如，修筑一条道路穿过某个居住区，一方面改善了该居住区的对外交通，方便了居民出行，从而提高了该居住区的住宅价格；另一方面带来了噪声污染、汽车尾气污

染，降低了居民出行的安全性，从而降低了该居住区的住宅价格。

④有的因素对房地产价格的影响与时间无关，有的因素对房地产价格的影响与时间有关。在与时间有关的因素中，引起房地产价格变动的速度可能不相同。例如，增加或减少房地产开发用地供应量、放松或收紧对房地产市场的调控等，除了会影响人们的市场预期进而较快影响房地产价格外，这些因素对房地产价格的影响通常也需要一个过程。

⑤各种因素对同一房地产价格的影响方向和程度不是一成不变的，随着时间的推移、消费观念的变化、消费结构的升级，以前提高房地产价格的因素可能会变为降低房地产价格的因素。

⑥同一影响因素在不同区域对房地产价格的影响可能不同，包括影响方向和影响程度的不同。①

⑦同一影响因素在不同水平上的变化对房地产价格的影响可能是不同的。人们在消费上普遍存在"边际效用递减"现象。例如，当绿地率很低时，提高一点绿地率对房地产价格的影响较大；当绿地率已达到较高水平时，再提高一点绿地率对房地产价格的影响就较小。

⑧某些影响因素对房地产价格的影响可以用数学公式或数学模型来量化，如土地使用期限对房地产价格的影响可以用公式计算，朝向、楼层对房地产价格的影响可以通过对大量不同朝向、不同楼层的房地产的成交价格、租金的调查统计得出。但许多因素对房地产价格的影响难以用数学公式或数学模型来量化，它们对房地产价格的影响主要依靠房地产估价师的知识、经验以及对当地房地产市场的深入调查作出判断。因此，房地产估价必须依靠科学的估价理论和方法，但又不是简单地套用某些计算公式就能解决的。房地产估价需要将定性分析与定量分析相结合，测算需要以综合分析房地产价格的影响因素为基础，估价结果需要通过对房地产价格的影响因素进行综合分析再作适当的调整后才能得出。虽然如此，在实际估价中，应尽量采用定量分析来量化各种因素对房地产价格的影响程度，使估价科学化、精确化，避免模糊化、笼统化。只有在无法采用定量分析予以量化的情况下，才可以仅凭经验判断某种因素对房地产价格的影响程度。

房地产价格与房地产的需求呈正相关，与房地产的供给呈负相关。供给一定，需求增加则价格上升，需求减少则价格下降；需求一定，供给增加则价格下降，供给减少则价格上升。如果需求和供给同时发生变化，均衡价格和均衡交易量也会发生变化。供求变化对均衡价格和均衡交易量的影响见表1-2。

房地产价格的影响因素主要有以下几个方面：

1）自身因素

自身因素是指那些反映房地产本身的实物、权益和区位状况的因素。房地产自身状况的好坏，直接关系到其价格的高低。自身因素主要包括以下内容：

（1）房地产实物因素

①土地实物因素。土地实物因素包括：

① 柴强. 房地产估价理论与方法［M］. 北京：中国建筑工业出版社，2015：121.

表1-2　　　　　　　　　　供求变化对均衡价格和均衡交易量的影响

变化方向	变化幅度	均衡价格	均衡交易量
同方向变化	供给增加=需求增加	不变	增加
	供给减少=需求减少	不变	减少
	供给增加>需求增加	下降	增加
	供给减少<需求减少	下降	减少
	供给增加<需求增加	上升	增加
	供给减少>需求减少	上升	减少
反方向变化	供给增加=需求减少	下降	不变
	供给减少=需求增加	上升	不变
	供给增加>需求减少	下降	增加
	供给减少<需求增加	上升	增加
	供给增加<需求减少	下降	减少
	供给减少>需求增加	上升	减少

A.土地面积和形状。同等位置的两块土地，由于面积大小不等，价格会有高低差异。一般来说，凡是面积过于狭小而不利于经济使用的土地，价格较低。土地形状是否规则，对地价也有一定影响。形状规则的土地，主要是指正方形、长方形（但长宽的比例要适当）的土地。由于形状不规则的土地一般不能有效利用，因此相对于形状规则的土地，其价格一般要低。

B.地形、地势。地形是指一块土地内的地面起伏状况。地势是指本块土地与相邻土地的高低关系，特别是与相邻道路的高低关系。地形、地势的平坦、起伏、低洼等都会影响房地产的开发建设成本或利用价值，从而影响其价格。一般来说，土地平坦，地价较高；土地高低不平，地价较低。在其他条件相同的情况下，地势高的房地产的价格要高于地势低的房地产的价格。

C.地质条件。房地产价格与地质条件关系的实质是，地质条件的好坏决定着建设费用的高低。建造同样的建筑物，地质条件好的土地，需要的基础建设费用低，从而房地产价格低；相反，地质条件不好的土地，需要的基础建设费用高，房地产价格也高。

D.土地开发程度。一宗土地的基础设施完备程度和场地平整程度，对其价格的影响是显而易见的。熟地的价格要高于生地的价格；"七通一平"土地的价格要高于"五通一平"土地的价格；"五通一平"土地的价格要高于"三通一平"土地的价格。

②建筑物实物因素。建筑物实物因素主要包括：

A.建筑规模。建筑物的面积、体积、开间等规模因素，会影响建筑物的形象及实用性，对房地产价格也有所影响。建筑规模过小或过大，都会降低其价值。但要注意，不同用途、不同地区，对建筑规模的要求是不同的。

B.外观。建筑物外观包括建筑的式样、风格、色调、可视性等，它们对房地产价格有很大的影响。凡是外观新颖、优美，能够给人以舒适感觉的建筑物，其价格就高；反之，单调、呆板，很难引起人们强烈的享受欲望，甚至令人压抑、厌恶，特别是在外形方面会让人产生不好的联想的建筑物，其价格就低。

C.建筑结构。对建筑物最重要、最基本的要求是安全。不同结构的建筑物，其稳固性和耐久性不同，因此其价格也会有所不同，特别是在地震多发地区。例如，砖混结构的价格一般要高于砖木结构的价格，钢筋混凝土结构的价格一般要高于砖混结构的价格。不同结构的建筑物的造价一般不同，这通常也会反映到其价格上。

D.设施设备。随着经济的发展和生活水平的提高，人们对建筑物内设施设备的要求也不断提高。因此，建筑物的设施设备是否齐全、完好，如是否有电梯、中央空调、供热设施、宽带等，对房地产价格有很大的影响。当然，不同用途和档次的建筑物，对设施设备的要求不同。一般而言，设施设备齐全、完好的建筑物，其价格较高；反之，其价格则较低。

E.装饰装修。房屋按照装饰装修的程度，可分为精装修房、简装修房和毛坯房三大类。一般而言，精装修房的价格要高于简装修房的价格，简装修房的价格要高于毛坯房的价格。当然，装饰装修是否符合人们的需要，其品位、质量等如何，也是非常重要的因素，某些"糟糕"的装饰装修不仅不能提高房地产价格，甚至还会降低房地产价格。

F.层高和室内净高。人们对建筑物的需要，本质上是对建筑物内部立体空间的需要，而不仅是对面积的需要，因此层高或净高对房地产价格也有影响。层高或净高过低的建筑物会使人有压抑感，从而其价格一般较低；但层高或净高也必须有一个合适的度，过高不仅会增加建造成本，而且会增加使用过程中的能源消耗，从而降低房地产价格。

G.空间布局。空间布局影响人们对建筑物的使用，对房地产价格有较大的影响。不同用途的建筑物，如住宅、商场、写字楼等，对空间布局的要求不尽相同。一般而言，空间布局合理的建筑物，其价格就高；反之，其价格就低。尤其是住宅，平面设计中的功能分区是否合理、使用是否方便，是决定其价格高低的重要因素之一。

H.日照、采光、通风、保温、隔热、隔声、防水。日照、采光、通风既有实物因素性质，又有区位因素性质（对应于朝向、楼层），将它们与保温、隔热、隔声、防水放在一起，是为了便于叙述和理解。建筑物应满足日照、采光、通风、保温、隔热、隔声、防水等要求。对建筑物日照、采光的基本要求是：白天室内明亮，室内有一定的空间能够获得一定时间的太阳光照射。日照和采光对住宅都很重要；采光对办公楼比较重要。对建筑物通风的基本要求是：能够使室内与室外的空气相互流通，保持室内空气新鲜。对建筑物保温、隔热的基本要求是：冬季能保温，夏季能隔热、防热。对建筑物隔声的基本要求是：能阻隔声音在室内与室外之间、上下楼层之间、左右隔壁之间、室内各房间之间的传递，防止噪声污染和保护私密性。对建筑物防水的基本要求是：屋顶或楼板不漏水，外墙不渗雨。

I.完损状况。建筑物的完损状况是一个综合性因素，包括建筑物的年龄、维修养护情况、工程质量等。总体来说，建筑物完好，其价格就高；反之，其价格就低。

（2）房地产权益因素

一宗房地产利用所受限制的种类和程度，对其价格有很大影响。进行房地产估价，应调查房地产利用所受的各种限制及其内容和程度，只有这样才能评估出正确的价值。对房地产利用的限制可归纳为以下三个方面：

①拥有的房地产权利及其行使的限制。拥有的房地产权利是所有权还是使用权、地役权、抵押权、租赁权，以及这些权利是否完整、清晰等，会使房地产的价格存在很大的差异。

以地役权为例，对供役地而言，地役权是他人在该土地上享有的一种有限的使用权，是该土地为他人服役。供役地在给他人方便时，土地所有权人或土地使用权人有可能要遭受某些损失，在这种情况下，地役权的存在会降低供役地的价值。

以共有的房地产为例，如果共有人较多，对于房地产的维护、修缮、处分等很难达成共识，部分共有人如果不堪其烦而转让其在共有的房地产中享有的份额，这时的成交价格多会低于正常价格。

②房地产使用管制。对房地产估价来说，有意义的使用管制主要体现在农用地转为建设用地，以及城市规划对土地用途、容积率、建筑高度、建筑密度、绿地率等的规定。

就规定用途来看，居住、商业、办公、工业等不同用途对土地位置等的要求不同；反过来，在土地位置等一定的情况下，规定用途（如是用于商业、办公、居住，还是工业、绿化）对地价有着很大的影响。规定用途对地价的影响在城市郊区表现得特别明显：在城市发展已使郊区某些农用地很适合于转变成城市建设用地的情况下，如果政府规定只能维持现有的农业用途，则地价必然较低；一旦允许改变用途，地价就会大幅度上涨。

容积率的高低对地价也有很大影响，在估价时，一定要弄清容积率的确切内涵。在城市规划中，地下建筑面积通常不计容积率。在实际中，容积率分为包含地下建筑面积的容积率和不包含地下建筑面积的容积率。

③相邻关系的限制。相邻关系是指房地产的相邻权利人依照法律法规规定或者按照当地习惯，相互之间应当提供必要的便利或者接受必要的限制而产生的权利和义务关系。特别是从义务方面来看，相邻关系是对房地产所有权、使用权的一种限制，因此相邻关系的存在对房地产价格有一定的影响。

一方面，相邻关系要求房地产权利人应当为相邻权利人提供必要的便利，包括：其一，为相邻权利人用水、排水提供必要的便利；其二，对相邻权利人因通行等必须利用其土地的，应当提供必要的便利；其三，对相邻权利人因建造、修缮建筑物以及铺设电线、电缆、水管、暖气和燃气管线等必须利用其土地、建筑物的，提供必要的便利。另一方面，相邻关系要求房地产权利人在自己的房地产内从事工业、农业、商业等活动及行使其他权利时，不得损害相邻房地产和相邻权利人，包括：其一，在自己的土地上建造建筑物，不得违反国家有关工程建设标准，妨碍相邻建筑物的日照、采光和通风；其二，不得违反国家规定弃置固体废物，排放大气污染物、水污染物、噪声、光及电磁波辐射等有害物质；其三，挖掘土地、建造建筑物、铺设管线以及安装设备等，不得危及相邻房地产的安全。

（3）房地产区位因素

房地产界有句名言："区位，区位，还是区位。"尽管区位不能代表房地产的一切，但这说明了区位对房地产的重要性。区位是指一宗房地产与其他房地产或者事物在空间方位和距离上的关系。房地产的区位不仅指地球上某一特定的自然地理位置，还指与其相联系的社会经济地位，即与该特定位置相联系的自然因素和人文因素的总和。房地产的自然地理位置虽然固定不变，但其社会经济地位却会发生变化。这种变化可能是由于城市规划的制定或修改、交通建设或改道引起的，也可能是由于其他方面的建设引起的。房地产区位优劣的形成受两方面因素的影响：一是先天的自然条件；二是后天的人工影响。当房地产的区位由劣变为优时，其价格会上升；反之，其价格会下降。

评估居住房地产的区位优劣，主要是看其交通条件、配套设施完备程度、周围环境和景观状况。评估商业房地产的区位优劣，主要是看其繁华程度、临街状况、交通条件等。评估办公房地产的区位优劣，主要是看其商务氛围、交通条件等。评估工业房地产的区位优劣，通常要视产业的性质而定。一般而言，凡是有利于原料和产品的运输、便于动力取得和废料处理的区位，其价格必有趋高的倾向。

房地产区位因素是一个综合性因素，如果对其进行分解，可分为位置、交通条件、外部配套设施、周围环境和景观等方面。

①位置。位置包括房地产所处的方位、与相关场所的距离、临街状况、朝向、楼层等。

A.所处的方位。分析一宗房地产的方位，即要看该房地产在某个较大区域中的位置，如由于风向、水流等原因，该房地产是位于城市的上风、上游地区，还是下风、下游地区。一般而言，位于上风、上游、"高贵"地区的房地产价格高于位于下风、下游、"贫贱"地区的房地产价格。类似的还有，位于街道、水流或山坡某侧的房地产，不同侧的房地产，其价格也会有所不同。有资料表明，同一街道的商业房地产，由于位于向阳面与背阳面的不同，其价格也存在差异。

B.与相关场所的距离。距离是衡量房地产区位优劣最常见、最简单的指标。人们通常希望居住地与工作地近些，同时还要便于购物、子女就学、就医、健身等。办公、商业、工业、农业等活动，也对房地产与相关场所的距离有相应的要求。因此，一宗房地产与相关场所，如市中心、汽车客运站、火车站、机场、码头、政府机关、公园等的距离，对其价格有较大的影响。一般而言，与相关场所距离较近的房地产，价值要高些。

C.临街状况。首先要弄清房地产是否临街、临什么样的街以及是如何临街的，然后结合房地产用途和土地形状分析临街状况对房地产价格的影响。一般而言，不临街住宅的位置要好于临街住宅的位置，而商业用途的房地产则相反。

商业用途房地产的临街状况需要分析以下内容：其一，是一面临街还是前后两面临街，或者为街角地；长方形土地是长的一边临街还是短的一边临街；梯形土地是宽的一边临街还是窄的一边临街；三角形土地是一边临街还是一顶点临街。商业用途房地产的临街状况不同，其价格也会有所不同，甚至会有很大差异。

D.朝向。对住宅而言，朝向是很重要的位置因素。住宅的朝向主要影响日照和采光。中国处在北半球，南向是阳光最充足的方位，一般认为"南方为上，东方次之，西又次之，北不良"，因此住宅最好坐北朝南。

E.楼层。当房地产为某栋房屋中的某层、某套时，楼层是重要的位置因素，因为楼层会影响房屋的通达性、视野、景观、采光、通风、空气质量、安宁程度、安全、室内温度、自来水洁净程度（是否有通过水箱、水池等供水的二次污染），以及顶层是否可独享屋面使用权，底层是否可独享室外一定面积空地的使用权等。住宅楼层的优劣通常按总层数和有无电梯来区分。对于没有电梯的传统多层住宅而言，中间楼层较优，顶层和底层较劣；对于有电梯的中高层住宅、高层住宅而言，城市一年四季空气悬浮层以上的楼层较优，三层以下的楼层较劣。对商业用房来说，楼层是一个十分重要的位置因素。例如，商业用房的地下一层、地上一层、地上二层、地上三层等之间的价格或租金水平差异很大。一般而言，地上一层的价格或租金最高，其他层的价格或租金较低，一般不到地上一层价格或租金的60%。

②交通条件。交通条件可分为道路状况、开辟新的交通线路、交通管制情况、停车方便程度以及交通收费情况等。下面主要分析开辟新的交通线路和交通管制情况对房地产价格的影响。

A.开辟新的交通线路。开辟新的交通线路，如新建道路、通公共汽车、建地铁或轻轨等，可以改善沿线地区特别是站点周围地区的交通条件，一般会使这些地区的房地产升值。具体导致房地产升值的程度，可从以下方面分析：其一，从房地产类型看，对交通依赖程度越高的房地产，其升值幅度会越大；其二，从房地产位置看，距离道路或站点越近的房地产，其升值幅度会越大，但如果离道路或站点过近，尤其是住宅，由于人流增加导致的喧闹以及交通工具运行的噪声等，也会产生一定的负面影响；其三，从影响发生的时间看，对房地产的升值作用主要发生在交通项目立项之后、完成之前。

B.交通管制。某些房地产所处的位置看起来交通方便，但实际上交通并不方便，这可能是受交通出入口、立交桥、高架路等交通管制的影响。其中，对房地产价格有影响的交通管制主要有限制车辆通行、实行单行道、禁止掉头或左转弯等。交通管制对房地产价格的影响结果如何，要看这种管制的内容和房地产的使用性质。实行某种交通管制，对某类房地产来说可能会降低其价格，但对有些房地产来说则可能会提高其价格。例如，在住宅区内的道路上禁止货车通行，可以减少噪声污染、汽车尾气污染，降低行人行走的不安全性，因此会提高房地产的价格。

③外部配套设施。对于房地产开发用地，外部基础设施的完备状况是特别重要的。对于已建成的房屋特别是住宅，外部公共服务设施的完备状况更是特别重要的。一般而言，外部配套设施完备，特别是周边有教育质量高的中小学、医疗水平高的医院以及购物中心、休闲娱乐场所的住宅，其价格就高；反之，其价格就较低。

④周围环境和景观。影响房地产价格的周围环境和景观，是指对房地产价格有影响的房地产周围的物理性状因素和人文状况因素，主要包括大气环境、水文环境、声觉环境、视觉环境、卫生环境和人文环境等。

A.大气环境。大气就是空气，是人类赖以生存、片刻也不可缺少的物质。空气质量的好坏关系人体的健康。因此，房地产所处地区的空气中是否有难闻的气味、有害物质和粉尘等，对房地产价格有很大的影响。垃圾站、公共厕所、化工厂、钢铁厂、屠宰厂等都可能造成空气污染，凡是接近这些地方的房地产，价格通常都较低。

B.水文环境。地下水、沟渠、河流、江湖、海洋等的污染程度如何，对其附近的房地产价格也有很大影响。某些靠打水井来解决饮水问题的地区，地下水的质量或其受污染的程度，对该地区的房地产价格有较大影响。

C.声觉环境。汽车、火车、飞机、工厂、人群（如周围有农贸市场、中小学、游乐场）等，都可能形成噪声。对住宅、办公、旅馆、学校、科研等类房地产来说，噪声大的地方，房地产价格较低；噪声小且安静的地方，房地产价格通常较高。

D.视觉环境。房地产周围安放的东西是否杂乱（如电线杆、广告牌、标示牌等的竖立状态和设计是否美观），建筑物之间是否协调，公园、绿化等形成的景观是否赏心悦目等，都会对房地产价格产生影响。

E.卫生环境。卫生环境包括垃圾堆放情况等，对房地产价格也有影响。

F.人文环境。古语云："近朱者赤，近墨者黑。"人文环境包括该房地产所在地区的声誉、居民特征、治安状况、相邻房地产的利用状况等。声誉好、居民素质高、生命财产有保障的地区的房地产价格必然高于其他地区的房地产价格。

2）人口因素

房地产价格与人口数量的关系非常密切，特别是在城市，随着外来人口或流动人口数量的增加，房地产的需求量必然加大，进而促进了房地产价格的上涨。人口数量、人口结构、家庭结构、人口素质、人口自然增长率等对房地产价格都有较大影响。此外，人们的文化教育水平、生活质量和文明程度，也会引起房地产价格高低的变化。如果一个地区居民的素质低、组成复杂，人们必然不愿在此居住，房地产价格必然较低。

3）经济因素

经济因素包括经济发展状况、储蓄及消费水平、财政收支及金融状况、物价（特别是建筑材料价格）、建筑人工费、利息率、汇率、居民收入、房地产投资等，这些因素对房地产价格的影响都较复杂。例如，经济发展预示着投资、生产活动活跃，对厂房、写字楼、商店、住宅和各种娱乐设施等的需求增加，由此会引起房地产价格上涨，尤其会引起地价上涨；房地产价格与利率负相关，利率下降则房地产价格会上升，利率上升则房地产价格会下降；居民收入的真正增加（非名义增加，名义增加是指在通货膨胀情况下的增加）特别是可支配收入的增加，意味着人们的生活水平将随之提高，其居住与活动所需的空间会扩大，从而会增加对房地产的需求，导致房地产价格上涨。

4）社会因素

影响房地产价格的社会因素主要包括政治安定状况、社会治安状况、房地产投机和城市化水平。

（1）政治安定状况

政治安定状况是指政权的稳定程度。一般来说，政治不安定则意味着社会可能动荡，这会影响人们投资、置业的信心，从而造成房地产价格下跌。

（2）社会治安状况

社会治安状况是指偷窃、抢劫、强奸、绑架、杀人等方面的刑事犯罪情况。房地产所处的地区如果经常发生此类犯罪案件，则意味着人们的生命财产缺乏保障，从而会造成该地区房地产价格下跌。

（3）房地产投机

房地产投机是指不是为了使用，而是为了再出售（或再购买）而暂时购买（或出售）房地产，利用房地产价格的涨落变化，以期从价差中获利的行为。房地产投机有许多危害，其对房地产价格的影响可能会出现三种情况：引起房地产价格上涨；引起房地产价格下跌；起着稳定房地产价格的作用。

（4）城市化水平

城市化又称城镇化、都市化，它是当今重要的社会、经济现象之一。城市化意味着人口向城市集中，城市房地产的需求量不断增加，从而带动了城市房地产价格的上涨。

5）行政因素

影响房地产价格的行政因素主要包括土地制度、住房制度、房地产价格政策、城市发展战略、城市规划、土地利用规划、税收政策等。

（1）土地制度和住房制度

土地制度和住房制度对房地产价格的影响也许是最大的。例如，土地使用制度和住房制度改革，推行有偿使用土地、住宅商品化和社会化，这就使房地产价格显现了出来。

（2）房地产价格政策

房地产价格政策是指政府对房地产价格高低的态度以及采取的干预方式、措施等。政府对房地产价格干预的方式，可能是直接制定价格，也可能是通过其他一些措施或手段来调节价格。例如，抑制房地产价格的措施是多种多样的，它们影响房地产价格的速度和幅度也不尽相同。抑制房地产价格的措施主要有：①制定最高限价，规定房地产交易时不得突破此价格；②制定标准价格，作为房地产交易时的参考；③政府在房地产价格高涨时抛出一定量的房地产，特别是通过土地供应增加房地产的供给，从而平抑房地产价格；④征收房地产交易税或增值税；⑤建立一套房地产交易管理制度。

（3）城市发展战略、城市规划及土地利用规划

城市发展战略、城市规划及土地利用规划对房地产价格都有很大影响，特别是城市规划对房地产的用途、建筑高度、容积率等的规定，对土地价格有着很大的影响。

（4）税收政策

不同的税种、税率及其征收环节，对房地产价格的影响是不同的。税收可分为房地产开发环节的税收、房地产交易环节的税收和房地产保有环节的税收。房地产估价师要特别注意物业税的改革对房地产价格的影响。

6）国际因素

在现代社会中，随着经济的全球化，国家间交往的日趋频繁，某个国家或地区的政治、经济、文化等常常会影响其他国家和地区。国际经济、军事、政治等环境如何，对房地产价格也有影响。影响房地产价格的国际因素主要包括世界经济状况、国际竞争状况、政治对立状况和军事冲突状况等。

其中，世界经济状况，特别是周边国家和地区的经济状况，对房地产价格有很大的影响。如果世界经济发展状况良好，则有利于房地产价格的上涨。

7）心理因素

心理因素对房地产价格的影响有时是不可忽视的。影响房地产价格的心理因素主要包括：①购买或出售心态；②个人欣赏趣味（偏好）；③时尚风气；④接近名家住宅的心理；⑤讲究风水或吉祥号码，如讲究门牌号码、楼层数字等。

1.4 房地产价值和价格的种类

进行房地产估价，必须清楚房地产价值和价格的种类，以及每种房地产价值和价格的确切含义，正确理解和把握所评估的房地产价值或价格的内涵。

下面所述内容不是将每种房地产价值和价格进行单独介绍，而是将相关的内容放到一

起介绍。这样做虽然会有个别重复，但便于更好地比较和理解，而且在不同的地方，介绍的角度也会有所不同。

1.4.1 价值、使用价值和交换价值

价值是凝结在商品中的一般的无差别的人类劳动或抽象的人类劳动。价值和使用价值是商品的两个基本属性。一种商品的使用价值，是指该种商品能满足人们某种需要的效用。交换价值是指该种商品同其他商品相交换的量的关系或比例，通常用货币来衡量，因此交换价值表现为一定数量的货币或其他商品。人们在经济活动中一般简称的价值是指交换价值，在房地产估价中一般所说的价值也是指交换价值。

作为商品的房地产，既有使用价值也有交换价值。就使用价值与交换价值而言，房地产估价所评估的是房地产的交换价值。

1.4.2 原始价值、账面价值、市场价值和公允价值

1）原始价值

原始价值简称原值、原价，也称历史成本、原始购置成本，是一项资产在当初购置时的价格或发生的支出。

2）账面价值

账面价值又称账面净值、折余价值，是该资产的原始价值减去已计提折旧后的余额。

3）市场价值

市场价值是指估价对象经适当营销后，由熟悉情况、谨慎行事且不受强迫的交易双方，以公平交易方式在价值时点自愿进行交易的金额。[①]市场价值过去称为公开市场价值，是估价中最基本、最重要、最常用的一种价值类型，其主要假设条件有五个：一是适当营销，即估价对象以适当的方式在市场上进行了展示，展示的时间长度可能随着市场状况而变化，但足以使估价对象引起一定数量的潜在买者的注意。二是熟悉情况，即买方和卖方都了解估价对象并熟悉市场行情，买方不是盲目地购买，卖方不是盲目地出售。三是谨慎行事，即买方和卖方都是冷静、理性、谨慎的，没有感情用事。四是不受强迫，即买方和卖方都是出于自发需要进行估价对象交易的，买方不是急于购买（不是非买不可），卖方不是急于出售（不是非卖不可），同时买方不是被迫地从特定的卖方那里购买估价对象，卖方不是被迫地将估价对象卖给特定的买方。五是公平交易，即买方和卖方都是出于自己利益的需要进行估价对象交易的，没有诸如亲友之间、母子公司之间、业主与租户之间等特殊或特别的关系，不是关联交易。[②]

市场价值还有一些隐含的前提，包括：

①市场参与者集体的观念和行为，不存在买方因特殊兴趣而给予附加出价。例如，房地产开发企业可能对与其土地相邻的一块狭长土地比别人更感兴趣，因为有了该块土地后，他就能更充分地进行整体开发。

②既不过于乐观，又不过于保守。

③最高最佳利用。

④继续利用（对企业而言即持续经营）。

---

① 中华人民共和国住房和城乡建设部，中华人民共和国国家质量监督检验检疫总局．GB/T 50899—2013房地产估价基本术语标准［S］．北京：中国建筑工业出版社，2013：5．
② 中华人民共和国住房和城乡建设部，中华人民共和国国家质量监督检验检疫总局．GB/T 50899—2013房地产估价基本术语标准［S］．北京：中国建筑工业出版社，2013：57-58．

综上所述，原始价值是始终不变的；账面价值是随着时间的推移而减少的；市场价值是随着时间的推移而变化的。市场价值很少等于账面价值。房地产由于具有保值增值性，因此虽然经过了若干年的使用，但其市场价值有时还会比原始价值高出很多。

4）公允价值

根据《国际会计准则》和中国《企业会计准则》，公允价值是指在公平交易中，熟悉情况的交易双方自愿进行资产交换的金额。公允价值的前提条件主要有：①公平交易；②交易双方均熟悉情况（了解所交换的资产并熟悉市场行情）；③交易双方均是自愿的。

《企业会计准则第3号——投资性房地产》第三章第十条规定："有确凿证据表明投资性房地产的公允价值能够持续可靠取得的，可以对投资性房地产采用公允价值模式进行后续计量。采用公允价值模式计量的，应当同时满足下列条件：①投资性房地产所在地有活跃的房地产交易市场；②企业能够从房地产交易市场上取得同类或类似房地产的市场价格及其他相关信息，从而对投资性房地产的公允价值作出合理的估计。"在对投资性房地产进行后续计量的过程中，可以采用公允价值模式和成本模式两种方法。

1.4.3　成交价格、市场价格、理论价格和评估价值

1）成交价格

成交价格简称成交价，是指在成功的交易中买方支付和卖方接受的金额。[①]成交价格通常用货币来表示，一般也用货币来支付，但也可能用实物、无形资产或其他经济利益来支付，因此，不能把金额简单地理解为用货币支付的部分。成交价格是已完成的事实，因此，卖方的要价、挂牌价、标价，买方的出价等都不是成交价格。成交价格可能是正常的，能反映真实的市场状况；也可能是不正常的，不能反映真实的市场状况。[②]

正常成交价格是指交易双方在公开市场、信息通畅、平等自愿、诚实无欺、没有利害关系的条件下进行交易形成的价格，它不受一些不良因素（如不了解市场行情、垄断、胁迫等）的影响；反之，则为非正常成交价格。

严格来说，正常成交价格的形成条件有七个：①公开市场；②交易对象本身具备市场性；③众多的买者和卖者；④买者和卖者都不受任何压力，完全出于自愿；⑤买者和卖者都具有完全信息；⑥理性的经济行为；⑦适当的期间完成交易。

理解成交价格，还应对其形成的机制，即卖价、买价、成交价三者的关系有所了解：①卖价是站在卖者的角度，指卖者出售房地产时所愿意接受的价格；②买价是站在买者的角度，指买者购买房地产时所愿意支付的价格；③卖价和买价都只是买卖双方中某一方所愿意接受的价格。

在实际交易中，只有当买者愿意支付的最高价格高于或等于卖者愿意接受的最低价格时，交易才可能成功。

至于最终的交易价格是在此最低价格和最高价格之间，还是刚好为最低价格或最高价格，取决于双方的谈判能力，以及该种房地产市场是处于卖方市场还是买方市场。在卖方市场下，成交价格往往是偏高的；在买方市场下，成交价格往往是偏低的。

---

① 中华人民共和国住房和城乡建设部，中华人民共和国国家质量监督检验检疫总局. GB/T 50899—2013房地产估价基本术语标准 [S]. 北京：中国建筑工业出版社，2013：5.
② 中华人民共和国住房和城乡建设部，中华人民共和国国家质量监督检验检疫总局. GB/T 50899—2013房地产估价基本术语标准 [S]. 北京：中国建筑工业出版社，2013：57.

2）市场价格

市场价格是指某种房地产在市场上的平均交易价格。是该类房地产大量成交价格的抽象结果。某种商品的市场价格，通常是该种商品大量成交价格的平均价格，如其平均数或中位数、众数。房地产由于具有独一无二性，没有相同房地产的大量成交价格，所以房地产的市场价格应是以一些类似房地产的成交价格为基础测算的，但不能对这些成交价格直接采用平均的方法进行计算，而是在平均之前要剔除偶然的和不正常的因素造成的价格偏差，并消除房地产之间的状况不同造成的价格差异。①

3）理论价格

理论价格是在经济学假设的"经济人"的行为，以及预期是理性的或真实需求与真实供给相等的条件下形成的价格。

市场价格和理论价格相比，市场价格是短期均衡价格，理论价格是长期均衡价格。在正常市场或正常经济发展条件下，市场价格基本上与理论价格相吻合，并围绕着理论价格上下波动，不会偏离理论价格太远。

一般来说，成交价格围绕着市场价格上下波动，市场价格又围绕着理论价格上下波动。

4）评估价值

评估价值是通过房地产估价活动得出的估价对象价值或价格。评估价值简称评估值、评估价，实质上是对估价对象的某种特定价值或价格的一个估计值。②评估价值根据采用的估价方法的不同而有不同的称呼，如通常把根据市场法、收益法、成本法测算出的价值，分别称为比准价值、收益价值和积算价值。

从某一方面来看，市场法测算出的价值趋向于成交价，收益法测算出的价值趋向于最高买价，成本法测算出的价值趋向于最低卖价。从另一方面来看，市场法测算出的价值趋向于市场价格，收益法测算出的价值趋向于理论价格。当房地产市场较成熟且处于正常状况时，市场法、收益法和成本法测算出的价值应基本一致；而在房地产价格有泡沫的情况下，市场法测算出的价值会大大高于收益法、成本法测算出的价值。如果成本法测算出的价值（在不考虑外部折旧的情况下）大大高于市场法或收益法测算出的价值，则说明房地产市场供大于求或房地产市场不景气。

评估价值虽然不是实际发生的，但在为交易服务的估价中，评估价值与成交价格有着密切的关系。由于缺乏完全市场，因此房地产交易往往需要专业的房地产估价为交易当事人确定要价或出价提供参考依据，或者为交易双方提供议价基础。在这种情况下，评估价值往往会成为成交价格。但值得注意的是，由于不同的估价师的专业知识、经验、职业道德等不同，因此对于同一宗房地产，不同的估价师评估出的价值往往不同。但称职的估价师评估出的价值应接近，之间的差异也在合理的误差范围内。由此可见，要求评估的是合理的价值，而实际评估出的可能是带有估价师个人主观因素的价值，这两者又都可能与估价对象在市场上交易的成交价格不同。但从理论上讲，在对交易服务的估价中，一个良好的评估价值等于正常成交价格，也等于市场价格。

---

① 中华人民共和国住房和城乡建设部，中华人民共和国国家质量监督检验检疫总局. GB/T 50899—2013房地产估价基本术语标准［S］. 北京：中国建筑工业出版社，2013：57.
② 中华人民共和国住房和城乡建设部，中华人民共和国国家质量监督检验检疫总局. GB/T 50899—2013房地产估价基本术语标准［S］. 北京：中国建筑工业出版社，2013：57.

从一宗房地产的成交价格、市场价格、理论价格和评估价值的关系来看，它们之间可能是相同或近似的，也可能是不同的。当交易情况为正常时，成交价格接近市场价格；当市场处于正常状况时，市场价格接近理论价格；当估价科学、准确时，评估价值接近市场价格或理论价格。

1.4.4　市场价值、投资价值、谨慎价值、快速变现价值、在用价值和残余价值

在实际估价中，估价目的不同，评估的价值类型也可能不同。不论何种评估价值，均是假定估价对象在一定的条件下进行交易的最可能的价格或金额。市场价值、投资价值、谨慎价值、快速变现价值、在用价值和残余价值，是按照评估价值的内涵等实质内容划分的几种价值，属于基本价值类型。其中，市场价值又是最基本、最常用的价值类型；其他价值类型是在不符合市场价值形成条件中的一个或多个条件下最可能的价格或金额，属于非市场价值。由于市场价值前面已经述及，因此下面仅介绍其他五种价值类型。

1）投资价值

"投资价值"一词有两种含义：一是值得投资，如人们在为某个项目或产品、资产等进行销售宣传时，经常称其具有投资价值；二是从某个特定的投资者（如某个购买者）的角度来衡量的价值。这里所讲的投资价值是指后者。

投资价值是指估价对象对某个特定单位或个人的价值。投资价值是从某个特定投资者（如某个购买者）的角度来衡量的价值，是根据某个特定投资者的自身情况对房地产所评估的价值。同一房地产对不同的投资者可能有不同的投资价值，因为不同的投资者可能在品牌、开发建设成本、运营费用等方面的优势不同，纳税状况不同，风险偏好不同，对未来房地产市场的预期或信心不同。所有这些因素都会影响投资者对该房地产未来收益和风险等的估计，从而影响投资者对该房地产价值的估计。如果所有的投资者都做出相同的假设，也面临相同的环境状况，则投资价值等于市场价值，但这种情况在现实中很少出现。因此，某一房地产的投资价值，是指根据某个特定的投资者的实际情况，对该房地产所评估的价值。某一房地产的市场价值，是指该房地产对一个典型的投资者（市场上抽象的一般投资者，他代表了市场上大多数人的观点）的价值。也就是说，市场价值来源于市场参与者的共同价值判断，是客观的、非个人的价值；投资价值是对特定的投资者而言的，是主观的、个人的价值。在某一时点，市场价值是唯一的，而投资价值会因投资者的不同而有所不同。

评估投资价值与评估市场价值的方法通常是相同的，所不同的主要是有关估价参数的取值不同。例如，投资价值和市场价值都可以采用收益法评估，但对未来净收益的预测和选取估价参数的立场不同。如不同的投资者对未来净收益的预测有的可能是乐观的，有的可能是保守的；而评估市场价值时要求对未来净收益的预测是客观的，或者说是折中的。再如折现率，评估市场价值时所采用的应是与该房地产的风险程度相对应的社会一般报酬率（即典型投资者所要求的报酬率），而评估投资价值时所采用的应是某个特定投资者所要求的最低报酬率（也称为最低期望收益率）。这个特定投资者所要求的最低报酬率，可能高于也可能低于与该房地产的风险程度相对应的社会一般报酬率。[1]

例如，政府以招标、拍卖、挂牌、协议等方式出让建设用地使用权，欲取得土地者可

① 中华人民共和国住房和城乡建设部，中华人民共和国国家质量监督检验检疫总局. GB/T 50899—2013 房地产估价基本术语标准 [S]. 北京：中国建筑工业出版社，2013：58-59.

能会委托房地产估价机构评估其可承受的最高价，从而为其确定投标报价、最高出价等提供参考依据。这就是一种投资价值评估。

2）谨慎价值

谨慎价值是指在存在不确定因素的情况下，遵循谨慎原则所评估的价值。谨慎原则见本书第2章第2.6节。谨慎价值通常低于市场价值。例如，为了防范房地产信贷风险，通常要求评估的房地产抵押价值本质上是谨慎价值。

3）快速变现价值

快速变现价值是指估价对象在没有充足的时间进行营销的情况下的价值，其实质是在不符合市场价值形成条件中的"适当营销"下的价值。例如，卖者因某种原因急于出售房地产而要求评估的价值，即为快速变现价值。房地产因难以变现，如果要在短时间内（如销售期短于正常或合理的销售期）将其卖出，则必然要降价。因此，快速变现价值通常低于市场价值。

4）现状价值

现状价值指估价对象在某一特定时间的实际状况下的价值。某一特定时间，一般是价值时点，但也可能是其他时间，如在回顾性估价和预测性估价中的特定时间。实际状况，一般应是依法判定的实际状况，包括用途、规模、档次等。实际状况可能是最高最佳利用状况，也可能不是最高最佳利用状况。当实际状况是最高最佳利用状况时，现状价值等于市场价值；在不是合法利用的条件下，现状价值可能高于市场价值。例如，临街住宅楼的底层住宅擅自改为商铺，该底层住宅的商业用途的现状价值，通常高于法定居住用途的市场价值。

5）残余价值

残余价值是指估价对象在非继续利用情况下的价值。残余价值与通常意义上的"残值"有所不同，残值是估价对象在使用寿命结束时的残余价值。因此，残余价值大于或等于残值，仅在估价对象使用寿命结束时，残余价值等于残值。残余价值一般低于市场价值。例如，某个针对特定品牌进行了特色装饰装修的餐厅，当不再作为该品牌的餐厅继续经营而出售时，则该特色装饰装修不仅不会增加该房地产的价值，而且会降低该房地产的价值，因为该特色装饰装修对该餐厅的后来取得者没有用处。因此，该餐厅的残余价值会低于其市场价值。但在房屋征收的情况下，虽然该餐厅也不会继续经营下去，但因要给予公平补偿，所以应假设它继续经营来评估其价值，即在房屋征收的情况下，评估的应是市场价值，而不是残余价值。

1.4.5 完全产权价值、无租约限制价值、出租人权益价值和承租人权益价值

1）完全产权价值

完全产权价值是指房屋所有权和以出让方式取得的建设用地使用权在不受任何其他房地产权利等限制情况下的价值。房屋所有权和以出让方式取得的建设用地使用权（简称出让建设用地使用权）是中国目前单位、个人享有的最充分的房地产权利。如果这种权利除受到城乡规划、征收、征税的限制外，没有受到其他房地产权利等的限制，则可称为完全产权。因此，完全产权价值是房屋所有权和出让建设用地使用权在不考虑房地产租赁、抵押、查封等因素影响情况下而评估的价值。不考虑租赁因素的影响是评估无租约限制价值；不考虑抵押、查封因素的影响是评估价值中不扣除已抵押担保的债权数额、发包人拖

欠承包人的建设工程价款和其他法定优先受偿款。[①]

对于已出租的房地产，在估价时需要区分评估的是无租约限制价值，还是出租人权益价值，或是承租人权益价值。

2）无租约限制价值

无租约限制价值是指房地产在不考虑租赁因素影响情况下的价值，其评估价值为未出租部分和已出租部分均按市场租金确定租金收入所评估的价值。

3）出租人权益价值

出租人权益价值是指出租人对自己的已出租房地产依法享有的权益的价值。其评估价值为已出租部分在租赁期间按合同租金确定租金收入，未出租部分和已出租部分在租赁期届满后按市场租金确定租金收入所评估的价值。

4）承租人权益价值

承租人权益价值是指承租人对他人所有的已出租房地产依法享有的权益的价值。其评估价值为按合同租金与市场租金的差额所评估的价值。[②]

合同租金与市场租金的差异程度，对无租约限制价值没有影响，但影响着出租人权益价值和承租人权益价值的大小。如果合同租金低于市场租金，则出租人权益价值会小于无租约限制价值，此时承租人权益价值是正值。如果合同租金高于市场租金，则出租人权益价值会大于无租约限制价值，此时承租人权益价值是负值。同一房地产，无租约限制价值、出租人权益价值和承租人权益价值三者之间的关系为：

无租约限制价值 = 出租人权益价值 + 承租人权益价值

无租约限制价值与完全产权价值有所不同。完全产权价值不仅是不考虑租赁因素影响的价值，还是不考虑抵押、查封等因素影响的价值，并且是房屋所有权和出让建设用地使用权的价值，即"干净"的房屋所有权和"干净"的出让建设用地使用权的价值。[③]

对于已出租的房地产，估价目的不同，则在无租约限制价值、出租人权益价值和承租人权益价值中，要求评估的内容也可能不同。例如，房地产抵押估价、房地产转让估价应评估出租人权益价值，房屋征收估价应评估无租约限制价值。

1.4.6　市场调节价、政府指导价和政府定价

市场调节价、政府指导价和政府定价是按照政府对房地产价格的管制或干预程度划分的几种价格。

《中华人民共和国价格法》（1997年12月29日中华人民共和国主席令第92号）第三条规定："国家实行并逐步完善宏观经济调控下主要由市场形成价格的机制。价格的制定应当符合价值规律，大多数商品和服务价格实行市场调节价，极少数商品和服务价格实行政府指导价或者政府定价。"在房地产价格方面，《城市房地产开发经营管理条例》（1998年7月20日中华人民共和国国务院令第248号）第三十条规定："房地产开发项目转让和商品房销售价格，由当事人协商议定；但是，享受国家优惠政策的居民住宅价格，应当实行政府指导价或者政府定价。"可见，从政府对房地产价格的管制或干预程度来看，房地产

① 中华人民共和国住房和城乡建设部，中华人民共和国国家质量监督检验检疫总局. GB/T 50899—2013房地产估价基本术语标准［S］. 北京：中国建筑工业出版社，2013：60-61.
② 中华人民共和国住房和城乡建设部，中华人民共和国国家质量监督检验检疫总局. GB/T 50899—2013房地产估价基本术语标准［S］. 北京：中国建筑工业出版社，2013：6.
③ 中华人民共和国住房和城乡建设部，中华人民共和国国家质量监督检验检疫总局. GB/T 50899—2013房地产估价基本术语标准［S］. 北京：中国建筑工业出版社，2013：61.

价格可分为市场调节价、政府指导价和政府定价。

市场调节价是指由经营者自主制定的，通过市场竞争形成的价格。对于实行市场调节价的房地产，因经营者可以自主制定价格，所以估价应依据市场供求状况进行。

政府指导价是指由政府价格主管部门或者其他有关部门，按照定价权限和范围规定基准价及其浮动幅度，指导经营者制定的价格。对于实行政府指导价的房地产，由于经营者应在政府指导价规定的幅度内制定价格，因此估价结果不得超出政府指导价规定的幅度。

政府定价是指由政府价格主管部门或者其他有关部门，按照定价权限和范围制定的价格。对于实行政府定价的房地产，由于经营者应执行政府定价，因此估价结果应以政府定价为准。例如，在城镇住房制度改革中，出售公有住房的标准价、成本价就属于政府定价。

政府对价格的干预，还有最高限价和最低限价。最高限价是试图规定一个对房地产可以收取的最高价；最低限价也称为最低保护价，是试图规定一个对房地产可以收取的最低价。因此，对有最高限价的房地产，估价结果不得超过其最高限价；对有最低限价的房地产，估价结果不得低于其最低限价。

政府对价格的干预还有规定价格构成或利润率等，如规定新建经济适用住房的出售价格实行政府指导价，按保本微利原则确定。其中，经济适用住房的成本包括土地和房屋征收补偿费、勘察设计和前期工程费、建筑安装工程费、住宅小区基础设施建设费（含小区非营业性配套公建费）、管理费、贷款利息和税金七项因素。

1.4.7　基准地价、标定地价和房屋重置价格

基准地价、标定地价和房屋重置价格是《中华人民共和国城市房地产管理法》（以下简称《城市房地产管理法》）中提到的三种价格，都属于评估价格。

1）基准地价

基准地价是以一个城市为对象，在该城市的一定区域范围内，根据用途相似、地块相连、地价相近的原则划分地价区段，从而调查评估出的各地价区段在某一时点的平均水平价格。

2）标定地价

标定地价是指在一定时期和一定条件下，能代表不同区位、不同用途地价水平的标志性宗地的价格。

3）房屋重置价格

房屋重置价格是采用价值时点的建筑材料和建筑技术，按价值时点的价格水平，重新建造与估价对象具有同等功能效用的全新状态的建筑物的正常价格。有了这种房屋重置价格之后，在实际估价过程中，估价对象的价格就可以通过对这种房屋重置价格的比较修正来求取。

1.4.8　土地价格、建筑物价格和房地价格

土地价格、建筑物价格和房地价格是一组按照房地产的存在形态来划分的价格。

1）土地价格

土地价格简称地价，如果是一块无建筑物的空地，此价格即指该块土地的价格；如果是一块有建筑物的土地，此价格是指该宗房地产中土地部分的价格，不含建筑物的价格。

有时根据土地的"生熟"程度，还可把土地粗略地分为生地、毛地、熟地三种，由此

又有生地价格、毛地价格、熟地价格。

2）建筑物价格

建筑物价格是指建筑物部分的价格，不含建筑物所占用的土地的价格。

3）房地价格

房地价格又称房地混合价，是指建筑物连同其占用的土地的价格，它往往等同于人们平常所说的房价。

对于同一宗房地产而言，存在以下公式：

房地价格=土地价格+建筑物价格

土地价格=房地价格−建筑物价格

建筑物价格=房地价格−土地价格

但需要指出的是，上述土地价格、建筑物价格、房地价格三者的关系不是机械的，即不是指不论房地产是在分割、合并的前后，还是土地、建筑物各自独立考虑时都存在着上述关系，而是指对同一宗房地产来说，由于只存在土地、建筑物和房地三种基本形态，因此同一宗房地产的价格只能归属于这三种对象之中。

1.4.9 总价格、单位价格和楼面地价

这是一组与价格的内涵、面积范围和面积内涵相联系的房地产价格类型。

1）总价格

总价格是指一宗房地产的总体价格，可以是一宗土地的土地总价格，也可以是一宗建筑物的建筑物总价格，或者是房地合一的房地产整体价格。

2）单位价格

单位价格是指分摊到单位面积的价格。通常，对土地而言，单位价格即单位地价，它是指单位土地面积的土地价格；对建筑物而言，单位价格即单位建筑物价格，它是指单位建筑面积上的建筑物价格；对房地产整体而言，单位价格即单位房地产价格，它是指单位建筑面积上的房地产价格。房地产的单位价格能反映房地产价格水平的高低，而房地产的总价格一般不能说明房地产价格水平的高低。

若想弄清单位价格，应从以下两个方面来考虑，否则它只是一个单纯的数字，无经济意义：①正确理解和把握房地产的价格和面积的内涵，见表1-3；②认清衡量单位，即货币单位和面积单位。

表1-3　　　　　　　　　　　　　　**房地产单位价格的类型**

价格类型＼面积类型	土地面积	建筑面积	建筑物使用面积
土地总价格	单位地价	楼面地价 （单位建筑面积地价）	单位使用面积地价
建筑物总价格	无	单位建筑物价格 （单位建筑面积上的建筑物价格）	单位使用面积建筑物价格
房地产总价格	无	单位房地产价格 （单位建筑面积上的房地产价格）	单位使用面积房地产价格

3）楼面地价

楼面地价又称单位建筑面积地价，是平均到每单位建筑面积上的土地价格，是一种房地产的单位价格。关于楼面地价，存在以下公式：

楼面地价＝土地总价格÷建筑总面积

容积率＝建筑总面积÷土地总面积

楼面地价＝土地单价÷容积率

楼面地价在实际工作中有重要意义，其往往比土地单价更能反映土地价格水平的高低，因为土地单价是针对土地而言的，而楼面地价实质上就是单位建筑面积上的土地成本。

【实战演练1-1】

有甲、乙两块土地，甲土地的单价是1 000元/平方米，乙土地的单价是1 200元/平方米。如果两块土地的其他条件完全相同，显然，甲土地比乙土地便宜，明智的买家会购买甲土地，而不会购买乙土地；如果甲、乙两块土地的容积率不同，甲土地的容积率为5，乙土地的容积率为8，除此之外的其他条件都相同，这时仅靠土地单价就难以判断两块土地价格的高低，因此应根据楼面地价进行比较。计算可知，甲、乙两块土地的楼面地价分别为200元/平方米和150元/平方米，甲土地反而比乙土地贵（每平方米建筑面积贵50元），那么，理智的买家会购买乙土地，而不会购买甲土地。

1.4.10　房地产所有权价格、土地使用权价格和其他房地产权利价格

房地产所有权价格、土地使用权价格和其他房地产权利价格是按照房地产权利的种类划分的几种价格，具体有房屋所有权价格、土地所有权价格、建设用地使用权价格、宅基地使用权价格、土地承包经营权价格、地役权价格、抵押权价格和租赁权价格。为了叙述方便，我们将房屋所有权价格、土地所有权价格合称为房地产所有权价格，将建设用地使用权价格、宅基地使用权价格和土地承包经营权价格合称为土地使用权价格，将地役权价格、抵押权价格和租赁权价格合称为其他房地产权利价格。

1）房地产所有权价格

房地产所有权价格是指房屋所有权价格、土地所有权价格，或者房屋和土地所有权价格。目前，中国的土地只能为国家所有或集体所有，土地的国家所有权和集体所有权不允许出让和转让，仅存在以征收方式将集体土地变为国有土地。征收集体土地虽然要给予补偿，但目前还不是按照被征收土地的市场价值进行补偿。因此，中国目前只有房屋所有权价格，没有土地所有权价格。

另外，如果未来将集体土地征收补偿改为按照被征收土地的价值进行补偿，则会存在集体土地所有权价值评估。相比之下，国有土地上房屋征收补偿已于2001年从实物安置补偿改为货币补偿，并规定货币补偿的金额根据被征收房屋的区位、用途、建筑面积等因素，按房地产市场评估价格确定。

2）土地使用权价格

由于土地使用权有建设用地使用权（其中又有出让的建设用地使用权、划拨的建设用地使用权和其他建设用地使用权）、宅基地使用权、土地承包经营权，因此土地使用权价格又有相应的使用权价格。中国目前有偿出让和转让土地的价格主要是建设用地使用权价格。

建设用地使用权价格在现实中有各种演变，多称为地价款，各地的内涵也不尽相同。对于有使用期限的出让的建设用地使用权和土地承包经营权来说，其价格还可以分为不同使用期限的价格，如40年、50年、70年出让的建设用地使用权价格。

3）其他房地产权利价格

其他房地产权利价格泛指房地产所有权、土地使用权以外的各种房地产权利的价格，如地役权价格、抵押权价格、租赁权价格。

概括起来，从权利的角度来看，现实中的房地产估价对象有下列几种：

①"干净"的出让土地使用权和房屋所有权的房地产（"干净"是指该房地产的手续完备、产权明晰且未设定任何形式的他项权利，下同）。

②"干净"的划拨土地使用权和房屋所有权的房地产。

③"干净"的农民集体所有土地上的房地产。

④部分产权的房地产。

⑤共有的房地产。

⑥附带租约的房地产（即已出租的房地产）。

⑦设定了抵押权的房地产（即已抵押的房地产）。

⑧设定了典权的房地产（即已典当的房地产）。

⑨设定了地役权的房地产。

⑩手续不完备的房地产。

⑪产权不明或有争议的房地产。

⑫临时用地或临时建筑的房地产（又有未超过批准期限的和已超过批准期限的）。

⑬违法占地或违法建筑的房地产。

⑭已被划为征收或拆迁范围的房地产。

⑮已被法院查封、监管的房地产。

⑯房地产的租赁权。

⑰房地产的典权。

⑱房地产的空间利用权（又有地下空间利用权和地上空间利用权）。

1.4.11　买卖价格、租赁价格、抵押价值、典价、保险价值、计税价值和征收价值

1）买卖价格

买卖价格是以买卖方式支付或收取的货币额、商品或其他有价物，简称买卖价。

2）租赁价格

租赁价格常称租金，单纯土地称为地租，在房地混合时称为房租。中国内地目前的房租主要有：①市场租金，或称协议租金，是由市场供求状况决定的租金；②商品租金，是以房地价格为基础确定的租金，其构成内容包括折旧费、维修费、管理费、贷款利息、房产税、保险费、地租和利润八项因素；③成本租金，是按照出租房屋的经营成本确定的租金，由折旧费、维修费、管理费、贷款利息、房产税五项因素构成；④准成本租金，是接近但还达不到成本租金水平的租金；⑤福利租金，是象征性收取的很低水平的租金。房租有按使用面积计算的，也有按建筑面积计算的。

真正的房租构成因素包括：①地租；②房屋折旧费，包括建筑结构、设施设备和装饰装修的折旧费；③房屋维修费；④管理费；⑤投资利息；⑥保险费；⑦房地产税（即房地

产保有环节的税收，目前属于这种性质的税收有房产税、城镇土地使用税）；⑧租赁费用，如租赁代理费；⑨租赁税费，如增值税、城市维护建设税、教育费附加、租赁手续费；⑩利润。

实际中的房租还可能包含上述真正的房租构成因素以外的费用，如家具电器使用费、供暖费、物业服务费，甚至水费、电费、燃气费、电话费等；也可能未包含上述真正的房租构成因素的费用，如出租人与承租人约定，房屋维修费、管理费、保险费等由承租人负担。

房租可能按使用面积、建筑面积、套或栋计算。其中，住宅一般按套或使用面积计租，非住宅一般按建筑面积计租。房租也有日租金、月租金和年租金，还有定额租金和定率租金（也称分成租金、百分比租金，零售用房通常采用这种租金）等。此外，还应注意租赁价格与租赁权价格是两个不同的概念。

3）抵押价值

抵押价值是指估价对象假定未设立法定优先受偿权下的价值减去注册房地产估价师知悉的法定优先受偿款后的价值。严格从市场价值的内涵来衡量，未设立法定优先受偿权下的价值不是市场价值，因为它应是遵循谨慎原则评估出的价值，但除此之外的条件与市场价值相同。法定优先受偿款是假定在价值时点实现抵押权时，已存在的依法优先于本次抵押贷款受偿的款额，包括已抵押担保的债权数额、发包人拖欠承包人的工程价款、其他法定优先受偿款，但不包括实现抵押权的费用和税金。实现抵押权的费用和税金包括为实现抵押权而发生的诉讼费用、估价费用、拍卖费用以及交易税费等。交易税费包括目前的营业税金及附加、所得税、土地增值税、印花税等税金。在为同一抵押权人进行的续贷房地产抵押估价时，续贷对应的已抵押担保的债权数额可不作为法定优先受偿款。抵押净值是指抵押价值减去预期实现抵押权的费用和税金后的价值。[①]

从理论上讲，房地产抵押价值是指当债务人不履行到期债务或者发生当事人约定的实现抵押权的情形时，抵押房地产拍卖、变卖最可能所得的价款扣除法定优先受偿款后的余额。

在估价实务操作上，由于设立抵押权的时间、贷款期限、贷款偿还方式、债务人是否如期偿还，以及不如期偿还时将抵押房地产拍卖、变卖的时间等估价所必要的前提条件在估价时均难以明确，因此房地产抵押价值评估只能演变为评估假定未设立法定优先受偿权利下的价值扣除法定优先受偿款后的余额。而为了弥补这种抵押价值评估的缺陷，保障贷款收回，通常要求房地产抵押估价包括"估价对象变现能力分析"，向估价报告使用人进行"估价对象状况和房地产市场状况因时间变化对房地产抵押价值可能产生的影响"、"定期或者在房地产市场价格变化较快时对房地产抵押价值进行再评估"等方面的提示。当房地产抵押价值小于未偿还的贷款余额时，抵押权人应要求抵押人提供与不足的价值相当的担保或者提前清偿债务。

下列公式有助于对抵押价值的正确理解：

抵押价值＝未设立法定优先受偿权利下的价值－法定优先受偿款

＝未设立法定优先受偿权利下的价值－拖欠建筑工程款－已抵押担保的债权数额－其他法定优先受偿款

---

① 中华人民共和国住房和城乡建设部，中华人民共和国国家质量监督检验检疫总局. GB/T 50899—2013 房地产估价基本术语标准 [S]. 北京：中国建筑工业出版社，2013：60.

抵押贷款额度=抵押价值×贷款成数

其中，将已抵押的房地产再次抵押的，其抵押价值可称为再次抵押价值，具体公式如下：

$$\begin{array}{l}再次抵\\押价值\end{array}=\frac{未设立法定优先}{受偿权利下的价值}-\frac{已抵押贷款余额}{社会一般贷款成数}-\frac{拖欠建设}{工程价款}-\frac{其他法定}{优先受偿}$$

可见，抵押价值既不是经过贷款成数"打折"或者扣除拍卖、变卖的费用和税金后的"净值"，也不是未扣除法定优先受偿款下的"完全价值"。

【实战演练1-2①】

某商品住宅小区在建工程的建设用地面积为 25 000 平方米，拟建总建筑面积为 50 000 平方米、共 500 套的住房。该工程已完成总投资的 80%，房地产开发企业以 5 000 元/平方米的价格预售了其中 100 套建筑面积总计为 10 000 平方米的住房，预购人按房价的 70% 办理了住房抵押贷款。房地产开发企业曾将该在建工程抵押贷款，目前该笔贷款余额为 1 860 万元。房地产开发企业目前支付给施工单位的工程款比施工单位的实际投入少 500 万元，现评估该在建工程不存在预售期房，且未设立法定优先受偿权利下的价值为 20 000 万元。当地同类在建工程的抵押贷款成数一般为 60%。请求取该在建工程的再次抵押价值。

$$该在建工程的再次抵押价值=20\ 000\times\frac{50\ 000-10\ 000}{50\ 000}-\frac{1\ 860}{60\%}-500$$

$$=12\ 400（万元）$$

4）典价

典价是在设定典权时，由典权人支付给出典人的金额。典价往往低于房地产的实际价值。

5）保险价值

保险价值是为保险目的而评估的价值。保险价值宜以假定在价值时点因保险事故发生而可能遭受损失的房地产的重置成本或重建成本为基础来考虑，如多数情况下房地产的保险价值中不包含土地部分的价值。

在评估保险价值时，估价对象的范围应视所投保的险种而定。例如，投保火灾险时的保险价值，仅是指有可能遭受火灾损毁的建筑物的价值及其可能的连带损失，而不包含不可损毁的土地的价值，通常是指建筑物的重建成本（或重置成本）和重建期间的经济损失（如停产停业损失、租金损失等）。

6）计税价值

计税价值是为征税目的而评估的价值。计税价值通常是为税务机关核定计税依据提供参考依据而评估的房地产价值或租金。具体的计税价值如何，要视税种而定。例如，《中华人民共和国房产税暂行条例》（1986年9月15日国务院发布）规定，房产税的计税依据是房产原值一次减除10%～30%后的余值或房产租金收入，因此，房产税的计税价值是评估的房产原值或房产租金。

7）征收价值

征收价值也称征收补偿价值，是指为国家征收房地产的部门和被征收人确定被征收房

---

① 柴强. 房地产估价理论与方法 [M]. 北京：中国建筑工业出版社，2015：102.

地产价值的补偿提供依据而评估的被征收房地产的价值。

1.4.12　实际价格和名义价格

实际价格是指在成交日期时一次付清的价格，或将不是在成交日期时一次付清的价格折现到成交日期时的价格。

名义价格是指在成交日期时讲明，但不是在成交日期时一次付清的价格。

实际交易中的付款方式可能有下列几种：

①要求在成交日期时一次付清。

②如果在成交日期时一次付清，则给予折扣。

③从成交日期时起分期付清。

④约定在未来某个日期一次付清。

⑤以抵押贷款方式支付。

名义价格是表面上的价格，能直接观察到；而实际价格一般直接观察不到，通常需要在名义价格的基础上进行计算或处理才能得到。名义价格和实际价格有多种含义：

①未扣除价格因素的价格为名义价格，扣除了价格因素后的价格为实际价格。在计算房地产的自然增值时，应采用这种含义的实际价格。

②在买房送装修、家具、汽车、车位、物业服务费等的情况下，未减去装修、家具、汽车、车位、物业服务费等价值的价格为名义价格，减去了装修、家具、汽车、车位、物业服务费等价值后的价格为实际价格。

③在交易当事人为了逃税等而不如实申报成交价格的情况下，申报的成交价格为名义价格，真实的成交价格为实际价格。

④在房地产买卖中，本应由卖方缴纳的税费买卖双方约定由买方缴纳，或者本应由买方缴纳的税费买卖双方约定由卖方缴纳，这种情况下的成交价格为名义价格；而实际价格（或称正常成交价格）则是在买卖双方各自缴纳自己应缴纳的税费的情况下的价格。

⑤在不同的付款方式下，在成交日期讲明，但不是在成交日期一次性付清的价格为名义价格；在成交日期一次性付清的价格或者将不是在成交日期一次性付清的价格折现到成交日期的价格为实际价格。

【实战演练1-3①】

一套建筑面积为100平方米、每平方米建筑面积为3 000元的住房，总价为30万元。下面分别说明五种情况下实际价格与名义价格的区别。

第一种情况：实际单价为3 000元/平方米，实际总价为30万元；不存在名义价格。

第二种情况：假设折扣为5%。这时实际单价为2 850元/平方米（3 000×（1-5%）），实际总价为28.5万元；名义单价为3 000元/平方米，名义总价为30万元。

第三种情况：假设年折现率为5%，首付10万元，余款在一年内分两期支付，每隔半年支付10万元。这时实际总价为29.28万元（$10+10÷(1+5\%)^{0.5}+10÷(1+5\%)$），实际单价为2 928元/平方米；名义单价为3 000元/平方米，名义总价为30万元。

第四种情况：假设年折现率为5%，一年后一次性付清。这时实际总价为28.57万元（$30÷(1+5\%)$），实际单价为2 857元/平方米；名义单价为3 000元/平方米，名义总

① 柴强. 房地产估价理论与方法［M］. 北京：中国建筑工业出版社，2015：113.

价为30万元。

第五种情况：假如抵押贷款方式为首付10万元，余款在10年内以抵押贷款方式支付。这时实际单价为3 000元/平方米，实际总价为30万元；不存在名义价格。

1.4.13 现房价格和期房价格

现房价格是指以竣工验收合格的房地产为交易标的的价格。

期房价格是指以目前尚未建成而在将来建成的房屋（含土地）为交易标的的价格。

而对于房地产来说，由于买现房可以立即出租，买期房在期房成为现房期间不能享受租金收入，并由于买期房总存在着风险，因此期房价格与现房价格之间存在以下关系：

期房价格=现房价格-预计在期房成为现房期间现房出租的净收益的折现值-风险补偿

但在现实中，常常会出现同地段的期房价格比现房价格高的相反现象。这主要是由于两者的品质不同，如现房的户型和环境较差、功能已落后等。

【实战演练1-4①】

某套商品住宅期房的建筑面积为90平方米，尚需10个月才能入住。相似的商品住宅现房的市场价格为每平方米建筑面积4 500元，每月月末的租赁净收益为2 500元/套。估计年折现率为10%，风险补偿为现房价格的5%，计算该期房目前的市场价格。

设该期房目前的市场价格（单价）为V，则：

$$V=4\ 500-\frac{2\ 500}{10\%\div12}\times[1-\frac{1}{(1+10\%\div12)^{10}}]\div90-4\ 500\times5\%$$

$$=4\ 009.54（元/平方米）$$

1.4.14 起价、标价、成交价和均价

起价、标价、成交价和均价是在商品房销售中出现的一组价格。

1）起价

起价是指销售新建商品房的最低价。该价格通常是最差位置的楼栋和最差的户型、朝向、楼层的商品房的价格，有时甚至连这种价格的商品房都不存在，仅是开发商在宣传时为了吸引人们对所销售商品房的关注而虚设的一种价格。因此，起价通常不能反映所销售商品房的真实价格水平。

2）标价

标价也称报价、挂牌价、表格价，是新建商品房销售者在价目表上标注的不同楼栋、户型、朝向、楼层的商品房的出售价格，即卖方要价。一般情况下，买卖双方会围绕着这个价格进行讨价还价，最后商品房销售者可能作出某种程度的让步，按照一个比这个价格低的价格成交。

3）成交价

成交价是商品房买卖双方的实际交易价格。商品房买卖合同中写明的价格一般就是这个价格。

4）均价

均价是所销售商品房的平均价格，具体有标价的平均价格和成交价的平均价格。这个价格一般可以反映所销售商品房的价格水平。

---

① 柴强. 房地产估价理论与方法［M］. 北京：中国建筑工业出版社，2015：115.

1.4.15 评估价、保留价、起拍价、应价和成交价

评估价、保留价、起拍价、应价和成交价是房地产拍卖中的几种价格。房地产拍卖是以公开竞价的形式，将房地产转让给最高应价的竞买人或者表示以该最高价买受的优先购买权人的买卖方式。

1）评估价

房地产拍卖活动中的评估价，一般是指为人民法院或有关当事人确定拟拍卖房地产的保留价提供参考依据，对拟拍卖房地产的市场价值或快速变现价值进行分析、测算和判断的结果。此外，房地产拍卖活动中还有一种评估价，即为竞买人确定最高出价提供参考依据，对拍卖房地产的投资价值或市场价值进行分析、测算和判断的结果。

2）保留价

保留价，也称拍卖底价，是指在拍卖前确定的拍卖标的可售的最低价。拍卖分为无保留价拍卖和有保留价拍卖。拍卖标的无保留价的，拍卖师应在拍卖前予以说明；拍卖标的有保留价的，竞买人的最高应价未达到保留价时，该应价不发生效力，拍卖师应当停止拍卖标的的拍卖。在有保留价拍卖中，保留价通常是有关当事人参照评估价或者市价确定的。人民法院对被查封房地产的拍卖均采取有保留价拍卖方式。《最高人民法院关于人民法院民事执行中拍卖、变卖财产的规定》第八条规定："拍卖应当确定保留价。拍卖保留价由人民法院参照评估价确定；未作评估的，参照市价确定，并应当征询有关当事人的意见。人民法院确定的保留价，第一次拍卖时，不得低于评估价或者市价的80%；如果出现流拍，再行拍卖时，可以酌情降低保留价，但每次降低的数额不得超过前次保留价的20%。"《最高人民法院关于人民法院委托评估、拍卖和变卖工作的若干规定》对确定拍卖保留价的规则进行了适当修改，其中第十三条规定："拍卖财产经过评估的，评估价即为第一次拍卖的保留价；未作评估的，保留价由人民法院参照市价确定，并应当征询有关当事人的意见。"

可见，在人民法院拍卖房地产估价中，过去的规定是：

第一次拍卖的保留价≥评估价×80%=市场价值×80%

现在的规定是：第一次拍卖的保留价=评估价=市场价值

3）起拍价

起拍价是指拍卖师在拍卖时首次报出的拍卖标的的价格。

4）应价

应价是指竞买人对拍卖师报出的价格的应允，或是竞买人自己报出的购买价格。

5）成交价

成交价是经拍卖师落槌或者以其他公开表示买定的方式确认后的竞买人的最高应价。

1.4.16 拍卖价格、招标价格和协议价格

拍卖价格、招标价格和协议价格是一组与房地产交易（或出让）所采用的方式相联系的价格分类。

拍卖价格是指采用拍卖方式交易（或出让）房地产的成交价格。

招标价格是指采用招标方式交易（或出让）房地产的成交价格。

协议价格是指采用协议方式交易（或出让）房地产的成交价格。

在通常情况下，采用协议方式出让的地价最低，其次是招标，最高是拍卖。

1.4.17　补地价

补地价是指需要补交给政府的一笔地价。需要补地价的情形主要有下列四种：

①更改原出让土地使用权时规定的用途。

②增加原出让土地使用权时规定的容积率。

③转让、出租、抵押划拨土地使用权。

④出让的土地使用权期满后续期。

对于改变用途来说，补地价的数额通常等于改变用途后与改变用途前的地价的差额，因此补地价的计算公式如下：

补地价=改变用途后的地价−改变用途前的地价

对于增加容积率来说，补地价可以用下列公式计算：

补地价（单价）=（增加后的容积率−原容积率）÷原容积率×原容积率下的地价

或者：补地价（单价）=（增加后的容积率−原容积率）×原楼面地价

补地价（总价）=补地价（单价）×土地总面积

1.5　房地产估价的概念、特点及必要性

1.5.1　房地产估价的概念

房地产估价是指房地产估价机构接受他人委托，选派注册房地产估价师对房地产的价值或价格进行分析、测算和判断，并提供相关专业意见的活动。[①]

"分析"即价值分析，是指对影响估价对象房地产价值的各种因素进行分析。"测算"即价值测算，是指利用各种估价方法的数学公式、模型和数据，对估价对象房地产的价值进行测算。"判断"即价值判断，是指房地产估价师根据测算出来的结果、市场行情以及自己的专业经验，对估价对象房地产的价值进行最终的判定。分析是测算的基础，测算是判断的基础。

房地产估价是对房地产的客观合理价格或价值的分析、测算和判断。客观合理价格或价值是估价对象在某种估价目的下形成的正常价格，它能为当事人或社会一般人所信服和接受。

分析、测算和判断是一种估计，是估计就会有误差，但这种误差又不是无限度的，必须在一个合理的范围内。还需要指出的是，估价不同于定价。估价只是为当事人提供公平可信的价格参考依据，并不取代当事人的民事权利，而定价往往是当事人的行为。房地产的最终成交价格应由当事人自己决定，当事人出于某种目的，可以使其成交价格高于或低于正常价格。

最后，正确地理解房地产估价，还需要把握下列两点：①房地产估价是科学与艺术的有机结合；②房地产估价是把客观存在的房地产价格揭示、表达出来。

1.5.2　房地产估价的特点[②]

1）房地产估价是评估房地产的价值而不是价格

价值（value）和价格（price）之间的关系及区别是：价值是物的真实所值，是内在的，是相对客观和相对稳定的，是价格的波动"中心"；价格是价值的外在表现，围绕着

---

①　中华人民共和国住房和城乡建设部，中华人民共和国国家质量监督检验检疫总局. GB/T 50899—2013 房地产估价基本术语标准 [S]. 北京：中国建筑工业出版社，2013：2.

②　柴强. 房地产估价理论与方法 [M]. 北京：中国建筑工业出版社，2015：5-11.

价值上下波动，是实际发生、已经完成并且可以观察到的事实，它因人而异，时高时低。现实中由于定价决策、个人偏好或者交易者之间的特殊关系和其他原因，时常会出现"低值高价"或者"高值低价"等价格背离价值的情况。因此，为了使表述上更加科学、准确，也为了与国际上通行的估价理念、理论相一致，便于对外交流沟通，必须强调房地产估价是评估房地产的价值而不是价格。

还需要指出的是，虽然估价是评估价值，而且理论上是价值决定价格，但在估价实践中，一般是通过外在的价格来了解内在的价值。这就如同人的心理活动支配其行为，但要了解人的心理活动则要观察其行为一样。另外，价值和价格的内涵虽然在估价理论上有严格的区分，但由于习惯等方面的原因，人们有时并不对它们作严格意义上的区分，甚至可以交换使用。

2）房地产估价是模拟市场定价而不是替代市场定价

估价（valuation）与通常意义上的定价（pricing）有本质的不同。估价是提供关于价值的专业意见，为相关当事人的决策提供参考依据。定价往往是相关当事人自己的行为，如卖方要价、买方出价或者买卖双方的成交价等，应由交易当事人自己决定。

房地产价值是客观的、由市场力量决定的，即房地产价值是由众多的市场参与者的价值判断而非个别市场参与者的价值判断所形成的。因此，房地产估价不是房地产估价师的主观随意定价，而是房地产估价师模拟大多数市场参与者的思维和行为，在充分认识房地产市场形成房地产价格的机制和过程，以及深入调查了解房地产市场行情的基础上，通过科学的分析、测算和判断活动，把客观存在的房地产价值揭示出来的行为。换句话说，房地产价值本来就存在，房地产估价只是房地产估价师运用自己掌握的估价理论知识、积累的估价实践经验去"揭示"或者"发现"房地产价值，而不是去"发明"或者"创造"房地产价值。

3）房地产估价是提供价值意见而不是作价格保证

估价行业外的人通常认为，估价机构和估价师提供的评估价值应是在市场上可以实现的；否则，估价机构和估价师应当赔偿由此造成的损失。实际上，房地产估价是房地产估价师以"房地产价格专家"的身份发表自己对估价对象价值的见解、看法或观点，即估价结果是一种专业意见，而不应被视为估价机构和估价师对估价对象在市场上可实现价格的保证。

虽然估价是提供价值意见而不是作价格保证，但并不意味着估价机构和估价师可以不负任何责任。我们可以把房地产估价专业意见的作用分为性质不同的两类：一是咨询性或参考性的；二是鉴证性或证据性的。在这两类起着不同作用的估价中，估价机构和估价师都要承担一定的法律责任。一般而言，估价机构和估价师在起着鉴证性或证据性作用的估价中所承担的法律责任，大于在起着咨询性或参考性作用的估价中所承担的法律责任。

4）房地产估价都有误差，但误差应在合理范围内

估价行业外的人通常认为，合格的估价师对同一估价对象的评估价值应是相同的；对于为交易提供价值参考依据的估价，评估价值是否正确还应当用事后的实际成交价格来检验。但在实际中，评估价值与实际成交价格常常有一定的差异，甚至差异很大；即使是聘请合格的估价师对同一估价对象在同一估价目的、同一价值时点下的价值进行重新评估，不同的估价师得出的评估价值往往也不相同。

对估价准确性问题的认识包括以下几点：

①估价总是在信息不完全和不确定的条件下作出的，不同的估价师掌握的信息一般不可能完全相同。

②所有的评估价值都会有误差，评估价值存在下述公式：

评估价值=真实价值+误差

估价对象的真实价值只是理论上存在的，实际中不可得知，因此评估价值有误差是必然的。即使是对高度、面积、重量等一般物理量的测量，被测量物和测量工具通常还是有形的实物，也不可避免地存在误差。更何况是估价，它从某种意义上讲是选用无形的估价方法去测量看不见、摸不着的价值，存在误差也就不难理解了。

③不能用物理量测量的误差标准来要求估价的误差标准，应允许估价有较大的误差。在英联邦，在估价委托人起诉估价师的法庭诉讼中，法官使用的误差范围通常是±10%，有时会放宽到±15%；对于难度很大的估价业务，误差范围甚至可以放宽到±20%。

④判断一个评估价值的误差大小或者准确性，理论上是将它与真实价值进行比较。由于真实价值不可得知，因此出现了两种替代真实价值的选择：一是实际成交价格；二是合格的估价师的重新估价结果。因为评估价值一般是在一系列正常交易假定条件下最可能的价格，而实际成交时的交易情况不一定正常，实际成交价格不一定是正常市场价格，所以一般不能采用实际成交价格，而应采用合格的估价师（通常为公认的具有较高专业胜任能力的若干名估价专家）对同一估价对象在同一估价目的、同一价值时点下的重新估价结果。

⑤即使可以用上述方法判断一个评估价值的误差大小或者准确性，但在实际中，也不宜轻易直接评判一个评估价值的对与错、误差有多大，而应通过考察估价师和估价机构在履行估价程序上有无疏漏、在估价过程中有无失误等，间接对其估价结果予以肯定或否定。

5）房地产估价既是一门科学，也是一门艺术

房地产价值分析、测算和判断必须依靠科学的估价理论和方法，但又不能完全拘泥于这些理论和方法，还必须依靠房地产估价师的实践经验。因为房地产市场是地区性市场，各地的房地产市场行情和价格影响因素可能各不相同，而且影响房地产价格的因素众多，其中许多因素对房地产价格的影响难以准确把握和量化。同时，房地产价值不是简单地套用某些数学公式或者数学模型就能够测算出来的，数学公式或者数学模型中的一些参数、系数等，有时也要依靠房地产估价师的实践经验作出判断。此外，每种估价方法都是从某个角度或者某个方面建立起来的，它们或多或少都会存在一些局限性。在估价实务中，要求采用两种以上的估价方法进行估价，就是出于对不同估价方法局限性的调整和综合平衡的考虑。针对不同的估价对象，如何选用合适的估价方法，如何对不同估价方法测算出的结果进行取舍、调整得出最终的估价结果，是房地产估价师对房地产市场规律的把握、对估价理论和方法的掌握以及其实务操作能力的综合体现。最终的估价结果是否客观合理，也依赖于房地产估价师综合判断艺术水平的高低。因此，房地产估价不仅是一门科学，也是一门艺术。

由于房地产估价既是一门科学，又是一门艺术，因此世界上许多国家和地区规定，要成为执业的房地产估价师，不仅应具有相当程度的估价理论知识，而且应具有一定年限以

上的估价实践经验。虽然房地产估价也是一门艺术，但房地产估价师仍应努力把握房地产价格的影响因素，科学量化它们对房地产价格的影响，从而不断增加房地产估价的科学成分，减少其"艺术"成分，提高估价的客观性。

1.5.3 房地产估价的必要性

房地产估价是市场经济的重要组成部分，经济社会的发展特别是房地产市场的发展，都离不开房地产估价。

1）理论上的必要性

一种资产只有具备了下列两个条件才真正需要专业估价：①独一无二性；②价值量较大。

具体就房地产而言，房地产具有不可移动性、独一无二性和高价值性，房地产市场是典型的"不完全市场"，因此房地产不会自动地形成众人都容易识别的适当价格。同时，由于存在许多阻碍房地产价格合理形成的因素，并且在其判断中需要专门的知识和经验，因此需要专业估价师提供市场信息，进行替代市场的房地产估价。房地产估价的重要性在于：有助于建立合理的房地产市场交易秩序，有助于将房地产价格导向正常化，是促进房地产公平交易的基本保障。

2）现实的需要

（1）房地产交易的需要

由于房地产具有不可移动性、独一无二性，因此其不像一般商品那样有一个统一的价格，可以说，每宗房地产的价格都不一样；又由于一般单位或个人不是专业从事房地产交易的，其对房地产市场的行情不易了解，因此在房地产交易时需要请专业的房地产估价机构为其提供价格参考依据。

（2）房地产抵押的需要

在单位或个人向银行申请借款时，银行为减少自身的风险，往往要求借款人以其房地产作为抵押物。为了知道抵押房地产的价值，银行一般会要求借款人委托银行信任的估价机构来估价，以此作为贷款的参考依据。房地产抵押对房地产估价的需要，归纳起来主要有以下几种：

①初次抵押估价，即将没有抵押的房地产抵押的，对该房地产的抵押价值进行评估。

②再次抵押估价，即将已抵押的房地产再次抵押的，对该房地产的抵押价值进行评估。《中华人民共和国担保法》（以下简称《担保法》）第三十五条规定："财产抵押后，该财产的价值大于所担保债权的余额部分，可以再次抵押，但不得超出其余额部分。"

③转抵押估价，即将抵押房地产及其所担保债权转让给买受人的，对该房地产的抵押价值进行评估。

④续贷抵押估价，即抵押贷款到期后继续以该房地产抵押贷款的，对该房地产的抵押价值进行评估。

⑤抵押期间估价，即对抵押房地产的价值进行监测，及时掌握其变化情况，定期或者根据需要对抵押房地产的价值进行评估。抵押期间估价包括：抵押人的行为足以使抵押房地产的价值减少的，要求抵押人停止其行为；抵押房地产的价值减少的，要求抵押人恢复抵押房地产的价值，或者提供与减少的价值相应的担保；抵押人不恢复抵押房地产的价值也不提供担保的，要求债务人提前清偿债务。

⑥处置抵押房地产估价，即债务人不履行到期债务或者发生当事人约定的实现抵押权的情形，需要将抵押房地产折价或者拍卖、变卖的，为折价或者拍卖、变卖提供价值参考依据，对该房地产的市场价值等进行评估。

在实际中，我们还可按照贷款前期、贷款期间和贷款处置三个阶段，来划分房地产抵押估价及相关服务、抵押成数（抵押率）测算等服务。在贷款期间，可以提供抵押房地产及其价值动态评估服务，从而及时化解信贷风险，提高抵押房地产质量，保障金融机构的债权安全；在贷款处置阶段，除了可以提供处置抵押房地产估价服务，还可以提供资产处置方案、处置方式分析咨询等服务。

（3）房地产典当的需要

典当是出典人将自己的房地产让与他人使用、收益，以获得相当于卖价的资金（典价），但保留该房地产的所有权，待日后有能力时可以返还典价回赎该房地产；典权人则以支付低于买价的资金（典价），取得房地产的占有、使用和收益的权利，且日后还有取得该房地产所有权的可能（在典权期限届满后的一定期限内，如果出典人未返还典价回赎，典权人就可以取得房地产的所有权）。因此，在房地产典当时，需要房地产估价师来估价，从而为典价的确定提供参考依据。

（4）房地产保险和损害赔偿的需要

房地产保险对房地产估价的需要体现在两个方面：一是在投保时需要评估保险价值，从而为确定保险金额提供参考依据；二是在保险事故发生后需要评估所遭受的损失或重置价格、重建价格，从而为确定赔偿金额提供参考依据。其他方面的房地产损害赔偿，如施工挖基础不慎造成邻近房屋倾斜、对房地产权利行使的不当限制（如错误查封）造成权利人受到损害等情况，也需要进行房地产估价。例如，《中华人民共和国物权法》（2007年3月16日中华人民共和国主席令第62号，以下简称《物权法》）第九十二条规定："不动产权利人因用水、排水、通行、铺设管线等利用相邻不动产的，应当尽量避免对相邻的不动产权利人造成损害；造成损害的，应当给予赔偿。"

【实战演练1-5①】

某办公楼工程基础施工过程中，导致邻近一栋住宅楼出现了一定程度的基础不均匀沉降、墙体开裂和门窗变形等现象。该住宅楼总建筑面积为5 500平方米，共60套住房，有60户居民。经评估，该住房在未受损状况下的市场价格为6 000元/平方米，平均每套住房的市场租金为2 000元/月，在受损状况下的市场价格为5 200元/平方米；如果对该住宅楼进行修复，修复工程费为180万元，并需要居民搬迁和在外临时安置6个月，搬迁费平均每户每次1 000元；该住宅楼即使修复后，也会因曾经受损而使人们心理减价3%。请计算：①该住宅楼在不修复情况下的价值减损额是多少？②修复所能带来的价值增加额是多少？③修复的各项必要费用是多少？④该损害在经济上是否可修复？⑤该损害造成的相关经济损失额是多少？⑥该损害造成的总损失额是多少？⑦如果由损害方修复，则损害方除修复外，平均还应给予每户的赔偿金额是多少？

计算过程如下：

①该住宅楼在不修复情况下的价值减损额，为未受损状况下与受损状况下的市场价格

① 柴强. 房地产估价理论与方法 [M]. 北京：中国建筑工业出版社，2015：20.

之差，即：

不修复情况下的价值减损额=（0.6-0.52）×5 500=440（万元）

②修复所能带来的价值增加额，为修复后与修复前的市场价格之差，即：

修复所能带来的价值增加额=［0.6×（1-3%）-0.52］×5 500=341（万元）

③修复的各项必要费用，包括修复工程费、搬迁费和临时安置费，即：

修复的各项必要费用=180+0.1×2×60+0.2×6×60=264（万元）

④该损害在经济上是否可修复，是看修复的必要费用是否小于或等于修复所能带来的价格增加额。如果修复的必要费用小于或等于修复所能带来的价值增加额，则在经济上是可修复的；反之，在经济上是不可修复的。

因为修复的各项必要费用264万元小于修复所能带来的价值增加额341万元，所以该损害在经济上是可修复的。

⑤该损害造成的相关经济损失额，是房地产价值减损（本例为修复工程费和修复后的价值减损额）之外的直接经济损失额，包括搬迁费和临时安置费，即：

该损害造成的相关经济损失额=0.1×2×60+0.2×6×60=84（万元）

⑥该损害造成的总损失额，包括修复的各项必要费用和修复后的价值减损额，即：

该损害造成的总损失额=264+0.6×3%×5 500=363（万元）

⑦如果由损害方修复，则损害方除修复外，平均还应给予每户的赔偿金额包括搬迁费、临时安置费和修复后的价值减损额，或者为总损失额减去修复工程费后的余额，即：

平均还应给予每户的赔偿金额=0.1×2+0.2×6+0.6×3%×5 500÷60=3.05（万元）

或者：平均还应给予每户的赔偿金额=（363-180）÷60=3.05（万元）

（5）建设用地使用权出让的需要

目前，建设用地使用权①出让有招标、拍卖、挂牌和协议等方式。在这些方式中，都需要对拟出让的土地进行估价，从而为市、县人民政府国土资源行政主管部门（以下简称出让人）确定各种出让底价（一般是出让人可接受的最低价）提供参考依据，或者为欲取得土地者确定各种出价（一般是欲取得土地者可接受的最高价）提供参考依据。例如，在招标出让中，出让人需要确定招标底价，投标人需要确定自己的最高出价（最高应价或最高报价）。在协议出让中，出让人需要提出出让价格、确定协议出让最低价，土地使用者需要确定自己的最高出价。此外，对列入招标拍卖挂牌出让计划内的土地有使用意向、提出用地预申请的单位和个人，需要承诺愿意支付的土地价格；出让人需要认定其承诺的土地价格是否可以接受。

（6）房地产税收的需要

有关房地产的税收种类很多，如房产税、契税、土地增值税，房地产与其他财产合征的财产税、遗产税、赠与税等。这些税收一般以房地产的价值为计税依据，因此也需要房地产估价为计税提供参考依据。2010年5月27日，国务院批转国家发展和改革委员会《关于2010年深化经济体制改革重点工作的意见》，该文件中提出要"逐步推进房产税改革"。自2011年1月28日起，上海、重庆开展了对个人住房征收房产税改革试点工作。一旦房产税实行按房地产评估值征收，就更加需要房地产估价服务。

---

① 建设用地使用权过去称为国有土地使用权，简称土地使用权。

（7）房地产征收征用的需要

征收和征用虽然具有强制性，但不是无偿的，而且应当给予公平补偿。例如，《中华人民共和国宪法》（2004年3月14日修正文本，以下简称《宪法》）第十三条规定："国家为了公共利益的需要，可以依照法律规定对公民的私有财产实行征收或者征用并给予补偿。"《物权法》第四十二条规定，"征收集体所有的土地，应当依法足额支付土地补偿费、安置补助费、地上附着物和青苗的补偿费等费用"，"征收单位、个人的房屋及其他不动产，应当依法给予拆迁补偿"；第四十四条规定："单位、个人的不动产或者动产被征用或者征用后毁损、灭失的，应当给予补偿。"《国有土地上房屋征收与补偿条例》第二条规定："为了公共利益的需要，征收国有土地上单位、个人的房屋，应当对被征收房屋所有权人（以下称被征收人）给予公平补偿。"

（8）处理房地产纠纷和有关法律案件的需要

（9）企业合资、合作、合并、兼并、分立、买卖、租赁经营、承包经营、改制、上市、破产清算等的需要

（10）房地产管理的需要

比如确定定期公布的基准地价、标定地价和各类房屋的重置价格，需要估价；如何调整土地使用权出让金，需要估价等。

（11）其他方面的需要

办理出国移民提供财产证明需要的估价服务；房地产投资信托基金需要的估价服务；房地产开发经营过程中需要的估价服务。此外，在房地产开发经营过程中，从房地产开发项目可行性研究到开发完成后的房地产租售等，都需要房地产估价为投资估算、收入预测、房地产定价等提供参考依据。

1.6 房地产估价的基本要素

1）估价当事人

估价当事人是指与估价有关的单位和个人，包括估价委托人、房地产估价机构、注册房地产估价师。

（1）估价委托人

估价委托人是指委托房地产估价机构为其提供估价服务的单位或个人。

估价委托人简称委托人，俗称客户，不一定是估价对象的权利人。委托人可以委托房地产估价机构对自己的房地产进行估价，也可以由于某种需要委托房地产估价机构对他人所有的房地产进行估价。委托人委托估价、取得估价报告的目的可能是给自己使用，如人民法院委托的司法拍卖估价报告是人民法院自己用于确定拍卖保留价；也可能是给特定的第三方使用，如借款人委托的抵押估价报告是借款人提供给贷款人（如商业银行）使用；还可能是给不特定的第三方使用，如上市公司委托的关联交易估价报告是上市公司披露给社会公众使用。不论估价报告是给谁使用，委托人都应如实向房地产估价机构提供其掌握的估价所需资料，如估价对象的权属证明、有关会计报表等，并对其提供的资料的合法性、真实性、准确性和完整性负责；应协助房地产估价机构和注册房地产估价师对估价对象进行实地查勘及搜集估价所需资料；不得非法干预房地产估价机构和注册房地产估价师

的估价行为和估价结果。

这里有必要弄清估价委托人、估价对象权利人、估价利害关系人、估价报告使用人之间的区别和联系。估价对象权利人是指估价对象的所有权人、使用权人、抵押权人等权利人。估价利害关系人是指估价结果会直接影响其合法权益的单位或个人。估价利害关系人除了估价对象的权利人，还有估价对象的潜在投资者、受让人等。估价委托人不一定是估价利害关系人。例如，在房地产抵押估价中，无论是贷款人还是借款人为估价委托人的，都是估价利害关系人。在房屋征收估价中，估价委托人一般是房屋征收部门，房屋征收部门通常不是估价利害关系人，被征收人是估价利害关系人。在房地产司法拍卖估价中，人民法院是估价委托人，但不是估价利害关系人，被执行人、申请执行人和竞买人是估价利害关系人。估价职业道德要求房地产估价师和房地产估价机构与估价利害关系人有利害关系的，必须回避其估价业务。[①]

估价报告使用人简称报告使用人，是指利用估价报告或者估价结果作出有关判断或者决策的单位和个人。估价报告使用人可能是估价对象权利人、投资者、受让人、债权人、政府及其有关部门和社会公众等。

（2）房地产估价机构

房地产估价机构（简称估价机构）是指依法设立并取得房地产估价机构资质，从事房地产估价活动的中介服务机构。目前，房地产估价机构资质的获得方式是行政许可。从事房地产估价活动的单位，应依法取得房地产估价机构资质，并在其资质等级许可范围内从事估价业务。房地产估价机构应由自然人出资，以有限责任公司或合伙企业形式设立；法定代表人或执行合伙事务的合伙人（简称执行合伙人）应是注册后从事房地产估价工作3年以上的注册房地产估价师；资质等级由高到低分为一级、二级、三级。不同资质等级房地产估价机构的业务范围主要根据估价目的划分，不受行政区域、行业限制。[②]

（3）注册房地产估价师

注册房地产估价师是指经过执业注册从事房地产估价活动的房地产估价师。房地产估价师是指通过全国房地产估价师执业资格考试或资格认定、资格互认，取得房地产估价师执业资格的人员。注册房地产估价师必定是房地产估价师，但房地产估价师不一定是注册房地产估价师。目前，房地产估价师执业资格注册采用行政许可的方式。取得房地产估价师执业资格的人员，应受聘于一个具有房地产估价机构资质的单位，经注册后方能以注册房地产估价师的名义从事房地产估价活动。注册房地产估价师可以在全国范围内开展与其聘用单位业务范围相符的房地产估价活动；不得以个人名义承揽房地产估价业务，应由其所在的房地产估价机构统一接受委托和收费；每一注册有效期为3年，在每一注册有效期内应达到继续教育要求；注册有效期满需继续执业的，应申请延续注册。

注册房地产估价师应具有房地产估价的扎实的理论知识、丰富的实践经验和良好的职业道德。具有扎实的理论知识和丰富的实践经验，是对估价专业胜任能力的要求；具有良好的职业道德，是对估价行为规范的要求。仅有理论知识而缺乏实践经验，难以得出符合实际的估价结果；仅有实践经验而缺乏理论知识，会只知其然而不知其所以然，难以对价

① 中华人民共和国住房和城乡建设部，中华人民共和国国家质量监督检验检疫总局. GB/T 50899—2013房地产估价基本术语标准［S］. 北京：中国建筑工业出版社，2013：50.
② 中华人民共和国住房和城乡建设部，中华人民共和国国家质量监督检验检疫总局. GB/T 50899—2013房地产估价基本术语标准［S］. 北京：中国建筑工业出版社，2013：47.

值或价格作出科学深入的分析和解释，更难以举一反三、触类旁通地分析、解决现实中不断出现的新的估价问题。即使理论知识和实践经验都具有，但如果没有良好的职业道德，则估价结果难以客观、公平、合理。[①]

注册房地产估价师必须到估价对象现场，亲身感受估价对象的位置、周围环境、景观的优劣，查勘估价对象的外观、建筑结构、装修、设备等状况，并对事先搜集的有关估价对象的坐落、四至、面积、产权等资料进行核实，补充估价所需的其他资料，同时对估价对象及其周围环境或临路状况进行拍照等。

注册房地产估价师和估价机构应遵循的职业道德包括：

①注册房地产估价师和估价机构应诚实正直，依法独立、客观、公正估价，不得作任何虚假的估价。

②注册房地产估价师和估价机构必须回避与估价委托人、其他相关当事人有利害关系或与估价对象有利益关系的估价业务。

③注册房地产估价师和估价机构不得承接超出自己专业胜任能力的估价业务，对于部分超出自己专业胜任能力的工作，应聘请具有相应专业胜任能力的专业人员或专业机构提供帮助。

④注册房地产估价师和估价机构应勤勉尽责地做好每项估价工作，包括对估价委托人提供的估价所依据的资料进行审慎检查、努力搜集估价所需资料、对估价对象进行认真的实地查勘等。

⑤注册房地产估价师和估价机构应妥善保管估价委托人的文件资料，未经估价委托人书面同意，不得将估价委托人的文件资料擅自公开或泄漏给他人。

⑥注册房地产估价师和估价机构应维护估价行业的声誉，按政府有关规定向估价委托人收取费用，不得以迎合估价委托人的不当要求、对自身能力进行虚假宣传、贬低同行、恶性低收费、支付回扣等不正当手段承揽估价业务。

⑦注册房地产估价师和估价机构不得将资格证书、资质证书借给他人使用，不得允许他人以自己的名义或冒用他人的名义执业，不得以估价者身份在非自己估价的估价报告上签名、盖章。

⑧注册房地产估价师应具有自豪感、责任感，努力学习专业知识，积累估价经验，提高专业胜任能力。

由于房地产估价师执业资格注册和房地产估价机构资质均是行政许可，所以无论是何种估价目的、何种类型的房地产估价活动，包括投资性房地产公允价值计量、用房地产作价出资设立企业、企业改制、资产重组、资产置换、收购资产、出售资产、产权转让、对外投资、合资、合作、租赁、合并、分立、清算、抵债等涉及的房地产估价，只有注册房地产估价师和房地产估价机构才能够从事，不是注册房地产估价师签字和加盖房地产估价机构公章的关于房地产价值或价格的评估报告，不具有法律效力。

2）估价目的

估价目的是指估价委托人对估价报告的预期用途。[②]估价目的的取决于估价委托人对估

---

　　① 中华人民共和国住房和城乡建设部，中华人民共和国国家质量监督检验检疫总局. GB/T 50899—2013房地产估价基本术语标准［S］. 北京：中国建筑工业出版社，2013：48-49.
　　② 中华人民共和国住房和城乡建设部，中华人民共和国国家质量监督检验检疫总局. GB/T 50899—2013房地产估价基本术语标准［S］. 北京：中国建筑工业出版社，2013：2.

价的实际需要，即估价委托人将要拿未来完成的估价报告作什么用。例如，是为借款人向贷款银行提供抵押房地产价值证明或为贷款银行判断抵押房地产价值提供参考依据，还是为房屋征收部门与被征收人确定被征收房屋价值的补偿、税务机关核定某种房地产税收的计税依据、人民法院确定拍卖房地产的保留价、保险公司衡量投保房屋的保险价值、房地产买卖双方协商成交价、政府确定国有建设用地使用权出让底价等提供参考依据。估价委托人一般不会无故花钱委托房地产估价机构估价，肯定是为了某种需要才委托，因此任何估价项目都有估价目的。一个估价项目通常只有一个估价目的。

不同估价目的下的估价结果可能不同，因为估价目的不同，价值时点、估价对象、价值类型以及估价原则、估价依据等都有可能不同。例如，许多房地产在买卖、抵押之前已出租，买卖、抵押时带有租赁期间未届满的租赁合同（俗称租约），许多法律法规规定保护这种租赁关系，因此，购买者、抵押权人应尊重并履行这些租赁合同的各项条款，即所谓"买卖不破租赁"。如果是为房地产买卖、抵押目的对这类房地产进行估价，就应考虑合同租金与市场租金差异的影响。但如果是为房屋征收目的而估价，则不考虑房屋租赁因素的影响，视为无租约限制的房屋来估价。估价目的也限制了估价报告的用途。针对某种估价目的得出的估价结果，不能盲目地套用于与其估价目的不相符的用途。[①]

按估价目的进行分类，房地产估价主要有以下几种类别：①建设用地使用权出让价格评估；②房地产转让价格评估；③房地产租赁价格评估；④房地产抵押估价；⑤房地产保险估价；⑥房地产税收估价；⑦房地产征收估价；⑧房地产分割、合并估价；⑨房地产纠纷估价；⑩房地产拍卖估价；⑪房地产损害赔偿估价；⑫房地产投资信托基金物业评估；⑬企业各种经济活动中涉及的房地产估价；⑭其他目的的房地产估价。

3）估价对象

估价对象即所估的房地产等财产或相关权益。估价对象也称为被估价房地产，当其为租赁权、地役权等房屋所有权和土地使用权以外的房地产权利时，也称为被估价权益。不同估价项目的估价对象范围可能不同。

现实中的房地产估价对象丰富多彩、复杂多样，不仅有房屋、构筑物、土地，而且有已开始开发建设而尚未竣工的房地产，即在建房地产或"在建工程"；还有要求对正在开发建设或计划开发建设而尚未出现的房地产，即未建房地产，如"期房"进行估价；也可能因民事纠纷或理赔等原因，要求对已灭失的房地产，如已被拆除或损毁的房屋进行估价。估价对象还可能不是纯粹的房地产，而含有房地产以外的、作为房地产的一种附属财产的价值，如为某个可供直接经营使用的旅馆、商店、餐馆、汽车加油站、高尔夫球场等的交易提供价值参考依据的估价，其评估价值除了包含该旅馆、商店、餐馆、汽车加油站、高尔夫球场等的建筑物及其占用范围内的土地的价值，通常还包含房地产以外的其他财产，如家具、电器、货架、机器设备等的价值，甚至包含特许经营权、商誉、客户基础、员工队伍、债权债务等的价值，即以房地产为主的整体资产价值评估或称为企业价值评估。此外，估价对象还可能是房地产的某个局部，如某栋房屋中的某个楼层，某栋住宅楼中的某套住房；可能是房地产的现在状况与过去状况的差异部分，如在预售商品房的情

① 中华人民共和国住房和城乡建设部，中华人民共和国国家质量监督检验检疫总局. GB/T 50899—2013房地产估价基本术语标准［S］. 北京：中国建筑工业出版社，2013：51.

况下购买人提前装饰装修的部分，在房屋租赁的情况下承租人装饰装修的部分。[①]估价对象的具体种类可见本章有关房地产的类型的相关内容。

4）价值时点

价值时点是指所评估的评估对象价值或价格对应的某一特定时间。价值时点，过去通常称为估价时点，有时也称为评估时点、评估基准日、评估期日。估价时点、评估时点、评估基准日、评估期日在字面上都容易让人误解为估价的时间，即估价作业日期，因此称为价值时点更加准确，不会产生歧义。

由于同一宗房地产在不同的时间其价值会有所不同，所以房地产估价必须说明是评估估价对象在哪个特定时间的价值，即在该日期上估价对象才有该价值。价值时点不是可以随意确定的，应根据估价目的来确定。价值时点可能是现在、过去或将来的某一特定时间，一般为某一特定日期，并采用公历年、月、日表示。在估价中，确定价值时点应在前，得出评估价值应在后。

5）价值类型

价值类型有两种含义：一是指价值的种类。价值种类可以分为市场价值和非市场价值两大类。市场价值是多数估价项目需要评估的价值，是房地产在满足下列条件下进行交易最可能实现的价值：①交易双方自愿进行交易，买者和卖者都不是被迫地购买或出售房地产；②利益最大化，交易双方进行交易的目的是追求各自利益最大化；③交易双方的信息是对称的，交易双方都是理性的，并且充分掌握了市场信息，买卖均不是盲目的；④交易双方有比较充裕的时间进行交易，买卖双方不急于购买或出售房地产；⑤不存在买者因特殊原因而给予附加出价。此外，市场价值还隐含最高最佳利用、继续使用等条件。凡不符合上述市场价值形成条件中任意一条的，均为非市场价值。二是指所评估的估价对象的某种特定价值或价格，包括价值或价格的名称、定义或内涵。房地产估价虽然是评估房地产的价值或价格，但因房地产价值和价格的种类较多，每种价值和价格的内涵不同，并且在同一时间，同一房地产的不同种类的价值和价格一般也不相同，所以对于一个具体的估价项目，不能笼统地讲是评估房地产的价值或价格，而必须明确是评估哪种价值或价格，包括价值或价格的名称、定义或内涵。在一个估价项目中，价值类型不是可以随意确定的，而应根据估价目的来确定。常见的价值类型有市场价值、投资价值、现状价值、抵押价值、快速变现价值等。[②]

6）估价依据

估价依据是指作为估价的前提或基础的文件、标准和资料。估价依据主要有以下几种：一是有关法律、法规和政策，包括有关法律、行政法规，最高人民法院和最高人民检察院发布的有关司法解释，估价对象所在地的有关地方性法规，国务院所属部门颁发的有关部门规章和政策，估价对象所在地人民政府颁发的有关地方政府规章和政策。二是有关估价标准，包括房地产估价的国家标准、行业标准、指导意见和估价对象所在地的地方标准等。三是估价委托书、估价委托合同和估价委托人提供的估价所需资料，如估价对象的面积、用途、权属证明等。四是房地产估价机构、注册房地产估价师掌握和搜集的估价所

① 中华人民共和国住房和城乡建设部，中华人民共和国国家质量监督检验检疫总局. GB/T 50899—2013房地产估价基本术语标准［S］. 北京：中国建筑工业出版社，2013：51-52.
② 中华人民共和国住房和城乡建设部，中华人民共和国国家质量监督检验检疫总局. GB/T 50899—2013房地产估价基本术语标准［S］. 北京：中国建筑工业出版社，2013：52-53.

需资料。

在实际估价中，选取估价依据应有针对性，主要是根据估价目的和估价对象来选取。不同的估价目的和估价对象，估价依据有所不同。[①]

为了使估价依据真实可靠，估价师应勤勉尽责，对委托人提供的有关情况和资料进行必要的核查，同时要求委托人申明其所提供的资料合法、真实、齐全，没有隐匿或虚报的情况。

7）估价假设

估价假设是指针对估价对象状况等估价前提所做的必要、合理且有依据的假定，包括一般假设、未定事项假设、背离事实假设、不相一致假设和依据不足假设。注册房地产估价师和房地产估价机构不得为了高估或低估，规避应尽的审慎检查资料、尽职调查情况等估价义务而滥用估价假设。

估价假设主要有以下几个方面：一是一般假设，是指估价项目通常有的、常见的估价假设，包括对估价所依据的估价委托人提供的估价对象的权属、面积、用途等资料进行了审慎检查，在无理由怀疑其合法性、真实性、准确性和完整性且未予以核实的情况下，对其合法、真实、准确和完整的合理假定；对房屋安全、环境污染等影响估价对象价值的重大因素给予了关注，在无理由怀疑估价对象存在安全隐患且无相应的专业机构进行鉴定、检测的情况下，对其安全的合理假定。二是未定事项假设，是指对估价所必需的尚未明确或不够明确的土地用途、容积率等事项所做的合理的、最可能的假定。三是背离事实假设，是指因估价目的的特殊需要、交易条件设定或约定，对估价对象状况所做的与估价对象在价值时点的状况不一致的合理假定。例如，在国有土地上房屋征收评估中，评估被征收房屋的价值不考虑被征收房屋租赁、抵押、查封等因素的影响。在房地产司法拍卖估价中，不考虑拍卖财产上原有的担保物权、其他优先受偿权及查封因素，因为原有的担保物权及其他优先受偿权因拍卖而消灭，查封因拍卖而解除。四是不相一致假设，是指在估价对象的实际用途、房屋登记用途、土地登记用途、规划用途等用途之间不一致，或房屋权属证明、土地权属证明等权属证明上的权利人之间不一致，估价对象的名称不一致等情况下，对估价所依据的用途或权利人、名称等的合理假定。五是依据不足假设，是指在估价委托人无法提供估价所必需的反映估价对象状况的资料以及注册房地产估价师进行了尽职调查仍然难以取得该资料的情况下，对缺少该资料的说明以及对相应的估价对象状况的合理假定。例如，估价时一般应查看估价对象的权属证明原件，但在估价委托人不是估价对象权利人且不能提供估价对象权属证明原件的情况下，注册房地产估价师虽然进行了尽职调查，但也难以取得估价对象的权属证明，此时对缺少估价对象权属证明的说明以及对估价对象权属状况的合理假定。再如，因征收、司法拍卖等强制取得或强制转让房地产，房地产占有人拒绝注册房地产估价师进入估价对象内部进行实地查勘，或估价对象涉及国家秘密，注册房地产估价师不得进入其内部进行实地查勘的，对不掌握估价对象内部状况的说明以及对估价对象内部状况的合理假定。[②]

8）估价原则

估价原则是指估价活动所依据的法则或标准。估价原则是在房地产估价的反复实践和

[①] 中华人民共和国住房和城乡建设部，中华人民共和国国家质量监督检验检疫总局. GB/T 50899—2013 房地产估价基本术语标准 [S]. 北京：中国建筑工业出版社，2013：53.
[②] 中华人民共和国住房和城乡建设部，中华人民共和国国家质量监督检验检疫总局. GB/T 50899—2013 房地产估价基本术语标准 [S]. 北京：中国建筑工业出版社，2013：54-55.

理论探索中，在认识房地产价格形成和变动客观规律的基础上，总结和提炼出的一些简明扼要的进行房地产估价活动应依据的法则或标准。估价原则可以规范注册房地产估价师的估价行为，使不同的注册房地产估价师对房地产估价的基本前提具有一致性，对同一估价对象在同一估价目的、同一价值时点的评估价值趋于相同或近似。[①]

9）估价程序

估价程序是指完成估价项目所需做的各项工作进行的先后次序。房地产估价的基本程序是：受理估价委托，确定估价基本事项，制订估价作业方案，搜集估价所需资料，实地查勘估价对象，选用估价方法进行测算，确定估价结果，撰写估价报告，审核估价报告，交付估价报告，估价资料归档。

通过估价程序可以看到一个估价项目开展的全过程，可以了解一个估价项目中各项估价工作之间的相互关系。履行必要的估价程序，是规范估价行为、保证估价质量、提高估价效率、防范估价风险的重要方面。

10）估价方法

估价方法是指测算估价对象价值或价格所采用的方法。比较法、收益法、成本法、假设开发法是目前常用的四种估价方法[②]，其中比较法、收益法和成本法被认为是三种基本估价方法。选用估价方法时，应根据估价对象及其所在地的房地产市场状况等客观条件，对比较法、收益法、成本法、假设开发法等估价方法进行适用性分析[③]。每种估价方法都有其适用的估价对象和估价需要具备的条件。它们有时可以同时运用于同一估价对象，如商品住宅、写字楼一般可同时采用比较法、收益法和成本法估价，以相互验证，但不应相互替代。不同的估价方法有时是互补的，如特殊厂房一般不适用比较法估价，但适用成本法估价；待开发的土地一般不适用成本法估价，但适用假设开发法和比较法估价；在建工程一般不适用比较法估价，但适用成本法和假设开发法估价。

估价方法的选用，应符合下列规定：①估价对象的同类房地产有较多交易的，应选用比较法。②估价对象或其同类房地产通常有租金等经济收入的，应选用收益法。③估价对象可假定为独立的开发建设项目进行重新开发建设的，宜选用成本法；当估价对象的同类房地产没有交易或交易很少，且估价对象或其同类房地产没有租金等经济收入时，应选用成本法。④估价对象具有开发或再开发潜力且开发完成后的价值可采用除成本法以外的方法测算的，应选用假设开发法。

当估价对象仅适用一种估价方法进行估价时，可只选用一种估价方法进行估价。当估价对象适用两种或两种以上估价方法进行估价时[④]，宜同时选用所有适用的估价方法进行

---

① 中华人民共和国住房和城乡建设部，中华人民共和国国家质量监督检验检疫总局. GB/T 50899—2013 房地产估价基本术语标准［S］. 北京：中国建筑工业出版社，2013：53.

② 不同估价方法之间的关系有以下三种：一是互相验证。不同的估价方法是从不同的方面或角度来测算房地产价值或价格的，它们之间不是替代关系。在可以同时采用多种估价方法进行估价的情况下，同时采用多种估价方法进行估价可以使评估价值更加合理。二是互相补充。例如，有些房地产适用成本法估价而不适用比较法估价，如在建工程；有些房地产可能相反，适用比较法估价而不适用成本法估价，如位置和环境很好、适宜建造别墅、尚未开发的生地。三是互相引用。例如，比较法中的土地使用期限调整系数，可以采用收益法测算；收益法中的租金收入、成本法中的土地成本，可以采用比较法测算；假设开发法中的开发完成后的价值，可以采用比较法和收益法测算。

③ 某种估价方法不适用于估价对象，是指该估价方法在理论上不适用或者客观条件不具备导致其不能用，而不包括房地产估价机构、注册房地产估价师不掌握该估价方法所需要的资料数据等非客观原因导致的不适用。

④ 指该两种或两种以上估价方法均是用于直接得出估价对象的价值或价格，而不包括估价方法之间引用的情况。例如，某宗待开发房地产采用假设开发法进行估价，其中开发完成后的价值采用比较法或收益法测算，则该待开发房地产实际上只采用了假设开发法一种方法进行估价，而不是采用了假设开发法和比较法或假设开发法和收益法两种方法进行估价，或者采用了假设开发法、比较法和收益法三种方法进行估价。

估价，不得随意取舍；当必须取舍时，应在估价报告中说明并陈述理由。[①]

房地产估价应当采用科学的估价方法进行测算，不能单凭估价师的经验进行主观判断。房地产估价师应熟知、理解并正确运用比较法、收益法、成本法、假设开发法和基准地价系数修正法，并能综合运用这些估价方法。

11) 估价结果

估价结果是指通过房地产估价活动得出的估价对象价值或价格及提供的相关专业意见。由于估价结果对估价委托人十分重要，因此估价委托人通常会对估价结果有特别的期望。注册房地产估价师应在独立、客观、公正的立场上进行估价，估价师和估价机构不能在估价结果上迁就"客户满意"，不能以迎合估价委托人高估或低估的要求来争取估价业务。

总之，房地产估价是对房地产客观合理价格或价值的分析、测算和判断。客观合理价格或价值是估价对象在某种估价目的下形成的正常价格，它能为当事人或社会一般人所信服和接受。房地产价值分析、测算和判断是一种估计，是估计就会有误差，但这种误差不是无限度的，必须在一个合理的范围内。还需指出的是"估价不同于定价"：估价只是为当事人提供公平可信的价格或价值参考，并不取代当事人的民事权利；而定价往往是当事人的行为。房地产的最终成交价格应由当事人自己决定，当事人出于某种目的可以使其成交价格高于或低于正常价格或价值。

本章小结

房地产

属性	自然属性	位置的固定性、产品的异质性、使用的耐久性、使用的适用性、供给的有限性
	经济属性	高价值性、保值增值性、投资与消费的双重性、利用的外部性、难以变现性
	法律属性	交易的登记性、产权的重要性、产权的可分割性、易受限制性
	社会属性	社会保障性、文化美学价值、心理效应

房地产

定义	权益	形态	土地	
	实物		建筑物	房屋
				构筑物
	区位		房地	

类型

用途	开发程度	收益	经营方式	实物形态	权益状况
居住房地产、商业房地产、办公房地产、旅馆房地产、餐饮房地产、体育和娱乐房地产、工业房地产、农业房地产、特殊用途房地产、综合用途房地产	生地、毛地、熟地、在建工程、现房	收益性房地产、非收益性房地产	出售的房地产、出租的房地产、自营的房地产、自用的房地产	土地、建筑物、房地综合体、房地产的局部、未来状况下的房地产、已经灭失的房地产、现在状态下的房地产和过去状态下的房地产的差异部分、以房地产为主的整体资产或者包含其他资产的房地产、整体资产中的房地产	"干净"的所有权的房地产，共有的房地产和部分产权的房地产，有租约限制、地役权、抵押权的房地产，已依法列入征收、征用、拆迁范围的房地产，被依法查封、采取财产保全措施或其他形式限制的房地产，开发手续不齐全的房地产，权属有争议的房地产，临时用地或临时建筑物，违法、违章建设的房地产，房地产中的无形资产，房地产的空间利用权

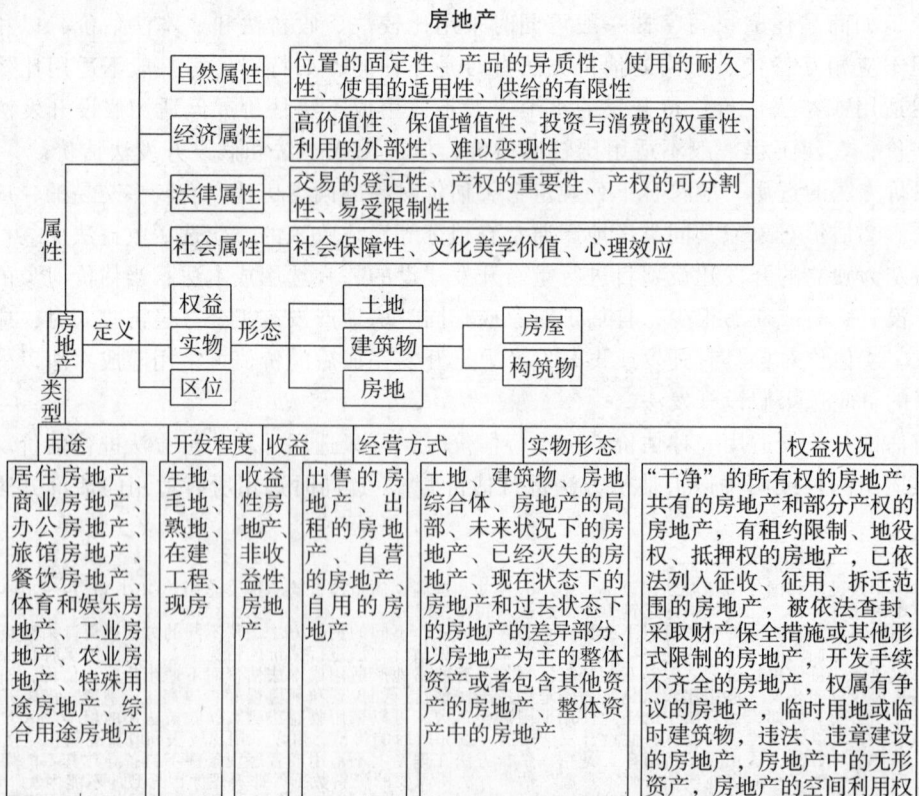

① 中华人民共和国住房和城乡建设部，中华人民共和国国家质量监督检验检疫总局. GB/T 50291—2015房地产估价规范［S］. 北京：中国建筑工业出版社，2015：9.

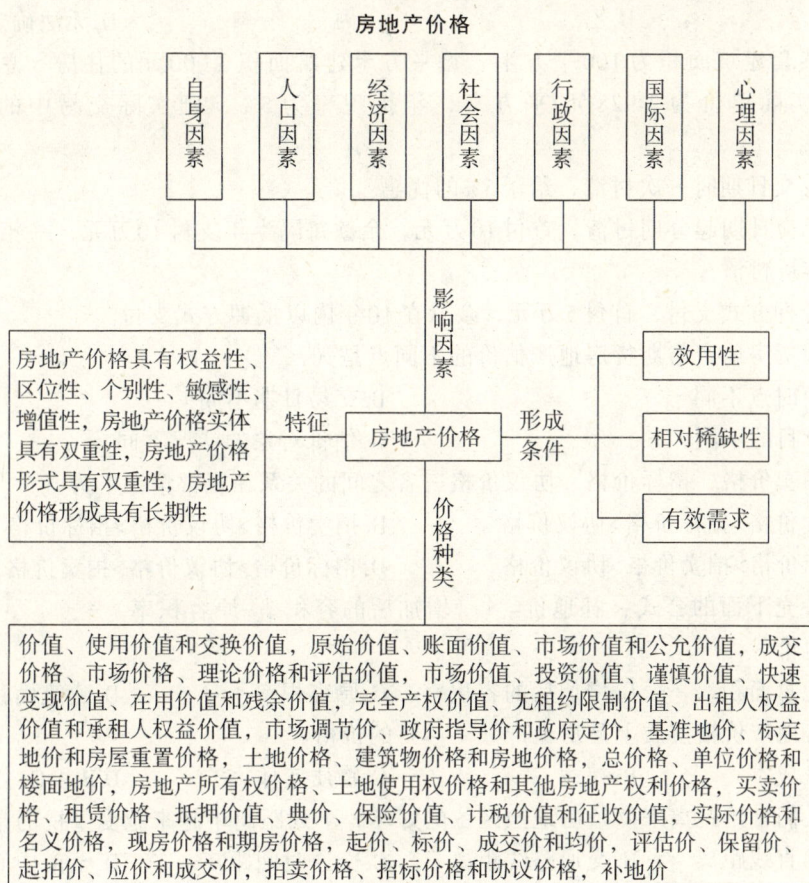

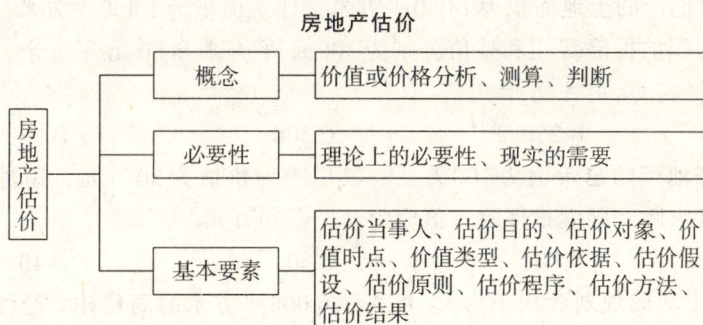

房地产价格

自身因素	人口因素	经济因素	社会因素	行政因素	国际因素	心理因素

影响因素

房地产价格具有权益性、区位性、个别性、敏感性、增值性，房地产价格实体具有双重性，房地产价格形式具有双重性，房地产价格形成具有长期性 ——特征—— 房地产价格 ——形成条件——

- 效用性
- 相对稀缺性
- 有效需求

价格种类

价值、使用价值和交换价值，原始价值、账面价值、市场价值和公允价值，成交价格、市场价格、理论价格和评估价值，市场价值、投资价值、谨慎价值、快速变现价值、在用价值和残余价值，完全产权价值、无租约限制价值、出租人权益价值和承租人权益价值，市场调节价、政府指导价和政府定价，基准地价、标定地价和房屋重置价格，土地价格、建筑物价格和房地价格，总价格、单位价格和楼面地价，房地产所有权价格、土地使用权价格和其他房地产权利价格，买卖价格、租赁价格、抵押价值、典价、保险价值、计税价值和征收价值，实际价格和名义价格，现房价格和期房价格，起价、标价、成交价和均价，评估价、保留价、起拍价、应价和成交价，拍卖价格、招标价格和协议价格，补地价

房地产估价

房地产估价	概念	价值或价格分析、测算、判断
	必要性	理论上的必要性、现实的需要
	基本要素	估价当事人、估价目的、估价对象、价值时点、价值类型、估价依据、估价假设、估价原则、估价程序、估价方法、估价结果

主要概念

房地产　房地产价格　房地产估价　市场价值　市场价格

基础知识练习

1.单项选择题

（1）现有甲、乙、丙三块地，土地单价分别为1 000元/平方米、800元/平方米、500元/平方米，其容积率分别为6、4、2。如果三块地的其他条件完全相同，则明智的买者应购买（　　）。

A.甲　　　　　　　B.乙　　　　　　　C.丙　　　　　　　D.无法确定

（2）某套建筑面积为100平方米、每平方米建筑面积3 000元的住房，总价为30万元。如果实际单价为2 928元/平方米，年折现率为5%，则实际交易中的付款方式为（　　）。

A.在成交日期时一次付清，给予5%的优惠

B.从成交日期起分期付清，首付10万元，余款每隔半年支付10万元，一年内付清

C.一年后付清

D.以抵押方式支付，首付5万元，余款在10年内以抵押方式支付

（3）现货房地产与期货房地产估价的不同点是（　　）。

A.价值时点不同　　　　　　　　　　B.交易日期不同

C.估价目的不同　　　　　　　　　　D.估价对象的状况不同

（4）拍卖价格、招标价格、协议价格三者之间的关系在正常情况下为（　　）。

A.拍卖价格>招标价格>协议价格　　　B.拍卖价格>协议价格>招标价格

C.招标价格>拍卖价格>协议价格　　　D.招标价格>协议价格>拍卖价格

（5）补充下面的公式：补地价＝［（增加后的容积率－原容积率）÷（　　）］×原容积率下的地价。

A.土地总面积　　B.增加后的容积率　　C.原容积率　　　　D.建筑面积

（6）房地产价格实质上是房地产（　　）的价格。

A.开发成本　　　　B.权益　　　　　C.物质实体　　　　D.B和C

（7）人们常用距离来衡量房地产区位的好坏，下列距离中越来越受重视的是（　　）。

A.空间直线距离　　B.交通路线距离　　C.交通时间距离　　D.至市中心的距离

（8）某宗房地产的土地面积为1 000平方米，建筑面积为1 400平方米，现需要拆除重建，估计建筑面积的拆除费用和残值分别为300元/平方米和50元/平方米，则该宗土地的减价修正额为（　　）元/平方米。

A.50　　　　　　　B.250　　　　　　C.300　　　　　　D.350

（9）某宗房地产的总价值为100万元，其中土地价值为30万元，通过抵押获得贷款60万元。若投火灾险，则起投保险价值应为（　　）万元。

A.100　　　　　　B.70　　　　　　　C.60　　　　　　　D.40

（10）某宗土地的规划容积率为3，可兴建6 000平方米的商住楼，经评估，总地价为180万元，则该宗土地的单价为（　　）元/平方米。

A.100　　　　　　B.300　　　　　　C.600　　　　　　D.900

（11）一般来说，社会治安状况差，对房地产价格的影响是（　　）。

A.降低房价　　　　B.提高房价　　　　C.房价不变　　　　D.不一定

（12）房地产估价中的价值，一般是指（　　）。

A.使用价值　　　　B.交换价值　　　　C.投资价值　　　　D.账面价值

2.多项选择题

（1）从某种意义上讲，房地产价格是（　　）。

A.个别人的价值判断　　　　　　　　B.房地产估价师的主观定价

C.由市场力量决定的　　　　　　　　D.市场参与者集体竞拍的结果

（2）以下说法正确的是（　　　）。

A.两宗实物状况相同的房地产，如果权益不同，则其价值可能有很大不同

B.两宗权利状况相同的房地产，如果实物状况不同，则其价值可能有很大不同

C.两宗实物和权利状况相同的房地产，其价值相同

D.房地产的实物和权益在价值决定中都很重要

（3）一名合格的房地产估价师，在房地产估价方面要具有（　　　）。

A.扎实的理论知识　　　　　　　　　B.广泛的人际关系

C.丰富的实践经验　　　　　　　　　D.良好的职业道德

（4）房地产之所以有价格，其前提条件是（　　　）。

A.房地产的有用性　　　　　　　　　B.房地产的稀缺性

C.房地产的有效供给　　　　　　　　D.房地产的有效需求

（5）成交价格简称成交价，是交易双方实际达成交易的价格，成交价格通常随着（　　　）的不同而不同。

A.交易者的心态　　　　　　　　　　B.交易者的偏好

C.交易者对市场的了解程度　　　　　D.交易者的讨价还价能力

（6）下列属于房地产的是（　　　）。

A.种植在地上的树木花草　　　　　　B.埋设在地下的管线设施

C.地上临时搭建的帐篷、戏台　　　　D.地上建造的庭院、花园、假山

3.判断题

（1）房地产市场是一个完全的市场。　　　　　　　　　　　　　　　　（　　　）

（2）房地产的特性主要取决于建筑物的特性，是以建筑物的特性为基础的。　（　　　）

（3）某人购房在成交日期支付首付款10万元，又以抵押贷款的方式支付20万元，此时的总价30万元为名义价格。　　　　　　　　　　　　　　　　　　　　（　　　）

（4）同地段的期房价格有时可能比现房价格高。　　　　　　　　　　　（　　　）

（5）现实估价中所需评估的房地产价值不一定是公开市场价值。　　　　（　　　）

（6）若建筑物的实际寿命超过其法定耐用年限，则其价值所剩无几。　　（　　　）

（7）抵押价格是债务人将房地产作为抵押物进行评估的价格，多用于房地产转让交易。　　　　　　　　　　　　　　　　　　　　　　　　　　　　　　　　（　　　）

4.简答题

（1）影响房地产价格的因素主要有哪些？

（2）弄清估价目的有什么重要意义？

5.思考题

（1）做好房地产估价应具备什么条件？

（2）为什么说房地产估价是科学和艺术的结合？

实践操作训练

△实训题

以你家或者学校周边的一个住宅小区为样本，按照房地产的六种类型，对其进行分类，并分别对影响房地产价格的不同因素进行详尽的分析。

第2章

房地产估价的基本原则

通过本章的学习，了解房地产估价原则的含义和作用；熟悉且掌握独立、客观、公正原则，合法原则，价值时点原则，替代原则，最高最佳利用原则，谨慎原则的含义和内容，以及在实际估价中如何遵循这些原则。

引　例

注册房地产估价师小王家有一套房子要出售，买方想要对房地产进行估价，以便了解房地产价格，便于今后办理过户手续，请问小王及其所在的估价机构能接受这笔估价业务吗？

房地产价格虽然会受到很多复杂多变因素的影响，但房地产价格的形成及变动有其客观规律性，不随个人的主观意志而变动。也就是说，房地产价格在总体上是客观存在的，不会因为个别市场参与者希望房地产有多高或多低，它就多高或多低，希望房地产价格涨或跌，它就涨或跌。因此，注册房地产估价师对房地产的估价要做到客观、公正、合理，不能将自己主观随意认定的价格强加于估价对象，必须遵循房地产价格形成和变化的客观规律，通过对这些客观规律的认识与掌握，运用科学的估价方法，把客观存在的房地产价值"发现""揭示""表达"出来。在对房地产估价的反复实践和理论探索中，人们逐渐认识了房地产价格形成和变化的客观规律，总结出了一些简明扼要的房地产估价的法则或标准，这就是房地产估价原则。

房地产的市场价值评估，应遵循独立、客观、公正原则，合法原则，价值时点原则，替代原则，最高最佳利用原则。房地产的抵押价值和抵押净值评估，除应遵循市场价值评估的原则外，还应遵循谨慎原则。房地产的投资价值、现状价值等其他价值和价格评估，应根据估价目的和价值类型，从市场价值评估的原则中选择适用的原则，并可增加其他适用的原则。[①]

过去认为估价一般就是评估市场价值，因此没有区分市场价值评估与其他价值和价格评估应遵循的原则。随着经济社会对房地产估价需求的多样化以及房地产估价业务的深化和拓展，需要评估其他价值和价格的情形越来越多。在这些价值和价格评估中，有的除了要遵循市场价值评估应遵循的原则，还要遵循其他原则，如抵押价值和抵押净值评估还应遵循谨慎原则。而有的不一定要遵循市场价值评估应遵循的所有原则，如投资价值评估要站在某个特定单位或个人的立场上而非站在中立的立场上进行评估，因此不一定要遵循独立、客观、公正原则；再如现状价值评估，是按房地产的利用现状而非最

[①] 中华人民共和国住房和城乡建设部，中华人民共和国国家质量监督检验检疫总局. GB/T 50291—2015 房地产估价规范 [S]. 北京：中国建筑工业出版社，2015：2.

高最佳利用状况进行评估，因此不应遵循最高最佳利用原则。总之，在评估市场价值以外的其他价值和价格时，可在市场价值评估应遵循的原则外增加估价原则，或者在市场价值评估应遵循的原则中进行取舍，但这种增加或取舍不能是随意的，应根据估价目的和价值类型来增加或取舍。[①]

遵循不同估价原则的评估价值，应符合下列规定：

（1）遵循独立、客观、公正原则，评估价值应为对各方估价利害关系人均是公平合理的价值或价格；

（2）遵循合法原则，评估价值应为在依法判定的估价对象状况下的价值或价格；

（3）遵循价值时点原则，评估价值应为在根据估价目的确定的某一特定时间的价值或价格；

（4）遵循替代原则，评估价值与估价对象的类似房地产在同等条件下的价值或价格偏差应在合理范围内；

（5）遵循最高最佳利用原则，评估价值应为在估价对象最高最佳利用状况下的价值或价格；

（6）遵循谨慎原则，评估价值应为在充分考虑导致估价对象价值或价格偏低的因素，慎重考虑导致估价对象价值或价格偏高的因素下的价值或价格。[②]

房地产估价原则是为了确保不同的估价师在遵循规定的估价程序、采用适宜的估价方法和正确的处理方式的前提下，使同一估价对象在同一估价目的、同一价值时点下的评估价值趋于相同或相近。房地产估价原则可以帮助房地产估价师思考和衡量估价对象的价值，从而把估价对象的评估价值首先框定在一个基本合理的范围内，然后结合估价方法进行测算，就可以评估出一个更加精准的价值。因此，房地产估价师应熟知并正确理解房地产估价原则，一旦正确掌握了房地产估价原则，就可以收到事半功倍的效果。

如果违背了房地产估价原则，就不可能评估出正确的房地产价值。因此，判断一个评估价值是否正确，很重要的一点是检查估价师和估价机构是否遵循了房地产估价原则。但值得注意的是，不同估价目的的估价或评估的价值类型不同，应遵循的估价原则可能有所不同。

2.1　独立、客观、公正原则

独立、客观、公正原则要求站在中立的立场上，实事求是、公平正直地评估出对各方估价利害关系人均公平合理的价值或价格。

独立，就是要求注册房地产估价师和房地产估价机构与估价委托人及估价利害关系人没有利害关系，在估价中不受包括估价委托人在内的任何单位和个人的影响，应凭自己的专业知识、实践经验和职业道德进行估价。其主要包括三层含义：一是要求房地产估价机构本身应当是一个不依赖于他人、不受他人束缚的独立机构。这方面的具体要求是房地产估价机构应当由以房地产估价师为主的自然人出资设立。二是要求注册房地产估价师和房地产估价机构与估价对象及相关当事人没有现实的或潜在的利益关系。三是要求注册房地

[①]　中华人民共和国住房和城乡建设部，中华人民共和国国家质量监督检验检疫总局. GB/T 50291—2015 房地产估价规范［S］. 北京：中国建筑工业出版社，2015：62.

[②]　中华人民共和国住房和城乡建设部，中华人民共和国国家质量监督检验检疫总局. GB/T 50291—2015 房地产估价规范［S］. 北京：中国建筑工业出版社，2015：2.

产估价师和房地产估价机构在估价中不应受外部因素的影响，不应屈从于外部压力，应凭借自己的专业知识、经验和应有的职业道德进行估价。

客观，就是要求注册房地产估价师和房地产估价机构在估价中不带着自己的情感、好恶和偏见，应按照事物的本来面目、实事求是地进行估价。注册房地产估价师应力求客观、准确、合理地模拟价格的形成过程，从而将估价对象的客观合理价格或价值反映出来。

公正，就是要求注册房地产估价师和房地产估价机构在估价中不偏袒估价利害关系人中的任何一方，应坚持原则，公平、正直地进行估价。

因此，遵循独立、客观、公正原则的核心，是要求估价师和估价机构应站在中立的立场上，评估出一个对各方估价利害关系人来说都公平合理的价值。

【实战演练2-1】

引例中，小王显然是不能接受这笔估价委托的，因为这不符合估价的独立、客观、公正原则。那么，小王所在的估价机构是不是因为小王是其员工，就不能接受这笔估价委托呢？这还要视具体情况而定。如果由买方委托该估价机构进行评估，而小王不参与该房地产估价业务，则该估价机构是可以接受这笔估价业务的；如果由小王委托其所在估价机构进行评估，则该估价机构是不能接受这笔估价业务的。

2.2　合法原则

2.2.1　合法原则的内涵

合法原则要求估价结果是在依法判定的估价对象状况下的价值或价格。依法，是指不仅要依据有关法律、行政法规、最高人民法院和最高人民检察院发布的有关司法解释，还要依据估价对象所在地的有关地方性法规（少数民族自治区应同时依据有关自治条例和单行条例），国务院所属部门颁发的有关部门规章和政策，估价对象所在地人民政府颁发的有关地方政府规章和政策，以及估价对象的不动产登记簿（房屋登记簿、土地登记簿）、权属证书、有关批文和合同等（如规划意见书、国有建设用地使用权出让招标文件、国有建设用地使用权出让合同、房地产转让合同、房屋租赁合同等）。因此，合法原则中所讲的"法"，是广义的"法"。遵循合法原则并不意味着只有合法的房地产才能成为估价对象，而是指依法判定估价对象是哪种状况的房地产，就应将其作为那种状况的房地产来估价。[①]

估价对象状况包括实物状况、区位状况和权益状况。估价对象状况不同，特别是实物状况、区位状况相同的房地产，如果权益状况不同，评估价值就会有所不同。但是，估价对象状况不是委托人或注册房地产估价师可以随意假定的，甚至不是根据实际状况确定的，它必须依法判定。

目前，房地产的实际用途、房屋登记用途、土地登记用途、规划用途等用途之间不一致的情况较为常见，如土地登记用途为工业，房屋登记用途为办公；房屋登记用途为住宅，实际用途为商铺。同一房地产，按照不同的用途进行估价，评估价值往往差异较大。由于估价目的和价值类型多样复杂，在估价实势中究竟应按照哪种用途来估价难以一概

①　中华人民共和国住房和城乡建设部，中华人民共和国国家质量监督检验检疫总局. GB/T 50291—2015房地产估价规范［S］. 北京：中国建筑工业出版社，2015：63.

而论。

当估价对象的实际用途、登记用途、规划用途不一致时，应按下列规定确定估价所依据的用途，并应作为估价假设中的不相一致假设在估价报告中说明及对估价报告和估价结果就使用作出相应限制：

（1）政府或其有关部门对估价对象的用途有认定或处理的，应按其认定或处理结果进行估价；

（2）政府或其有关部门对估价对象的用途没有认定或处理的，应按下列规定执行：①登记用途、规划用途之间不一致的，可根据估价目的或最高最佳利用原则选择其中一种用途；②实际用途与登记用途、规划用途均不一致的，应根据估价目的确定估价所依据的用途。

从理论上讲，任何状况的房地产都可以成为估价对象，只是必须做到评估价值与依法判定的房地产状况相匹配。由此可知，评估价值虽然通常大于零，但也可能等于或小于零，只不过如果等于或小于零，人们通常就不会委托估价了。另外，在实际估价中，法律、法规、规章和政策规定不得以某种方式处分的房地产，就不能成为以该种处分方式为估价目的的估价对象。例如，法律、法规、规章和政策规定不得抵押的房地产，就不能成为以抵押为估价目的的估价对象；法律、法规、规章和政策规定不得作为出资的房地产，就不能成为以出资为估价目的的估价对象。

还需要指出的是，依法判定的估价对象状况通常是估价对象现状，但也可能不是现状，而是有关规定或合同、招标文件等中约定的状况。例如，在房屋征收估价中，估价对象现状为已出租或抵押、查封的房地产，但估价中假定估价对象未出租或抵押、查封；在人民法院拍卖房地产估价中，估价对象现状为被查封的房地产，但估价中假定估价对象未被查封；在国有建设用地使用权招标出让估价中，拟招标出让的土地现状为地上物尚未拆除的毛地或"三通一平"的土地，但招标人在招标文件中承诺将向中标人提供"六通一平"的土地，这种情况下的估价对象状况则应为"六通一平"的土地。

依法判定的估价对象权益可分为依法判定的权利类型及归属，以及依法判定的使用权利、处分权利、其他权利等。具体地说，遵循合法原则在估价对象权益方面应做到以下几点：

1）依法判定的权利类型及归属

依法判定的权利类型及归属是指所有权、建设用地使用权、地役权、抵押权，租赁权等房地产权利及其归属，一般应以不动产登记簿、权属证书以及有关合同（如租赁权应依据租赁合同）等为依据。目前，房地产权属证书有房屋权属证书、土地权属证书，或者统一的房地产产权证书。其中，房屋权属证书包括"房屋所有权证""房屋他项权证"等（过去有"房屋所有权证"、"房屋共有权证"和"房屋他项权证"三种）。土地权属证书包括"国有土地使用证"、"集体土地所有证"、"集体土地使用证"和"土地他项权利证明书"。如果县级及以上地方人民政府由一个部门统一负责房产管理和土地管理工作，则可能制作、颁发统一的房地产产权证书。

2）依法判定的使用权利

依法判定的使用权利应以土地用途管制、规划条件使用管制等为依据。例如，如果城市规划规定了某宗土地的用途、容积率、建筑高度、建筑密度、绿地率等，则对该土地进行估价就应以其使用符合这些规定为前提。如果城市规划规定了该土地为居住用途，即使从该土地的位置和周围环境来看其更适合于商业用途，但也应以居住用途为前提来估价，除非申请将该土地变更为商业用途并获得批准。又如，在容积率方面，如果城市规划规定了该土地的容积率为不超过2.5，除非依法提高了容积率，否则应以容积率不超过2.5为前提来估价；如果以容积率超过2.5来估价，由于超出的容积率不仅没有法律保障，而且是违法的，因此评估出的较高价值不但不能实现，也不会得到认可。

3）依法判定的处分权利

依法判定的处分权利应以法律、法规、规章、政策或者合同（如国有建设用地使用权出让合同）等允许的处分方式为依据。处分方式包括买卖、互换、租赁、抵押、出资、抵债、赠与等。法律、法规、规章和政策规定或者合同约定不得以某种方式处分的房地产，不应作为以该种处分方式为估价目的的估价对象，或者如果委托人要求评估该种处分方式下的房地产价值，则其评估价值应为零。

4）依法判定的其他权利

依法判定的其他权利是指评估出的价值应符合国家的价格政策，如评估政府定价或政府指导价的房地产，应遵守相应的政府定价和政府指导价。例如，房改售房的估价应符合政府有关该价格测算的要求，新建的经济适用住房的估价应符合国家对经济适用住房的价格构成的规定和对利润率的限定，集体土地征收和国有土地上房屋征收的估价应符合有关征收集体土地和国有土地上房屋补偿的法律、法规、规章和政策。

此外，合法原则还可拓展到对采用的估价技术标准和估价主体资格的要求上。具体地说，房地产估价应采用国家和估价对象所在地的有关估价技术标准，估价机构应具有房地产估价资质。

2.2.2　以房地产抵押估价为例，说明合法原则的具体应用

1）法律、法规、规章和政策规定不得抵押的房地产

法律、法规、规章和政策规定不得抵押的房地产不应作为以抵押为估价目的的估价对象。目前主要有下列法律、法规、规章和政策规定了不得抵押的房地产：

《物权法》第一百八十四条规定："下列财产不得抵押：①土地所有权；②耕地、宅基地、自留地、自留山等集体所有的土地使用权，但法律规定可以抵押的除外；③学校、幼儿园、医院等以公益为目的的事业单位、社会团体的教育设施、医疗卫生设施和其他社会公益设施；④所有权、使用权不明或者有争议的财产；⑤依法被查封、扣押、监管的财产；⑥法律、行政法规规定不得抵押的其他财产。"

《担保法》第三十七条对不得抵押财产的规定与《物权法》基本相同，仅在规定"耕地、宅基地、自留地、自留山等集体所有的土地使用权"不得抵押后，明确"抵押人依法承包并经发包方同意抵押的荒山、荒沟、荒丘、荒滩等荒地的土地使用权"和"乡（镇）、村企业的土地使用权不得单独抵押，以乡（镇）、村企业的厂房等建筑物抵押的，其占用范围内的土地使用权同时抵押"两项规定除外。

另外，《最高人民法院关于适用〈中华人民共和国担保法〉若干问题的解释》第五十三条规定："学校、幼儿园、医院等以公益为目的的事业单位、社会团体，以其教育设施、医疗卫生设施和其他社会公益设施以外的财产为自身债务设定抵押的，人民法院可以认定抵押有效。"因此，学校、幼儿园、医院等以公益为目的的事业单位、社会团体的教

育设施、医疗卫生设施和其他社会公益设施以外的财产，可以作为以抵押为估价目的的估价对象。

《城市房地产抵押管理办法》第八条规定："下列房地产不得设定抵押：①权属有争议的房地产；②用于教育、医疗、市政等公共福利事业的房地产；③列入文物保护的建筑物和有重要纪念意义的其他建筑物；④已依法公告列入拆迁范围的房地产；⑤被依法查封、扣押、监管或者以其他形式限制的房地产；⑥依法不得抵押的其他房地产。"

《国务院办公厅转发建设部等部门关于调整住房供应结构稳定住房价格意见的通知》（2006年5月24日国办发〔2006〕37号）规定："对空置3年以上的商品房，商业银行不得接受其作为贷款的抵押物。"

2）法律、法规、规章和政策规定抵押无效的房地产

法律、法规、规章和政策规定抵押无效的房地产不应作为以抵押为估价目的的估价对象。《最高人民法院关于适用〈中华人民共和国担保法〉若干问题的解释》第四十八条规定："以法定程序确认为违法、违章的建筑物抵押的，抵押无效。"

3）法律、法规、规章和政策规定符合一定条件才能转让的房地产及不符合转让条件的房地产

法律、法规、规章和政策规定应符合一定条件才能转让的房地产，评估其抵押价值时应符合转让条件；不符合转让条件的房地产，不应作为以抵押为估价目的的估价对象。例如，《城市房地产管理法》第三十九条规定："以出让方式取得土地使用权的，转让房地产时，应当符合下列条件：①按照出让合同约定已经支付全部土地使用权出让金，并取得土地使用权证书；②按照出让合同约定进行投资开发，属于房屋建设工程的，完成开发投资总额的25%以上，属于成片开发土地的，形成工业用地或者其他建设用地条件。转让房地产时房屋已经建成的，还应当持有房屋所有权证书。"此外，根据《城市房地产管理法》第三十八条关于共有房地产未经其他共有人书面同意不得转让的规定可知，共有房地产只有在经其他共有人书面同意抵押的情况下，才能作为以抵押为估价目的的估价对象。

4）再次抵押的房地产

评估再次抵押的房地产的抵押价值时，该房地产的抵押价值不应包含已抵押担保的债权数额。《担保法》第三十五条规定："财产抵押后，该财产的价值大于所担保债权的余额部分，可以再次抵押，但不得超出其余额部分。"

5）尚未竣工或者虽然竣工但自竣工之日或者建设工程合同约定的竣工之日起六个月内的房地产

评估尚未竣工或者虽然竣工但自竣工之日或者建设工程合同约定的竣工之日起六个月内的房地产的抵押价值，在评估出假定未设立法定优先受偿权下的价值后减去注册房地产估价师所知悉的法定优先受偿款这一步骤时，应首先考虑扣除拖欠的建设工程价款。建设工程价款包括承包人为建设工程应当支付的工作人员报酬、材料款等实际支出的费用，不包括承包人因发包人违约所造成的损失。

《中华人民共和国合同法》第二百八十六条规定："发包人未按照约定支付价款的，承包人可以催告发包人在合理期限内支付价款。发包人逾期不支付的，除按照建设工程的性质不宜折价、拍卖的以外，承包人可以与发包人协议将该工程折价，也可以申请人民法院将该工程依法拍卖。建设工程的价款就该工程折价或者拍卖的价款优先受偿。"

《最高人民法院关于建设工程价款优先受偿权问题的批复》第一条规定："人民法院在审理房地产纠纷案件和办理执行案件中，应当依照《中华人民共和国合同法》第二百八十六条的规定，认定建筑工程的承包人的优先受偿权优于抵押权和其他债权。"第三条规定："建筑工程价款包括承包人为建设工程应当支付的工作人员报酬、材料款等实际支出的费用，不包括承包人因发包人违约所造成的损失。"第四条规定："建设工程承包人行使优先权的期限为六个月，自建设工程竣工之日或者建设工程合同约定的竣工之日起计算。"

6）建设用地使用权是以划拨方式取得的房地产

评估建设用地使用权是以划拨方式取得的房地产的抵押价值时，该房地产的抵押价值不应包含划拨的建设用地使用权变为出让的建设用地使用权应缴纳的出让金等费用。《城市房地产管理法》第五十一条规定："设定房地产抵押权的土地使用权是以划拨方式取得的，依法拍卖该房地产后，应当从拍卖所得的价款中缴纳相当于应缴纳的土地使用权出让金的款额后，抵押权人方可优先受偿。"

2.2.3 以房屋征收估价为例，说明合法原则的具体应用

在房屋征收估价中，被征收房屋的价值与被征收房屋的性质、用途和面积等密切相关。例如，《国有土地上房屋征收与补偿条例》第二十四条规定："对认定为合法建筑和未超过批准期限的临时建筑的，应当给予补偿；对认定为违法建筑和超过批准期限的临时建筑的，不予补偿。"据此，如果被征收房屋被认定为违法建筑或超过批准期限的临时建筑，就不应予以估价，或者评估价值应为零。因此，房屋征收估价必须明确被征收房屋的性质、用途和面积。但在现实中，由于种种原因，被征收房屋的性质、用途和面积有时难以确定，也不是估价机构和注册房地产估价师所能确定的。《国有土地上房屋征收与补偿条例》第十五条规定："房屋征收部门应当对房屋征收范围内房屋的权属、区位、用途、建筑面积等情况组织调查登记，被征收人应当予以配合。"第二十四条规定："市、县级人民政府作出房屋征收决定前，应当组织有关部门依法对征收范围内未经登记的建筑进行调查、认定和处理。"有了这些规定，估价机构应要求房屋征收部门提供征收范围内房屋的情况，包括已经登记的房屋情况和未经登记建筑的认定、处理结果情况。对于已经登记的房屋，其性质、用途和面积一般以房屋权属证书和房屋登记簿的记载为准；房屋权属证书与房屋登记簿的记载不一致的，除有证据证明房屋登记簿确有错误外，以房屋登记簿为准。对于未经登记的建筑，应按照市、县级人民政府的认定、处理结果进行评估。

当然，在判定估价对象状况时，并不都是有法可依的。因此，从更广的角度来讲，合法原则是指有规定的，应依照规定；没有规定的，应依照估价行业惯例；没有惯例的，应咨询有关专家的意见；有关专家没有意见或者意见不一致的，注册房地产估价师可酌情处理。在法律效力等级方面，法律的效力高于行政法规的效力，行政法规的效力高于地方性法规、部门规章、地方政府规章的效力；地方性法规的效力高于本级和下级地方政府规章的效力；部门规章的效力与地方政府规章的效力相等。

【实战演练2-2】

一栋竣工不到六个月的房地产，由于开发商资金紧张，尚欠工程建筑商200万元建筑款，因此需向银行抵押贷款。现已知该房地产在完全产权下的评估价值为1 000万元，试判断该房地产的抵押价值。

分析如下：该房地产的抵押价值不超过800万元，因为竣工不到六个月的房地产的

抵押价值不包含拖欠承包人的建筑工程款。《最高人民法院关于建设工程款优先受偿问题的批复》第一条规定："人民法院在审理房地产纠纷案件和办理执行案件中，应当依照《中华人民共和国合同法》第二百八十六条的规定，认定建筑工程款的承包人的优先受偿权优于抵押权和其他债权。"第四条规定："建设工程承包人行使优先权的期限为六个月，自建设工程竣工之日起或者建设工程合同约定的竣工之日起计算。"

2.3 价值时点原则

价值时点原则要求估价结果是在根据估价目的确定的某一特定时间的价值或价格。价值时点原则强调的是估价结果具有很强的时间相关性和时效性。

估价结果首先具有很强的时间相关性，这主要是考虑到资金的时间价值，在不同的时点上发生的现金流量对其价值的影响是不同的。所以，在房地产估价时统一规定：如果一些款项的发生时点与价值时点不一致，应当折算为价值时点的现值。

估价结果同时具有很强的时效性，这主要是考虑到房地产市场价格的波动性，同一估价对象在不同的时点会具有不同的市场价格。所以，在房地产估价时强调：估价结果是估价对象在价值时点的价格，不能将该估价结果作为估价对象在其他时点的价格。

房地产估价之所以强调要遵循价值时点原则，是因为影响房地产价格的因素是不断变化的，房地产市场是不断变化的，房地产价格自然也是不断变化的。因此在不同的时点上，同一宗房地产往往会有不同的价格。可见，房地产价格具有很强的时间性，每一个价格都对应着一个具体的时间，如果没有了对应的时间，价格就会失去意义。估价通常仅是求取估价对象在某个特定时间上的价值，而且这个特定的时间既不是委托人也不是估价师可以随意假定的，必须根据估价目的来确定，这个特定的时间就是价值时点，一般用公历年、月、日表示。确定价值时点在前，得出评估价值在后。

确立价值时点原则的意义在于：价值时点是评估房地产价值的时间界限。例如，政府有关房地产的法律、法规、税收政策、估价标准等的发布、变更、实施日期等，均有可能影响估价对象的价值。因此，在估价时究竟是采用发布、变更、实施日期之前还是之后的估价对象，应根据价值时点来确定。再如，运用市场法评估房地产价值时，如果选取的可比实例成交日期与价值时点不同（通常是这种情况），就需要把可比实例在其成交日期时的价格调整为在价值时点时的价格，如此调整之后的可比实例成交价格，才可以作为估价对象的价格。

在实际估价中，通常是评估现在的价值，将注册房地产估价师实地查勘估价对象期间或"估价作业期"内的某个日期确定为价值时点。估价作业期是指估价的起止年月日，即正式接受估价委托的年月日至出具估价报告的年月日。但价值时点并非总是在此期间，也可因特殊需要，将过去或未来的某个时间确定为价值时点。在具体的一个估价项目中，价值时点究竟是现在还是过去或未来，是由估价目的决定的，并且所对应的估价对象状况和房地产市场状况也不相同。因此，在估价中要特别注意估价目的、价值时点、估价对象状况和房地产市场状况四者的内在联系。

不论是何种估价目的和价值时点，房地产市场状况始终是价值时点时的状况，但估价对象状况不一定是价值时点的状况。不同估价目的的房地产估价，其价值时点与所对应的估价对象状况和房地产市场状况的关系见表2-1。

表2-1　　　　　　　　　**价值时点、估价对象状况和房地产市场状况的关系**

价值时点	估价对象状况	房地产市场状况
过去（回顾性估价）	过去	过去
现在	过去	现在
	现在	
	未来	
未来(预测性估价)	未来	未来

①价值时点为过去的情形，多出现在房地产纠纷案件中，特别是对过去的估价结果有异议而引起的复核估价或估价鉴定。例如，某市某大厦被法院强制拍卖的拍卖底价评估结果争议一案，原产权人认为法院委托的估价机构的估价结果过低，从而引发了该估价结果究竟是否过低的争论。此时，衡量该估价结果是否过低，要回到原价值时点，相应地，估价对象的产权性质、使用性质、建筑物状况以及房地产市场状况等，也都要以原价值时点时的状况为标准；否则，就无法检验该估价结果是否合理。

②价值时点为现在，估价对象为历史状况下的情形，多出现在房地产损害赔偿和保险理赔案件中。例如，建筑物由于火灾被烧毁后，确定其损失程度和损失价值，要根据其过去的状况（现在已不存在了）和损失后的状况的对比来评估。

房屋征收估价有时也会出现这种情况。例如，在实施房屋征收之前的旧城较繁华地段的某门面房，租金或收益较高；在实施房屋征收后，随着周围门面房被逐渐拆除，该地段变得不再繁华了，此时如果为房屋征收目的评估该门面房的价值，则应评估它在原较繁华环境下的价值，而不是评估它在现在不繁华环境下的价值。

③价值时点为现在，估价对象为现时状况下的情形，是估价中最常见的情形，如在建工程估价。

④价值时点为现在，估价对象为未来状况下的情形，如评估期房的价值。例如，在城市房屋拆迁中，拆迁补偿实行房屋产权调换方式且所调换房屋为期房的，用结算房屋产权调换的差价评估所调换房屋的房地产市场价格。

在评估产权调换房屋的价值时，应特别注意两点：其一，价值时点应与评估征收房屋价值的价值时点一致。其二，估价对象状况，如期房的区位、用途、建筑面积、建筑结构等，应以房屋征收部门向房地产估价机构出具书面意见说明的产权调换房屋状况为依据。房屋征收部门与被征收人订立补偿协议后，补偿协议约定的产权调换房屋状况有变化的，应当依据补偿协议约定的产权调换房屋状况对评估结果进行相应调整。

⑤价值时点为未来的情形，多出现在房地产市场预测、为房地产投资分析提供价值依据的情况中，特别是预估房地产在未来开发完成后的价值的情况。在假设开发法中，预计估价对象开发完成后的价值就属于这种情况。

2.4　　　　　　　　替代原则

替代原则要求估价结果与估价对象的类似房地产在同等条件下的价值或价格偏差在合

理范围内。类似房地产是指与对象房地产的区位、用途、权利性质、档次、规模、建筑结构、新旧程度等相同或相近的房地产。

替代原则的理论依据是同一市场上的相同物品具有相同的市场价值的经济学原理。替代原则是保证房地产估价能够通过运用市场资料进行和完成的重要理论前提，只有承认同一市场上的相同物品具有相同的市场价值，才有可能根据市场资料对估价对象进行估价。

由于房地产的独一无二特性，使得完全相同的房地产几乎没有，但在同一个房地产市场上，相似的房地产会有相近的价格。替代原则对具体的房地产估价工作，指明了两点：①当存在着一定数量与估价对象相似的房地产并已知它们的价格时，可以通过这些相似房地产的价格推算出估价对象的价值或价格。在通常情况下，由于房地产的独一无二特性，难以找到各方面状况均与估价对象相同的房地产，所以实际上是寻找与估价对象具有替代性的相似房地产，然后将它们与估价对象进行比较，再根据它们与估价对象之间的差异对其价格进行适当修正和调整。②在估价时不能孤立地思考估价对象的价值或价格，而要考虑相似房地产之间的价格比较，特别是同一个房地产估价机构，在同一个城市、同一个时期，为了同一种估价目的，对不同区位、不同档次的房地产的评估价值应有合理的"价差"，尤其是较好的房地产的评估价值不应低于较差的房地产的评估价值。

还需要说明的是，替代原则是针对评估价值而言的，不论采用何种估价方法进行估价，最后都应把评估价值放到市场上去衡量，只有当评估价值没有不合理偏离类似房地产在同等条件下的正常价格时，才可以说评估价值是合理的。[①]

当把替代原则的思想用于某个参数的测算、选取时，替代原则就转化为原理。在比较法、成本法、收益法、假设开发法、基准地价系数修正法中都会用到替代原则。例如，市场法中估价结果的求取，成本法中客观成本的求取，收益法中客观收益的求取，假设开发法中未来开发成本、税费、利润等的求取。

2.5　最高最佳利用原则

最高最佳利用原则要求估价结果是在估价对象最高最佳利用状况下的价值或价格。最高最佳利用是指房地产在法律上允许、技术上可能、财务上可行并使价值最大的合理、可能的利用。估价对象的最高最佳利用状况包括最佳的用途、规模和档次，应按法律上允许、技术上可能、财务上可行、价值最大化的次序进行分析、筛选或判断确定，并应符合下列规定：

（1）当估价对象的权利人和意向取得者对估价对象依法享有的开发利用权利不相同时，应先根据估价目的确定从估价对象的权利人角度或意向取得者角度进行估价，再根据其对估价对象依法享有的开发利用权利[②]，确定估价对象的最高最佳利用状况。

（2）当估价对象已作某种用途时，应在调查及分析其利用现状的基础上，对其最高最

---

① 中华人民共和国住房和城乡建设部，中华人民共和国国家质量监督检验检疫总局. GB/T 50291—2015房地产估价规范［S］. 北京：中国建筑工业出版社，2015：63~64.
② 我国目前的土地利用管理不是"认地不认人"，因此房地产权利人和意向取得者依法对房地产享有的开发利用权利可能是不同的。由于最高最佳利用应是法律上允许的，所以上述两者的最高最佳利用状况可能不同，从而导致从房地产权利人角度和从意向取得者角度进行估价的结果可能不同。因此，当估价对象的权利人和意向取得者对估价对象依法享有的开发利用权利不相同时，应确定是从房地产权利人角度还是从意向取得者角度进行估价。但到底应从哪个角度进行估价，不是估价委托人或注册房地产估价师可以随意决定的，而应根据估价目的来确定。例如，建设用地使用权出让估价，一般应从意向用地者角度进行估价；被征收房屋价值评估，一般应从被征收人角度进行估价；房地产司法拍卖等房地产处置估价，一般应从意向取得者角度进行估价；房地产税收估价，一般应从房地产权利人角度进行估价。

佳利用和相应的估价前提作出下列判断和选择，并应在估价报告中说明[①]：

①维持现状、继续利用最为合理的，应选择维持现状前提进行估价；

②更新改造再予以利用最为合理的，应选择更新改造前提进行估价；

③改变用途再予以利用最为合理的，应选择改变用途前提进行估价；

④改变规模再予以利用最为合理的，应选择改变规模前提进行估价；

⑤重新开发再予以利用最为合理的，应选择重新开发前提进行估价；

⑥上述前提的某种组合或其他特殊利用最为合理的，应选择上述前提的某种组合或其他特殊利用前提进行估价。[②]

最高最佳利用必须同时满足四个条件：一是法律上允许；二是技术上可能；三是财务上可行；四是价值最大化。实际估价中在选取估价对象的最高最佳利用时，往往容易忽视"法律上允许"这个前提，甚至误以为最高最佳利用原则与合法原则有时是冲突的。实际上，最高最佳利用不是无条件的最高最佳利用，而是在法律、法规、政策以及建设用地使用权出让合同等允许范围内的最高最佳利用。因此，最高最佳利用原则与合法原则的关系是：遵循了合法原则，并不意味着会遵循最高最佳利用原则；而遵循了最高最佳利用原则，则必然符合了合法原则中对估价对象依法利用的要求，但并不意味着符合了合法原则中的其他要求。

寻找最高最佳利用的方法是，先尽可能地设想出各种潜在的使用方式，然后从下列四个方面依序筛选：

①法律上的许可性。对于每一种潜在的使用方式，首先检查它是否为法律所允许；如果是法律不允许的，就应被淘汰。

②技术上的可能性。对于法律所允许的每一种使用方式，要检查它在技术上能否实现，包括建筑材料性能、施工技术手段等能否满足要求。如果是技术上达不到的，就应被淘汰。

③经济上的可行性。对于法律上许可、技术上可能的每一种使用方式，还要进行经济可行性检验。经济可行性检验的一般做法是：首先估计未来的收入和支出，然后将未来的收入和支出用现值表示出来，再将这两者进行比较。只有收入现值大于支出现值的使用方式才具有经济可行性，否则就应被淘汰。

④能否使估价对象的价值最大。在所有法律上许可、技术上可能、经济上可行的使用方式中，能使估价对象的价值达到最大的使用方式，才是最高最佳的使用方式。

以下三个经济学原理有助于把握最高最佳利用原则：

①收益递增递减原理。收益递增递减原理可以帮助确定估价对象的最佳集约度和最佳规模。其中，收益递减规律对一宗土地来说，表现在对该土地的利用强度（如容积率、建筑规模、建筑高度、建筑层数）超过一定限度后，收益开始下降。例如，超出某一点以外就会产生报酬递减的趋势，已经见之于办公大楼等建筑。在美国中西部某城市所做的研究

---

① 现有房地产应维持现状的财务上可行的条件是：现状房地产的价值≥（新房地产的价值一将现状房地产改变为新房地产的必要支出及应得利润）。现有房地产应更新改造的财务上可行的条件是：（更新改造后的房地产价值一更新改造的必要支出及应得利润）>现状房地产的价值。现有房地产应改变用途的财务上可行的条件是：（新用途下的房地产价值一改变用途的必要支出及应得利润）>现用途下的房地产价值。现有房地产应改变规模的财务上可行的条件是：（改变规模后的房地产价值一改变规模的必要支出及应得利润）>现规模下的房地产价值。现有房地产应重新开发的财务上可行的条件是：（重新开发完成后的房地产价值一重新开发的必要支出及应得利润）>现有房地产的价值。

② 中华人民共和国住房和城乡建设部，中华人民共和国国家质量监督检验检疫总局．GB/T 50291—2015房地产估价规范［S］．北京：中国建筑工业出版社，2015：3.

证明，在一块价值150万元的地面上，一座5层大楼的投资利润是4.36%；一座10层大楼的投资利润是6%；一座15层大楼的投资利润是6.82%；一座20层大楼的投资利润是7.06%；一座25层大楼的投资利润是6.72%；一座30层大楼的投资利润是5.65%。这种办公大楼的报酬递减点就是在刚超过20层的那个点上。换言之，20层楼就是这座办公大楼的经济高度。

②均衡原理。均衡原理是以估价对象的各个组成部分是否搭配，来判定估价对象是否为最高最佳利用。它也可以帮助确定估价对象的最佳集约度和最佳规模。从建筑物和土地两大组成部分来看，建筑物规模过大或过小，档次过高或过低，都与土地的搭配不当，该房地产的效用便不能得到有效发挥，从而会降低该房地产的价值。

③适合原理。适合原理是以估价对象与其外部环境是否协调，来判定估价对象是否为最高最佳利用。它可以帮助确定估价对象的最佳用途。例如，在日用必需品的零售商店集中地区，开设品牌服装专卖店并不一定能获得高收益，因此在这样的地区开设品牌服装专卖店就不是最高最佳利用。

适合原理加上均衡原理以及收益递增递减原理，即当估价对象与其外部环境相协调，同时其各个组成部分又搭配时，便为最高最佳利用。

【实战演练2-3】

某宗房地产的规划用途为商业，现状为超市，年净收益为18万元，预计改为服装店后的年净收益为20万元，除此无其他更好的用途，则根据最高最佳利用原则，该宗房地产应按什么用途进行估价？

分析：该宗房地产应按服装店用途进行估价。

2.6 谨慎原则

谨慎原则是评估房地产抵押价值时应当遵守的原则。谨慎原则要求在影响估价对象价值或价格的因素存在不确定性的情况下对其作出判断时，充分估计抵押房地产在抵押权实现时可能受到的限制、未来可能发生的风险和损失，充分考虑其导致估价对象价值或价格偏低的一面，慎重考虑其导致估价对象价值或价格偏高的一面。

虽说只要所担保的债权不超过抵押时抵押物的价值即不违法，但由于需要处分抵押物的时间与抵押估价的时点一般相隔较长，而且抵押担保的范围包括主债权及利息、违约金、损害赔偿金和实现抵押物的费用，在处置抵押物时其价值还有可能下跌，其他相关的不确定因素较多，因此为了确保抵押贷款的清偿，房地产抵押价值评估除了要遵守前面几个原则外，还要遵守谨慎原则。

《房地产抵押估价指导意见》针对不同的估价方法，提出了遵守谨慎原则的下列要求：

①在运用比较法估价时，不应选取成交价格明显高于市场价格的交易实例作为可比实例，并应当对可比实例进行必要的实地查勘。

②在运用成本法估价时，不应高估土地取得成本、开发成本、有关税费和利润，不应低估折旧。

③在运用收益法估价时，不应高估收入或者低估运营费用，选取的报酬率或者资本化率不应偏低。

④在运用假设开发法估价时，不应高估未来开发完成后的价值，不应低估开发成本、有关税费和利润。

本章小结

```
                        ┌─ 独立、客观、公正原则
                        │
                        │                          ┌─ 依法判定的权利类型及归属
                        │                          │
                        │                          ├─ 依法判定的使用权利
                        ├─ 合法原则 ──────────────┤
                        │                          ├─ 依法判定的处分权利
   房                    │                          │
   地                    │                          └─ 依法判定的其他权利
   产                    │
   估   房地产估价      ├─ 估价时点原则 ────────── 过去、现在、未来三个时点
   价   的基本原则
   的                    ├─ 替代原则
   基
   本                    │                          ┌─ 最佳用途
   原                    │                          │
   则                    ├─ 最高最佳利用原则 ──────┼─ 最佳规模
                        │                          │
                        │                          └─ 最佳档次
                        │
                        └─ 谨慎原则
```

主要概念

独立、客观、公正原则 合法原则 最高最佳利用原则 价值时点原则 替代原则

基础知识练习

1.单项选择题

（1）收益递增递减原理可以帮助我们确定（   ）。

A.房地产内部构成要素的组合是否均衡

B.最佳集约度和最佳规模

C.最佳用途

D.房地产与其外部环境是否协调

（2）寻找最佳使用的方法，是先尽可能地设想出各种潜在的使用方式，然后从下面四个方面依序筛选（   ）。

A.①法律上的许可性；②技术上的可能性；③经济上的可行性；④能否使估价对象价值最大

B.①技术上的可能性；②经济上的可行性；③能否使估价对象价值最大；④法律上的许可性

C.①经济上的可行性；②技术上的可能性；③法律上的许可性；④能否使估价对象价

值最大

D.①能否使估价对象价值最大；②经济上的可行性；③技术上的可能性；④法律上的许可性

（3）某估价事务所在2013年6月20日至7月10日评估了一宗房地产于2015年6月30日的价格之后，有关方面对其估价结果有异议。现在若要求你重新估价以证明该估价结果真实，则重新估价的估计时点应为（　　　）。

A.2015年6月30日

B.现在

C.重新估价的作业日期

D.要求重新估价的委托方指定的日期

2.多项选择题

（1）现行的土地权属证书有（　　　）。

A."国有土地所有证"   B."国有土地使用证"

C."集体土地所有证"   D."集体土地使用证"

（2）合法原则要求房地产估价应以估价对象的合法权益为前提进行估价活动，合法原则应包括（　　　）等方面。

A.依法判定的权利类型及归属   B.依法判定的使用权利

C.依法判定的处分权利   D.依法判定的其他权利

（3）适合原理加上（　　　），即当估价对象与其外部环境相协调，同时其各个组成部分又搭配时，便为最高最佳利用。

A.收益递增递减原理   B.预期原理

C.替代原理   D.均衡原理

（4）某在建工程预计一年后建成，可能存在哪几种情形的估价？（　　　）

A.价值时点为现在，估价对象为现时状况下的价格

B.价值时点为现在，估价对象为未来状况下的价格

C.价值时点为未来，估价对象为未来状况下的价格

D.价值时点为未来，估价对象为现时状况下的价格

（5）下列说法中正确的有（　　　）。

A.具有丰富经验的估价师评估出的价格较接近市场价格

B.评估价格既是客观存在，也是事实

C.评估是一种主观活动，但不是对房地产价格的给定

D.估价师只有理论与经验兼备，才能作出科学、公正的估价

3.判断题

（1）房地产估价原则即房地产价格形成原理。　　　　　　　　　　　　　（　　　）

（2）价值时点就是选定的一个估价作业的特定日期。　　　　　　　　　　（　　　）

（3）遵循房地产估价的合法原则，即估价机构或人员应具有合法的评估资格。

　　　　　　　　　　　　　　　　　　　　　　　　　　　　　　　　　（　　　）

（4）房地产估价的委托人必须是房地产所有者或使用者。　　　　　　　　（　　　）

（5）估价师可以根据以往经验进行评估，而不一定要到估价现场去查勘。　（　　　）

（6）判断产权是否合法时，主要以房地产权属证书、权属档案的记载等为依据。

（　　）

4.思考题

（1）房地产估价为何要遵循最高最佳利用原则？

（2）在实际估价中，如何根据最高最佳利用原则确定估价前提？

（3）价值时点与估价作业期有何区别？在估价报告中写明这两个时间的目的是什么？

实践操作训练

△实训题

某建筑物的建筑面积为5 000平方米，坐落的土地面积为2 000平方米，土地价格为1 500元/平方米，用成本法测算出的该建筑物的重置价格为1 600元/平方米，市场上该类房地产的正常价格为1 800元/平方米，试计算该建筑物的现值，并判断该建筑物的价值是否得到了充分发挥。

第3章

比较法

学习目标

通过本章的学习，了解比较法的含义、适用对象、估价需要具备的条件及操作步骤；熟悉并掌握可比实例选取的要求，建立价格可比基础的各种换算，交易情况、市场状况调整、房地产状况调整的修正方法；能够正确运用比较法进行估价。

引 例

我们购买商品时经常"货比三家"。在商品质量相当时，选择价格最便宜的卖主；在商品价格相当时，往往选择质量最好的商品。房地产估价中的比较法认为，同一种商品在同一个市场上有相同的市场价格，基于这一朴实的原理，我们对于一个具体的房地产估价项目该从哪些方面进行比较呢？

3.1 比较法的基本原理

3.1.1 比较法的概念和理论依据

比较法，也称交易实例比较法、市场比较法、市场法，是选取一定数量的可比实例，将它们与估价对象进行比较，根据其间的差异对可比实例成交价格进行处理后得到估价对象价值或价格的方法。[①]

比较法的本质是以房地产的市场价格为导向求得房地产的价值或价格。比较法的理论依据是房地产价格形成的替代原理。该原理已在本书第2章第4节"替代原则"中作了论述。

3.1.2 比较法适用的估价对象

比较法适用于同类房地产数量较多、经常发生交易且具有一定可比性的房地产。下列房地产适合采用比较法估价：①住宅，包括普通住宅、高档公寓、别墅等，特别是数量较多、可比性较好的存量成套住宅；②写字楼；③商铺；④标准厂房；⑤房地产开发用地。

下列房地产难以采用比较法估价：①同类房地产数量很少的房地产，如特殊厂房、机场、码头、博物馆、教堂、寺庙、古建筑等；②很少发生交易的房地产，如学校、医院、行政办公楼等；③可比性很差的房地产，如在建工程等。

比较法中比较分析的原理和方法，也可用于收益法、成本法、假设开发法中市场租金、经营收入、运营费用、空置率、入住率、报酬率、重置价格、房地产价格各个构成部分（如土地取得成本、建设成本、管理费用、销售费用、销售税金、开发利润等）、开发完成后的房地产价值、开发经营期等的求取。

[①] 中华人民共和国住房和城乡建设部，中华人民共和国国家质量监督检验检疫总局. GB/T 50899—2013 房地产估价基本术语标准 [S]. 北京：中国建筑工业出版社，2013：11.

3.1.3 比较法适用的条件

比较法适用的条件是在价值时点的近期拥有较多类似房地产的交易。房地产市场不够活跃或类似房地产交易较少的地区，难以采用比较法估价。房地产市场总体上较活跃的地区，在某些情况下比较法也可能不适用，如可能由于某些原因导致在一段较长时期很少发生房地产交易。

另外，运用比较法估价需要把可比实例的特殊交易情况，如增值税、契税、交易手续费等税费非正常负担造成的可能是不正常的成交价格，修正为正常价格；需要把可比实例在成交日期的价格，调整为在价值时点的价格；需要把可比实例在自身状况下的价格，调整为在估价对象状况下的价格。也就是说，运用比较法估价需要消除以下三个方面的不同所造成的可比实例成交价格与估价对象价值的差异：①特殊交易情况与正常交易情况不同；②成交日期与价值时点不同（实质上是这两个时间的房地产市场状况不同）；③可比实例状况与估价对象状况不同。上述这些对可比实例成交价格进行的修正和调整，分别简称为交易情况修正、市场状况调整、房地产状况调整。在进行这些修正和调整时，应尽量分解各种房地产价格的影响因素，并尽量采用定量分析来量化这些因素对可比实例成交价格的影响程度。但由于许多因素对可比实例成交价格的影响程度难以采用定量分析予以量化，主要是估价师凭借其估价专业知识和经验以及对估价对象或可比实例所在地的房地产市场行情、交易习惯等的深入调查作出判断，因此，如果估价师没有扎实的估价理论知识和丰富的估价实践经验，对估价对象或可比实例所在地的房地产市场行情和交易习惯等不够熟悉，就难以运用比较法得出正确的估价对象价值。

还需要指出的是，比较法求得的价值并不一定合理、真实，因为在房地产市场参与者过于乐观或过于悲观的情况下，房地产价格可能被市场高估或低估，从而造成了房地产市场价格不合理，偏离房地产本身的价值。

3.2 比较法的基本步骤

运用比较法进行房地产估价时，应按下列步骤（如图3-1所示）进行：

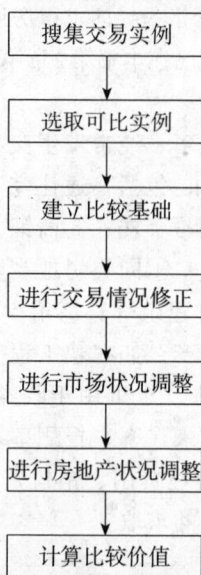

搜集交易实例

↓

选取可比实例

↓

建立比较基础

↓

进行交易情况修正

↓

进行市场状况调整

↓

进行房地产状况调整

↓

计算比较价值

图3-1 比较法的步骤

3.2.1 搜集交易实例

运用比较法估价需要拥有估价对象所在地的大量、真实成交的房地产交易实例。只有这样，才能掌握估价对象所在地的房地产市场行情，保证评估出的估价对象价值或价格不会超出合理的范围；才能选择出符合一定数量和质量要求的可比实例，保证根据这些可比实例的成交价格测算出的估价对象价值或价格更加准确而不会出现较大误差。因此，房地产估价机构和房地产估价师应努力搜集较多的交易实例。[①]

虽然搜集交易实例是比较法中的一个步骤，但搜集交易实例不需要等到采用比较法估价时，在平时就应留意搜集和积累，这样才能保证在采用比较法估价时有足够多的交易实例可供选用。当然，在采用比较法估价时，也可以有针对性地搜集一些交易实例。

1）搜集交易实例的内容

交易实例是指真实成交的房地产等财产或相关权益及有关信息，包括交易对象基本状况、交易双方基本情况、交易方式、成交日期、成交价格、付款方式、融资条件、交易税费负担、交易目的等。搜集真实成交内容完整的交易实例，是保证估价结果客观合理的一个基本前提。搜集交易实例应包括下列内容：

（1）交易双方情况、交易方式及交易目的

交易双方情况不仅包括交易者的名称、性质、法人代表、住址等基本情况，还包括交易税费的负担情况（按法规规定有各自负担、买方负担、卖方负担三种），以及有无利害关系人之间的交易（关联交易）、急卖急买、人为哄抬等特殊交易情况；更重要的是，要说明交易双方是否是在公开的市场状况下进行公平自愿的交易，即属于正常交易还是非正常交易。交易方式包括协议、招标、拍卖、挂牌等。

交易目的是指交易双方为什么而交易（卖方为何而卖，买方为何而买），一般包括买卖、入股、抵债等交易目的。

（2）交易实例房地产状况

交易实例房地产状况一般应包括：①名称、坐落、位置、四至、用途、形状与面积；②地质条件；③购物、交通等环境条件；④土地利用现状与规划用途、土地使用期限；⑤有关地上建筑物的基本情况（建成年月、装修、结构）；⑥权利状况；⑦周围环境、景观等。

（3）成交日期、成交价格及计价方式

成交日期要具体到日（记录公历成交日期），成交价格[②]应包括房地总价、房屋总价、土地总价，以及相应的单价和房屋租金等内容，同时还应说明价格类型、价格水平、货币种类和货币单位等情况。计价方式包括按建筑面积计价、按套内建筑面积计价、按使用面积计价、按套计价等。

（4）付款方式

付款方式包括一次付清、分期付款及比例、抵押贷款比例、租金支付方式等内容。

搜集交易实例时，应注意所搜集内容的统一性和规范化，最好事先将房地产分为不同

[①] 获取房地产真实成交价格以及估价所必要的交易房地产状况等信息，是运用比较法估价的难点。尽管如此，以下情况不能成为不采用比较法估价的理由：估价对象所在地存在较多类似房地产的交易，而由于房地产估价机构和房地产估价师没有努力去搜集和积累交易实例，造成不能采用比较法估价。

[②] 可作为比较法估价的价格依据的，应是交易实例的成交价格。挂牌价等非成交价格，只能作为估价的参考，不能作为估价的依据。

的类型，如居住、商业、办公、旅馆、餐饮、体育和娱乐、工业、农业等，同时针对这些不同类型的房地产，将所需要搜集的内容制作成统一的表格，此表格可命名为"房地产交易实例调查表"（见表 3-1）。搜集交易实例时按表填写，既方便又可避免遗漏。

表 3-1 房地产交易实例调查表

房地产 基本情况	名称		规模		范围	
	坐落		用途		权利状况	
交易基本情况	卖方		买方			
	土地权属	（国有土地、集体土地）	使用权性质		（出让、划拨、出租等）	
	成交日期		成交目的			
	付款方式		货币种类			
	成交价格	单价		总价		
房地产状况说明	交易情况说明					
	实物状况说明	（包括面积、四至、形状、地形、结构、建成年份、总层数、所在层数、朝向等）				
	权益状况说明	（包括商品房、福利房、出让土地使用权年限、划拨土地使用权等）				
	区位状况说明	（包括位置、商业繁华度、交通通达性、环境景观、城市规划、公共配套设施完备程度等）				
坐落位置图		外观照片		建筑平面简图		
资料来源		调查日期		调查人员		

为了保证所搜集的交易实例及其内容的真实性，对于搜集到的每个交易实例、每项内容，都应进行查证核实，从而做到准确无误。

2）搜集交易实例的途径

搜集交易实例及相关参考资料的途径主要有：

①走访房地产交易当事人，了解其交易的房地产及成交价格等信息。

②访问房地产经纪机构和房地产经纪人员、相关律师、房地产交易当事人的邻居等，了解其促成交易或知悉交易的房地产及成交价格等信息。现在，越来越多的房地产交易是通过房地产经纪机构和房地产经纪人员促成的，通过房地产经纪机构和房地产经纪人员可以获得大量及时、真实的交易实例。

③查阅政府和有关部门的房地产价格等资料。例如，房地产权利人转让房地产时向有关部门申报的成交价格等资料[①]，政府出让建设用地使用权的价格等资料，政府或者其授权的部门确定、公布的基准地价、标定地价、房屋重置价格及房地产市场价格资料。

④向专业房地产信息提供机构购买房地产价格等资料。现在，社会上已经出现了一些

[①] 《中华人民共和国城市房地产管理法》第三十五条规定："国家实行房地产成交价格申报制度。房地产权利转让房地产，应当向县级以上地方人民政府规定的部门如实申报成交价，不得瞒报或者作不实的申报。"

以营利为目的的专门从事房地产价格等信息的搜集、整理、分析和提供的机构。

⑤查阅报刊、网站上有关房地产出售、出租广告，参加房地产交易展示会，与房地产的业主、开发企业、经纪人员等房地产出售人或其代理人洽谈，获得房地产的要价、标价、挂牌价、报价等资料，了解房地产市场价格行情。要价、标价、挂牌价、报价等不是成交价格，一般不能反映真实的市场价格行情，也不应作为交易实例，但其与成交价格之间有一定的关系，可以在一定程度上作为了解市场行情的参考。

⑥同行之间相互提供。估价机构或估价师之间可以建立某种协作关系，相互提供所收集的交易实例和经手的估价案例资料。

⑦进行市场调查。制作调查表进行调查。

3）建立交易实例库

房地产估价机构应建立房地产买卖、租赁等交易实例库。建立房地产交易实例库不仅是比较法的需要，而且是从事房地产估价及相关咨询业务的一项基础性工作，也是形成房地产估价机构核心竞争力的重要手段之一。建立房地产交易实例库有利于交易实例资料的保存和在需要时查找、调用，能有效提高估价工作效率。

3.2.2　选取可比实例

可比实例是指交易实例中交易方式适合估价目的、成交日期接近价值时点、成交价格为正常价格或可修正为正常价格的估价对象的类似房地产等财产或相关权益。虽然估价机构搜集和积累的交易实例较多，但针对某一具体的估价对象、价值时点和估价目的来说，有些交易实例并不适用。因此，注册房地产估价师需要从中选取符合一定条件的交易实例作为可比实例。选取可比实例就是从已搜集和积累的大量交易实例中，选取与估价对象房地产条件相同或相似的、交易类型与估价目的吻合的、成交日期与价值时点相近的、成交价格为正常价格或可修正为正常价格的交易实例。

可比实例的选取应符合下列规定：

1）选取可比实例的数量要求

选取的可比实例数量从理论上讲是越多越好，但这会存在两方面的困难：一方面，可能由于交易实例的数量有限而难以做到[①]；另一方面，过多的可比实例会造成后续修正、调整的工作量加大。因此，一般选取3个以上（含3个）、10个以下（含10个）可比实例即可。

2）选取可比实例的质量要求

可比实例选取得恰当与否，直接影响到比较法评估结果的准确性，因此应特别慎重。选取的可比实例应符合下列要求：

（1）可比实例的交易方式应适合估价目的

房地产交易有买卖、租赁等类型，其中又可分为协议、招标、拍卖、挂牌等方式。如果是为买卖目的估价，则应选取买卖实例为可比实例；如果是为租赁目的估价，则应选取租赁实例为可比实例。在实际估价中，估价目的包括抵押、折价、变卖、房屋征收补偿等，多数可比实例应选取买卖实例。选取建设用地使用权出让实例为可比实例时，目前一般不宜选取协议方式的出让实例。

---

① 当满足《房地产估价规范》第4.2.3条要求的交易实例少于2个时，在掌握特殊交易情况且能量化其对成交价格影响的情况下，可将特殊交易情况下的交易实例选为可比实例，但应对其进行交易情况修正。修正时，应消除特殊交易情况造成的可比实例成交价格偏差，将可比实例的非正常成交价格修正为正常价格。

（2）可比实例房地产应与估价对象房地产相似

类似房地产是指与对象房地产的区位、用途、权利性质、档次、规模、建筑结构、新旧程度等相同或相近的房地产。具体是指：

①与估价对象处在同一区位。同一区位也称同一市场，是指与估价对象有一定的替代关系，价格会相互影响的房地产区域范围。以北京市为例，如果估价对象是坐落在王府井地区的一个商场，则选取的可比实例最好也位于王府井地区；而如果在王府井地区内可供选取的交易实例不多，则应选取像东单、西单这类邻近地区或同等级别商业区中的交易实例。

②与估价对象用途相同。这主要是指房地产的具体利用方式，可按大类和小类划分。大类用途如商店、办公楼（写字楼）、酒楼、旅馆、住宅、工业厂房、仓库等。小类是在大类用途的基础上再细分，比如住宅，可细分为普通住宅、高档公寓、豪华别墅等。如果能做到小类相同则更好。

③与估价对象权利性质相同。当两者不相同时，一般不能作为可比实例。例如，出让土地使用权与划拨土地使用权的权利性质不同；商品住宅与经济适用住房的权利性质不同。可比实例应当选取相同权利性质的房地产。

④与估价对象档次相当。档次是指按照一定标准分成的不同等级，如写字楼划分的甲级、乙级。这里的档次相当主要是指在装饰装修、设施设备（如电梯、空调、智能化）、周围环境等方面的齐全、好坏程度应相当。

⑤与估价对象规模相当。例如，估价对象为一宗土地，则选取的可比实例的土地面积应与该宗土地的面积差不多大小，既不能过大也不能过小。选取的可比实例规模一般应在估价对象规模的 0.5 ~ 2 倍的范围内，即 $0.5 \leqslant \dfrac{可比实例规模}{估价对象规模} \leqslant 2$。

⑥与估价对象建筑结构相同。这里的建筑结构相同主要是指大类建筑结构，一般分为钢结构、钢筋混凝土结构、砖混结构、砖木结构、简易结构。如果能做到小类建筑结构相同则更好，如砖木结构可进一步分为砖木一等、砖木二等等。

⑦与估价对象新旧程度相同或相近。房屋的新旧程度，也可为房屋完损等级，是用来检查房屋维修保养情况的一个标准，是确定房屋实际新旧程度和估算折旧的重要依据。依据《房屋完损等级评定标准》的规定，根据房屋的结构、装修和设备三个组成部分各个项目的完好、损坏程度，房屋的完损等级划分为完好房、基本完好房、一般损坏房、严重损坏房和危险房五类。完好房：十、九、八成新；基本完好房；七、六成新；一般损坏房：五、四成新；严重损坏房及危险房：三成新以下。

（3）可比实例的成交日期应接近价值时点

这里的"接近"是相对而言的，如果房地产市场比较平稳，则较早之前发生的交易实例可能仍然有参考价值，也可选为可比实例；但如果房地产市场变化快，则此期限应缩短，可能只有近期发生的交易实例才有说服性，才可选为可比实例。一般认为，交易实例的成交日期与价值时点相隔一年以上的不宜采用，不应超过两年。因为在这种情况下，难以进行市场状况调整。

（4）可比实例的成交价格应为正常价格或可修正为正常价格

这要求可比实例的成交价格应为正常价格，或者可修正为正常价格。

3）选取可比实例应注意的其他问题

在选取可比实例时，估价对象为房地的，一般应选取类似房地的交易实例；估价对象为土地的，一般应选取类似土地的交易实例；估价对象为建筑物的，一般应选取类似建筑物的交易实例（中国目前没有单独建筑物的交易实例）。在同等条件下，应将位置与估价对象较近、成交日期与价值时点较近的交易实例选为可比实例。

4）不宜选为可比实例的交易实例

下列特殊交易情况下的交易实例，不宜选为可比实例：①利害关系人之间的交易；②对交易对象或市场行情缺乏了解的交易；③急于出售或急于购买的交易；④人民法院拍卖的交易；⑤有人为哄抬的交易；⑥对交易对象有特殊偏好的交易；⑦相邻房地产合并的交易；⑧受迷信影响的交易；⑨其他非正常的交易。

特别需要指出的是，在实际估价中，当有较多的交易实例可供选取时，应选取那些与估价对象最相似、成交日期与价值时点最接近的交易实例为可比实例，而不得"劣胜优汰"。例如，不得在区位上或成交日期上"舍近求远"，不得为了迎合委托人的高估或低估要求而普遍选取那些成交价格明显偏高或明显偏低的交易实例，更不得有符合可比实例要求的交易实例不选取，而选取那些不符合可比实例要求的交易实例，尤其不能虚构、编造可比实例。选取可比实例的最低要求是，可比实例及其有关信息应真实、可靠，不得虚构。应对可比实例的外部状况和区位状况进行实地查勘，并应在估价报告中说明可比实例的名称、位置及附位置图和外观照片。

3.2.3　建立比较基础

建立比较基础是指使可比实例成交价格与估价对象价值或价格之间，各个可比实例的成交价格之间口径一致、相互可比的处理。选取可比实例后，应建立比较基础，对可比实例的成交价格进行标准化处理。以统一可比实例成交价格的内涵和形式，使可比实例成交价格与估价对象价位或价格之间、各个可比实例的成交价格之间的口径一致、相互可比。标准化处理应包括：①统一财产范围；②统一付款方式；③统一税费负担；④统一计价单位。

1）统一财产范围

统一财产范围应对可比实例与估价对象的财产范围进行对比，并应消除因财产范围不同造成的价格差异。

某些估价对象有时难以直接选取到与其范围完全相同的房地产的交易实例作为可比实例，因此只能选取"主干"部分相同而范围有所不同的房地产的交易实例作为可比实例。所谓范围不同，是指"有"与"无"的差别，而不是范围相同下的不同。范围相同下的不同，是指大家都有，仅是彼此之间有"好"与"坏""优"与"劣""新"与"旧"等的差别。因此，统一房地产范围可以进行"有无对比"并消除有无导致的价格差异。

可比实例与估价对象的财产范围不同主要有三种情况：一是含有非房地产成分。例如，估价对象是"纯粹"的房地产，而选取的可比实例是有附赠家具、家电、汽车，附带入学指标、户口指标、特许经营权等的交易实例；或相反。二是带有债权债务的房地产。例如，估价对象是"干净"的房地产，而选取的可比实例是设立了抵押权、地役权，有拖欠建设工程价款，或由买方代付卖方欠缴的水电费、燃气费、通信费（如电话费、上网费、有线电视收看费等）、供暖费、物业服务费、房产税等费用和税金的交易实例；或相反。三是房地产的实物范围不同。例如，估价对象为土地，而选取的可比实例是含有类似土地的房地产交易实例；估价对象是一套封阳台的住宅，而选取的可比实例是未封阳台的住宅；估价对象是一套不带车位的住宅，而选取的可比实例是一套带车位的住宅。

在第一种情况下，统一房地产范围一般是统一到"纯粹"的房地产范围，并利用下列公式对价格进行换算处理：

房地产价格=含非房地产成分的房地产价格-非房地产成分的价格

如果估价对象含有非房地产成分，那么在比较法最后步骤求出了不含非房地产成分的房地产价格后，再加上非房地产成分的价格，就可得到估价对象的价格。

在第二种情况下，统一房地产范围一般是统一到不带债权债务的房地产，并利用下列公式对价格进行换算处理：

不带债权债务的房地产价格=带债权债务的房地产价格-债权+债务

如果估价对象带有债权债务，那么在比较法最后步骤求出了不带债权债务的房地产价格后，再加上债权减去债务，就可得到估价对象的价格。

在第三种情况下，统一财产范围一般是统一到估价对象的房地产范围，即补充可比实例房地产缺少的范围，扣除可比实例房地产多出的范围，相应地对可比实例的成交价格进行加价和减价。

【例3-1】估价对象是一套商品住宅，阳台是封闭的；选取的可比实例的阳台是未封闭的，总价为30万元。经调查得知，当地封闭类似的阳台需要的正常费用为0.5万元。因此，在确定可比实例时，宜先将该可比实例未封闭阳台的成交总价30万元调整为封闭阳台的总价30.5万元（30+0.5），然后再将此总价30.5万元转化为单价进行其他方面的修正、调整。

2）统一付款方式

统一付款方式应将可比实例不是成交日期或一次性付清的价格，调整为成交日期且一次性付清的价格。

由于房地产价值量大，因此房地产成交时往往采用分期付款的方式支付，而且付款期限的长短不同，付款数额在付款期限内的分布不同，实际价格也会不同。在估价过程中，为了便于比较，价格通常以一次付清所需要支付的金额为基准，因此需要将分期付款的可比实例成交价格折算为在其成交日期一次付清的数额。具体方法是通过折现计算。

【例3-2①】某宗房地产交易总价为50万元，其中首期付款20万元，余款于半年后支付，假设月利率为1%，试计算该宗房地产在其成交日期一次付清的价格。

$$该价格=20+\frac{30}{(1+1\%)^6}=48.26（万元）$$

3）统一税费负担

统一税费负担应将可比实例在交易税费非正常负担下的价格，调整为在交易税费正常负担下的价格。在房地产交易中需要缴纳一些税费，如增值税、城市维护建设税、教育费附加、契税、所得税、土地增值税、印花税、交易手续费、公证费、补缴出让金等。根据税法及中央和地方政府的有关规定，有的税费应由卖方缴纳，如增值税、城市维护建设

---

① 如果已知的不是月利率，那么存在以下几种情况：若已知年利率r，则计算中的（1+1%）⁶就变为（1+r）⁰·⁵；若已知半年利率r，则计算中的（1+1%）⁶就变为（1+r）；若已知季度利率r，则计算中的（1+1%）⁶就变为（1+r）²。

税、教育费附加、所得税、土地增值税；有的税费应由买方缴纳，如契税、补缴出让金[①]；有的税费则买卖双方都应缴纳或各负担一部分，如印花税、交易手续费。交易税费正常负担下的价格是指在买卖双方各自缴纳自己应缴纳的交易税费下的价格，即在此价格下，卖方缴纳卖方应缴纳的税费，买方缴纳买方应缴纳的税费。需要评估的估价对象价值或价格，一般是基于买卖双方各自缴纳自己应缴纳的交易税费下的价值或价格。但在实际的房地产交易中，往往出现本应由卖方缴纳的税费，买卖双方协议由买方缴纳；本应由买方缴纳的税费，买卖双方协议由卖方缴纳。例如，土地增值税本应由卖方缴纳，却协议由买方缴纳；契税、补缴出让金本应由买方缴纳，却协议由卖方缴纳；交易手续费本应由买卖双方各负担一部分，却协议由其中某一方全部负担。在某些地区，房地产价格之外还有代收代办收费。这些代收代办收费也可能存在类似的转嫁问题。

统一税费负担是将成交价格调整为依照税法及中央和地方政府的有关规定（没有规定的，按照当地习惯），买卖双方各自缴纳自己应缴纳的交易税费下的价格。计算公式为：

正常负担下的价格−应由卖方缴纳的税费=卖方实得金额

正常负担下的价格+应由买方缴纳的税费=买方实付金额

买方实付金额−卖方实得金额=应由买卖双方缴纳的税费

如果卖方、买方应缴纳的税费是正常负担下的价格的一定比率，即：

应由卖方缴纳的税费=正常负担下的价格×应由卖方缴纳的税费比率

应由买方缴纳的税费=正常负担下的价格×应由买方缴纳的税费比率

则：

$$正常负担下的价格=\frac{卖方实得金额}{1-应由卖方缴纳的税费比率}$$

$$正常负担下的价格=\frac{买方实付金额}{1+应由买方缴纳的税费比率}$$

【例3-3】某宗房地产交易，买卖合同约定成交价格为5 300元/平方米，买卖中涉及的税费均由买方负担。已知房地产买卖中卖方和买方应缴纳的税费分别为交易税费正常负担下的成交价格的7%和5%。请计算该房地产在交易税费正常负担下的价格。

正常负担下的价格=卖方实得金额/（1−应由卖方缴纳的税费比率）

=5 300÷（1−7%）

=5 698.92（元/平方米）

【例3-4】某宗房地产交易，买卖合同约定成交价格为5 900元/平方米，买卖中涉及的税费均由卖方负担。已知房地产买卖中卖方和买方应缴纳的税费分别为交易税费正常负担下的成交价格的7%和5%。请计算该房地产在交易税费正常负担下的价格。

交易税费正常负担下的价格=买方实付金额÷（1+应由买方缴纳的税费比率）

=5 900÷（1+5%）

=5 619.05（元/平方米）

4）统一计价单位

统一计价单位应包括统一为总价或单价、楼面地价，统一币种和货币单位，统一面积或体积内涵及计量单位等。不同币种之间的换算宜按国务院金融主管部门公布的成交日期

---

① 《城市房地产管理法》第四十条规定："以划拨方式取得土地使用权的，转让房地产时，……应当由受让方办理土地使用权出让手续，并依照国家有关规定缴纳土地使用权出让金。"

的市场汇率中间价计算。

（1）统一为总价或单价、楼面地价

房地产价格有总价、单价，土地还有楼面地价。价格表示单位可以是总价，也可以是单价，一般采用单价。在统一采用单价时，通常是单位面积的价格。例如，房地及建筑物通常为单位建筑面积或单位套内建筑面积、单位使用面积的价格；土地除了单位土地面积的价格，还可为单位建筑面积的价格，即楼面地价。在这些情况下，单位面积是一个比较单位。根据估价对象的具体情况，还可以有其他的比较单位。例如，仓库通常以单位体积为比较单位，停车场通常以一个车位为比较单位，旅馆通常以一间客房或一个床位为比较单位，影剧院通常以一个座位为比较单位，医院通常以一个床位为比较单位，保龄球馆通常以一个球道为比较单位等。

还需要说明的是，有些可比实例宜先对其总价进行某些修正、调整，然后再转化为单价进行其他方面的修正、调整。因为这样处理时，对可比实例成交价格的修正、调整更容易、更准确。

（2）统一币种和货币单位

在统一币种和货币单位方面，不同币种的价格之间的换算，应采用该价格所对应的日期时的汇率。在通常情况下，估价师多采用成交日期时的汇率。但如果先按照原币种的价格进行交易日期调整，则对于进行了交易日期调整后的价格，应采用价值时点时的汇率进行换算。在统一货币单位方面，按照使用习惯，人民币、美元、港币等，通常都采用"元"。需要注意的是，不同币种之间的换算，应按中国人民银行公布的市场汇率中间价计算。货币单位有元、万元、亿元等。

（3）统一面积或体积内涵及计量单位

采用单价的，有单位面积、单位体积、每延长米（如围墙、道路）、每个（如车位）、每间等的价格。采用面积的，有建筑面积、套内建筑面积、使用面积等；面积计量单位有平方米、公顷、平方英尺、亩等。

在现实的房地产交易中，有按建筑面积计价的，有按套内建筑面积计价的，也有按使用面积计价的。它们之间的换算公式如下：

$$建筑面积下的价格 = 套内建筑面积下的价格 \times \frac{套内建筑面积}{建筑面积}$$

$$建筑面积下的价格 = 使用面积下的价格 \times \frac{使用面积}{建筑面积}$$

$$套内建筑面积下的价格 = 使用面积下的价格 \times \frac{使用面积}{套内建筑面积}$$

在面积单位方面，中国内地通常采用平方米（土地面积单位除了平方米，有时还采用公顷、亩）。

【实战演练3-1】

有甲、乙两个交易实例。甲交易实例房地产的建筑面积为200平方米，成交总价为80万元人民币，分3期付款，首付款为16万元人民币，第二期于半年后付32万元人民币，余款32万元人民币于一年后付清。乙交易实例房地产的使用面积为2 500平方英尺，成交总价为15万美元，于成交时一次性付清。如果选取甲、乙两个交易实例为可比实例，请在对其成交价格进行有关比较、修正和调整之前进行"建立价格可比基础"处理

（假设人民币的年利率为8%，汇率为1美元=6.2164元人民币，1平方英尺建筑面积=0.75平方英尺使用面积，1平方英尺=0.09290304平方米）。

对甲、乙两个交易实例进行"建立价格可比基础"处理，包括统一付款方式、统一采用单价、统一币种和货币单位、统一面积内涵和面积单位。具体处理方法如下：

①统一付款方式，即以成交日期一次性付清为基准，则：

$$甲总价=16+\frac{32}{(1+8\%)^{0.5}}+\frac{32}{1+8\%}=76.42（万元人民币）$$

乙总价=15.00万美元

②统一采用单价，则：

甲单价=764 200÷200=3 821.00（元人民币/平方米建筑面积）

乙单价=150 000÷2 500=60.00（美元/平方英尺使用面积）

③统一币种和货币单位，即以人民币元为基准，则：

甲单价=3 821.00元人民币/平方米建筑面积

乙单价=6.2164×60.00=372.98（元人民币/平方英尺使用面积）

④统一面积内涵，即以建筑面积为基准，则：

甲单价=3 821.00元人民币/平方米建筑面积

乙单价=372.98×0.75=279.74（元人民币/平方英尺建筑面积）

⑤统一面积单位，即以平方米为基准，则：

甲单价=3 821.00元人民币/平方米建筑面积

乙单价=279.74÷0.09290304=3 011.10（元人民币/平方米建筑面积）

3.2.4　交易情况修正

1）交易情况修正的含义

交易情况修正是指使可比实例的非正常成交价格修正为正常价格。可比实例的成交价格是实际发生的，可能是正常的，也可能是不正常的。由于房地产的特殊性和房地产市场的不完全性，交易价格在交易过程中往往会受当时当地一些特殊因素的影响而发生偏差，不宜直接作为基准用于估价对象，必须预先对交易中的某些不正常的情况加以修正，使其成为正常的交易价格后，才能作为估算估价对象价格的比准值。

交易行为中的特殊因素很复杂，概括起来主要有下列几种：

①有利害关系人之间的交易。例如，父子之间、亲友之间、有利害关系的公司之间、公司与其职员之间的房地产交易价格，通常都低于正常的市价。

②急于出售或者急于购买情况下的交易。前者易造成价格偏低，后者易造成价格偏高。

③受债权债务关系影响的交易，一般交易价格偏低。

④交易双方或者一方获取的市场信息不全。如果买方不了解市场行情，盲目购买，则交易价格往往偏高；相反，如果卖方不了解市场行情，盲目出售，则交易价格往往偏低。

⑤交易双方或者一方有特别动机或者特别偏好的交易。例如，买方或卖方对所买卖的房地产有特别的爱好、感情，特别是该房地产对买方或卖方有特殊的意义或价值，从而使得买方执意要购买或者卖方惜售，在这种情况下的成交价格往往是偏高的。

⑥相邻房地产的合并交易。例如，买方若在购买相邻房地产后，与其原有房地产合并，将增加原有房地产的效用，这时相邻房地产拥有者就会抬高价格，迫使买方以高于市场正常价格的价格购买，所以成交价格往往高于该房地产单独存在时的正常价格。

⑦特殊方式的交易。例如，以拍卖、招标等方式成交的价格往往为非正常价格。一般而言，拍卖价格多高于市场正常价格；招标则应注意其整体方案的效用，故招标的成交价格可能偏高，也可能偏低。

⑧交易税费非正常负担的交易。例如，土地增值税本应由卖方负担，却转嫁给了买方；交易手续费本应由双方各负担一部分，却转嫁给了买方或卖方；契税本应由买方负担，却转嫁给了卖方等，这些都会造成交易价格的不正常。

2）交易情况修正的方法

具有上述特殊交易情况的交易实例一般不宜选为可比实例，但是当可供选择的交易实例较少而不得不选用时，则应对其进行交易情况修正。

交易情况修正的方法主要有总价法、单价法、百分率法和差额法。

①总价法是基于总价进行修正。

②单价法是基于单价进行修正。

③采用百分率法进行交易情况修正的一般公式为：

可比实例正常市场价格=可比实例成交价格×交易情况修正系数

在百分率法中，交易情况修正系数应以正常市场价格为基准来确定。假设可比实例的成交价格比其正常市场价格高时的百分率为+S%，可比实例的成交价格比其正常市场价格低时的百分率为-S%，则有：

$$可比实例正常市场价格=可比实例成交价格×\frac{1}{1±S\%}$$

$$可比实例正常市场价格=可比实例成交价格×\frac{100}{100±S}$$

式中：$\frac{1}{1±S\%}$ 或 $\frac{100}{100±S}$ 是交易情况修正系数。

④采用差额法进行交易情况修正的一般公式为：

可比实例正常市场价格=可比实例成交价格±交易情况修正数额

进行交易情况修正，不仅要了解交易中有哪些特殊因素影响了成交价格，还要测定这些特殊因素使成交价格偏离正常市场价格的程度。但由于缺乏客观、统一的尺度，这种测定有时非常困难，因此，在某种情况下应当修正多少，主要依靠估价师根据其掌握的估价理论知识、积累的估价实践经验和对当地房地产市场行情、交易习惯等的深入调查、了解作出判断。不过，估价师平常就应搜集整理交易实例，对其成交价格进行分析、比较，在积累了丰富经验的基础上，把握适当的修正系数或修正数额也是不难的。

3.2.5 市场状况调整

1）市场状况调整的含义

市场状况调整是指使可比实例在其成交日期的价格成为在价值时点的价格的处理。可比实例的成交价格是在其成交日期的价格，是在成交日期的房地产市场状况下形成的。需要评估的估价对象价值应是在价值时点的价值，应是在价值时点的房地产市场状况下形成的。由于可比实例的成交日期与价值时点不同，房地产市场状况可能发生了变化，即使是同一房地产在这两个时间的价格也会有所不同。

进行市场状况调整，就是要消除成交日期的市场状况与价值时点的市场状况不同造成的价格差异，将可比实例在其成交日期的价格调整为在价值时点的价格。应在调查及分析可比实例所在地同类房地产价格变动情况的基础上，采用可比实例所在地同类房地产的价格变动率或价格指数进行调整，且价格变动率或价格指数的来源应真实、可靠。

2）市场状况调整的方法

在可比实例的成交日期至价值时点期间，随着时间的流逝，房地产价格可能发生的变化有以下三种情况：①平稳；②上涨；③下跌。当房地产价格平稳时，可以不进行市场状况调整；而当房地产价格上涨或下跌时，则必须进行市场状况调整，从而使其符合价值时点的房地产市场状况。

市场状况调整主要采用百分率法，还可采用价格指数法或价格变动率法。

（1）百分率法

采用百分率法进行市场状况调整的一般公式为：

可比实例在价值时点的价格=可比实例在成交日期的价格×市场状况调整系数

式中：市场状况调整系数应以成交日期的价格为基准来确定。假设从成交日期到价值时点，可比实例的价格上涨时的百分率为+T%；可比实例的价格下跌时的百分率为-T%，则：

可比实例在价值时点的价格=可比实例在成交日期的价格×（1±T%）

可比实例在价值时点的价格=可比实例在成交日期的价格×$\frac{100 \pm T}{100}$

式中：1±T%或$\frac{100 \pm T}{100}$是市场状况调整系数。

（2）价格指数法

价格指数包括定基价格指数和环比价格指数。在价格指数编制过程中，需要选择某个时期作为基期。如果是以某个固定时期作为基期的价格指数，则为定基价格指数；如果是以上一时期作为基期的价格指数，则为环比价格指数。定基价格指数和环比价格指数的编制原理见表3-2。

表3-2　　　　定基价格指数和环比价格指数的编制原理

时间	价格	定基价格指数	环比价格指数
1	P_1	P_1/P_1=100	P_1/P_0
2	P_2	P_2/P_1	P_2/P_1
⋮	⋮	⋮	⋮
n-1	P_{n-1}	P_{n-1}/P_1	P_{n-1}/P_{n-2}
n	P_n	P_n/P_1	P_n/P_{n-1}

采用定基价格指数进行市场状况调整的公式为：

可比实例在价值时点的价格=可比实例在成交日期的价格×$\frac{价值时点的定基价格指数}{成交日期的定基价格指数}$

【例3-5】某宗房地产在2015年6月1日的市场价格为3 800元/平方米，现需要将其调整到2015年10月1日。已知该类房地产在2015年4月1日至10月1日的市场价格指数分别为110.6、110.0、109.7、109.5、108.9、108.5、108.3（以2014年1月1日为100），计算该宗房地产在2015年10月1日的市场价格。

该宗房地产在2015年10月1日的市场价格=3 800×$\frac{108.3}{109.7}$=3 751.50（元/平方米）

采用环比价格指数进行市场状况调整的公式为：

$$\begin{array}{l}可比实例在价\\值时点的价格\end{array}=\begin{array}{l}可比实例在成\\交日期的价格\end{array}\times\begin{array}{l}成交日期的下一时\\期的环比价格指数\end{array}\times\begin{array}{l}再下一时期的\\环比价格指数\end{array}\times\cdots\times\begin{array}{l}价值时点的\\环比价格指数\end{array}$$

（3）价格变动率法

房地产价格变动率有逐期递增或递减的价格变动率和期内平均上升或下降的价格变动率。

采用逐期递增或递减的价格变动率进行市场状况调整的公式为：

可比实例在价值时点的价格=可比实例在成交日期的价格$\times(1\pm$价格变动率$)^{期数}$

采用期内平均上升或下降的价格变动率进行市场状况调整的公式为：

可比实例在价值时点的价格=可比实例在成交日期的价格$\times(1\pm$价格变动率$\times$期数$)$

【例3-6】评估某宗房地产在2015年7月1日的市场价格，选取的可比实例中有个可比实例的成交日期为2014年10月1日，成交价格为3 500元/平方米。另获知该类房地产的市场价格2014年6月1日至2015年3月1日平均每月比上月上涨1.5%，2015年3月1日至7月1日平均每月比上月上涨2%，请对该可比实例的价格进行市场状况调整。

对该可比实例的价格进行市场状况调整，是将该价格由2014年10月1日调整到2015年7月1日。将该期间分为两段：第一段为2014年10月1日至2015年3月1日，5个月，第二段为2012年3月1日至7月1日，4个月，则：

$$该宗房地产在2015年7月1日的市场价格=3\ 500\times(1+1.5\%)^5\times(1+2\%)^4$$
$$=4\ 081.30（元/平方米）$$

用于市场状况调整的价格指数或变动率，应为房地产价格指数或变动率，因为房地产价格指数或变动率能全面反映引起房地产价格变动的因素。即使选用了房地产价格指数或变动率，也要弄清其内涵、数据基础和编制方法。房地产价格指数或变动率可细分为：①全国房地产价格指数或变动率；②某地区房地产价格指数或变动率；③全国某类房地产价格指数或变动率；④某地区某类房地产价格指数或变动率。由于不同地区、不同用途或不同类型的房地产（如处在衰落旧城区的房地产和处在新兴开发地段上的房地产），其价格变动的方向和程度通常是不同的，因此针对具体的可比实例，对其价格进行市场状况调整，不是任何类型的房地产价格指数或变动率都可以采用的，而应选用可比实例所在地同类房地产的价格指数或变动率。

3.2.6 房地产状况调整

1）房地产状况调整的含义

房地产状况调整是指使可比实例在自身状况下的价格成为在估价对象状况下的价格的处理，包括区位状况调整、实物状况调整和权益状况调整。房地产状况调整应消除可比实例状况与估价对象状况不同造成的价格差异，因为房地产自身状况的好坏还关系到其价值的高低。

在进行房地产状况比较、调整之前，要弄清可比实例状况和估价对象状况是何时的状况。可比实例状况应是其成交价格所对应或反映的状况，而不是它在价值时点或其他时间的状况。估价对象状况应是需要评估的价值所对应或反映的房地产状况，通常是在价值时点的状况。

2）房地产状况调整的内容

房地产状况调整可分解为实物状况调整、权益状况调整、区位状况调整。在这三种调整中，还应进一步分解为若干因素的调整。由于构成房地产状况的因素多样复杂，房地产状况调整是比较法中的一个难点和关键。但如果可比实例状况与估价对象状况有许多相同之处，则需要进行房地产状况调整的内容就较少，房地产状况调整相应就简单。因此，在实际估价中应尽量选取与估价对象状况相同之处较多的房地产作为可比实例。

（1）实物状况调整

实物状况是指对房地产价格有影响的房地产实物因素的状况。进行实物状况调整时，应将可比实例在自身实物状况下的价格调整为在估价对象实物状况下的价格。土地实物状况调整的内容应包括土地的面积、形状、地形、地势、地质、土壤、开发程度等；建筑物实物状况调整的内容应包括建筑规模（如建筑面积大小）、建筑结构、设施设备、装饰装修、空间布局、建筑功能（包括防水、保温、隔热、隔声、通风、采光、日照等）、层高和室内净高、外观、新旧程度等。

（2）权益状况调整

权益状况是指对房地产价格有影响的房地产权益因素的状况。进行权益状况调整时，应将可比实例在自身权益状况下的价格调整为在估价对象权益状况下的价格，且调整的内容应包括规划条件（如容积率）、土地使用期限、共有情况、用益物权设立情况、担保物权设立情况、租赁或占用情况、拖欠税费情况、查封等形式限制权利情况、权属清晰情况等。在实际估价中，遇到最多的情况是土地使用期限调整，调整的具体方法参见本书第4章"收益法"的有关内容。

（3）区位状况调整

区位状况是对房地产价格有影响的房地产区位因素的状况。进行区位状况调整时，应将可比实例在自身区位状况下的价格调整为在估价对象区位状况下的价格，且调整的内容应包括位置（如所处的方位、与相关场所的距离、临街状况、朝向、楼层）、交通条件（如进、出的方便程度）、外部配套设施（如基础设施和公共服务设施）、周围环境（如自然环境、人文环境）等，单套住宅的调整内容还应包括所处楼栋、楼层和朝向。

进行区位、实物和权益状况调整时，应将可比实例与估价对象的区位、实物和权益状况因素逐项进行比较，找出它们之间的差异，量化状况差异造成的价格差异，对可比实例的价格进行相应调整。调整的具体内容和比较因素，应根据估价对象的用途等情况确定。

3）房地产状况调整的思路和步骤

（1）房地产状况调整的思路

房地产状况调整的思路有两种：一是以估价对象状况为基准，将可比实例状况与估价对象状况进行直接比较；二是设定一种"标准房地产"，以该标准房地产状况为基准，将可比实例状况与估价对象状况进行间接比较。无论是直接比较还是间接比较，如果可比实例状况比估价对象状况好，则对可比实例成交价格进行减价调整；如果可比实例状况比估价对象状况差，则对可比实例成交价格进行加价调整。

（2）房地产状况调整的步骤

①确定对估价对象这类房地产的价格有影响的各种房地产的自身因素，包括实物因素、权益因素和区位因素。

②将可比实例与估价对象在这些因素方面的状况逐一进行比较，找出它们之间的差异程度。以普通住宅为例，可以比较附近有几条公共交通线路，到公共交通站点有多远，周围环境和景观如何，户型、朝向、楼层、室内装饰装修、新旧程度如何，有无电梯、一梯几户，是否附赠车位，是否为学区房，物业管理费和供暖费是多少，是商品房还是房改房、经济适用住房、回迁房等。

③将可比实例状况与估价对象状况之间的差异程度转换为价格差异程度，即找出房地产状况差异程度所造成的价格差异程度，如朝向价差、楼层价差、房龄价差等。需要注意的是，可比实例状况与估价对象状况之间的差异程度不一定等于它们之间的价格差异程度。因此，需要根据不同的情况，将可比实例状况与估价对象状况之间的差异程度转换为价格差异程度。

④根据价格差异程度对可比实例的成交价格进行调整。同一使用性质的房地产，各种影响因素对价格的影响程度不同；不同使用性质的房地产，即使某些价格影响因素相同，这些因素对价格的影响方向和程度也不一定相同。因此，对于同一使用性质的房地产，各种影响因素的权重应有所不同；对于不同使用性质的房地产，同一影响因素的权重应有所不同。

4）房地产状况调整的方法

房地产状况调整的方法有：总价法和单价法；差额法和百分率法；相加法和相乘法；直接比较法和间接比较法。

（1）总价法和单价法

房地产状况调整的总价法和单价法，与交易情况修正的总价法和单价法相同。

（2）差额法和百分率法

①采用差额法进行房地产状况调整的一般公式为：

可比实例在估价对象状况下的价格=可比实例在自身状况下的价格±房地产状况调整金额

②采用百分率法进行房地产状况调整的一般公式为：

可比实例在估价对象状况下的价格=可比实例在自身状况下的价格×房地产状况调整系数

在百分率法中，房地产状况调整系数应以估价对象状况为基准来确定。假设可比实例在自身状况下的价格比在估价对象状况下的价格高时的百分率为+R%，可比实例在自身状况下的价格比在估价对象状况下的价格低时的百分率为-R%，则：

可比实例在估价对象状况下的价格=可比实例在自身状况下的价格$\times \dfrac{1}{1 \pm R\%}$

式中：房地产状况调整系数是$\dfrac{1}{1 \pm R\%}$，而不是$\pm R\%$，也不是（1±R%）。

（3）相加法和相乘法

在百分率法中，当同时对多种因素进行调整时，又有相加法和相乘法。

（4）直接比较法和间接比较法

①直接比较法（见表3-3）。其步骤一般是：第一，确定若干种对房地产价格有影响的房地产状况方面的因素。第二，根据每种因素对房地产价格的影响程度确定其权重。第三，以估价对象状况为基准（通常将其在每种因素方面的分数定为100分），将可比实例状况与估价对象状况逐个因素进行比较、评分。如果在某个因素方面，可比实例状况比估价对象状况好，所得分数就高于100分；反之，所得分数就低于100分。第四，将累计所

得的分数转化为调整价格的比率。第五，利用该比率对可比实例价格进行调整。

表 3-3　　　　　　　　　　　　　**房地产状况直接比较表**

房地产状况	权重	估价对象	可比实例 1	可比实例 2	可比实例…
因素 1	f_1	100			
因素 2	f_2	100			
⋮	⋮	⋮			
因素 n	f_n	100			
综合	1	100			

采用直接比较法进行房地产状况调整的一般公式为：

可比实例在估价对象状况下的价格=可比实例在自身状况下的价格$\times \dfrac{100}{(\ \ )}$

式中：括号内应填写的数字为可比实例状况相对于估价对象状况的得分。

②间接比较法（见表 3-4）。间接比较法与直接比较法相似，所不同的是，间接比较法不以估价对象状况为基准，而是设想一种"标准房地产"，以此标准房地产状况为基准（通常将其在每种因素方面的分数定为 100 分），将估价对象状况和可比实例状况与标准房地产状况逐个因素进行比较、评分。如果估价对象状况、可比实例状况比标准房地产状况好，所得分数就高于 100 分；反之，所得分数就低于 100 分。

表 3-4　　　　　　　　　　　　　**房地产状况间接比较表**

房地产状况	权重	估价对象	可比实例 1	可比实例 2	可比实例…
因素 1	f_1	100			
因素 2	f_2	100			
⋮	⋮	⋮			
因素 n	f_n	100			
综合	1	100			

采用间接比较法进行房地产状况调整的一般公式为：

可比实例在估价对象状况下的价格=可比实例在自身状况下的价格$\times \dfrac{\overset{\text{标准化修正}}{100}}{(\ \ )} \times \dfrac{\overset{\text{房地产状况调整}}{(\ \ )}}{100}$

式中：位于分母和分子的括号内应填写的数字，分别为可比实例状况和估价对象状况相对于标准房地产状况的得分。

上述公式表达了间接比较法的两个步骤：

第一步，将可比实例在自身状况下的价格，调整为在标准房地产状况下的价格，用公式表达为：

可比实例在标准房地产状况下的价格=可比实例在自身状况下的价格$\times \dfrac{\overset{\text{标准化修正}}{100}}{(\ \ )}$

第二步，将可比实例在标准房地产状况下的价格，调整为在估价对象状况下的价格，用公式表达为：

$$可比实例在标准房地产状况下的价格 \times \frac{\left(\overset{房地产状况}{调整}\right)}{100} = 可比实例在自身状况下的价格 \times \frac{\overset{标准化}{修正}}{\left(\ \right)} \times \frac{\left(\overset{房地产状况}{调整}\right)}{100}$$

$$= 可比实例在估价对象状况下的价格$$

在房地产状况调整中，可根据每种因素的具体情况分别予以调整，如土地使用期限调整、容积率调整、建筑物年龄调整、朝向调整、楼层调整、层高调整等。

5）房地产状况调整时应注意的问题

①可比实例房地产的状况，应是其成交价格所对应或反映的房地产状况，而不是在价值时点或其他时候的状况。

②不同使用性质的房地产，影响其价格的实物、权益和区位因素不同。即使某些因素相同，但其对价格的影响方向和程度也不一定相同。因此，在进行房地产状况调整时，具体比较、调整的内容及权重应有所不同。例如，居住房地产讲求宁静、安全、舒适；商业房地产重视繁华程度、交通条件；工业房地产强调对外交通运输和基础设施条件等。

③在房地产状况的调整中，可以根据每个因素的具体情况分别予以调整，如土地使用年限调整、容积率调整、楼层调整等。

④交易情况修正、市场状况调整、区位状况调整、实物状况调整和权益状况调整，对可比实例成交价格的单项调整幅度不应超过20%，综合调整幅度不应超过30%。

【实战演练3-2】

某房地产评估的价值时点为2015年6月18日，现选取一可比实例A，其中有关资料如下：可比实例A的成交价格为4 000元/平方米，成交时间为2013年6月18日；由于卖方急于出售，因此可比实例A的成交价格比正常价格低7%；由于可比实例的区位因素好于估价对象，因此当地同类房屋的价格水平比估价对象所处区位要高5%；可比实例A的实物状况比估价对象要差，由此导致可比实例的价格要比估价对象低2%。假设当地房地产价格水平的变动情况为2014年中期比2013年中期上涨1%，2015年中期比2014年中期上涨3%，根据以上资料计算A的比准价格。

比准价格A的错误测算过程如下：

①交易情况修正系数：(100-7)÷100=93÷100

②市场状况调整系数：(100+4)÷100=104÷100

③区位状况调整系数：(100+5)÷100=105÷100

④实物状况调整系数：(100+2)÷100=102÷100

⑤计算比准价格A：4 000×(93÷100)×(104÷100)×(105÷100)×(102÷100)
　　　　　　　=4 143.48（元/平方米）

比准价格A的正确测算过程如下：

①交易情况修正系数：100÷(100-7)=100÷93

②市场状况调整系数：[(100+1)÷100]×[(100+3)÷100]=(101÷100)×(103÷100)

③区位状况调整系数：100÷(100+5)=100÷105

④实物状况调整系数：100÷（100−2）=100÷98

⑤计算比准价格A：4 000×（100÷93）×（101÷100）×（103÷100）×（100÷105）×（100÷98）
=4 348.31（元/平方米）

3.2.7　计算比较价值

1）求取单个可比实例的比准价值

由上述内容可知，比较法估价需要进行交易情况、市场状况、房地产状况的修正和调整。经过交易情况修正之后，就将可比实例可能是非正常的成交价格变成了正常市场价格；市场状况调整之后，就将可比实例在其成交日期时的价格变成了在价值时点的价格；经过房地产状况调整之后，就将可比实例在其房地产状况下的价格变成了在估价对象房地产状况下的价格。这样，经过这三大方面的修正和调整之后，就把可比实例房地产的成交价格变成了估价对象房地产在价值时点的价格。如果把这三大方面的修正和调整综合在一起，则有下列计算公式：

①百分率法下的修正、调整系数连乘公式为：

比准价格=可比实例成交价格×交易情况修正系数×市场状况调整系数×房地产状况调整系数

②百分率法下的修正、调整系数累加公式为：

比准价格=可比实例成交价格×（1±交易情况修正系数±市场状况调整系数±房地产状况调整系数）

③差额法下的公式为：

比准价格=可比实例成交价格±交易情况修正数额±市场状况调整数额±房地产状况调整数额

值得注意的是，上述百分率法下的连乘公式和累加公式都只是文字上的形象表示，这就造成从表面上看，好像各种修正系数在连乘公式和累加公式中都是相同的，而实际上是不相同的。仍然假设交易情况修正中可比实例成交价格比其正常市场价格高或低的百分率为±S%，市场状况调整中从成交日期到价值时点可比实例价格涨跌的百分率为±T%，房地产状况调整中可比实例在其房地产状况下的价格比在估价对象房地产状况下的价格高或低的百分率为±R%，则：

①百分率法下的修正、调整系数连乘公式为：

比准价格=可比实例成交价格×$\frac{1}{1±S\%}$×（1±T%）×$\frac{1}{1±R\%}$

比准价格=可比实例成交价格×$\frac{100}{100±S}$×$\frac{100±T}{100}$×$\frac{100}{100±R}$

②百分率法下的修正、调整系数累加公式为：

比准价格×（1±S%±R%）=可比实例成交价格×（1±T%）

比准价格=可比实例成交价格×$\frac{1±T\%}{1±S\%±R\%}$

比准价格=可比实例成交价格×$\frac{100±T}{100±S±R}$

进行交易情况修正、市场状况调整、区位状况调整、实物状况调整、权益状况调整时，应符合下列规定：

①对可比实例成交价格的修正或调整幅度不宜超过20%[①]，共同对可比实例成交价格的修正和调整幅度不宜超过30%[②]；

[①]　指交易情况修正、市场状况调整、区位状况调整、实物状况调整、权益状况调整五项中的任何一项，调整幅度不宜超过20%，且是指不宜超过可比实例经建立比较基础后的成交价格的20%。

[②]　指交易情况修正、市场状况调整、区位状况调整、实物状况调整、权益状况调整五项合在一起。调整幅度不宜超过30%，且是指不宜超过可比实例经建立比较基础后的成交价格的30%。

②经修正和调整后的各个可比实例价格中，最高价与最低价的比值不宜大于1.2[①]；

③当幅度或比值超出本条规定时，宜更换可比实例；

④当因估价对象或市场状况特殊，无更合适的可比实例替换时，应在估价报告中说明并陈述理由。

2）比较价值的计算

每个可比实例的成交价格经过上述各种修正之后，都会相应地得到一个比准价格。例如，有三个可比实例，经过各种修正之后，就会得到三个比准价格。但这些比准价格可能是不完全相同的，因此需要将它们综合成一个比准价格，以此作为比较法的测算结果。从理论上讲，综合的方法主要有三种：平均数法、中位数法、众数法。在估价实务中，运用更多的是平均数法[②]。

（1）平均数法

平均数法又包括简单算术平均数法和加权算术平均数法。

简单算术平均数法是将修正出的各个价格直接相加，再除以这些价格的个数，所得的数即为综合出的一个价格。假设 V_1、V_2、$\cdots$、V_n 为修正出的 n 个价格，则其简单算术平均数的计算公式为：

$$V = \frac{V_1 + V_2 + \cdots + V_n}{n} = \frac{1}{n}\sum_{i=1}^{n}V_i$$

【例3-7】三个可比实例修正出的三个比准价格分别为 4 200 元/平方米、4 600 元/平方米和 4 300 元/平方米，试采用简单算术平均数法综合出一个最终比准价格。

最终比准价格=（4 200+4 600+4 300）÷3=4 367（元/平方米）

加权算术平均数法是在将修正出的各个价格综合成一个价格时，考虑到每个价格的重要程度不同的权数或权重，然后综合出一个价格的方法。通常，对于与估价对象房地产最类似的可比实例房地产所修正出的价格，赋予最大的权数或权重；反之，则赋予最小的权数或权重。假设 V_1、V_2、$\cdots$、V_n 为修正出的 n 个价格，f_1、f_2、$\cdots$、f_n 依次为 V_1、V_2、$\cdots$、V_n 的权数，则其加权算术平均数的计算公式为：

$$V = \frac{V_1 f_1 + V_2 f_2 + \cdots + V_n f_n}{f_1 + f_2 + \cdots + f_n} = \sum_{i=1}^{n}V_i f_i$$

【例3-8】在【例3-5】中，如果赋予三个比准价格的权重分别为0.5、0.3、0.2，试采用加权算术平均数法综合出一个最终比准价格。

最终比准价格$=\dfrac{4\,200\times0.5+4\,600\times0.3+4\,300\times0.2}{0.5+0.3+0.2}=$ 4 340（元/平方米）

（2）中位数法

中位数法是将修正出的各个价格按由低到高的顺序排列，如果是奇数个价格，那么处在正中间位置的那个价格为综合出的一个价格；如果是偶数个价格，那么处在正中间位置的那两个价格的简单算术平均数为综合出的一个价格。例如，2 600、2 650、2 800、2 860、3 950这组数值的中位数为2 800；2 200、2 300、2 400、2 600、2 750、2 800这组

[①] 指任何两个可比实例，经过五项修正和调整后的比准价格，最高的比准价格价与最低的比准价格之间的比值不宜大于1.2。

[②] 对经修正和调整后的各个可比实例价格，应根据它们之间的差异程度、可比实例房地产与估价对象房地产的相似程度、可比实例资料的可靠程度等情况，选用简单算术平均、加权算术平均等方法计算出比较价值。

数值的中位数为 2 500。

（3）众数法

众数是一组数值中出现次数最多的那个数值。例如，2 200、2 600、2 300、2 600、2 300、2 600 这组数值中的众数是 2 600。一组数值可能有不只一个众数，也可能没有众数。

在实际估价中，最常用的是平均数法，其次是中位数法，较少采用众数法。在数值的个数较少的情况下，平均数易受其中的极端数值的影响。如果一组数值中含有极端数值，那么采用平均数法就有可能得到非典型的甚至是错误的结果。这种情况下采用中位数法比较合适，也可以采取去掉一个最大的和最小的数值，将余下的数值进行简单算术平均的方法。

3.8　运用举例

【例 3-9】为评估某写字楼 2012 年 10 月 1 日的正常市场价格，评估师在该写字楼附近调查选取了 A、B、C 三宗类似写字楼的交易实例作为可比实例，有关资料见表 3-5。

表 3-5 **可比实例情况表**

项目	可比实例A	可比实例B	可比实例C
成交价格	5 000元人民币/平方米	867美元/平方米	5 500元人民币/平方米
成交日期	2012年1月1日	2012年3月1日	2012年7月1日
交易情况	+2%	+5%	-3%
房地产状况	-8%	-4%	+6%

在表 3-5 的交易情况中，正（负）值表示可比实例成交价格高（低）于其正常市场价格的幅度；房地产状况调整中，正（负）值表示可比实例房地产状况优（劣）于估价对象房地产状况导致的价格差异幅度。另假设美元与人民币的市场汇率在 2015 年 3 月 1 日、10 月 1 日均为 1∶6.3；该类写字楼以人民币为基准的市场价格在 2015 年 1 月 1 日至 2015 年 2 月 1 日基本保持不变，2015 年 2 月 1 日至 2015 年 5 月 1 日平均每月比上月下降 1%，以后平均每月比上月上升 0.5%。试利用上述资料测算该写字楼在 2015 年 10 月 1 日的正常市场价格。

测算过程如下：

①测算公式。

比准价格=可比实例成交阶段×交易情况修正系数×市场状况调整系数×房地产状况调整系

②求取比准价格 V_A。

$$V_A = 5\ 000 \times \frac{100}{100+2} \times (1-1\%)^3 \times (1+0.5\%)^5 \times \frac{100}{100-8} = 5\ 300.51（元人民币/平方米）$$

③求取比准价格 V_B。

$$V_B = 867 \times 6.3 \times \frac{100}{100+5} \times (1-1\%)^2 \times (1+0.5\%)^5 \times \frac{100}{100-4} = 5\ 364.56（元人民币/平方米）$$

④求取比准价格 V_C。

$$V_C = 5\ 500 \times \frac{100}{100-3} \times (1+0.5\%)^3 \times \frac{100}{100+6} = 5\ 429.79（元人民币/平方米）$$

⑤将上述三个比准价格的简单算术平均数作为市场法的测算结果，则：

估价对象价格（单价）＝（5 300.51＋5 364.56＋5 429.79）÷3

＝5 364.95（元人民币/平方米）

【例3-10①】为评估某商品住宅2015年8月15日的正常市场价格，在该住宅附近调查选取了A、B、C三宗类似住宅的交易实例作为可比实例，有关资料如下：

①可比实例的成交价格和成交日期见表3-6。

表3-6   可比实例的成交价格和成交日期

项目	可比实例A	可比实例B	可比实例C
成交价格	3 700元/平方米	4 200元/平方米	3 900元/平方米
成交日期	2015年3月15日	2015年6月15日	2015年7月15日

②交易情况的分析判断结果见表3-7。

表3-7   交易情况的分析判断结果

项目	可比实例A	可比实例B	可比实例C
交易情况	-2%	0	+1%

表3-7中交易情况的分析判断是以正常市场价格为基准，正值表示可比实例成交价格高于其正常市场价格的幅度，负值表示低于其正常市场价格的幅度。

③该类住宅2015年2月至8月的价格指数见表3-8。

表3-8   价格指数

月份	2	3	4	5	6	7	8
价格指数	100	92.4	98.3	98.6	100.3	109.0	106.8

表3-8中的价格指数为定基价格指数。

④房地产状况的比较判断结果（见表3-9）。

表3-9   房地产状况的比较判断结果

房地产状况	权重	估价对象	可比实例A	可比实例B	可比实例C
因素1	0.5	100	105	100	80
因素2	0.3	100	100	110	120
因素3	0.2	100	120	100	100

试利用上述资料测算该商品住宅在2015年8月15日的正常市场价格。

测算过程如下：

①测算公式。

比准价格＝可比实例成交价格×交易情况修正系数×交易日期调整系数×房地产状况调整系数

②求取交易情况修正系数。

可比实例A的交易情况修正系数：$\dfrac{100}{100-2}=\dfrac{100}{98}$

可比实例B的交易情况修正系数：$\dfrac{100}{100-0}=\dfrac{100}{100}$

---

① 柴强. 房地产估价理论与方法［M］. 北京：中国建筑出版社，2015：206.

可比实例C的交易情况修正系数：$\dfrac{100}{100+1}=\dfrac{100}{101}$

③求取市场状况调整系数。

可比实例A的市场状况调整系数：$\dfrac{106.8}{92.4}$

可比实例B的市场状况调整系数：$\dfrac{106.8}{100.3}$

可比实例C的市场状况调整系数：$\dfrac{106.8}{109.0}$

④求取房地产状况调整系数。

可比实例A的房地产状况调整系数：$\dfrac{100}{105\times0.5+100\times0.3+120\times0.2}=\dfrac{100}{106.5}$

可比实例B的房地产状况调整系数：$\dfrac{100}{100\times0.5+110\times0.3+100\times0.2}=\dfrac{100}{103}$

可比实例C的房地产状况调整系数：$\dfrac{100}{80\times0.5+120\times0.3+100\times0.2}=\dfrac{100}{96}$

⑤求取比准价格（单价）V_A、V_B、V_C。

$V_A=3\,700\times\dfrac{100}{98}\times\dfrac{106.8}{92.4}\times\dfrac{100}{106.5}=4\,097.56$（元/平方米）

$V_B=4\,200\times\dfrac{100}{100}\times\dfrac{106.8}{100.3}\times\dfrac{100}{103}=4\,341.93$（元/平方米）

$V_C=3\,900\times\dfrac{100}{101}\times\dfrac{106.8}{109.0}\times\dfrac{100}{96}=3\,941.09$（元/平方米）

⑥将上述三个比准价格的简单算术平均数作为市场法的测算结果，则：

估价对象价格（单价）=（4 097.56+4 341.93+3 941.09）÷3=4 126.86（元/平方米）

【例3-11】待估宗地：位于××市的关东工业园，土地面积为23 413.69平方米，土地剩余使用年限为42.21年，宗地基础设施状况为宗地红线外五通、红线内平整，要求评估该宗地2015年12月30日的正常市场价格。

根据替代原则，将条件类似的土地交易实例与估价对象加以对照比较，经因素修正后，可求得估价对象价格，其计算公式为：

待估宗地价格=比较实例宗地价格×交易情况修正系数×市场状况调整系数×房地产状况调整系数

评估人员在广泛搜集交易实例资料的基础上，通过对所掌握的大量交易实例的比较分析，从中选取与待估宗地属于同一供求圈、用途相同、条件相近、具有代表性的正常交易实例作为比较实例，将交易日期、市场状况、房地产状况等一系列因素进行修正调整后，得到试算比准价格，对其进行进一步分析调整后，得出最终比准价格。

（1）可比实例选择

根据比较法的基本原理，考虑到待估宗地的实际情况，对××市土地交易实例进行广泛搜集，筛选出与待估宗地类似的三个可比实例。三宗地的基本情况如下：

可比实例A：位于××市××区关山三路1号，出让土地使用权，用地面积为17 080平方米，土地用途为工业。宗地基础设施状况为宗地红线外五通、红线内平整，其设定土地使用年限为50年。交易价格为430.09元/平方米，交易时间为2013年7月15日。

可比实例B：位于××市××区关山二路4号，出让土地使用权，用地面积为41 999.57平方米，土地用途为工业。宗地基础设施状况为宗地红线外五通、红线内平整，其剩余土地使用年限为47.17年。交易价格为410.10元/平方米，交易时间为2014年6月12日。

可比实例C：位于××市××开发区关南工业园内，出让土地使用权，用地面积为

36 432.813平方米，土地用途为工业，宗地基础设施状况为宗地红线外五通、红线内平整，其土地使用年限为45.5年。交易价格为434.18元/平方米，交易时间为2013年7月19日。

（2）因素选择及条件说明

参与比较的因素应是对地价影响较大并具有代表性的主要因素，针对这些因素来对可比实例进行修正。本次评估所选择的因素有：

①交易日期：确定地价指数，进行市场状况调整。

②交易情况：交易情况是否正常、客观、公正。

③区位状况：包括市内交通便捷度、道路级别、距火车站距离、服务设施状况、基础设施状况、环境质量综合评价、工业聚集程度。

④实物状况：包括临路条件、宗地面积、宗地形状、工程地质条件、供电保证率、供水保证率、场地平整程度。

⑤权益状况：确定土地使用年限。

宗地比较因素条件详见表3-10。

表3-10 宗地比较因素条件

待估宗地及可比实例 比较因素		待估宗地	可比实例A	可比实例B	可比实例C
宗地位置		关东工业园	关山三路1号	关山二路4号	关南工业园
交易日期		2015.12.30	2013.7.15	2014.6.12	2013.7.19
交易情况		正常	正常	正常	正常
土地使用年限（年）		42.21	50	47.17	45.5
交易价格（元/平方米）		待估	430.09	410.10	434.18
区位状况	市内交通便捷度	较优	较优	优	优
	道路级别	次干道	次干道	支路	次干道
	距火车站距离（千米）	9	9	8	7
	服务设施状况	较完善	完善	完善	完善
	基础设施状况	完善	完善	完善	完善
	环境质量综合评价	无污染	无污染	无污染	无污染
	工业聚集程度	高	高	高	高
实物状况	临路条件	临关山三路	临关山三路	有支路与关山二路相连	临关南一路
	宗地面积（平方米）	23 413.69	17 080	41 999.57	36 432.813
	宗地形状	规则	规则	较规则	规则
	工程地质条件	地基承载力较高,无自然灾害	地基承载力较高,无自然灾害	地基承载力较高,无自然灾害	地基承载力较高,无自然灾害
	供电保证率	100%	100%	100%	100%
	供水保证率	100%	100%	100%	100%
	场地平整程度	平整	平整	平整	平整

（3）编制比较因素条件指数表

以待估宗地为标准对各因素条件进行比较，确定比较因素条件指数，编制比较因素条件指数表，见表3-11。考虑到比较法中各因素对地价的影响程度不同，选取距火车站距离、宗地面积、工业聚集程度、临路条件、土地使用年限等比较因素为主要影响因素，这些因素的修正幅度相对较大。

表3-11 比较因素条件指数表

待估宗地及可比实例 比较因素		待估宗地	可比实例A	可比实例B	可比实例C
交易日期		100	100	100	100
交易情况		100	100	100	100
土地使用年限修正系数		—	0.9589	0.9717	0.9803
区位状况	市内交通便捷度	100	100	102	102
	道路级别	100	100	98	100
	与火车站距离	100	100	100	100
	服务设施状况	100	101	101	101
	基础设施状况	100	100	100	100
	环境质量综合评估	100	100	100	100
	工业聚集程度	100	100	100	100
实物状况	临路条件	100	100	98	100
	宗地面积(平方米)	100	99	100	100
	宗地形状	100	100	99	100
	工程地质条件	100	100	100	100
	供电保证率	100	100	100	100
	供水保证率	100	100	100	100
	场地平整程度	100	100	100	100

①确定市场状况调整系数。由于××市没有发布地价指数，根据公司所掌握的资料及估价师的分析判断，参照该市近几年的房地产价格指数，并结合××市土地市场交易资料分析，从2013年7月至2015年12月，待估宗地所处区域地价水平基本保持稳定，没有变动，该项修正系数确定为1.0。

②确定交易情况修正系数。三个可比实例均为正常交易，修正系数为1.0。

③确定区位状况调整系数。

A.确定市内交通便捷度指数。以待估宗地和可比实例所在地公共汽车站每小时公共汽车经过车次的频繁程度为依据，分为优、较优、一般、较劣、劣五个等级，假设待估宗地指数为100，将可比实例宗地与待估宗地相比，每上升或下降一个级别，指数增加或减少2。

B.确定道路级别指数。将宗地所在区域道路级别分为主干道、次干道、支路、街区路、巷道或厂区道路五个级别，假设待估宗地道路级别指数为100，每上升或下降一个级别，指数增加或减少2。

C.确定与火车站距离指数。将待估宗地与火车站距离修正指数定为100，可比实例宗地与火车站距离与待估宗地与火车站距离相比，±3千米内不作修正，±3~±10千米内修正指数增加或减少2，±10千米以上修正指数增加或减少4。

D.确定服务设施状况指数。将服务设施分为完善、较完善、一般、较劣、劣五个等级，假设待估宗地服务设施指数为100，可比实例服务设施与待估宗地服务设施相比，每上升或下降一个级别，指数增加或减少1。

E.确定基础设施状况指数。将区域基础设施状况分为完善、较完善、一般、较劣、劣五个等级，假设待估宗地服务设施指数为100，可比实例与待估宗地相比，每上升或下降一个级别，指数增加或减少2。

F.确定环境质量综合评价指数。将环境质量分为无污染、轻度污染、一般、中度污染、严重污染五个等级，假设待估宗地环境质量指数为100，可比实例环境质量状况与待估宗地相比，每上升或下降一个等级，指数增加或减少2。

G.确定工业集聚程度指数。将工业集聚程度分为高、较高、一般、较劣、劣五个级别，每上升或下降一个级别，指数增加或减少2。

④确定实物状况调整系数。

A.确定临路条件指数。将宗地临路条件分为临主干道、临次干道、临支路、临街区路、临巷道或厂区道路五个级别，假设待估宗地临路类型指数为100，每上升或下降一个级别，指数增加或减少2。

B.确定宗地面积指数。根据宗地面积大小并结合工业用地特性，将宗地划分为优、较优、一般、较劣、劣五个级别，面积大于200 00平方米为优，15 000~20 000平方米为较优，10 000~15 000平方米为一般，5 000~10 000平方米为较劣，5 000平方米以下为劣。以待估宗地所在等级的因素指数为100，每上升或下降一个级别，指数增加或减少1。

C.确定宗地形状指数。宗地形状为规则、较规则、不规则三个级别，将可比实例与待估宗地相比，每上升或下降一个级别，指数增加或减少1。

D.确定工程地质条件指数。可比实例与待估宗地的工程地质条件基本相同，故不作修正。

E.确定供电、供水保证率。可比实例与待估宗地的供电、供水保证率均为100%，故不作修正。

F.确定场地平整程度指数。场地平整程度分为平整、较平整、不平整三个级别，将可比实例与待估宗地相比，每上升或下降一个级别，指数增加或减少1。

⑤确定土地使用年限修正系数。

土地使用年限修正系数公式为：

$$K = \frac{1 - 1/(1+r)^m}{1 - 1/(1+r)^n}$$

式中：K为将可比实例年限修正到待估宗地年限的年限修正系数；r为土地还原利率；m为待估宗地使用年限；n为可比实例使用年限。

利用年限修正系数对交易实例地价进行年限修正：

年限修正后地价＝可比实例价格×K

（4）因素修正

在各宗地因素条件指数的基础上，进行可比实例交易情况、市场状况、房地产状况等的修正、调整，即将估价对象的因素条件指数与可比实例的因素条件指数进行比较，得到各因素修正系数。据此编制比较因素修正系数表，详见表3-12。

表3-12 比较因素修正系数表

待估宗地及可比实例比较因素		待估宗地	可比实例A	可比实例B	可比实例C
交易日期		—	100/100	100/100	100/100
交易情况		—	100/100	100/100	100/100
土地使用年限修正系数		—	0.9589	0.9717	0.9803
区位状况	市内交通便捷度	—	100/100	100/102	100/102
	道路级别	—	100/100	100/98	100/100
	与火车站距离	—	100/100	100/100	100/100
	服务设施状况	—	100/101	100/101	100/101
	基础设施状况	—	100/100	100/100	100/100
	环境质量综合评价	—	100/100	100/100	100/100
	工业聚集程度	—	100/100	100/100	100/100
实物状况	临路条件	—	100/100	100/98	100/100
	宗地面积	—	100/99	100/100	100/100
	宗地形状	—	100/100	100/99	100/100
	工程地质条件	—	100/100	100/100	100/100
	供电保证率	—	100/100	100/100	100/100
	供水保证率	—	100/100	100/100	100/100
	场地平整程度	—	100/100	100/100	100/100
交易价格（元/平方米）		—	430.09	410.10	434.18
比准价格（元/平方米）		410.81	412.45	406.83	413.15

（5）可比实例修正后的地价计算

根据表3-12中列举的各因素修正系数，运用比较法分别计算出待估宗地的三个试算比准价格如下：

利用可比实例A计算：比准价格为412.45元/平方米。

利用可比实例B计算：比准价格为406.83元/平方米。

利用可比实例C计算：比准价格为413.15元/平方米。

从测算结果来看，三个可比实例修正后的价格水平差别不大，故取它们的算术平均值作为比较法的评估价格。

待估宗地单位地价＝（412.45+406.83+413.15）÷3=410.81（元/平方米）

本章小结

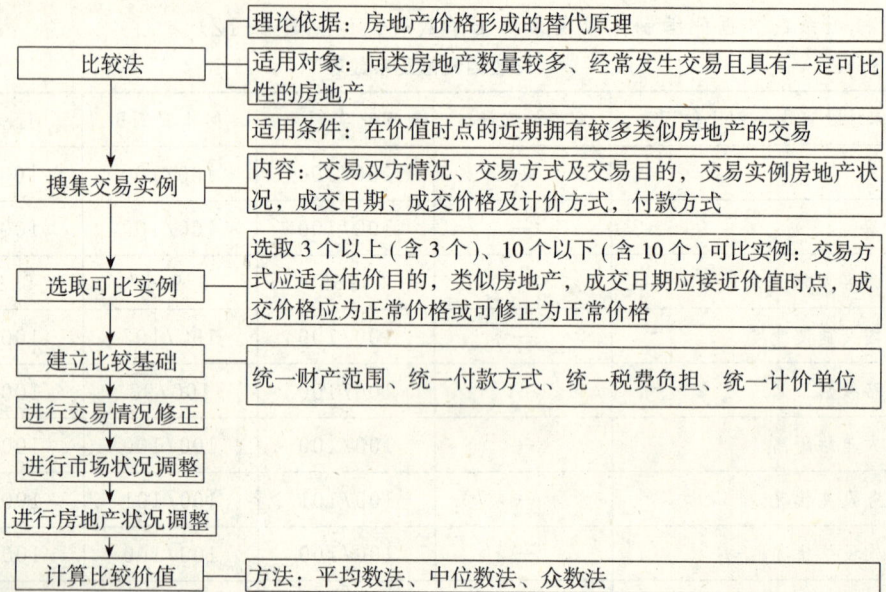

主要概念

比较法　类似房地产　可比实例　比准价格

基础知识练习

1.单项选择题

（1）与比较法关系最为密切的房地产价格形成原理是（　　）。

A.均衡原理　　　　　B.预期原理　　　　　C.竞争原理　　　　　D.替代原理

（2）下列运用比较法进行估价的步骤正确的是（　　）。

①选取可比实例②搜集交易实例③建立价格可比基础④市场状况调整⑤交易情况修正⑥房地产状况调整⑦求取比准价格

A.①②③④⑤⑥⑦　　　　　　　　　　　B.②①③⑤④⑥⑦

C.①③②④⑥⑤⑦　　　　　　　　　　　D.②①④⑤⑥⑦

（3）选取可比实例时，应注意所谓地点的同一性或类似性，是指所选取的可比实例应与估价对象处于（　　）。

A.同一地区　　　　　　　　　　　B.同一城市

C.同一供求范围内的类似地区　　　D.A 或 C

（4）搜集什么样的实例资料，主要取决于拟采用的估价方法。下列有关说法中错误的一项是（　　）。

A.对于比较法而言，主要是搜集交易实例资料

B.对于成本法而言，主要是搜集成本实例资料

C.对于收益法而言，主要是搜集收益实例资料

D.在搜集实例资料时，可以不考虑它们是否受到不正常因素或人为因素的影响

（5）用比较法评估房地产价格时，通常要对可比实例价格进行交易情况修正、市场状况调整、（　　）。

A.环境因素调整　　　B.质量因素调整　　　C.房地产状况调整　　　D.新旧程度调整

2.多项选择题

（1）比较法的原理与技术也可用于下列参数的求取，如（　　）。

A.成本费用　　　　B.空置率　　　　C.资本化率　　　　D.开发经营周期

（2）下列说法中正确的是（　　）。

A.可比实例肯定是交易实例　　　　　　B.交易实例肯定是可比实例

C.可比实例不一定是交易实例　　　　　D.交易实例不一定是可比实例

（3）运用比较法估价时选取的可比实例应符合下列条件中的（　　）。

A.使用性质相同　　　　　　　　　　　B.地点相近

C.价格相同　　　　　　　　　　　　　D.交易日期与价值时点相近

（4）比较法中实物状况调整的内容包括（　　）等。

A.容积率　　　　B.面积大小　　　　C.建筑结构　　　　D.工程质量

3.判断题

（1）可比实例必须是已成交的房地产实例。　　　　　　　　　　　　　　（　　）

（2）用于比较的可比实例房地产价格必须是单价。　　　　　　　　　　　（　　）

（3）2 200、2 600、2 300、2 600、2 300、2 600的众数是2 600。　　　（　　）

4.简答题

（1）比较法适用的对象及条件是什么？

（2）比较法估价的操作步骤是什么？

（3）搜集交易实例时应搜集哪些内容？

（4）何为可比实例？选取可比实例应符合哪些要求？

（5）房地产状况调整包括哪些方面？

（6）造成成交价格偏离正常市场价格的因素主要有哪些？

（7）同一宗房地产在不同时间的价格变化有哪几种可能？

5.计算题

某宗房地产交易，买卖双方在合同中写明，买方付给卖方2 325元/平方米，买卖中涉及的税费均由买方负担。据悉，该地区房地产买卖中应由卖方缴纳的税费为正常成交价格的7%，应由买方缴纳的税费为正常成交价格的5%。试计算该宗房地产的正常成交价格。

6.思考题

（1）为什么要搜集大量交易实例？

（2）估价对象房地产、交易实例房地产、可比实例房地产三者的含义及其之间的异同点和关系是什么？

（3）比较法的适用范围和操作程序是什么？

实践操作训练

△案例题

（1）某宗房地产 2015 年 6 月的价格为 1 800 元/平方米，现需要将其调整到 2015 年 10 月。已知该宗房地产所在地区类似房地产 2015 年 4 月至 10 月的价格指数分别为 79.6、74.7、76.7、85.0、89.0、92.5、98.1（以 2015 年 1 月为 100），试计算该宗房地产 2015 年 10 月的价格。

（2）某宗房地产 2015 年 6 月的价格为 2 000 元/平方米，现需要将其调整到 2015 年 10 月。已知该宗房地产所在地区类似房地产 2015 年 4 月至 10 月的价格指数分别为 99.6、94.7、96.7、105.0、109.2、112.5、118.1（均以上个月为 100），试计算该宗房地产 2015 年 10 月的价格。

△实训题

（1）以你所在学校或家周边大型住宅小区为例，运用比较法对即将出售的住宅小区均价进行估计。

（2）在运用比较法进行估价时，不同类型的房地产的价格影响因素是不同的，即使有相同因素，其影响程度也是不一样的。现分别就住宅、商业和工业房地产制定比较因素表。

第4章

收益法

学习目标

通过本章的学习，了解收益法的概念、基本原理；熟悉收益法的适用对象、估价需要具备的条件、估价步骤，以及资本化率的实质、种类；掌握净收益的计算公式、不同类型房地产净收益的求取方法、资本化率的确定方法；能运用收益法进行房地产估价。

引　例

小王家在某商场拥有一个商业门面，每年可以收取净房租3万元，小王的一个好友小李在银行存有一笔90万元的资金，每年也能从银行获得税后利息3万元。在其他条件不变的情况下，小王的商业门面房地产和小李的90万元是等值的吗？

4.1　收益法的基本原理

4.1.1　收益法的概念和理论依据

1）收益法的概念

收益法又称收益资本化法、收益还原法，是预测估价对象的未来收益，利用报酬率或资本率、收益乘数将未来收益转换为价值得到估价对象价值或价格的方法。

收益法的本质是以房地产的预期收益为导向求得房地产的价值或价格。将未来收益转换为价值，类似于根据利息倒推出本金，称为资本化。

根据将未来收益转换为价值的方式不同，或者说资本化类型的不同，收益法分为报酬资本化法和直接资本化法[①]。报酬资本化法[②]是预测估价对象未来各年的净收益，利用报酬率将其折现到价值时点后相加得到估价对象价值或价格的方法，它实质上是一种折现现金流量分析（discounted cash flow analysis），即房地产的价值或价格等于其未来各年的净收益的现值之和。直接资本化法是预测估价对象未来第一年的收益，将其除以资本化率或乘以收益乘数得到估价对象价位或价格的方法。其中，将未来某一年的某种收益乘以适当的收益乘数来求取估价对象价值的方法，称为收益乘数法。

2）收益法的理论依据

收益法是以预期收益原理为基础的。预期收益原理说明，决定房地产当前价值的重要因素不是过去的因素，而是未来的因素。具体地说，房地产当前的价值，通常不是基于其历史价格、开发建设已花费的成本或者过去的房地产市场状况，而是基于市场参与者对房

[①]　收益法估价时，应区分报酬资本化法和直接资本化法，并应优先选用报酬资本化法。
[②]　报酬资本化法又分为"全剩余寿命模式"和"持有加转售模式"，并鉴于收益期一般较长，通常难以准确预测该期限内各年净收益的情况，倡导采用"持有加转售模式"来估价，即利用持有期、期间收益和期末转售收益，选用相应的收益法公式来估价。

地产未来所能带来的收益或者能够获得的满足、乐趣等的预期。历史资料的作用主要是利用它们推知未来的动向和情势，解释预期的合理性。从理论上讲，一宗房地产过去的收益虽然与其当期的价值无关，但其过去的收益往往是未来收益的一个很好的参考值，除非外部条件发生突变，使得过去的趋势不能继续发展下去。

可以把收益法原理表述如下：将价值时点视为现在，那么在现在购买一宗有一定期限收益的房地产，预示着在其未来的收益期限内可以源源不断地获取净收益，如果现有一笔资金可与未来一定期限内的净收益的现值之和等值，则这笔资金就是该宗房地产的价格。例如，某人拥有的房地产每年可产生3万元的净收益，同时此人有60万元的资金以5%的年利率存入银行，每年可得到与该宗房地产所产生的净收益等额的利息，则对该人来说，这宗房地产与60万元的资金等价，即值60万元。

4.1.2 收益法的适用对象和条件

收益法的适用对象是有经济收益或潜在经济收益的房地产，如商店、商务办公楼、公寓、旅馆、餐馆、游乐场、影剧院、厂房等，但不限于估价对象本身现在是否有经济收益，只要它所属的这类房地产有获得经济收益的能力即可。如果估价对象目前为自用或空闲的住宅，则可设想为出租的情况下运用此方法估价。收益法一般不适用于政府办公楼、学校、公园等公用、公益房地产的估价。

收益法评估出的价值取决于估价师对未来的预期，那么错误的和非理性的预期就会得出错误的评估价值。收益法的适用条件主要有以下几点：

1）收益的可计量性

收益的可计量性是指房地产未来年净收益可以用货币计量。由房地产产生的收益包括有形收益和无形收益。有形收益如出租房地产每年所获得的租金收入；无形收益如房地产使人们生活水平的舒适方便性的增加。在求取净收益时，不仅要考虑有形收益，还要考虑各种无形收益，但必须都是可以量化的，即可以用货币计量的收益。但值得注意的是，如果无形收益已通过有形收益得到体现，则不应再单独考虑，以免重复计算。

2）收益的连续性

净收益的产生是连续的，通过地租的资本化确定土地价格是收益法的典型运用。

3）收益的稳定性

年净收益在数量上必须是稳定的。收益法的基本公式，除了假定净收益的获取是连续不断的以外，在数量上还必须以稳定为前提。

4）资本化率的可确定性

运用收益法对房地产进行估价，在净收益一定的条件下，房地产价格的高低取决于资本化率的大小。收益法的基本公式是以资本化率的已知为先决条件的。

5）风险的可衡量性

运用收益法，还要求取得收益过程中的风险也是可以计量的。风险与收益相伴而生，在房地产连续不断地产生收益的过程中，必然伴随着各种风险，这种风险是可以计算的，即可用数字衡量。

4.1.3 收益法的操作步骤

运用收益法进行房地产估价时，应按下列步骤进行：

①选择具体估价方法（即选择报酬资本化法还是直接资本化法）；

②测算收益期或持有期；

③测算未来收益；

④确定报酬率或资本化率、收益乘数；

⑤计算收益价值。

弄清楚收益法的基本原理后，介绍报酬资本化法的各种公式。

4.2.1　报酬资本化法最基本的公式

报酬资本化计算公式

$$V = \sum_{i=1}^{n} \frac{a_i}{(1+r)^i}$$

式中：V为估价对象在价值时点的收益价格；i为年份；n为估价对象房地产的收益年限或持有年限（自价值时点起至未来可获取收益的年限）；a_i为估价对象房地产未来第i年年末的净收益；r为房地产的报酬率或折现率。

公式原型为：

$$V = \frac{a_1}{(1+r)} + \frac{a_2}{(1+r)^2} + \frac{a_3}{(1+r)^3} + \cdots + \frac{a_{n-1}}{(1+r)^{n-1}} + \frac{a_n}{(1+r)^n}$$

4.2.2　净收益每年不变的公式

净收益不变的公式有两种情况：一是无限年；二是有限年。

1）无限年的计算公式

$$V = \frac{a}{r}$$

此公式的假设前提是：

①收益年限为无限年n；

②净收益每年不变为a；

③报酬率大于零为r。

公式原型为：

$$V = \frac{a}{(1+r)} + \frac{a}{(1+r)^2} + \frac{a}{(1+r)^3} + \cdots + \frac{a}{(1+r)^{n-1}} + \frac{a}{(1+r)^n} + \cdots$$

【例4-1】某宗房地产预计未来每年的净收益为10万元，收益年限可视为无限年，该类房地产的资本化率为9%，计算该宗房地产的收益价格。

$$V = \frac{a}{r} = \frac{10}{9\%} = 111.11 \text{（万元）}$$

2）有限年的计算公式

$$V = \frac{a}{r}\left[1 - \frac{1}{(1+r)^n}\right]$$

此公式的假设前提是：

①收益年限为有限年n；

②净收益每年不变为a；

③报酬率不等于零为r（当报酬率等于零时，V=a×n）。

公式原型为：

$$V = \frac{a}{(1+r)} + \frac{a}{(1+r)^2} + \frac{a}{(1+r)^3} + \cdots + \frac{a}{(1+r)^{n-1}} + \frac{a}{(1+r)^n}$$

【例 4-2】某宗房地产是在政府有偿出让的土地上开发建造的，当时获得的土地使用权年限为 40 年，至今已使用了 5 年；预计利用该宗房地产正常情况下每年可获得净收益 6 万元；该类房地产的报酬率为 7%。计算该宗房地产的收益价格。

$$V = \frac{a}{r}\left[1 - \frac{1}{(1+r)^n}\right] = \frac{6}{7\%}\left[1 - \frac{1}{(1+7\%)^{40-5}}\right] = 77.69 （万元）$$

4.2.3　净收益在未来若干年后不变的公式

1）无限年的计算公式

$$V = \sum_{i=1}^{t} \frac{a_i}{(1+r)^i} + \frac{a}{r(1+r)^t}$$

此公式的假设前提是：

①收益年限为无限年 n；

②净收益在未来的前 t 年（含第 t 年）有变化，在 t 年以后无变化为 a；

③报酬率大于零为 r。

公式原型为：

$$V = \frac{a_1}{(1+r)} + \frac{a_2}{(1+r)^2} + \cdots + \frac{a_{t-1}}{(1+r)^{t-1}} + \frac{a_t}{(1+r)^t} + \frac{a}{(1+r)^{t+1}} + \frac{a}{(1+r)^{t+2}} + \cdots$$

【例 4-3】某宗房地产预计前 5 年的净收益为 10 万元、11 万元、12 万元、13 万元、14 万元，第 5 年以后到无限年的每年净收益为 15 万元，如果该类房地产的报酬率为 10%，求该类房地产的价格。

$$V = \sum_{i=1}^{t} \frac{a_i}{(1+r)^i} + \frac{a}{r(1+r)^t}$$
$$= \frac{10}{1+10\%} + \frac{11}{(1+10\%)^2} + \frac{12}{(1+10\%)^3} + \frac{13}{(1+10\%)^4} + \frac{14}{(1+10\%)^5} + \frac{15}{10\%(1+10\%)^5}$$
$$= 137.91 （万元）$$

2）有限年的计算公式

$$V = \sum_{i=1}^{t} \frac{a_i}{(1+r)^i} + \frac{a}{r(1+r)^t}\left[1 - \frac{1}{(1+r)^{n-t}}\right]$$

此公式的假设前提是：

①收益年限为有限年 n；

②净收益在未来的前 t 年（含第 t 年）有变化，在 t 年以后无变化为 a；

③报酬率大于零为 r。

公式原型为：

$$V = \frac{a_1}{(1+r)} + \frac{a_2}{(1+r)^2} + \cdots + \frac{a_t}{(1+r)^t} + \frac{a}{(1+r)^{t+1}} + \frac{a}{(1+r)^{t+2}} + \cdots + \frac{a}{(1+r)^n}$$

【例 4-4】某宗房地产预计前 5 年的净收益分别为 10 万元、11 万元、12 万元、13 万元、14 万元，第 6 年到第 10 年每年的净收益分别为 15 万元，如果该类房地产的报酬率为 10%，求该类房地产的价格。

$$V = \sum_{i=1}^{t} \frac{a_i}{(1+r)^i} + \frac{a}{r(1+r)^t}\left[1 - \frac{1}{(1+r)^{n-t}}\right]$$

$$= \frac{10}{1+10\%} + \frac{11}{(1+10\%)^2} + \frac{12}{(1+10\%)^3} + \frac{13}{(1+10\%)^4} + \frac{14}{(1+10\%)^5} + \frac{15}{10\%(1+10\%)^5} \times \left[1 - \frac{1}{(1+10\%)^{10-5}}\right]$$

$$= 80.08（万元）$$

4.2.4 净收益按等差级数递增递减的公式

1）递增无限年的计算公式

$$V = \frac{a}{r} + \frac{b}{r^2}$$

式中：a为第1年年末的净收益；

　　　　b为净收益逐年递增的数额。

此公式的假设前提是：

①收益年限为无限年n；

②净收益按等差级数b递增；

③报酬率大于零为r。

公式原型为：

$$V = \frac{a}{(1+r)} + \frac{a+b}{(1+r)^2} + \frac{a+2b}{(1+r)^3} + \cdots + \frac{a+(n-2)b}{(1+r)^{n-1}} + \frac{a+(n-1)b}{(1+r)^n} + \cdots$$

【例4-5】某宗房地产预计未来第1年的净收益为20万元，此后每年的净收益会在上一年的基础上增加1万元，收益年限为无限年，该类房地产的报酬率为8%，求该宗房地产的收益价格。

$$V = \frac{a}{r} + \frac{b}{r^2} = \frac{20}{8\%} + \frac{1}{8\%^2} = 406.25（万元）$$

2）递增有限年的计算公式

$$V = \left(\frac{a}{r} + \frac{b}{r^2}\right)\left[1 - \frac{1}{(1+r)^n}\right] - \frac{b}{r} \times \frac{n}{(1+r)^n}$$

此公式的假设前提是：

①收益年限为有限年n；

②净收益按等差级数b递增；

③报酬率大于零为r。

公式原型为：

$$V = \frac{a}{(1+r)} + \frac{a+b}{(1+r)^2} + \frac{a+2b}{(1+r)^3} + \cdots + \frac{a+(n-2)b}{(1+r)^{n-1}} + \frac{a+(n-1)b}{(1+r)^n}$$

【例4-6】某宗房地产第1年的净收益为30万元，在使用期10年内，每年的净收益都比前一年递增1万元，报酬率为10%时，求该类房地产的价格。

$$V = \left(\frac{a}{r} + \frac{b}{r^2}\right)\left[1 - \frac{1}{(1+r)^n}\right] - \frac{b}{r} \times \frac{n}{(1+r)^n} = \left(\frac{30}{10\%} + \frac{1}{10\%^2}\right)\left[1 - \frac{1}{(1+10\%)^{10}}\right] - \frac{1}{10\%} \times \frac{10}{(1+10\%)^{10}}$$

$$= 207.23（万元）$$

3）递减有限年的计算公式

净收益按一定数额递减的公式只有收益期限为有限年一种，其计算公式：

$$V = \left(\frac{a}{r} - \frac{b}{r^2}\right)\left[1 - \frac{1}{(1+r)^n}\right] + \frac{b}{r} \times \frac{n}{(1+r)^n}$$

此公式的假设前提是：

①收益年限为有限年 n，且 $n \leqslant \dfrac{a}{b} + 1$；

②净收益按一定数额递减；

③报酬率不等于零为 r。

公式原型为：

$$V = \frac{a}{(1+r)} + \frac{a-b}{(1+r)^2} + \frac{a-2b}{(1+r)^3} + \cdots + \frac{a-(n-2)b}{(1+r)^{n-1}} + \frac{a-(n-1)b}{(1+r)^n}$$

$n \leqslant \dfrac{a}{b} + 1$ 和不存在收益期限为无限年公式的原因是：当 $n > \dfrac{a}{b} + 1$ 时，第 n 年的净收益 < 0。这可以通过令第 n 年的净收益 < 0 推导出，即 a-(n-1)b<0，得到 $n > \dfrac{a}{b} + 1$，此后各年的净收益均为负值，任何一个"经济人"在 $\left(\dfrac{a}{b} + 1\right)$ 年后都不会再经营下去。

4.2.5 净收益按一定比率递增递减的公式

1）递增无限年的计算公式

$$V = \frac{a}{r-g}$$

式中：g 为净收益逐年递增的比率。

此公式的假设前提是：

①收益年限为无限年 n；

②净收益按一定比率 g 递增；

③报酬率 r 大于净收益逐年递增的比率 g。

公式原型为：

$$V = \frac{a}{(1+r)} + \frac{a(1+g)}{(1+r)^2} + \frac{a(1+g)^2}{(1+r)^3} + \cdots + \frac{a(1+g)^{n-2}}{(1+r)^{n-1}} + \frac{a(1+g)^{n-1}}{(1+r)^n} + \cdots$$

【例 4-7】某宗房地产预计未来第 1 年的净收益为 20 万元，此后每年的净收益会在上一年的基础上增长 1%，收益年限为无限年，该类房地产的报酬率为 8%，求该宗房地产的收益价格。

$$V = \frac{a}{r-g} = \frac{20}{8\%-1\%} = 285.71 \text{（万元）}$$

2）递增有限年的计算公式

$$V = \frac{a}{r-g}\left[1 - \left(\frac{1+g}{1+r}\right)^n\right]$$

此公式的假设前提是：

①收益年限为有限年 n；

②净收益按一定比率 g 递增；

③报酬率 r 不等于净收益逐年递增的比率 g（当 r=g 时，$V = a \times \dfrac{n}{(1+r)}$）。

公式原型为：

$$V = \frac{a}{(1+r)} + \frac{a(1+g)}{(1+r)^2} + \frac{a(1+g)^2}{(1+r)^3} + \cdots + \frac{a(1+g)^{n-2}}{(1+r)^{n-1}} + \frac{a(1+g)^{n-1}}{(1+r)^n}$$

【例 4-8】某宗房地产是在政府有偿出让的土地上建造的，土地使用权的剩余年限为 40 年，预计该房地产未来第 1 年的净收益为 20 万元，此后每年的净收益会在上一年的基础上增长 1%，该类房地产的报酬率为 8%，求该宗房地产的收益价格。

$$V = \frac{a}{r-g}\left[1-\left(\frac{1+g}{1+r}\right)^n\right] = \frac{20}{8\%-1\%} \times \left[1-\left(\frac{1+1\%}{1+8\%}\right)^{40}\right] = 266.13 \text{（万元）}$$

3）递减无限年的计算公式

$$V = \frac{a}{r+g}$$

式中：g为净收益逐年递减的比率。

此公式的假设前提是：

①收益年限为无限年n；

②净收益按一定比率g递减；

③报酬率大于零为r。

公式原型为：

$$V = \frac{a}{(1+r)} + \frac{a(1-g)}{(1+r)^2} + \frac{a(1-g)^2}{(1+r)^3} + \cdots + \frac{a(1-g)^{n-2}}{(1+r)^{n-1}} + \frac{a(1-g)^{n-1}}{(1+r)^n} + \cdots$$

【例4-9】某宗房地产预计未来第1年的净收益为20万元，此后每年的净收益会在上一年的基础上减少1%，收益年限为无限年，该类房地产的报酬率为9%，求该宗房地产的收益价格。

$$V = \frac{a}{r+g} = \frac{20}{9\%+1\%} = 200 \text{（万元）}$$

4）递减有限年的计算公式

$$V = \frac{a}{r+g}\left[1-\left(\frac{1-g}{1+r}\right)^n\right]$$

此公式的假设前提是：

①收益年限为有限年n；

②净收益按一定比率g递减；

③报酬率不等于零为r。

公式原型为：

$$V = \frac{a}{(1+r)} + \frac{a(1-g)}{(1+r)^2} + \frac{a(1-g)^2}{(1+r)^3} + \cdots + \frac{a(1-g)^{n-2}}{(1+r)^{n-1}} + \frac{a(1-g)^{n-1}}{(1+r)^n}$$

【例4-10】某宗房地产出租第1年的净收益为20万元，由于建筑物逐年折旧，以后每年收益按2%的比例递减，该房地产的寿命期为20年，若综合报酬率为15%，求该宗房地产的收益价格。

$$V = \frac{a}{r+g}\left[1-\left(\frac{1-g}{1+r}\right)^n\right] = \frac{20}{15\%+2\%} \times \left[1-\left(\frac{1-2\%}{1+15\%}\right)^{20}\right] = 112.85 \text{（万元）}$$

5）有效毛收入与运营费用逐年递增或递减的比率不等时的计算公式

我们已经知道，净收益为有效毛收入与运营费用的差。此时如果有效毛收入与运营费用逐年递增或递减的比率不等，则上述公式就不会如此简单了。假设A表示有效毛收入，C表示运营费用，收益年限为无限年，则有以下几种情况：

（1）A逐年递增的比率为g_1，C逐年递增的比率为g_2，收益法的计算公式为：

$$V = \frac{A}{r-g_1} - \frac{C}{r-g_2}$$

（2）A逐年递减的比率为g_1，C逐年递增的比率为g_2，收益法的计算公式为：

$$V = \frac{A}{r+g_1} - \frac{C}{r-g_2}$$

（3）A逐年递增的比率为g_1，C逐年递减的比率为g_2，收益法的计算公式为：

$$V = \frac{A}{r - g_1} - \frac{C}{r + g_2}$$

（4）A逐年递减的比率为g_1，C逐年递减的比率为g_2，收益法的计算公式为：

$$V = \frac{A}{r + g_1} - \frac{C}{r + g_2}$$

【例4-11】某宗房地产预计未来第1年的有效毛收入为15万元，运营费用为8万元，此后每年的有效毛收入会在上一年的基础上增长6%，运营费用增长2%，收益年限可视为无限年，该类房地产的报酬率为9%，求该宗房地产的收益价格。

$$V = \frac{A}{r - g_1} - \frac{C}{r - g_2} = \frac{15}{9\% - 6\%} - \frac{8}{9\% - 2\%} = 385.71（万元）$$

4.2.6 预知未来若干年的净收益及若干年后的价格的公式

1）一般计算公式

预测房地产未来t年的净收益分别为a_1，a_2，$a_3 \cdots a_t$；第t年年末的价格为V_t，则其现在的价格计算公式为：

$$V = \sum_{i=1}^{t} \frac{a_i}{(1+r)^i} + \frac{V_t}{(1+r)^t}$$

此公式的假设前提是：

①已知房地产在未来第t年年末的价格为V_t（或第t年年末的市场价值或残值。当购买的房地产是为持有一段时间后转售，则为预期的第t年年末转售时的价格减去销售税费后的净值，简称期末转售收益）。[①]

②已知房地产未来t年（含第t年）的净收益（简称期间收益）。

③t为持有房地产的期限，简称持有期。

【例4-12】某宗房地产预计未来两年的净收益分别为55万元和60.5万元，两年后的价格比现在的价格上涨10%。该类房地产的报酬率为10%，求该宗房地产现在的价格。

$$V = \sum_{i=1}^{t} \frac{a_i}{(1+r)^i} + \frac{V_t}{(1+r)^t} = \frac{55}{1+10\%} + \frac{60.5}{(1+10\%)^2} + \frac{V(1+10\%)}{(1+10\%)^2} = 1\ 100（万元）$$

2）净收益每年不变的计算公式

$$V = \frac{a}{r}\left[1 - \frac{1}{(1+r)^t}\right] + \frac{V_t}{(1+r)^t}$$

3）净收益按一定数额递增的计算公式

$$V = \left(\frac{a}{r} + \frac{b}{r^2}\right)\left[1 - \frac{1}{(1+r)^t}\right] - \frac{b}{r} \times \frac{t}{(1+t)^t} + \frac{V_t}{(1+r)^t}$$

4）净收益按一定数额递减的计算公式

$$V = \left(\frac{a}{r} - \frac{b}{r^2}\right)\left[1 - \frac{1}{(1+r)^t}\right] + \frac{b}{r} \times \frac{t}{(1+t)^t} + \frac{V_t}{(1+r)^t}$$

5）净收益按一定比率递增的计算公式

$$V = \frac{a}{r - g}\left[1 - \left(\frac{1+g}{1+r}\right)^t\right] + \frac{V_t}{(1+r)^t}$$

[①] 《房地产估价规范》（GB/T 50291—2015）第4.3.12条规定："期末转售收益应为持有期末的房地产转售价格减去转售成本。持有期末的房地产转售价格可采用直接资本化法、比较法等方法来测算。持有期末的转售成本应为转让人负担的销售费用、销售税费等费用和税金。"

6）净收益按一定比率递减的计算公式

$$V = \frac{a}{r+g}\left[1 - \left(\frac{1-g}{1+r}\right)^t\right] + \frac{V_t}{(1+r)^t}$$

预知未来若干年后的价格的公式，一是适用于房地产目前的价格难以知道，但根据发展前景比较容易预测其未来的价格或未来价格相对于当前价格的变化率时，特别是在某地区将会出现较大改观或房地产市场行情预计有较大变化的情况下；二是对于收益年限较长的房地产，有时不是按其收益年限来估价，而是先确定一个合理的持有期，然后预测持有期间的净收益和持有期末的价值，再将它们折算为现值。

【例4-13】假设现在的房地产市场不景气，但预测3年后会回升，现有一座出租写字楼需要估价。该写字楼现行市场租金较低，年出租净收益为200万元，预计未来3年内仍然维持在该水平，但等到3年后市场回升时，将其转卖的售价会高达8 620万元，销售税金为售价的6%。如果投资者要求该类投资的收益率为8%，求该写字楼现在的价值。

$$V = \frac{a}{r}\left[1 - \frac{1}{(1+r)^t}\right] + \frac{V_t}{(1+r)^t} = \frac{200}{8\%} \times \left[1 - \frac{1}{(1+8\%)^3}\right] + \frac{8\,620 \times (1-6\%)}{(1+8\%)^3} = 6\,947.68（万元）$$

4.3 收益期和持有期的测算

收益期是指预计在正常市场和运营状况下估价对象未来可以获取净收益的时间，具体是指自价值时点起至估价对象未来不能获取净收益之日时止的时间。收益期限一般根据建筑物剩余经济寿命和建设用地使用权剩余期限来测算。但是，利用预知未来若干年后价格的公式求取价值的，收益期限为合理的持有期[①]。

建筑物剩余经济寿命是指自价值时点起至建筑物经济寿命结束时的时间。建筑物经济寿命是指建筑物对房地产价值有贡献的时间，具体是指建筑物自竣工日期起至其对房地产价值不再有贡献之日时止的时间。对收益性房地产来说，建筑物经济寿命是指建筑物自竣工日期起，在正常市场和运营状态下，房地产产生的收入大于运营费用，即净收益大于零的持续时间。

建筑物经济寿命主要由市场决定，同类建筑物在不同地区的经济寿命可能不同，一般是在建筑物设计使用年限的基础上，根据建筑物的施工、使用、维护和更新改造等状况，以及周围环境、房地产市场状况等进行综合分析判断得出的。

建设用地使用权剩余期限是指自价值时点起至建设用地使用权使用期限结束的时间。

建筑物剩余经济寿命与建设用地使用权剩余期限可能同时结束，也可能不是同时结束，归纳起来有以下几种情况：

（1）建筑物剩余经济寿命与建设用地使用权剩余期限同时结束

在这种情况下，收益期限为建筑物剩余经济寿命或建设用地使用权剩余期限。

（2）建筑物剩余经济寿命早于建设用地使用权剩余期限结束

在这种情况下，房地产的价值等于以建筑物剩余经济寿命为收益期限计算的房地产价值，加上建筑物剩余经济寿命结束后的剩余期限建设用地使用权在价值时点的价值。建筑物剩余经济寿命结束后的剩余期限建设用地使用权在价值时点的价值，等于整个剩余期限

---

① 持有期应根据市场上投资者对同类房地产的典型持有时间及能预测期间收益的一般期限来确定，并宜为5～10年。

的建设用地使用权在价值时点的价值，减去以建筑物剩余经济寿命为使用期限的建设用地使用权在价值时点的价值。例如，某宗收益性房地产的建筑物剩余经济寿命为30年，建设用地使用权剩余期限为40年，若求取该房地产现在的价值，可先求取该房地产30年收益期限的价值，然后加上30年后的10年使用期限建设用地使用权在现在的价值。30年后的10年使用期限建设用地使用权在现在的价值，等于现在40年使用期限的建设用地使用权的价值减去现在30年使用期限的建设用地使用权的价值。

（3）建筑物剩余经济寿命晚于建设用地使用权剩余期限结束

这种情况又可分为两种情况：①出让合同约定建设用地使用权期间届满需要无偿收回建设用地使用权时，根据收回时建筑物的残余价值给予土地使用者相应的补偿。②出让合同约定建设用地使用权期间届满需要无偿收回建设用地使用权时，建筑物也无偿收回。对于第一种情况，房地产的价值等于以建设用地使用权剩余期限为收益期限计算的房地产价值，加上建设用地使用权剩余期限结束时建筑物的残余价值折算到价值时点的价值。对于第二种情况，以建设用地使用权剩余期限为收益期限，选用相应的收益期限为有限年的公式计算房地产的价值。

上述收益期限的确定是针对求取建筑物所有权和土地使用权的价值而言的，如果是求取承租人权益的价值，则收益期限为剩余租赁期限。

4.4　净收益测算

4.4.1　净收益测算的基本原理

收益性房地产获取收益的方式，可分为出租和经营两大类。据此，测算净收益[①]的途径可分为两种[②]：一是通过租赁收入测算净收益，如存在大量租赁实例的住宅、写字楼、商铺、停车场、标准厂房、仓库等类房地产；二是通过经营收入测算净收益，如酒店、影剧院、娱乐中心、汽车加油站、高尔夫球场等类房地产。在英国，将前一种情况下的收益法称为投资法，后一种情况下的收益法称为利润法。有些房地产既有大量租赁实例又有经营收入，如商铺、餐馆、农地等。在实际估价中，只要是能够通过租赁收入测算净收益的，宜通过租赁收入来测算净收益。因此，通过租赁收入测算净收益的收益法是收益法的典型形式。下面先介绍基于租赁收入测算净收益，然后介绍基于营业收入测算净收益。

4.4.2　基于租赁收入测算净收益

基于租赁收入测算净收益[③]的基本公式

净收益=潜在毛租金收入-空置和收租损失+其他收入-运营费用

　　　=有效毛收入-运营费用

理解该公式要把握以下几点：

[①]　《房地产估价规范》（GB/T 50291—2015）第4.3.11条规定："测算净收益时，价值时点为现在的，应调查估价对象至少最近三年的各年实际收入、费用或净收益等情况。利用估价对象的资料得出的收入、费用或净收益等数据与类似房地产在正常情况下的收入、费用或净收益等数据进行比较。当与正常客观的数据有差异时，应进行分析并予以修正。"

[②]　《房地产估价规范》（GB/T 50291—2015）第4.3.8条规定："净收益可通过租赁收入测算的，应优先通过租赁收入测算，并应符合下列规定：1.应根据租赁合同和租赁市场资料测算净收益，且净收益应为有效毛收入减去由出租人负担的运营费用；2.有效毛收入应为潜在毛租金收入减去空置和收租损失，再加租赁保证金或押金的利息等各种其他收入，或为租金收入加其他收入；3.运营费用应包括房地产税、房屋保险费、物业服务费、管理费用、维修费、水电费等维持房地产正常使用或营业的必要支出，并应根据合同租金的内涵决定取舍，其中由承租人负担的部分不应计入；4.评估承租人权益价值的，净收益应为市场租金减去合同租金。"

[③]　评估承租人权益价值的，净收益应为市场租金减去合同租金。

①潜在毛租金收入是假定房地产在充分利用、无空置和收租损失情况下可获得的归因于房地产的总收入。

②有效毛收入是由潜在毛租金收入扣除空置、收租损失以及其他原因等造成的收入损失后再加上其他收入所得到的收入。

③运营费用[①]是维持房地产正常使用或营业的必要费用，包括房地产税、保险费、人员工资及办公费用、保持房地产正常运转的成本（建筑物及相关场地的维护、维修费）、为承租人提供服务的费用（如清洁、保安）等。运营费用是从估价角度出发的，与会计上的成本费用有所不同，它不包含所得税、房地产抵押贷款偿还额、房地产改扩建费用，以及建筑物折旧额（寿命比整个建筑物寿命短的设备、装修等除外，但还要看其是否被考虑在维修费中）等。运营费用与有效毛收入之比被称为运营费用率。

④潜在毛租金收入、有效毛收入、运营费用、净收益通常以年度计，并假设在年末发生。

⑤空置等造成的收入损失一般是以潜在毛租金收入的某一百分率来计算的。

【例4-14】某一房地产的年租金收入为30万元，空置及坏账损失为7 000元，年可变费用为6万元，年固定费用为5万元，求取净收益。

有效毛收入=潜在毛租金收入-空置等造成的收入损失=30-0.7=29.3（万元）

运营费用=可变费用+固定费用=6+5=11（万元）

净收益=有效毛收入-运营费用=29.3-11=18.3（万元）

【实战演练4-1】

对某新建成的写字楼进行估价，在价值时点的相关资料见表4-1，请用收益法评估该写字楼的市场价值。

表4-1   某新建成的写字楼在价值时点的相关资料

名称	数值	名称	数值
总建筑面积	25 000平方米	房屋重置价格	2 000元/平方米
可出租建筑面积	22 000平方米	房屋耐用年限	50年
设备用房建筑面积	2 500平方米	房屋维修费（年）	房屋重置价格的2%
管理用房建筑面积	500平方米	物业管理费	5元/平方米·月
营业税金及附加率	5.55%	土地剩余使用年限	45年
按租金收入计的房产税率	12%	年报酬率	5%
平均正常空置率	10%	管理费（含保险费、租赁费用）	租金的3%
可出租建筑面积的月租金（不含物业管理费）	50元/平方米		

错误估价测算如下：

（1）计算年有效毛收入

年有效毛收入=22 000×（50+5）×12×（1-10%）=13 068 000（元）

[①] 《房地产估价基本术语标准》第6.2.10条规定："运营费用包括房地产税（为房地产持有环节的税收，如目前的房产税、城镇土地使用税）、房屋保险费、物业服务费、维修费、管理费、水电费等。运营费用是从估价角度出发的，与会计上的成本费用有所不同，通常不包含房地产抵押贷款还本付息额、房地产折旧费、房地产改扩建费用和所得税。"

（2）计算年运营费用

年维修费用=25 000×2 000×2%=1 000 000（元）

年管理费用=年有效毛收入×管理费用率+管理用房租金损失

　　　　　=130 68 000×3%+500×50=417 040（元）

年营业税金及附加=13 068 000×5.55%=725 274（元）

年运营费用=1 000 000+417 040+725 274=2 142 314（元）

（3）计算年净收益

年净收益=13 068 000−2142 314=1 0925 686（元）

（4）计算估价结果

估价结果=10 925 686÷5%×[1−1÷(1+5%)^{50}]=199 458 509.22（元）

正确估价测算如下：

（1）计算年有效毛收入（物业管理费不应计算）

年有效毛收入=22 000×50×12×（1−10%）=11 880 000（元）

（2）计算年运营费用

年维修费用=25 000×2 000×2%=1 000 000（元）

年管理费用=年有效毛收入×3%=11 880 000×3%=356 400（元）

年房产税、营业税金及附加=11 880 000×（12%+5.55%）=2 084 940（元）

年运营费用=1 000 000+356 400+2 084 940=3 441 340（元）

（3）计算年净收益（年净租金）

年净收益（年净租金）=11 880 000−3 441 340=8 438 660（元）

（4）计算估价结果（收益年限取值错误，应取45年）

估价结果=8 438 660÷5%×[1−1÷(1+5%)^{45}]=149 989 332（元）≈14 999（万元）

4.4.3　基于营业收入测算净收益

有些收益性房地产通常不是以租赁方式，而是以营业方式获取收益的，如旅馆、娱乐中心、加油站等。这些收益性房地产的净收益测算与基于租赁收入的净收益测算的区别如下：一是潜在毛收入或有效毛收入变成了经营收入；二是要扣除归属于其他资本或经营的收益，如商业、餐饮、工业等经营者的正常利润。基于租赁收入测算净收益由于归属于其他资本或经营的收益在房地产租金之外，即实际上已经扣除，因此就不再扣除归属于其他资本或经营的收益。

4.4.4　几种收益类型房地产净收益的测算

净收益应根据估价对象的具体情况，按下列规定求取：

1）出租型房地产

出租型房地产是采用收益法估价的典型对象，其净收益通常为租赁收入扣除由出租人负担的费用后的余额。

租赁收入包括有效毛租金收入和租赁保证金、押金等的利息收入。

出租人负担的费用，根据真正的房租构成因素（地租、房屋折旧费、维修费、管理费、投资利息、保险费、房地产税、租赁费用、租赁税费和利润），一般为其中的维修费、管理费、保险费、房地产税、租赁费用、租赁税费。

在实际求取净收益时，通常是在分析租赁合同的基础上决定应当扣除的费用项目。如果租赁合同约定保证合法、安全、正常使用所需要的一切费用均由出租人负担，则应将它们全部扣除；如果租赁合同约定部分或全部费用由承租人负担，则出租人所得的租赁收入就接近于净收益，此时扣除的费用项目就要相应减少。当按惯例确定出租人负担的费用时，要注意与租金水平相匹配。在现实的房地产租赁中，如果出租人负担的费用项目多，名义租金就会高一些；如果承租人负担的费用项目少，名义租金就会低一些。

2）营业型房地产

营业型房地产的最大特点是，房地产所有者同时也是经营者，房地产租金与经营者利润没有分开。

（1）商服经营型房地产

商服经营型房地产应根据经营资料测算净收益，净收益为经营收入扣除经营成本、经营费用、经营税金及附加、管理费用、财务费用、商服利润及与房地产可分离的无形资产的价值。其中，采用联营方式的购物中心或商场，产权人通常按经营者的商品销售额返点（或比例）计取租金性质的有效毛收入，以返点收入计算营业税、房产税等税费，因此净收益为返点收入扣除有关税费。

（2）工业生产型房地产

工业生产型房地产，应根据产品市场价格和原材料、人工费用等资料测算净收益，且净收益应为产品销售收入减去生产成本、销售费用、销售税金及附加、管理费用、财务费用、应归属于生产者的利润及与房地产可分离的无形资产的价值。

（3）农地净收益的测算

农地净收益的测算是由农地年产值（全年农产品的产量乘以单价）扣除种苗费、肥料费、农药费、水电费、人工费、畜工费、机工费、运输费、农具折旧费、农舍折旧费、投资利息、农业税、农业利润等。

3）尚未使用或自用型房地产

尚未使用或自用型房地产是指住宅、写字楼等目前为业主自用或暂时空置的房地产，而不是指写字楼、宾馆的大堂、管理用房等所必要的"空置"或自用部分。写字楼、宾馆的大堂、管理用房等的价值是通过其他用房的收益体现出来的，因此其净收益不用单独计算，否则就重复了。自用或尚未使用的房地产，可比照有收益的类似房地产的有关资料按相应方式测算净收益，或通过直接比较调整得出净收益。

4）混合型房地产

混合型房地产是指包含上述多种收益类型的房地产，如星级宾馆一般有客房、会议室、餐厅、商场、商务中心、娱乐中心等。其净收益视具体情况采用下列方式之一求取：

①把费用分为变动费用和固定费用，将测算出的各种类型的收入分别减去相应的变动费用，予以加总后再减去总的固定费用。变动费用是指其总额随着业务量的变动而变动的费用。当业务量增加时，由于需要更多的原材料，变动费用也因此而增加。固定费用是指其总额不随业务量的变动而变动的费用，即不论业务量发生什么变化，都固定不变的费用。以一个有客房、会议室、餐饮、商场、商务中心、娱乐中心的星级宾馆为例，客房部分的变动费用是与入住客人多少直接相关的费用，会议室部分的变动费用是与使用会议室的次数直接相关的费用，餐饮部分的变动费用是与用餐人数直接相关的费用，商场部分的变动费用是与商品销售额直接相关的费用等；固定费用是指人员工资、固定资产折旧费、房地产税、保险费等，即不管客房是否有客人入住、会议室是否有人租用、餐厅是否有人

就餐、商场是否有人购物等，都要发生的费用。

②首先测算各种类型的收入，然后测算各种类型的费用，再将总收入减去总费用。

③把混合收益的房地产看成是各种单一收益类型房地产的简单组合，先分别根据各自的收入和费用求出各自的净收益，然后将所有的净收益相加。

4.4.5 净收益流模式的确定

在求取净收益时，应根据净收益过去、现在、未来的变动情况及可获得收益的年限，确定未来净收益流量，并判断该未来净收益流量属于下列哪种类型：①每年基本上固定不变；②每年基本上按某个固定的数额递增或递减；③每年基本上按某个固定的比率递增或递减；④其他有规则的变动情形。

在实际估价中采用较多的是净收益每年不变的公式，其净收益a可能的求取方法有下列几种：

（1）过去数据简单算术平均法

这是通过调查，求取估价对象过去若干年的净收益，如过去3年或5年的净收益，然后将其简单算术平均数作为a。

（2）未来数据简单算术平均法

这是通过调查，预测估价对象未来若干年的净收益，如未来3年或5年的净收益，然后将其简单算术平均数作为a。

（3）未来数据资本化公式法

这是通过调查，预测估价对象未来若干年的净收益，如未来3年或5年的净收益，然后利用报酬资本化法公式演变出的下列等式来求取a（可视为一种加权算术平均数）：

$$\frac{a}{r}\left[1-\frac{1}{(1+r)^i}\right]=\sum_{i=1}^{n}\frac{a_i}{(1+r)^i}$$

$$a=\frac{r(1+r)^i}{(1+r)^i-1}\cdot\sum_{i=1}^{n}\frac{a_i}{(1+r)^i}$$

式中：a为净收益；a_i为房地产未来第i年年末的净收益；r为房地产的报酬率或折现率；i为年份；n为房地产的收益年限（自价值时点起至未来可获取收益的年限）。

由于收益法采用的净收益是未来的净收益，而不是过去的净收益或目前的净收益，因此上述三种方法中第三种最合理，应避免采用第一种方法和第二种方法。

4.4.6 求取净收益时对有关收益的取舍

1）实际收益和客观收益[①]

房地产的收益可分为实际收益和客观收益。

实际收益是在现状下实际取得的收益，一般不能直接用于估价。因为具体经营者的经营能力等对实际收益影响很大，如果将实际收益进行资本化，就会得到不切实际的结果。

客观收益是排除了实际收益中属于特殊的、偶然的因素之后所能得到的一般正常收益，一般只有这种收益才可以作为估价的依据。估价中采用的潜在毛收入、有效毛收入、运营费用或者净收益，除了有租约限制的以外，都应采用正常客观的数据。

① 《房地产估价规范》（GB/T 50291—2015）第4.3.10条规定："收益法估价中收入、费用或净收益的取值，应符合下列规定：1.除有租约限制且评估出租人权益价值或承租人权益价值中的租金收入外，都应采用正常客观的数据；2.有租约限制且评估出租人权益价值时，已出租部分在租赁期间应按合同租金确定租金收入，未出租部分和已出租部分在租赁期间届满后应按市场租金确定租金收入；3.评估出租人权益价值或承租人权益价值时，合同租金明显高于或明显低于市场租金的，应调查租赁合同的真实性，分析解除租赁合同的可能性及其对收益价值的影响。"

评估出租人权益价值，租赁期间应采用租赁合同约定的租金，即实际租金；租赁期间届满后和未出租部分，应采用市场租金。因此，合同租金高于或低于市场租金，都会影响出租人权益价值。从投资者角度看，如果合同租金高于市场租金，则出租人权益价值就会高一些；相反，如果合同租金低于市场租金，则出租人权益价值就会低一些。当合同租金与市场租金差异较大时，毁约的可能性也较大，这对出租人权益价值也有影响。对于有租约限制的房地产，租赁期限内的租金应采用租约约定的租金（简称租约租金，又称为实际租金）；租赁期限外的租金应采用正常客观的市场租金。

2）有形收益和无形收益

房地产的收益还可分为有形收益和无形收益。有形收益是指由房地产带来的直接货币收益；无形收益是指由房地产带来的间接利益，如获得安全感、自豪感，提高个人的声誉和信用，增强企业的融资能力和获得一定的避税能力。在求取净收益时不仅要包括有形收益，还要考虑各种无形收益。

无形收益通常难以货币化，难以在测算净收益时予以考虑，但可通过选取较低的报酬率或资本化率予以考虑。此外值得注意的是，如果无形收益已通过有形收益得到体现，则不应再单独考虑，以免重复计算。例如，在当地能显示承租人形象、地位的写字楼，即承租人租用该写字楼办公可显示其实力，该因素往往已包含在该写字楼的较高租金中。

【例4-15】某商铺的土地使用年限为40年，从2014年1月1日起计算。该商铺共有两层，每层可出租面积各为200平方米。第一层于2015年1月1日租出，租期为5年，可出租面积的月租金为180元/平方米，且每年不变；第二层暂空置。附近类似商场一、二层可出租面积的正常月租金分别为200元/平方米和120元/平方米，运营费用率为25%。试估算该商铺2018年1月1日以后第一、二层的年净收益。

商铺第一层的年净收益如下：

租约期内年净收益=200×180×（1-25%）×12=324 000（元）

租约期外年净收益=200×200×（1-25%）×12=360 000（元）

商铺第二层的年净收益如下：

年净收益=200×120×（1-25%）×12=216 000（元）

3）乐观估计、保守估计和最可能估计

求取净收益实际上是预测未来的净收益。预测由于面临不确定性，因此不可避免地会有乐观估计、保守估计和最可能（或折中）估计。在实际估价中，不仅客观上可能存在上述三种估计，而且可能会因为故意高估估价对象价值而对净收益做出过高的估计，或者为故意低估估价对象价值而对净收益做出过低的估计。为了避免出现这种情况，应要求估价师同时给出未来净收益的三种估计值，即较乐观的估计值、较保守的估计值和最可能的估计值。除评估房地产抵押价值因遵循谨慎原则应选用较保守的估计值、评估投资价值因投资者的原因可能选用较乐观的估计值或较保守的估计值外，其他目的的估价一般应选用最可能的估计值。

4　报酬率的确定

在运用收益法时，除了净收益的求取是一个难题外，确定一个合适的报酬率，也是实际估价中非常重要的问题。

4.5.1　报酬率的实质

报酬率也称为回报率、收益率，是一种折现率，是与利率、内部收益率（internal rate of return，IRR，也称为内部报酬率）同性质的比率。进一步搞清楚报酬率的内涵，还要搞清楚一笔投资中投资回收与投资回报的含义及其之间的区别。投资回收是指所投入资本的收回，即保本。投资回报是指所投入资本全部收回以后的额外所得，即报酬。以向银行存款为例，投资回收就是向银行存入本金的收回，投资回报就是从银行得到的利息。因此，投资回报不包含投资收回，报酬率为投资回报与所投入资本的比率，即：

$$报酬率 = \frac{投资回报}{所投入资本}$$

可将购买收益性房地产视为一种投资行为：这种投资所需投入的资本是房地产的价格，预期获取的收益是房地产的净收益。投资既要获取收益，又要承担风险。虽然以最小的风险获取最大的收益是所有投资者的愿望，且收益大小与投资者自身因素有关，但如果抽象掉投资者的自身因素，则主要与投资对象及其所处的投资环境有关。在完善的市场中，投资者之间竞争的结果，是要获取较高的收益，意味着要承担较大的风险，或者有较大的风险，投资者必然要求有较高的收益，即只有较高收益的吸引，投资者才愿意进行有较大风险的投资。因此，从全社会来看，投资遵循收益与风险相匹配原则，报酬率与投资风险正相关，风险大的，报酬率也高，反之就低。例如，将资金购买国债，风险很小，但利率低，收益也就低；而将资金购买股票甚至搞投机冒险，报酬率虽然高，但风险也大。报酬率与投资风险的关系可，如图4-1所示。

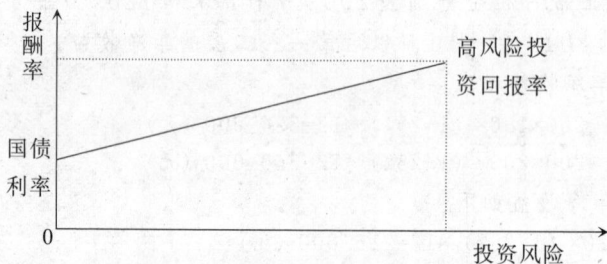

图4-1　报酬率与投资风险关系图

搞清楚了报酬率与投资风险的上述关系，实际上就在观念上把握住了求取报酬率的方法，即估价采用的报酬率应等同于与获取估价对象净收益具有同等风险的投资的报酬率。例如，甲、乙两宗房地产的净收益相等，但甲房地产获取净收益的风险大，从而要求的报酬率高；乙房地产获取净收益的风险小，从而要求的报酬率低。由于房地产价值与报酬率负相关，所以甲房地产的价值低，乙房地产的价值高。由此可见，在收益能力相同的条件下，风险大的房地产的价值低，风险小的房地产的价值高。

"采用的报酬率应等同于与获取估价对象净收益具有同等风险的投资的报酬率"这种认识，使得报酬率的确定可以包容多种情况，避免一些过于武断或仅适用于某些特定情况下的结论。不同地区、不同时期、不同用途或不同类型的房地产，同一类型房地产的不同收益类型，如期间收益和期末转售收益，基于合同租金的收益和基于市场租金的收益，土地收益和建筑物收益，抵押贷款收益和自有资金收益，由于风险不同，报酬率是不尽相同的。因此，在实际估价中并不存在一个统一不变的报酬率数值。但这又不意味着估价师可以随意选取报酬率。选取的报酬率必须有市场等依据，并经得起理论推敲和进行横向（不同房地产之间）、纵向（前后不同时间之间）比较。

4.5.2 报酬率的确定方法

了解了报酬率的实质后，下面介绍确定报酬率的三种主要方法[①]。这些方法都有一些前提条件，如要求房地产市场较发达等。

1）市场提取法

市场提取法通过可比实例的价格、净收益、收益期或持有期等数据，选用相应的报酬资本化法公式，计算出报酬率。

例如：在 $V=\frac{a}{r}$ 的情况下，将公式转换成 $r=\frac{a}{V}$（a 为净收益，V 为收益价格），求取报酬率 r。通常为避免偶然性，应尽量搜集较多的可比实例，求其净收益与价格之比的平均数。具体步骤是搜集同一市场上三宗以上可比实例的净收益与价格的资料，计算净收益与价格的比率并将其作为各宗房地产的报酬率，再将这些报酬率简单平均或加权平均，所得平均数即为待估价房地产的报酬率。

【例 4-16】搜集了 6 个可比实例的相关资料，见表 4-2，计算待估价房地产的报酬率。

表 4-2   **可比实例相关资料**

可比实例	净收益（万元/年）	价格（万元）
1	12	102
2	23	190
3	10	88
4	65	542
5	90	720
6	32	250

由公式 $r=\frac{a}{V}$ 计算出这六宗房地产的资本化率分别为 11.8%、12.1%、11.4%、12.0%、12.5%、12.8%。由简单算术平均数法可知，待估价房地产的资本化率=12.1%=（11.8%+12.1%+11.4%+12.0%+12.5%+12.8%)÷6。为了使计算结果更为精确，还可以采用加权平均数法。

需要指出的是，市场提取法求出的报酬率反映的是过去的而非未来的风险判断，它可能不是估价对象未来各期收益风险的可靠指针。对估价对象报酬率的判断，还应着眼于可比实例的典型买者和卖者对该类房地产的预期或期望报酬率，对用市场提取法求出的报酬

[①] 《房地产估价规范》（GB/T 50291—2015）第 4.3.14 条规定："报酬率宜选用下列方法确定：1. 市场提取法：选取不少于三个可比实例，利用其价格、净收益等数据，选用相应的收益法公式，测算报酬率。2. 累加法：以安全利率加风险调整值作为报酬率。安全利率可选用国务院金融主管部门公布的同一时期一年定期存款年利率或一年期国债年利率；风险调整值应为承担额外风险所要求的补偿，并应根据估价对象及其所在地区、行业、市场存在的风险来确定。3. 投资收益率排序插入法：找出有关不同类型的投资及其收益率、风险程度，按风险大小排序，将估价对象与这些投资的风险程度进行比较，判断、确定报酬率。"

率进行适当的调整。

2）累加法

累加法是以安全利率加风险调整值作为报酬率，即将报酬率视为包含无风险报酬率和风险报酬率两大部分，然后分别求出每一部分，再将它们相加得到报酬率。安全利率是指没有风险或极小风险的投资报酬率。风险调整值是承担额外风险所要求的补偿，即超过安全利率以上部分的报酬率，应根据估价对象及其所在地区、行业、市场等存在的风险来确定。

报酬率=安全利率+投资风险补偿+管理负担补偿+缺乏流动性补偿-投资带来的优惠

其中：①投资风险补偿率，是指当投资者投资于收益不确定、具有一定风险性的地产时，他必然会要求对所承担的额外风险有所补偿，否则就不会投资。②管理负担补偿率，是指一项投资所要求的操劳越多，其吸引力就会越小，从而投资者必然会要求对所承担的额外管理有所补偿。房地产要求的管理工作一般超过存款、证券。③缺乏流动性补偿率，是指投资者对所投入的资金由于缺乏流动性所要求的补偿。房地产与股票、债券、黄金相比，买卖更困难，变现能力弱。④投资带来的优惠率，是指由于投资房地产可能获得某些额外的好处，如易于获得融资（如可以抵押贷款），从而投资者会降低所要求的报酬率。

由于在现实中不存在完全无风险的投资，所以通常是选取同一时期相对无风险的报酬率去代替安全利率，如选取同一时期的国债利率或银行存款利率。于是，投资风险补偿就变为投资估价对象相对于投资同一时期国债或银行存款的风险补偿；管理负担补偿变为投资估价对象相对于投资同一时期国债或银行存款管理负担的补偿；缺乏流动性补偿变为投资估价对象相对于投资同一时期国债或银行存款缺乏流动性的补偿；投资带来的优惠变为投资估价对象相对于投资同一时期国债或银行存款所带来的优惠。

需要注意的是，上述安全利率和具有风险性房地产的报酬率，一般是指名义报酬率，即已经包含了通货膨胀的影响。这是因为在收益法估价中，广泛使用的是名义净收益，因而根据"匹配原则"，应使用与之相对应的名义报酬率。

3）投资收益率排序插入法

收益法估价采用的报酬率是典型投资者在房地产置业投资中所要求的报酬率。由于具有同等风险的任何投资的报酬率应是相近的，所以可通过与获取估价对象净收益具有同等风险的投资的报酬率来求取估价对象的报酬率。投资报酬率排序插入法的操作步骤和主要内容如下：

①调查、搜集估价对象所在地区的房地产投资、相关投资及其收益率和风险程度的资料，如各种类型的银行存款、贷款、政府债券、保险、企业债券、股票以及有关领域的投资收益率等。

②将所搜集的不同类型投资的收益率按由低到高的顺序排列，制成图（如图4-2所示）。

③将估价对象与这些类型投资的风险程度进行分析比较，考虑投资的流动性、管理的难易以及作为资产的安全性等，判断出同等风险的投资，确定估价对象风险程度应落的位置。

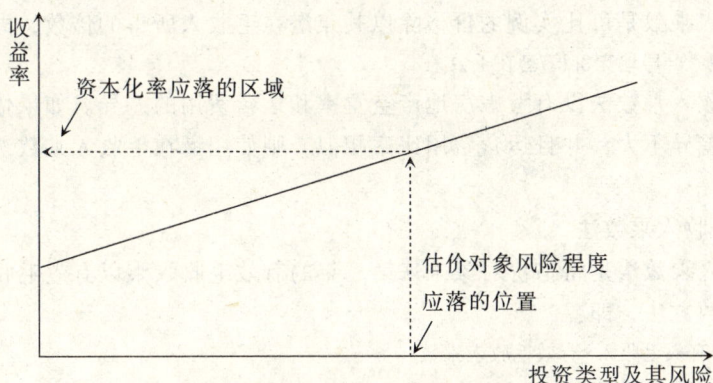

图 4-2 投资收益率排序插入法示意图

④根据估价对象风险程度应落的位置，在图上找出对应的收益率，从而确定出所要求取得的报酬率。

值得指出的是，尽管有上述求取报酬率的方法，但这些方法并不能确切地告诉估价师报酬率究竟应是个多大的数字，如只能是 10%，不能是 8%。这些方法对报酬率的确定都含有某些主观选择性，需要估价师运用自己掌握的关于报酬率的专业知识，结合实践经验和对当地的投资及房地产市场的深入了解等，来作出相应的判断。因此，报酬率的确定同整个房地产估价活动一样，也是科学与艺术的有机结合。但在一定时期，报酬率大体上有一个合理的区间。

4.6 直接资本化法

4.6.1 直接资本化法概述

直接资本化法是预测估价对象未来第一年的收益，将其除以资本化率或乘以收益乘数得到估价对象价值或价格的方法。利用资本化率将未来收益转换为价值的直接资本化法的公式为：

$$V = \frac{NOI}{y}$$

式中：V 为房地产价值；NOI 为房地产未来第一年的净收益；y 为资本化率。

收益乘数法是预测估价对象未来第一年的收益，将其乘以收益乘数得到估价对象价值或价格的方法。利用收益乘数将未来收益转换为价值的直接资本化法的公式为：

房地产价值=年收益×收益乘数

直接资本化中未来第一年的收益有时用当前的收益近似代替。

4.6.2 收益乘数法的种类

用于直接资本化的收益类型主要有潜在毛收入、有效毛收入和净收益。相应的收益乘数有潜在毛收入乘数、有效毛收入乘数和净收益乘数，相应的收益乘数法有潜在毛收入乘数法、有效毛收入乘数法和净收益乘数法。

1）潜在毛收入乘数法

潜在毛收入乘数法是将估价对象未来第一年的潜在毛收入乘以潜在毛收入乘数来求取估价对象价值的方法，即：

房地产价值=潜在毛收入×潜在毛收入乘数

潜在毛收入乘数是可比实例的价格除以其年潜在毛收入所得的倍数，即：

潜在毛收入乘数=房地产价值/潜在毛收入

但潜在毛收入乘数法没有考虑房地产空置率和运营费用的差异。如果估价对象与可比实例的空置率差异不大，并且运营费用比率相似，则使用潜在毛收入乘数法是一种简单可行的方法。

2）有效毛收入乘数法

有效毛收入乘数法是将估价对象未来第一年的有效毛收入乘以有效毛收入乘数来求取估价对象价值的方法，即：

房地产价值=有效毛收入×有效毛收入乘数

有效毛收入乘数是可比实例的价格除以其年有效毛收入所得的倍数，即：

有效毛收入乘数=房地产价值/有效毛收入

有效毛收入乘数法考虑了房地产的空置和收租损失的情况。因此，当估价对象与可比实例的空置率有较大差异，且这种差异预计还将继续下去时，则使用有效毛收入乘数比使用潜在毛收入乘数更合适。有效毛收入的缺点是没有考虑运营费的差异，因此只适合做粗略的估价。

3）净收益乘数法

净收益乘数法是将估价对象未来第一年的净收益（NOI）乘以净收益乘数（NIM）来求取估价对象价值的方法，即：

V=NOI×NIM

净收益乘数是可比实例的价格除以其年净收益所得的倍数，即：

$$NIM=\frac{V}{NOI}$$

相对于潜在毛收入乘数法和有效毛收入乘数法，净收益乘数法能提供更可靠的价值测算。

由于净收益乘数与资本化率是互为倒数的关系，通常很少直接采用净收益乘数法形式，而采用资本化率将净收益转换为价值的形式，即：

$$V=\frac{NOI}{y}$$

4.6.3 资本化率和收益乘数的求取方法

资本化率和收益乘数都可以采用市场提取法，通过市场上近期交易的与估价对象的净收益流模式（包括净收益的变化、收益期的长短）等相同的许多类似房地产的有关资料（由这些资料可求得年收益和价格）求取。

利用市场提取法求取资本化率的公式为：

$$y=\frac{NOI}{V}$$

利用市场提取法求取收益乘数的公式为：

$$收益乘数=\frac{价格}{年收益}$$

4.6.4 资本化率与报酬率的区别和关系

资本化率（y）和报酬率（r）都是将房地产的预期收益转换为价值的比率，但两者有很大区别。资本化率是在直接资本化法中采用的，是一步就将房地产的预期收益转换为价值的比率；报酬率是在报酬资本化法中采用的，是通过折现的方式将房地产的预期收益转换为价值的比率。资本化率是房地产的某种年收益与其价格的比率（通常用未来第一年的净收益除以价格来计算），仅表示从收益到价值的比率，并不明确地表示获利能力；报酬率是用来除以一连串的未来各期净收益，以求取未来各期净收益的现值的比率。报酬率与净收益本身的变化以及收益期的长短等无直接关系，而资本化率与净收益本身的变化以及收益期的长短等有直接关系。

4.6.5　直接资本化法与报酬资本化法的比较

1）直接资本化法的优缺点

直接资本化法的优点是：①不需要预测未来许多年的净收益，通常只需要测算未来第一年的收益；②资本化率或收益乘数直接来源于市场上所显示的收益与价值的关系，能较好地反映市场的实际情况；③计算过程较简单。

但由于直接资本化法利用的是未来第一年的收益来资本化，所以要求有较多与估价对象的净收益流模式相同的房地产来求取资本化率或收益乘数，对可比实例的依赖很强。例如，要求选取的房地产的收益变化与估价对象的收益变化相同，否则估价结果会有误。假设估价对象的净收益每年上涨2%，而选取的房地产的净收益每年上涨3%，如果以该房地产的资本化率8%将估价对象的净收益转换为价值，则会高估估价对象的价值。

2）报酬资本化法的优缺点

报酬资本化法的优点是：①指明了房地产的价值是其未来各期净收益的现值之和，这既是预期原理最形象的表述，又考虑到了资金的时间价值，逻辑严密，有很强的理论基础；②每期的净收益或现金流量都是明确的，直观并容易理解；③由于具有同等风险的任何投资的报酬率应是相近的，所以不必直接依靠与估价对象的净收益流模式相同的房地产来求取报酬率，而通过其他具有同等风险的投资的收益率也可以求取报酬率。

但由于报酬资本化法需要预测未来各期的净收益，从而较多地依赖于估价师的主观判断，并且各种简化的净收益流模式不一定符合实际情况。

当相似的预期收益存在大量的可比市场信息时，直接资本化法是相当可靠的。当市场可比信息缺乏时，报酬资本化法则能提供一个相对可靠的评估价值，因为估价师可以通过投资者在有同等风险的投资上所要求的收益率来确定估价对象的报酬率。

4.7　投资组合技术和剩余技术

在收益法中，可以从房地产的物理组成部分（土地与建筑物）或资金组成部分（抵押贷款与自有资金）中求出各个组成部分的报酬率或资本化率，或者将其报酬率、资本化率运用到各个组成部分上以测算其价值。

4.7.1　投资组合技术

投资组合技术（主要有土地与建筑物的组合和抵押贷款与自有资金的组合。

1）土地与建筑物的组合

运用直接资本化法估价，由于估价对象不同，如评估的是房地价值还是土地价值或建筑物价值，采用的资本化率应有所不同。相应的三种资本化率分别是综合资本化率、土地资本化率、建筑物资本化率。

综合资本化率是求取房地价值时应采用的资本化率。这时对应的净收益应是建筑物及其占用范围内的土地共同产生的净收益。也就是说，在评估土地与建筑物综合体的价值时，应采用建筑物及其占用范围内的土地共同产生的净收益，同时应选用综合资本化率将其资本化。如果选用的不是综合资本化率，则求出的就不是土地与建筑物综合体的价值。

土地资本化率是求取土地价值时应采用的资本化率。这时对应的净收益应是土地产生的净收益（即仅归属于土地的净收益），不包含建筑物带来的净收益。如果在求取土地价值时选用的不是土地资本化率，即使得出了一个结果，这个结果也不能说是土地价值。

建筑物资本化率是求取建筑物价值时应采用的资本化率。这时对应的净收益应是建筑物产生的净收益（即仅归属于建筑物的净收益），不包含土地带来的净收益。如果在求取建筑物价值时选用的不是建筑物资本化率，则求出的就不是建筑物的价值。

资本化率、土地资本化率和建筑物资本化率三者虽然有明显的区别，但有时也相互联系。如果知道了其中的两个资本化率，便可求出另外一个资本化率。这三种资本化率的关联公式如下：

$$r_0 = \frac{r_L V_L + r_B V_B}{V_L + V_B}$$

$$r_L = \frac{r_0(V_L + V_B) - r_B V_B}{V_L}$$

$$r_B = \frac{r_0(V_L + V_B) - r_L V_L}{V_B}$$

式中：r_0 为综合资本化率；r_L 为土地资本化率；r_B 为建筑物资本化率；V_L 为土地价值；V_B 为建筑物价值。

运用上述公式必须确切地知道土地价值和建筑物价值是多少，这是难以做到的。但如果知道了土地价值或建筑物价值占房地产价值的比率，也可以找出综合资本化率、土地资本化率和建筑物资本化率三者之间的关系。其计算公式如下：

$$r_0 = L \cdot r_L + B \cdot r_B = L \cdot r_L + (1-L) \cdot r_B = (1-B) \cdot r_L + B \cdot r_B$$

式中：L为土地价值占房地产价值的比率；B为建筑物价值占房地产价值的比率。

【例4-17】某宗房地产，土地价值占总价值的40%，土地资本化率为6%，建筑物资本化率为8%，求综合资本化率。

$$r_0 = L \cdot r_L + (1-L) \cdot r_B = 40\% \times 6\% + (1-40\%) \times 8\% = 7.2\%$$

2）抵押贷款与自有资金的组合

房地产市场与金融市场紧密联系的现代社会，购买房地产的资金通常由两部分组成：一部分是自有资金（或称权益资本），另一部分是抵押贷款。因此，房地产的报酬率必须同时满足这两部分资金对报酬的要求：贷款人（如贷款银行）要求得到与其贷款所冒风险相当的贷款利率报酬，自有资金投资者要求得到与其投资所冒风险相当的投资报酬。由于抵押贷款通常是分期偿还的，所以抵押贷款与自有资金的组合一般不是利用抵押贷款利率和自有资金报酬率来求取房地产的报酬率，而是利用抵押贷款资本化率和自有资金资本化率来求取综合资本化率，具体是综合资本化率为抵押贷款资本化率与自有资金资本化率的加权平均数，即：

$$r_0 = M \cdot r_M + (1-M) r_E$$

式中：r_0 为综合资本化率；r_M 为抵押贷款资本化率，等于抵押贷款常数；r_E 为自有资金资本化率；M为贷款价值比，也称为贷款成数，是贷款金额占房地产价值的比率。

在上述公式中，抵押贷款常数一般采用年抵押贷款常数，它是年偿还额与抵押贷款金额的比率。如果抵押贷款是按月偿还的，则年抵押贷款常数是将每月的还款额乘以12，然后除以抵押贷款金额；或者将月抵押贷款常数（每月的逐款额与抵押贷款金额的比率）乘以12。在分期等额本息偿还贷款的情况下，由于等额还款额为：

$$A_M = \frac{V_M \times Y_M}{1 - \dfrac{1}{(1+Y_M)^n}}$$

则抵押贷款常数的计算公式为：

$$r_M = \frac{A_M}{V_M} = \frac{Y_M \times (1+Y_M)^n}{(1+Y_M)^n - 1} = Y_M + \frac{Y_M}{(1+Y_M)^n - 1}$$

式中：A_M为等额还款额；V_M为抵押贷款金额；Y_M为抵押贷款报酬率，即抵押贷款利率；n为抵押贷款期限。

自有资金资本化率是税前现金流量（从净收益中扣除抵押贷款还本付息额后的余额）与自有资金额的比率，通常为未来第一年的税前现金流量与自有资金额的比率，可以通过市场提取法由可比实例的税前现金流量除以自有资金额得到。

综合资本化率必须同时满足贷款人对还本付息额的要求和自有资金投资者对税前现金流量的要求。下列几点有助于理解抵押贷款与自有资金组合的公式：

（1）可以把购买收益性房地产视为一种投资行为，房地产价格为投资额，房地产净收益为投资收益。

（2）购买房地产的资金来源可分为抵押贷款和自有资金两部分，因此有：

抵押贷款金额+自有资金额=房地产价格

（3）房地产的收益相应地由这两部分资本来分享，即：

房地产净收益=抵押贷款收益+自有资金收益

（4）于是有：

房地产价格×综合资本化率=抵押贷款金额×抵押贷款常数+自有资金额×自有资金资本化率

（5）于是又有：

综合资本化率=$\dfrac{抵押贷款金额}{房地产价格}$×抵押贷款常数+$\dfrac{自有资金额}{房地产价格}$×自有资金资本化率

=贷款价值比率×抵押常数+（1-贷款价值比率）×自有资金资本化率

【例4-18】购买某类房地产通常抵押贷款占七成，抵押贷款年利率为6%，贷款期限为20年，按月等额偿还贷款本息。通过可比实例计算出的自有资金资本化率为8%。请计算该房地产的综合资本化率。

该房地产的综合资本化率计算如下：

$$r_M = Y_M + \frac{Y_M}{(1+Y_M)^n - 1} = \left[\frac{6\%}{12} + \frac{6\%/12}{(1+6\%/12)^{20} - 1} \right] \times 12 = 8.60\%$$

$r_0 = M \cdot r_M + (1-M)\, r_E = 70\% \times 8.60\% + (1-70\%) \times 8\% = 8.42\%$

【例4-19】某宗房地产的年净收益为2万元，购买者的自有资本为5万元，购买者要求的年收益率为12%，抵押贷款的年利率为8%，计算该房地产的价格。

购买者要求的收益额=5×12%=0.6（万元）

支付抵押贷款利息的能力=2-0.6=1.4（万元）

抵押贷款额=1.4÷8%=17.5（万元）

该房地产的价格=5+17.5=22.5（万元）

4.7.2 剩余技术

剩余技术是当已知整体房地产的净收益、其中某个组成部分的价值和各个组成部分的资本化率或报酬率时，从整体房地产的净收益中减去已知组成部分的净收益，分离出归因于另外组成部分的净收益，再用相应的资本化率或报酬率进行资本化，得出未知组成部分的价值的方法。此外，把已知组成部分的价值加上求出的未知组成部分的价值，还可以得到整体房地产的价值。剩余技术主要有土地剩余技术和建筑物剩余技术，另外还有自有资金剩余技术和抵押贷款剩余技术。

1）土地剩余技术

土地剩余技术是指从土地和建筑物共同产生的净收益中减去建筑物的净收益，分离出归因于土地的净收益，再利用土地资本化率或土地报酬率将土地净收益转换为土地价值的方法。

直接资本化法的土地剩余技术的公式为：

$$V_L = \frac{A_0 - r_B V_B}{R_L}$$

式中：A_0 为土地和建筑物共同产生的净收益（通常是通过房租求取的净收益）。

另外，将建筑物价值与土地价值相加，可以得到整体房地产的价值。

【例4-20】某宗房地产每年的净收益为50万元，建筑物价值为300万元，建筑物资本化率为10%，土地资本化率为8%。请求取该房地产的价值。

【解】该房地产的价值求取如下：

$$V_L = \frac{A_0 - r_B V_B}{R_L} = (50 - 300 \times 10\%) / 8\% = 250 （万元）$$

房地产价值＝土地价值＋建筑物价值＝250+300=550（万元）

土地剩余技术在土地难以采用其他估价方法估价时，是一种有效的方法。例如，城市商业区内的土地，有时没有可参照的土地交易实例，难以采用比较法估价，成本法往往也不适用，但存在着大量的房屋出租、商业经营行为，此时可以采用土地剩余技术来估价。另外，在需要对附有旧建筑物的土地进行估价时，虽然采用比较法可以求得设想该旧建筑物不存在时的空地价值，但对因附有旧建筑物而导致的土地价值降低到底应减价多少，比较法通常难以解决，这时如果运用土地剩余技术便可以求得。

2）建筑物剩余技术

建筑物剩余技术是指从土地和建筑物共同产生的净收益中减去土地的净收益，分离出归因于建筑物的净收益，再利用建筑物资本化率或建筑物报酬率将建筑物净收益转换为建筑物价值的方法。

直接资本化法的建筑物剩余技术的公式为：

$$V_B = \frac{A_0 - r_L V_L}{R_B}$$

另外，将建筑物价值与土地价值相加，可以得到整体房地产的价值。

建筑物剩余技术对检验建筑物相对于土地是否规模过大或过小很有用处。此外，它还可用来测算建筑物的折旧。将建筑物的重新购建价格减去运用建筑物剩余技术求取的建筑物价值即为建筑物的折旧。

3）自有资金剩余技术

自有资金剩余技术是在已知房地产抵押贷款金额的情况下，求取自有资金权益价值的剩余技术。它是先根据从市场上得到的抵押贷款条件（包括贷款金额、贷款利率、贷款期限等）计算出年还本付息额，再把它从净收益中扣除，得到税前现金流量，然后除以自有资金资本化率就可以得到自有资金权益价值。

直接资本化法的自有资金剩余技术的公式为：

$$V_E = \frac{A_0 - V_M r_m}{r_E}$$

式中：V_E 为自有资金权益价值。

自有资金剩余技术对测算抵押房地产的自有资金权益价值特别有用。如果将抵押贷款金额加上自有资金权益价值，还可以得到整体房地产的价值。

4）抵押贷款剩余技术

抵押贷款剩余技术是在已知自有资金数量的情况下，求取抵押贷款金额或价值的剩余技术。它是从净收益中减去在自有资金资本化率下能满足自有资金的收益，得到属于抵押贷款部分的收益，然后除以抵押贷款常数得到抵押贷款金额或价值。

直接资本化法的抵押贷款剩余技术的公式为：

$$V_M = \frac{A_0 - V_E r_E}{r_M}$$

抵押贷款剩余技术假设投资者愿意投在房地产上的自有资金数量已确定，并假设投资者需要从房地产中得到特定的自有资金资本化率也已确定，则贷款金额取决于可作为抵押贷款偿还额的剩余现金流量和抵押贷款常数。

在正常情况下，抵押贷款剩余技术不适用于对已设立其他抵押的房地产进行估价，因为这时剩余的现金流量不完全归自有资金投资者所有，它还必须先偿还原有抵押贷款的债务。

期末转售收益可以是减去抵押贷款金额的收益，也可以是减去抵押贷款余额后的收益。在估价中，未减去抵押贷款余额的期末转售收益与净收益匹配使用；如果需要利用税前现金流量来评估房地产自有资金权益的价值，则应从净收益中减去抵押贷款还本付息额，并从期末转售收益中减去抵押贷款余额。

4.8　运用举例

1）估价对象概况

本估价对象是××商业中心地下室及地上第三层，地下室面积为3 065.09平方米，地上三层面积为3 770.61平方米。土地剩余使用年限为45.5年，从价值时点起计。

2）估价要求

需要评估该商业中心地下室及地上第三层2014年1月29日的购买价格。

3）估价过程

（1）市场调查

据调查，目前东门片区商业物业的租赁价格水平（不含管理费、水电费等费用）：一楼为每月800元/平方米；二楼为每月350元/平方米；三楼为每月200元/平方米；四楼为每月100元/平方米。地下室一般租金比二楼稍高，约为每月350～400元/平方米。

同时，东门商业普遍存在高楼层空置率高的现象。一般而言，二楼平均空置率为

20%，三楼平均空置率为30%～40%。

考虑到评估物业位于东门主要入口处，交通较为便利，人流量也较大，故取地下室租金为每月400元/平方米、空置率为15%，地上第三层租金为每月240元/平方米、空置率为25%进行测算。

××市出租物业的运营费用一般包括维修费（年有效毛收入的2%）、保险费（年有效毛收入的0.15%）、房产税（年有效毛收入的12%）、营业综合税（年有效毛收入的5.2%）、印花税（年有效毛收入的0.1%）、租赁管理费（年有效毛收入的2%）。

（2）计算年有效毛收入

地下室年有效毛收入=月租金×可出租面积×（1-空置率）×12

=400×3 065.09×（1-15%）×12=12 505 567（元）

地上第三层年有效毛收入=月租金×可出租面积×（1-空置率）×12

=240×3 770.61×（1-25%）×12=8 144 518（元）

（3）计算年总运营费用

地下室年总运营费用=维修费+保险费+房产税+营业综合税+印花税+租赁管理费

=年有效毛收入×（2%+0.15%+12%+5.2%+0.1%+2%）

=12 505 567×（2%+0.15%+12%+5.2%+0.1%+2%）

=26 82 444（元）

同理可得第三层年总运营费用为1 746 999元。

（4）计算年总净收益

地下室年总净收益=年有效毛收入-年总运营费用

=12 505 567-2 682 444

=9 823 123（元）

地上第三层年总净收益=年有效毛收入-年总运营费用

=8 144 518-1 746 999

=6 397 519（元）

（5）选用适当的报酬率

采用安全利率加风险调整值法确定报酬率。

其中安全利率采用一年期整存整取利率1.98%。

由于该估价对象地处××市知名商圈，加之物业在商圈中地理位置较好，物业内部布局合理，整个商城经营各式商品且集聚度较高，易于成行成市。因此，预计其风险相对不大，确定为6%。

报酬率=1.98%+6%=7.98%

（6）计算收益价格

收益价格计算公式为：

$$V = \frac{A}{R}\left[1 - \frac{1}{(1+R)^n}\right]$$

式中：R为房地产综合资本化率；A为年净收益；n为收益年限。估价对象的尚可使用年限为收益年限，因土地剩余年限短于建筑物尚可使用年限，故估价对象的收益年限取土地剩余使用年限，截至价值时点，土地剩余使用年限为45.5年。

地下室评估价格为：

$$\frac{9\,823\,123}{7.98\%} \times \left[1 - \frac{1}{(1+7.98\%)^{45.5}}\right] = 119\,354\,592\,(\text{元})$$

地上第三层评估价格为：

$$\frac{6\,397\,519}{7.98\%} \times \left[1 - \frac{1}{(1+7.98\%)^{45.5}}\right] = 77\,732\,232\,(\text{元})$$

4）估算结果

收益法估算结果为：

V=119 354 592+77 732 232=197 086 824（元）

本章小结

收益法

```
                    理论依据 ────── 预期收益原理

                    适用对象 ────── 有经济收益或潜在经济收益的房地产

                    适用条件 ────── 收益的可计量性、连续性、稳定性；资
收                                    本化率的可确定性；风险的可衡量性
益
法
                                    选择具体估价方法

                                    测算收益期或持有期

                    操作步骤 ────── 测算未来收益

                                    确定报酬率或资本化率、收益乘数

                                    计算收益价值
```

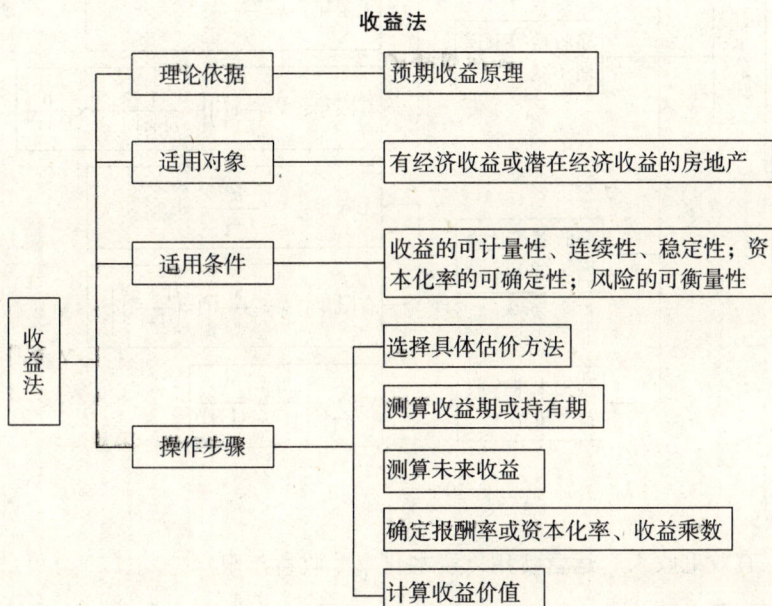

净收益和资本化率图

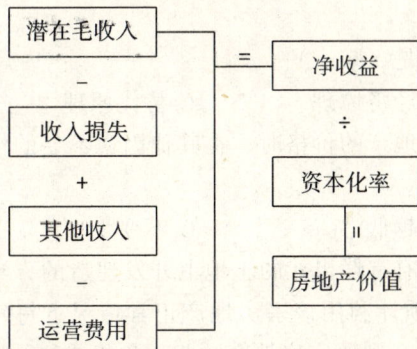

```
潜在毛收入 ┐
    −      │
收入损失    ├── = ── 净收益
    +      │           ÷
其他收入    │       资本化率
    −      │           ‖
运营费用 ┘       房地产价值
```

基本公式图

一般公式：$V=\sum_{i=1}^{n}\dfrac{a_i}{(1+r)^i}$

净收益不变：
- 无限年：$V=\dfrac{a}{r}$
- 有限年：$V=\dfrac{a}{r}\left[1-\dfrac{1}{(1+r)^n}\right]$

净收益等额递增（减）：
- 无限年：$V=\dfrac{a}{r}+\dfrac{b}{r^2}$
- 有限年：$V=\left(\dfrac{a}{r}\pm\dfrac{b}{r^2}\right)\left[1-\dfrac{1}{(1+r)^n}\right]\mp\dfrac{b}{r}\times\dfrac{n}{(1+r)^n}$

净收益等比递增（减）：
- 无限年：$V=\dfrac{a}{r\mp g}$
- 有限年：$V=\dfrac{a}{r\mp g}\left[1-\left(\dfrac{1\pm g}{1+r}\right)^n\right]$

预知未来净收益及价格：$V=\sum_{i=1}^{t}\dfrac{a_i}{(1+r)^i}+\dfrac{V_t}{(1+r)^t}$

基本公式

主要概念

净收益　有效毛收入　运营费用　资本化率　收益年限

基础知识练习

1.单项选择题

（1）收益法的理论依据是（　　　）。

A.生产费用价值论　　B.经济原理　　　　　　C.替代原理　　　　　　　D.预期原理

（2）评估某宗收益性房地产的价格时，在其他因素不变的情况下，预测的未来净收益越大，评估出的价格会（　　　）。

A.越高　　　　　　　　B.越低　　　　　　　　C.不变　　　　　　　　D.不确定

（3）某宗房地产是在政府有偿出让的土地上开发建造的，当时获得的土地使用年限为50年，至今已使用36年，预计利用该宗房地产正常情况下每年可获得净收益8万元，该类房地产的资本化率为8.5%，则该宗房地产的收益价格为（　　　）万元。

A.91.5　　　　　　　　B.92.5　　　　　　　　C.93.5　　　　　　　　D.94.5

（4）某类房地产，在其购买中，通常抵押贷款占七成，抵押贷款的年利率为8%，自有资金要求的年收益率为15%，则该类房地产的资本化率为（　　　）。

A.10%　　　　　　　　B.11%　　　　　　　　C.10.1%　　　　　　　　D.11.1%

（5）预计某宗房地产未来第1年的净收益为18万元，此后各年的净收益会在上一年的基础上增加1万元，该类房地产的资本化率为8%，则该房地产的价格为（　　）万元。

A.225.00　　　　　B.237.50　　　　　C.381.25　　　　　D.395.83

（6）以收益为目的出租房地产，从租赁收入中扣除的费用不包括（　　）。

A.管理费　　　　　B.保险费　　　　　C.消费税金　　　　　D.利润

（7）收益法有效年限计算公式中的n为（　　）。

A.耐用年限　　　B.使用权年限　　　C.已使用年限　　　D.剩余使用年限

（8）有关收益法说法有误的是（　　）。

A.收益法是求取估价对象未来的正常净收益，选用适当的资本化率将其折现到价值时点后累加，以此估算估价对象的客观合理价格或价值的方法

B.从收益法的观点看，房地产的价值是其未来净收益的现值之和

C.收益法是以预期原理为基础的

D.将资金购买房地产获取收益，与将资金存入银行获取利息所起的作用并不是等同的

2.多项选择题

（1）收益性房地产的价值就是该房地产的未来净收益的现值之和，其高低取决于下列（　　）因素。

A.可获净收益的大小　　　　　　　B.可获净收益期限的长短

C.获得该净收益的可靠性　　　　　D.可获净收益的好坏

（2）收益法的适用对象是有经济收益或潜在经济收益的房地产，如（　　）等房地产。

A.商店　　　　　B.旅馆　　　　　C.写字楼　　　　　D.公寓

（3）收益法的适用条件是房地产的（　　）都易于量化。

A.收益　　　　　B.风险　　　　　C.价值　　　　　D.金额

（4）有关资本化率求取的说法，正确的是（　　）。

A.市场提取法是通过搜集三宗以上类似房地产的价格、净收益等资料，选用相应的收益法计算公式，求出资本化率

B.累加法又称安全利率加风险调整值法，是在安全利率的基础上，再加上风险调整值作为资本化率的方法

C.投资收益率排序插入法的结果是在图表上找出对应的收益率，从而确定所要求取的资本化率

D.采用投资收益率排序插入法，应将所搜集的不同类型投资的收益率按从高到低的顺序排列

（5）收益年限有限年的计算公式为 $V=\dfrac{a}{r-g}\left[1-\left(\dfrac{1+g}{1+r}\right)^{n}\right]$，此公式的假设前提是（　　）。

A.净收益按一定比率递增

B.资本化率r不等于净收益逐年递增的比率g

C.资本化率r大于净收益逐年递增的比率g

D.收益年限为有限年n

3.计算题

（1）某房地产建成于2011年年底，此后收益年限为48年；2012年年底到2015年年底分别获得净收益98万元、100万元、105万元、107万元；预计2016年年底到2018年年底可分别获得净收益108万元、110万元、109万元。从2016年年底起每年可获得的净收益稳定在110万元。购买该类房地产一般可得到银行80%的抵押贷款，抵押贷款年利率为9%，自有资金要求的收益率为15%。试利用上述资料评估该房地产2015年年底的收益价格。

（2）某宗房地产预计未来每年的毛收入不变为30万元，运营费用第1年为8万元，此后每年会在上一年的基础上增长2%，收益年限可视为无限年，若资本化率为10%，问该房地产的收益价格是多少？

4.思考题

（1）收益法估价的操作步骤是什么？

（2）出租型房地产的净收益如何求取？

（3）土地使用年限与建筑物经济寿命的时间不一致时，如何确定收益年限？

（4）何谓资本化率？其实质是什么？

（5）土地资本化率、建筑物资本化率和综合资本化率三者的含义及相互关系如何？

实践操作训练

△实训题

小王在某产权式酒店购买了一间客房40年的使用权，并取得了《房屋所有权证》和《土地使用权证》，客房由酒店管理公司统一经营，小王欲把这间客房作为抵押物向银行抵押贷款，现委托你进行该客房的房地产价值评估。

请问：

（1）你能否接受该项评估业务？

（2）若你能接受该项评估业务，假设用收益法作为其中一种估价方法，你该搜集哪些资料？

第5章

成本法

通过本章的学习，了解成本法的理论依据；熟悉成本法的概念、适用对象和条件、估价的步骤；熟悉重新购建价格和建筑物折旧的内涵、房屋完损等级的评定标准、房地产征收费用的有关规定、房屋折旧的有关规定；掌握房地产价格的构成、成本法的基本公式、建筑物折旧的求取；能够正确运用成本法进行估价。

引 例

近年来，在我国商品住宅房地产价格不断上涨的过程中，有相关部门要求调查房地产的开发成本，由于房地产开发商的不配合，最后均无果而终。用成本法中房地产价格构成的七大项是可以测算出房地产的价值，但在房地产市场中，价值只是决定房地产价格的关键因素，房地产价格还受其他很多因素的影响。房地产开发成本增加，不一定增加房地产价格；房地产开发成本减少，房地产市场价格不一定减少，甚至还会增加。那么，我们在运用成本法进行房地产价格评估时，如何使积算价值比较符合房地产市场的实际呢？还需要进行哪些修正呢？

成本法概述

5.1.1 成本法的概念及理论依据

成本法又称成本逼近法，测算估价对象在估价时点的重置成本或重建成本和折旧，将重置成本或重建成本减去折扣得到估价对象价值或价格的方法。成本法的本质是以房地产的重新开发建设成本为导向来求取房地产的价值。通常把成本法测算出的价值简称为积算价值。

成本法的理论依据可以分别从卖方和买方的角度考虑。从卖方的角度考虑，成本法的理论依据是生产费用价值论，是基于房地产的"生产费用"，重在过去的投入，即卖方愿意接受的最低价格——卖价不能低于他为开发或建造该房地产已花费的代价；如果低于该代价，就要亏本。

从买方的角度考虑，成本法的理论依据是替代原理，即买方愿意支付的最高价格不能高于他所预计的重新开发建造该房地产所需花费的代价；如果高于该代价，他还不如自己开发建造（或者委托其他人开发建造）。

由此可见，一个是不低于开发建造已花费的代价，一个是不高于预计重新开发建造所需花费的代价，买卖双方可接受的共同点必然是正常的代价（包含正常的费用、税金和利润）。因此，我们就可以根据开发或建造估价对象所需的正常费用、税金和利润之和来估算其价格。

5.1.2 成本法的适用对象和条件

估价对象可假定为独立的开发建设项目进行重新开发建设的，宜选用成本法；当估价对象的同类房地产没有交易或交易很少，且估价对象或其同类房地产没有租金等经济收入时，应选用成本法。

新近开发完成的房地产（简称新开发的房地产）、可以假设重新开发的现有房地产（简称旧的房地产）、正在开发的房地产（即在建工程）、计划开发的房地产（如期房），都可以采用成本法进行估价。对很少发生交易而限制了比较法运用，又没有经济收入或没有潜在经济收入而限制了收益法运用的房地产，如学校、医院、图书馆、体育场馆、公园、行政办公楼、军队营房等以公益、公用为目的的房地产，特别适用成本法估价。化工厂、钢铁厂、发电厂、油田、码头、机场之类有独特设计或只针对特定使用者的特殊需要而开发建设的房地产，以及单独的建筑物或其装饰装修部分，通常也是采用成本法进行估价。

在房地产保险（包括投保和理赔）和房地产损害赔偿中，往往也是采用成本法进行估价。因为在保险事故发生后或其他损害中，房地产的损毁通常是建筑物的局部，需要将其恢复到原状；对发生建筑物全部损毁的，有时也需要采取重建方式来解决。另外，在房地产市场不够活跃或同类房地产交易较少的地区难以采用比较法估价时，通常只好采用成本法进行估价。

成本法一般适用于测算可独立开发建设的整体房地产的价值或价格。当采用成本法测算局部房地产的价值或价格时，例如，测算某幢住宅楼中某套住宅的价值，通常是先测算该整幢住宅楼的平均价值，然后在此基础上进行楼层、朝向、装饰装修等因素调整后才可得到该套住宅的价值。在实际估价中，根据估价对象这类房地产的开发建设方式，还可能需要先测算整个"小区"的平均价值，然后调整到"楼幢"的平均价值，再在此基础上进行楼层、朝向、装饰装修等因素调整后得出该套住宅的价值。采用成本法测算开发区中某宗土地的价值或价格，通常也与此类似。[①]

通常所说的"价格＝成本+平均利润"是在长期内平均来看的，它还需要具备两个条件：一是自由竞争（即可以自由进入市场）；二是该种商品本身可以大量重复生产。因此，运用成本法估价应注意以下几点：①要区分实际成本和客观成本。实际成本也称个别成本，是指某个具体的房地产开发商的实际花费。客观成本也称正常成本，是指假设重新开发建设时大多数房地产开发商的一般花费。估价中采用的应是客观成本，而不是实际成本。②应在客观成本的基础上结合选址、规划设计等的分析进行调整。现实中有一些选址不当或者规划设计不合理等造成的不符合市场需要的房地产，极端的例子是在人流量很小的地方建造的商场。在这种情况下，虽然无论谁建造该商场客观上都要花费那么多成本，但该商场也不会有那么高的价值。③应在客观成本的基础上结合市场供求分析进行调整。当房地产市场供大于求时，应在客观成本的基础上调低评估价值；当供小于求时，应在客观成本的基础上调高评估价值。因此，在运用成本法评估房地产的价值时，还应进行适当的增减价调整。④要注意房地合估路径中把土地当作原材料的土地重置成本与房地分估路径中把土地当作独立的物的土地重置成本是不同的。另外，在选择房地分估路径时，要注

---

① 中华人民共和国住房和城乡建设部，中华人民共和国国家质量监督检验检疫总局. GB/T 50291—2015房地产估价规范 [S]. 北京：中国建筑工业出版社，2015：80.

意土地和建筑物的成本构成划分及相互衔接，防止漏项或重复计算。

【实战演练5-1】

五年前，小王的父母在江边买了一套新住宅，当时的购买价格为6 200元/平方米。两年前，该市市委市政府决定整治江河，打造该市的形象工程，把该江边建成全国一流的江滩。江滩还未建成时，江滩边的住宅均价已经涨到8 000元/平方米。如今江滩建成，江滩边的住宅均价已经涨到10 000元/平方米以上。请用成本法的相关知识解释这一经济现象。

5.1.3　成本法的局限性

运用成本法估价要注意的是，现实中的房地产价格，特别是具体一宗房地产的价格，直接取决于其效用而非花费的成本，成本的增加一定要对效用的增大有所作用才能构成价格。房地产成本的增加并不一定能增加其价格，投入的成本不多也不一定说明其价格不高。故利用成本法估价，其结果不一定能真实地反映房地产的市场价值。

成本法估价比较费时费力，估算重新购建价格和折旧也有相当的难度。尤其是那些较老、较旧的房地产，往往需要估价师针对建筑物进行实地勘察，依靠其主观进行判断。因此，旧房的公开市场价值较难形成，靠市场来确定旧房的折旧也就只能是理论上的希望。因此，成本法主要适用于评估新的或者比较新的房地产的价值，不适用于评估过于老旧的房地产的价值。

5.1.4　成本法估价的操作步骤

根据《房地产估价规范》（GB/T 50291—2015）第4.4.1条的规定，运用成本法进行房地产估价时，应按下列步骤进行：

①选择具体估价路径[①]；

②测算重置成本或重建成本；

③测算折旧；

④计算成本价值。

房地产价格构成

运用成本法估价，房地产重置成本或重建成本构成，实际上就是房地产价格构成[②]。下面以"取得房地产开发用地进行商品房建设，然后销售所建成的商品房"这种典型的房地产开发经营方式为例，从便于测算房地产价格各构成项目金额的角度划分房地产价格构成。房地产价格构成包括土地取得成本、建设成本、管理费用、销售费用、投资利息、销售税费和开发利润七大项，即：

---

① 《房地产估价规范》（GB/T 50291—2015）第4.4.2条规定："成本法估价时，对包含土地和建筑物的估价对象，应选择具体估价路径，并应符合下列规定：1.应根据估价对象状况和土地市场状况，选择房地合估路径或房地分估路径，并应优先选择房地合估路径；2.当选择房地合估路径时，应把土地当作原材料，模拟房地产开发建设过程，测算房地产重置成本或重建成本；3.当选择房地分估路径时，应把土地和建筑物当作各自独立的物，分别测算土地重置成本、建筑物重置成本或重建成本。"要注意房地合估路径中把土地当作原材料的土地重置成本与房地分估路径中把土地当作独立的物的土地重置成本是不同的。另外，在选择房地分估路径时，要注意土地和建筑物的成本构成划分及相互衔接，防止漏项或重复计算。
② 运用成本法估价的一项基础工作，是要弄清估价对象的价格构成。在现实中，特别是目前在土地供应、房地产开发经营和相关税费等制度、政策、规则尚不完善、不明晰、不统一、时常发生变化的情况下，房地产价格构成很复杂，不同时期、不同地区、不同用途或不同类型的房地产，其价格构成可能不同。房地产价格构成还可能因不同的单位和个人对构成项目划分的不同而有所不同。但在实际运用成本法估价时，不论估价对象的价格构成多么复杂，首先最为关键的是要模拟估价对象所在地的房地产开发经营过程，深入调查从取得土地到房屋竣工验收乃至完成租售的全过程中所需要做的各项工作——一般要经过获取土地、前期工作、施工建设、竣工验收、商品房租售等阶段，在该全过程中发生的各项成本、费用、税金等必要支出及其支付或缴纳的标准、时间和依据，以及正常的开发利润，进而整理出这些成本、费用、税金和利润等的清单，做到既不遗漏，也不重复。然后在此基础上结合估价对象的实际情况，确定估价对象的价格构成，进而测算出各个构成项目的金额。

$$房地产价格 = \frac{土地取}{得成本} + \frac{建设}{成本} + \frac{管理}{费用} + \frac{销售}{费用} + \frac{投资}{利息} + \frac{销售}{税费} + \frac{开发}{利润}$$

其中，土地取得成本和建设成本之和称为直接成本，即：

直接成本=土地取得成本+建设成本

土地取得成本、建设成本、管理费用、销售费用、投资利息和销售税费之和，称为开发成本，即：

开发成本=土地取得成本+建设成本+管理费用+销售费用+投资利息+销售税费

1）土地取得成本

土地取得成本简称土地成本或土地费用，是指购置土地的必要支出，或开发土地的必要支出及应得利润。

土地取得成本的具体构成因取得土地的途径不同而有所差异。目前取得土地的途径主要有市场购买、征收集体土地、征收国有土地上的房屋。在实际估价中，应根据估价对象中的土地在估价时点取得的主要途径，选取上述三个途径之一来求取。

（1）市场购买的土地取得成本

在有活跃的土地交易市场下，土地取得成本一般是由购置土地的价款、应由买方缴纳的税费和可直接归属于该土地的其他支出构成。目前主要有购买政府招标、拍卖、挂牌出让或者其他房地产开发企业转让的已完成土地房屋征收补偿的建设用地使用权。这些情况下，土地取得成本一般包括：

①建设用地使用权价格（简称地价款）。主要采用比较法求取，也可以采用基准地价修正法求取。

②土地取得税费。包括契税、印花税、交易手续费等，通常根据税法及中央和地方政府的有关规定，按照建设用地使用权价格的一定比例测算。

（2）征收集体土地的土地取得成本

征收集体土地的土地取得成本一般包括土地征收补偿费用、相关税费、地上物拆除费、渣土清运费、场地平整费以及城市基础设施建设费、建设用地使用权出让金等。

集体土地征收费用构成如下：

①土地补偿费；征收土地的，按照被征收土地的原用途给予补偿。征收耕地的土地补偿费，为该耕地被征收前三年平均年产值的六至十倍。征收其他土地的土地补偿费标准，由省、自治区、直辖市参照征收耕地的土地补偿费和安置补助费的标准规定。

②安置补助费（包括劳动力安置补助费、超转人员生活补助费等）；征收耕地的安置补助费，按照需要安置的农业人口数计算。需要安置的农业人口数，按照被征收的耕地数量除以征地前被征收单位平均每人占有耕地的数量计算。每一个需要安置的农业人口的安置补助费标准，为该耕地被征收前三年平均年产值的四至六倍。但是，每公顷被征收耕地的安置补助费，最高不得超过被征收前三年平均年产值的十五倍。征收其他土地的安置补助费标准，由省、自治区、直辖市参照征收耕地的安置补助费的标准规定。

依照规定支付土地补偿费和安置补助费，尚不能使需要安置的农民保持原有生活水平的，经省、自治区、直辖市人民政府批准，可以增加安置补助费。但是，土地补偿费和安置补助费的总和不得超过土地被征收前三年平均年产值的三十倍。

③青苗和地上附着物补偿费（包括农田基础设施、树木、迁坟等）；被征收土地上的

141

附着物和青苗的补偿标准，由省、自治区、直辖市规定。

④安排被征收土地农民社会保障费用；

⑤房屋拆迁安置补偿费（指农村房屋拆迁安置补偿费，其构成参见城市房屋拆迁安置补偿费）；

⑥耕地占用税；依2008年1月1日起施行的《中华人民共和国耕地占用税暂行条例》，占用耕地建房或者从事非农业建设的单位或者个人，为耕地占用税的纳税人，应当依照规定缴纳耕地占用税。耕地占用税以纳税人实际占用的耕地面积为计税依据，按照规定的适用税额一次性征收。占用林地、牧草地、农田水利用地、养殖水面以及渔业水域滩涂等其他农用地建房或者从事非农业建设的，比照本条例的规定征收耕地占用税。

⑦耕地开垦费；国家实行占用耕地补偿制度。非农业建设经批准占用耕地的，按照"占多少，垦多少"的原则，由占用耕地的单位负责开垦与所占用耕地的数量和质量相当的耕地；没有条件开垦或者开垦的耕地不符合要求的，应当按照省、自治区、直辖市的规定缴纳耕地开垦费，专款用于开垦新的耕地。

⑧新菜地开发建设基金（征用城市郊区的菜地）；征收城市郊区的菜地，用地单位应当按照国家有关规定缴纳新菜地开发建设基金。

⑨征地管理费（是由用地单位在征地费总额的基础上按一定比例支付的管理费用，其收取标准根据征地包干方式的不同，为征地费总额的1.5%～3%）；

⑩政府规定的其他有关税费。

（3）征收国有土地上的房屋的土地取得成本

征收国有土地上的房屋的土地取得成本包括房屋征收补偿费用、相关费用、地上物拆除费、渣土清运费、场地平整费以及城市基础设施建设费、建设用地使用权出让金等。

房屋征收补偿费用一般由下列几项费用组成：

①被征收房屋补偿费。这是对被征收房屋价值的补偿。被征收房屋价值包括被征收房屋及其占用范围内的土地使用权和其他不动产的价值，由房地产估价机构评估确定。

②搬迁费。针对需要搬迁的家具、电器（如分体式空调、热水器）、机器设备等动产的拆卸、搬运和重新安装费用给予补助。对征收后不可重新利用的动产，根据其残余价值给予相应补偿。

③临时安置费。根据被征收房屋的区位、用途、建筑面积等因素，按照类似房地产的市场租金结合过渡期限确定。

④停产停业损失补偿费。因征收房屋造成停产停业的，根据房屋被征收前的效益、停产停业期限等因素确定。

⑤补助和奖励。

相关费用一般包括下列费用：

①房屋征收评估费。该项费用是承担房屋征收估价的房地产估价机构向房屋征收部门收取的费用。

②房屋征收服务费。该项费用是房屋征收实施单位承担房屋征收与补偿的具体工作向房屋征收部门收取的费用。

③政府规定的其他有关费用。这些费用一般是依照规定的标准或者采用比较法求取。

2）建设成本

建设成本是指在取得房地产开发用地后进行土地开发和房屋建设所需的直接费用、税金等。在理论上可以将其划分为土地开发成本和建筑物建造成本。在实际中主要包括以下几项：

①前期费用，如市场调研、可行性研究、项目策划、工程勘察、环境影响评价、交通影响评价、规划及建筑设计、建设工程招标和临时用房等房地产开发项目前期工作的必要支出。

②基础设施建设费，包括"三通一平""七通一平"等建设费用，如道路、给水、排水、电力、通信、燃气、热力等设施的建设费用。如果取得的房地产开发用地是熟地，则基础设施建设费已部分或全部包含在土地取得成本中。

③建筑安装工程费，包括建造商品房及附属工程所发生的土建工程费用、安装工程费用和装修装饰工程费用等。附属工程指房屋周围的围墙、水池、建筑小品、绿化等。注意避免与基础设施建设费和公共配套设施建设费重复。

④公共配套设施建设费，包括城市规划要求配套的教育（如幼儿园）、医疗卫生（如医院）、文化体育（如文化活动中心）、社区服务（如居委会）、市政公用（如公共厕所）等非营业性设施的建设费用。

⑤其他工程费，包括工程监理费、竣工验收费等。

⑥开发建设过程中的税费，如绿化建设费、人防工程费等。

3）管理费用

管理费用是指房地产开发企业为管理和组织房地产开发经营活动的必要支出，包括房地产开发企业的人员工资及福利费、办公费、差旅费等，可总结为土地取得成本与开发成本之和的一定比率，如4%。因此，管理费用通常可按土地取得成本与开发成本之和乘以这一比率来测算。

4）销售费用

销售费用也称为销售成本，是指预售未来开发完成的房地产或者销售已经开发完成的房地产的必要支出，包括广告费、销售资料制作费、样板房或样板间建设费、售楼处建设费、销售人员费用或者销售代理费等。为了便于投资利息的测算，销售费用应当区分为在销售之前发生的费用和与销售同时发生的费用。广告费、销售资料制作费、样板房或样板间建设费、售楼处建设费一般是在销售之前发生的，销售代理费一般是与销售同时发生的。销售费用通常按照开发完成后的房地产价值的一定比例来测算，比如为开发完成后的房地产价值的3%。

5）投资利息

投资利息与财务费用不完全相同，是指在房地产开发完成或者实现销售之前发生的所有必要费用应计算的利息，而不仅是借款的利息和手续费。因此土地取得成本、建设成本、管理费用和销售费用，无论它们的来源是借贷资金还是自有资金，都应计算利息。因为借贷资金要支付贷款利息，自有资金要放弃可得的存款利息，即基于资金的机会成本考虑。另外，从估价的角度来看，为了使评估价值合理，需要把房地产开发企业的自有资金应得的利息与其应获得的利润分开，不能算作利润，评估价值不应受不同房地产开发企业的自有资金比例、融资渠道、融资成本等的影响。

计算投资利息需要把握以下方面：

①应计息项目：计息项目包括土地取得成本、建设成本、管理费用和销售费用。但销售税费和开发利润不应作为投资利息的计算基数。

②计息期：也称为计息周期数。为确定每个项目的计息期，首先要估算整个房地产开发项目的建设期。建设期也称为开发期，在成本法中，其起点一般是取得房地产开发用地的日期，终点是达到全新状况的估价对象的日期，并因为一般是假设在价值时点达到全新状况的估价对象，所以建设期的终点一般是价值时点。建设期的估算可采用类似于比较法的方法，即通过类似房地产已发生的建设期的比较、修正或调整来求取。土地取得成本、建设成本、管理费用和销售费用等的金额，均应按照它们在价值时点的正常水平估算，而不应是按照它们在过去发生时的实际或者正常水平来估算。

③计息方式：计息方式有单利和复利两种。

④利率：利率是用百分比表示的单位时间内增加的利息与原金额之比。利率有单利利率和复利利率、存款利率和贷款利率、名义利率和实际利率等。投资利息计算中一般采用价值时点的房地产开发贷款的平均利率。

6）销售税费

销售税费是指销售已经开发完成的房地产或者预售未来开发完成的房地产应由卖方（在此为房地产开发商）缴纳的税费。其又可分为以下两类：

①销售税费及附加，包括增值税、城市维护建设税和教育费附加等。

②其他销售税费，包括应当由卖方负担的印花税、交易手续费、产权转移登记费等。

值得指出的是，这里的销售税费不包括应由买方缴纳的契税等税费以及应由卖方缴纳的土地增值税、企业所得税，因为评估价值是建立在买卖双方各自缴纳自己应缴纳的交易税费下的价值。

7）开发利润

开发利润是指房地产开发企业的利润，而不是建筑承包商的利润。建筑承包商的利润已包含在建筑安装工程费等费用中。现实中的开发利润是一种结果，是销售收入（售价）减去各项成本、费用、税金后的余额。而在成本法中，"售价"是未知的，是需要求取的，开发利润则是典型的房地产开发商进行特定的房地产开发所期望获得的利润（平均利润），是需要事先估算的。因此，运用成本法估价需要先估算出开发利润。在估价中，估算开发利润应掌握以下几点：

①为了与销售税费中不包括土地增值税、企业所得税的口径一致，并得到相对客观合理的开发利润，所以开发利润是未扣除土地增值税、企业所得税的，简称税前利润，其公式为：

$$开发利润 = 开发完成后的房地产价值 - 土地取得成本 - 建设成本 - 管理费用 - 销售费用 - 投资利息 - 销售税费$$

②开发利润是该类房地产开发项目在正常条件下房地产开发商所能获得的平均利润，而不是个别房地产开发商最终获得的实际利润，也不是个别房地产开发商期望获得的利润。

③开发利润通常按照一定基数乘以相应的利润率来估算。开发利润的计算基数和相应的利润率主要有下列几种：

第一种：计算基数=土地取得成本+建设成本

相应的利润率称为直接成本利润率，其公式为：

$$直接成本利润率=\frac{开发利润}{土地取得成本+建设成本}$$

第二种：计算基数=土地取得成本+建设成本+管理费用+销售费用

相应的利润率称为投资利润率，其公式为：

$$投资利润率=\frac{开发利润}{土地取得成本+建设成本+管理费用+销售费用}$$

第三种：计算基数=土地取得成本+建设成本+管理费用+销售费用+投资利息

相应的利润率称为成本利润率，其公式为：

$$成本利润率=\frac{开发利润}{土地取得成本+建设成本+管理费用+销售费用+投资利息}$$

第四种：计算基数=土地取得成本+建设成本+管理费用+销售费用+投资利息+开发利润+开发完成后的房地产价值（售价）

相应的利润率称为销售利润率，其公式为：

$$销售利润率=\frac{开发利润}{开发完成后的房地产价值}$$

在采用销售利润估算开发利润的情况下，因为

开发利润=房地产价值×销售利润率

=（土地取得成本+建设成本+管理费用+销售费用+投资利息+销售税费+开发利润）×销售利润率

$$开发利润=\frac{（土地取得成本+建设成本+管理费用+销售费用+投资利息+销售税费）×销售利润率}{1-销售利润率}$$

由于有不同的利润率，因此在估算开发利润时要弄清利润的内涵，注意利润率与计算基数相互匹配。各种利润率的分子都是相同的，仅分母不同。

④利润率是通过大量调查同一市场上相似的房地产开发项目的利润率得到的。

将上述房地产价格的各个组成部分相加，得到的一般是房地产总价。求取房地产单价还需要将该总价除以房地产开发项目中可租售的商品房总面积（建筑面积或套内建筑面积等），而不是除以房地产开发项目所有建筑物总面积。

另外，在采用销售利润率估算开发利润的情况下求取房地产价值时，因为

房地产价值=土地取得成本+建设成本+管理费用+销售费用+投资利息+销售税费+开发利润

销售税费=房地产价值×销售税费率

开发利润=房地产价值×销售利润率

所以

房地产价值=土地取得成本+建设成本+管理费用+销售费用+投资利息+房地产价值×（销售税费率+销售利润率）

$$房地产价值=\frac{土地取得成本+建设成本+管理费用+销售费用+投资利息}{1-（销售税费率+销售利润率）}$$

5.3 成本法的基本公式

5.3.1 成本法最基本的公式

把房地产作为一个整体采用成本法估价的基本公式为：

房地产价值=房地产重新购建价格-房地产折旧

例如，求取某旧房的价值，通过比较法得到同类新房的价值（即房地产重新购建价格），然后减去旧房的建筑物陈旧、土地使用期限缩短等造成的价值减损（即房地产折旧）。但如前所述，这种成本法本质上是比较法。

把房地产分解为土地和建筑物两个组成部分采用成本法估价的基本公式为：

房地产价值=土地重新购建价格+建筑物重新购建价格−建筑物折旧

把土地当作原材料模拟房地产开发建设过程采用成本法估价的基本公式为：

房地产价值=土地取得成本+建设成本+管理费用+销售费用+投资利息+销售税费+开发利润−建筑物折旧

上述公式可根据估价对象为新开发建设的房地产和旧的房地产而具体化。

5.3.2　适用于新开发土地的成本法公式

新开发土地包括填海造地，开山造地，征收集体土地后进行"三通一平""五通一平"或"七通一平"的土地，征收国有土地房屋并进行基础设施改造和场地平整后的土地等情形。在这些情况下，成本法公式为：

新开发的土地价格=待开发土地取得成本+土地开发成本+管理费用+销售费用+投资利息+销售税费+开发利润

上述适用于新开发土地的基本公式，在具体情况下还会有具体形式，其中成片开发完成后的某宗熟地，如新开发区中某宗土地的估价公式为：

新开发区某宗土地的单价=（开发区土地取得总成本+土地开发总成本+总管理费用+总销售费用+总投资利息+总销售税费+总开发利润）÷（开发区用地总面积×开发完成后可转让土地面积比率）×区位、用途、容积率等因素调整系数

开发完成后可转让土地面积的比率=开发完成后可转让土地总面积/开发区用地总面积×100%

实际测算中通常分为以下三个步骤：

①测算开发区全部土地的平均价格；②测算开发区可转让土地的平均价格。这是将第一步测算出的平均价格除以可转让土地面积的比率；③测算开发区某宗土地的价格。这是将第二步测算出的平均价格，根据宗地的区位、用途、使用期限、容积率等作适当的增减价调整。

对新开发区土地的分宗土地估价，成本法是一种有效的方法。因为新开发区在初期，土地市场和房地产市场一般还未形成，土地收益也还没有。

【例5-1①】某成片荒地的面积为2 000 000平方米，取得该荒地的代价为1.2亿元，将其开发成"五通一平"熟地的开发成本和管理费用为2.5亿元，开发期为3年，贷款年利率为8%，销售费用、销售税费和开发利润分别为可转让熟地价格的2%、5.5%和10%，开发完成后可转让土地面积的比率为60%。请求取该荒地开发完成后可转让熟地的平均单价（假设建设成本和管理费用在开发期内均匀投入，开发完成时即开始销售，销售费用在开发完成时投入）。

求取该荒地开发完成后可转让熟地的平均单价的过程如下：

开发完成后可转让熟地的总价=取得该荒地的总代价+土地开发总成本+总管理费用+总销售费用+总投资利息+总销售税费+总开发利润

---

① 柴强. 房地产估价理论与方法 [M]. 北京：中国建筑工业出版社，2015.

$$\text{该荒地开发完成后可转让熟地的平均单价} = \cfrac{\dfrac{\text{取得该荒地}}{\text{的总代价}} + \dfrac{\text{土地开发}}{\text{总成本}} + \dfrac{\text{总管理}}{\text{费用}} + \dfrac{\text{总投资}}{\text{利息}}}{\left(1 - \dfrac{\text{销售费用、销售税费}}{\text{和开发利润的比率}}\right) \times \dfrac{\text{可转让熟地}}{\text{总面积}}}$$

$$= \cfrac{\dfrac{\text{取得该荒地}}{\text{的总代价}} + \dfrac{\text{土地开发}}{\text{总成本}} + \dfrac{\text{总管理}}{\text{费用}} + \dfrac{\text{总投资}}{\text{利息}}}{\left(1 - \dfrac{\text{销售费用、销售税费}}{\text{和开发利润的比率}}\right) \times \dfrac{\text{该荒地}}{\text{总面积}} \times \dfrac{\text{可转让土地}}{\text{面积的比率}}}$$

$$= \frac{120\,000\,000 \times (1+8\%)^3 + 250\,000\,000 \times (1+8\%)^{1.5}}{[1-(2\%+5.5\%+10\%)] \times 2\,000\,000 \times 60\%}$$

$$=436 \,(\text{元/平方米})$$

5.3.3 适用于新开发房地的成本法公式

在新开发的房地（如新建商品房）情况下，成本法的基本公式为：

$$\text{新开发的房地价格} = \dfrac{\text{土地取}}{\text{得成本}} + \dfrac{\text{土地开}}{\text{发成本}} + \dfrac{\text{建筑物}}{\text{建设成本}} + \dfrac{\text{管理}}{\text{费用}} + \dfrac{\text{销售}}{\text{费用}} + \dfrac{\text{投资}}{\text{利息}} + \dfrac{\text{销售}}{\text{税费}} + \dfrac{\text{开发}}{\text{利润}}$$

具体根据本章第二节的房地产价格构成，先分别求取各个构成部分，然后将它们相加。其中，如果土地是生地和毛地，上述公式中有土地开发成本；如果取得土地是熟地，则无土地开发成本。

在新建建筑物的情况下，上述公式中不含土地取得成本、土地开发成本及应归属于土地的管理费用、销售费用、投资利息、销售税费和开发利润，即：

$$\text{新建建筑物价格} = \dfrac{\text{建筑物}}{\text{建设成本}} + \dfrac{\text{管理}}{\text{费用}} + \dfrac{\text{销售}}{\text{费用}} + \dfrac{\text{投资}}{\text{利息}} + \dfrac{\text{销售}}{\text{税费}} + \dfrac{\text{开发}}{\text{利润}}$$

在实际估价中，应根据估价对象和当地的实际情况，对上述公式进行具体化。新开发建设的房地产虽然不存在一般意义上的折旧，但应根据其选址是否适当、规划设计是否合理、工程质量优劣以及该类房地产的市场供求状况等，考虑其可能的减值或增值因素，予以适当的减价或增价调整。

5.3.4 适用于旧的房地产的成本法公式

旧的房地产可分为旧的房地和旧的建筑物两种情况。

1）适用于旧的房地的成本法公式

①房地合估路径下的旧的房地的成本法公式：

旧的房地价值=房地重新购建价格−建筑物折旧

②房地分估路径下的旧的房地的成本法公式：

旧的房地价值=土地重新购建价格+建筑物重新购建价格−建筑物的折旧

2）适用于旧有建筑物的成本法公式为：

旧有建筑物价格=建筑物的重新购建价格−建筑物的折旧

旧有房地产运用成本法估价是一种典型情况。

5.4 重新购建价格的测算

5.4.1 重新购建价格的概念

重新购建价格是假设在价值时点重新取得或重新开发、重新建造全新状况的估价对象所需的一切合理、必要的费用、税金和应得利润之和。需要注意的是：

①重新购建价格是在价值时点的重新购建价格，即按照价值时点的房地产价格构成来

测算的价格。但价值时点并非总是现在，也可以是过去或未来。

②重新购建价格是客观的重新购建价格。重新购建价格不是个别企业或个人的实际耗费，而是社会一般的公平耗费，是客观成本[①]，不是实际成本[②]。

③建筑物的重新购建价格是全新状况下的建筑物的重新购建价格，未扣除折旧；土地的重新购建价格（重新取得价格或重新开发成本）是在价值时点状况下的土地的重新购建价格。

按照建筑物重新购建方式的不同，建筑物的重新购建价格分为重置价格和重建价格。重置价格也称重置成本，重建价格也称重建成本。

土地重置成本是指在价值时点重新购置土地的必要支出，或重新开发土地的必要支出及应得利润。

建筑物重置成本是指采用价值时点的建筑材料、建筑构配件和设备及建筑技术、工艺等，在价值时点的国家财税制度和市场价格体系下，重新建造与估价对象中的建筑物具有相同效用的全新建筑物的必要支出及应得利润。

建筑物重建成本是指采用与估价对象中的建筑物相同的建筑材料、建筑构配件和设备及建筑技术、工艺等，在价值时点的国家财税制度和市场价格体系下，重新建造与估价对象中的建筑物完全相同的全新建筑物的必要支出及应得利润。

《房地产估价规范》（GB/T 50291—2015）第4.4.3条规定："测算房地产重置成本或重建成本，应符合下列规定：①重置成本和重建成本应为在价值时点重新开发建设全新状况的房地产的必要支出及应得利润；②房地产的必要支出及应得利润应包括土地成本、建设成本、管理费用、销售费用、投资利息、销售税费和开发利润。"

《房地产估价规范》（GB/T 50291—2015）第4.4.6条规定：各项必要支出及应得利润的测算，应符合下列规定：①各项必要支出及应得利润应为正常客观的支出和利润；②销售税费和开发利润不应作为投资利息的计算基数；③作为投资利息计算基数的各项必要支出的计息期，应分别自其发生时起至建设期结束时止；④开发利润应在明确其计算基数和相应开发利润率的基础上，为其计算基数乘以开发建设类似房地产的相应开发利润率。

5.4.2 重新购建价格的求取

1）房地重新购建价格的求取

房地重新购建价格的求取有以下两条路径：

①房地合估路径，不将该房地分解为土地和建筑物两个组成部分，而是模拟现实中的房地产开发经营过程，在房地产价格构成的基础上，采用成本法求取。

②房地估分路径，将该房地分解为土地和建筑物两个组成部分，先求取土地重新购建价格，再求取建筑物重新购建价格，然后将两者相加。

2）土地重新购建价格的求取

土地重新购建价格的求取，通常是假设该土地上没有建筑物，其余状况均维持不变，直接测算其在价值时点状况下的重新购建价格。评估土地的重新购建价格，要特别注意估价对象在价值时点的状况，以便准确确定其价格构成。当不便采用成本法时，可以酌情选

[①] 客观成本是指购置估价对象的必要支出，或开发建设估价对象的必要支出及应得利润，或实际成本经剔除特殊的、偶然的因素后的成本。

[②] 实际成本是指购置估价对象的实际支出，或开发建设估价对象的实际支出及所得利润。

用比较法、基准地价系数修正法等方法。

以成本法求取土地重新购建价格时，还应当注意土地的剩余使用年限，并进行年限修正。例如，以有偿出让方式取得的土地使用权，在以成本法得出重新购建价格后，还应当扣除至价值时点已使用年限的价格，从而得出剩余年限的土地使用权价格。

《房地产估价规范》（GB/T 50291—2015）第4.4.4条规定："测算土地成本和土地重置成本，可采用比较法、成本法、基准地价系数修正法等方法，并应符合下列规定：①土地成本和土地重置成本应为在价值时点重新购置土地的必要支出，或重新开发土地的必要支出及应得利润；②重新购置土地的必要支出应包括土地购置价款和相关税费，重新开发土地的必要支出及应得利润应包括待开发土地成本、土地开发成本、管理费用、销售费用、投资利息、销售税费和开发利润；③除估价对象状况相对于价值时点应为历史状况或未来状况外，土地状况应为土地在价值时点的状况，土地使用期限应为自价值时点起计算的土地使用权剩余期限。"

3）建筑物重新购建价格的求取

建筑物重新购建价格的求取，通常是假设该建筑物占用的土地已经取得，并且该土地为没有该建筑物的空地，但除没有该建筑物外，其他状况均维持不变，然后在该土地上建造与该建筑物相同的或具有同等效用的全新建筑物的必要支出及应得利润。也可假设建筑承包商根据发包人的要求完成新的建筑工程后，发包人支付的全部费用。如果建筑物是自己建造的，也应假设全部费用与支付承包商的费用相同。

若从投资的角度出发，建筑物的重新购建价格还应在上述费用的基础上加上合理的投资利润；若从市场的角度出发，还应加上正常的销售税费。

《房地产估价规范》（GB/T 50291—2015）第4.4.5条规定："测算建筑物重置成本或重建成本，可采用单位比较法、指数调整法、分部分项法、工料测量法等方法，或利用政府或其有关部门公布的房屋重置价格扣除其中包含的土地价值且进行适当调整，并应符合下列规定：①对一般的建筑物，或因年代久远、已缺少与旧建筑物相同的建筑材料、建筑构配件和设备，或因建筑技术、工艺改变等使得旧建筑物复原建造有困难的建筑物，宜测算重置成本；②对具有历史、艺术、科学价值或代表性的建筑物，宜测算重建成本；③建筑物重置成本和重建成本应为在价值时点重新建造全新建筑物的必要支出及应得利润；④建筑物的必要支出及应得利润应包括建筑物建设成本、管理费用、销售费用、投资利息、销售税费和开发利润；⑤利用政府或其有关部门公布的房屋重置价格扣除其中包含的土地价值且进行适当调整测算建筑物重置成本或重建成本的，应了解该房屋重置价格的内涵。"

（1）单位比较法

单位比较法是以建筑物为整体，选取与建筑物价格或成本密切相关的某种单位为比较单位，通过调查了解类似建筑物的这种单位价格或成本，并对其作适当的调整修正来估算建筑物重新购建价格的方法，又可分为单位面积法和单位体积法。另外，停车场的比较单位通常为每个车位，旅馆的比较单位通常为每个房间或床位。

①单位面积法。此法是根据近期建成的类似建筑物的单位面积成本（造价）来估算重新购建价格的方法，即用近期建成的类似建筑物的单位面积成本乘以估价对象建筑物的总面积。这是一种最常用的、简便迅速的方法，但比较粗略。

【例5-2】某建筑物的建筑面积为5 000平方米，该类用途和建筑结构的建筑物的单位建筑面积造价为1 300元/平方米，试估算该建筑物的重新购建价格。

该建筑物的重新购建价格=5 000×1 300÷10 000=650（万元）

②单位体积法。与单位面积法相似，此法是根据近期建成的类似建筑物的单位体积成本来估算重新购建价格的方法，即用近期建成的类似建筑物的单位体积成本乘以估价对象建筑物的总体积。这种方法适用于成本与体积关系较大的建筑物，如储油罐、地下油库等。

【例5-3】某建筑物的体积为1 000立方米，该类用途和建筑结构的建筑物的单位体积造价为800元/立方米。试估算该建筑物的重新购建价格。

该建筑物的重新购建价格=1 000×800÷10 000=80（万元）

（2）指数调整法

指数调整法是运用建筑成本（造价）指数或变动率将估价对象建筑物的原始成本调整到价值时点上的现行成本的方法，其主要用于检验其他方法的估算结果。

5.5　建筑物的折旧

5.5.1　建筑物折旧概述

估价和会计都使用"折旧"这个词，并且意义上有某种相似之处，但因两者的内涵不同而有本质区别。估价里面的折旧注重的是估价对象市场价值的真实减损，科学地说不是"折旧"，而是"减价调整"；会计里面的折旧注重的是资产原始价值的分摊、补偿或回收。有时出现这种情况：某些房地产尽管在会计账目上折旧早已提足或快要提足，但估价结果却显示其仍然有较大的现时价值，如保存完好的旧建筑物；而某些房地产尽管在会计账目上折旧尚未提足甚至远未提足，但估价结果却显示其现时价值已所剩无几，如存在严重工程质量问题的新建房屋。

建筑物折旧是指各种原因造成的建筑物价值减损，其金额为建筑物在价值时点的重置成本或重建成本与在价值时点的市场价值之差，包括物质折旧、功能折旧和外部折旧。建筑物折旧的计算公式为：

建筑物折旧=建筑物重新购建价格-建筑物市场价值

建筑物的价值减损是由物质折旧、功能折旧和外部折旧共同造成的。因此，在实际估价中，考虑建筑物折旧时，必须同时考虑以下内容：

1）物质折旧

物质折旧也称物质磨损、有形损耗，是指因自然力作用或使用导致建筑物老化、磨损或损坏造成的建筑物价值减损。物质折旧有的是可以修复的，有的是不能修复的。根据引起物质折旧的原因，物质折旧可分为以下几种：

（1）自然经过的老化：自然经过的老化又称自然老化折旧，主要是随着时间的流逝由自然力作用引起的，如风吹、日晒、雨淋等引起的建筑物腐朽、生锈、风化、基础沉降等。这种折旧与建筑物的实际年龄（建筑物自竣工日期起至价值时点止的年数）呈正相关，并且要看建筑物所在地的气候和环境条件，如酸雨多的地区，建筑物的老化就快。

（2）正常使用的磨损：正常使用的磨损又称使用磨损折旧，主要是由于正常使用而引起的，与建筑物的使用性质、使用强度和使用时间呈正相关。例如，居住用途的建筑物的磨损要小于工业用途的建筑物的磨损。工业用途的建筑物又可分为受腐蚀的建筑物和不受腐蚀的建筑物，受腐蚀的工业用途的建筑物磨损，因受到使用过程中产生的有腐蚀作用的废气、废液等的不良影响，要大于不受腐蚀的工业用途的建筑物磨损。

（3）意外破坏的损毁：意外破坏的损毁又称意外损毁折旧，主要是由于突发性的天灾人祸而引起的，包括自然方面的，如地震、水灾、风灾、雷击等；人为方面的，如失火、碰撞等。即使对这些损毁进行了修复，但可能仍然有"内伤"。

（4）延迟维修的损坏残存：延迟维修的损坏残存又称延迟维修折旧，主要是由于没有适时地采取预防、养护措施或者修理不及时引起的，它造成了建筑物不应有的损坏或提前损坏，或者已有的损坏仍然存在，如门窗有破损，墙面、地面有裂缝等。

2）功能折旧

功能折旧又称精神磨损、无形损耗，是指因建筑物功能不足或过剩造成的建筑物价值减损，包括功能不足折旧和功能过剩折旧。功能不足折旧是指因建筑物中某些部件、设施设备、功能等缺乏或低于市场要求的标准造成的建筑物价值减损。功能过剩折旧是指因建筑物中某些部件、设施设备、功能等超过市场要求的标准而对房地产价值的贡献小于其成本造成的建筑物价值减损。

（1）功能缺乏折旧：功能缺乏折旧是指建筑物因没有一般应有的某些部件、设备、设施或系统等造成的建筑物价值减损。例如，住宅没有卫生间、暖气（北方地区）、燃气、电话线路、有线电视等；办公楼没有电梯、中央空调、宽带等。

（2）功能落后折旧：功能落后折旧是指建筑物因其现有的某些部件、设备、设施或系统等的标准低于市场要求的标准或者有缺陷，从而阻碍了其他部件、设备、设施或系统等的正常运行或有效发挥造成的建筑物价值减损。例如，设备、设施陈旧落后或容量不够，建筑式样过时，空间布局欠佳等。再如，高档办公楼一般要求有较好的智能化系统，如果某个所谓高档办公楼的智能化程度不够，则其功能就相对落后了。

（3）功能过剩折旧：功能过剩折旧是指建筑物因其现有的某些部件、设备、设施或系统等的标准超过市场要求的标准而对房地产价值的贡献小于其成本造成的建筑物价值减损。例如，某幢厂房的层高为6米，但如果当地该类厂房的标准层高为5米，则该厂房超高的1米因不能被市场接受而使其多花的成本成为无效成本。

3）外部折旧

外部折旧又称经济折旧，是指因建筑物以外的各种不利因素造成的建筑物价值减损。

不利因素可能是区位因素（如原有的较好景观被破坏、自然环境恶化、环境污染、交通拥挤、城市规划改变等）、经济因素（如市场供给过量或需求不足），也可能是其他因素（如政府政策变化、采取市场调控措施等）。外部折旧可进一步分为永久性折旧和暂时性折旧。例如，一个高级居住区的附近兴建了一座工厂，使得该居住区的房地产价值下降，这就是一种外部折旧，且这种外部折旧一般是永久性的。再如，在经济不景气时期房地产价值下降，这也是一种外部折旧，但这种外部折旧是暂时性的，经济复苏后就会消失。

【例5-4】某套旧住宅，测算其重新购建价格为40万元，地面、门窗等破旧引起的物质折旧为1万元，因房型设计不好、没有独立卫生间和共用电视天线等导致的功能折旧为6万元，因位于城市衰落地区导致的外部折旧为3万元。请求取该套旧住宅的折旧总额和现值。

该套旧住宅的折旧总额=物质折旧+功能折旧+外部折旧=1+6+3=10（万元）

该套旧住宅的现值=重新购建价格-折旧额=40-10=30（万元）

5.5.2 建筑物折旧的求取方法

求取建筑物折旧的方法主要有年龄—寿命法、市场提取法和分解法[①]。

1）年龄-寿命法

年龄-寿命法又称年限法，是根据建筑物的有效年龄和预期经济寿命或预期剩余经济寿命来测算建筑物折旧的方法。

建筑物的年龄分为实际年龄和有效年龄。建筑物的实际年龄是指建筑物自竣工时起至价值时点止的年数。建筑物的有效年龄是指根据价值时点的建筑物实际状况判断的建筑物年龄。有效年龄一般是根据建筑物的施工、使用、维护和更新改造等状况，在实际年龄的基础上进行适当的加减调整得出的。建筑物有效年龄可能大于或小于建筑物实际年龄。当建筑物的维修保养属于正常时，有效经过年数与实际经过年数相当；当建筑物的维修保养比正常维修保养好或经过更新改造时，有效经过年数短于实际经过年数，剩余经济寿命相应较长；当建筑物的维修保养比正常维修保养差时，有效经过年数长于实际经过年数，剩余经济寿命相应较短。

建筑物的寿命分为自然寿命和经济寿命。建筑物自然寿命是指建筑物自竣工时起至其主要结构构件自然老化或损坏而不能保证建筑物安全使用时止的时间。建筑物经济寿命是指建筑物对房地产价值有贡献的时间，为建筑物自竣工时起至其对房地产价值不再有贡献时止的时间。对于收益性房地产来说，建筑物的经济寿命具体是指建筑物自竣工日期起，在正常市场和运营状态下，房地产产生的收入大于运营费用，即净收益大于零的持续时间，如图5-1所示。建筑物经济寿命可在建筑物设计使用年限的基础上，根据建筑物的施工、使用、维护和更新改造等状况，以及周围环境、房地产市场状况等进行综合分析判断后确定。建筑物的经济寿命短于其自然寿命。如果建筑物经过了更新改造，其自然寿命和经济寿命都有可能得到延长。

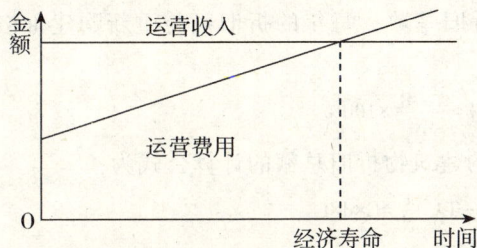

图5-1 建筑物的经济寿命

建筑物的剩余寿命是其寿命减去年龄后的寿命，分为剩余自然寿命和剩余经济寿命。建筑物剩余自然寿命是指建筑物的自然寿命减去实际年龄后的寿命。建筑物剩余经济寿命是指建筑物经济寿命减去有效年龄后的寿命，即自价值时点起至建筑物经济寿命结束时止的时间。因此，如果建筑物的有效年龄比实际年龄小，就会延长建筑物的剩余经济寿命；反之，就会缩短建筑物的剩余经济寿命。建筑物的有效年龄是从价值时点向过去推算的时间，剩余经济寿命是自价值时点起至建筑物经济寿命结束的时间，两者之和等于建筑物的经济寿命。如果建筑物的有效年龄小于实际年龄，就相当于建筑物比其实际竣工之日晚建

① 中华人民共和国住房和城乡建设部，中华人民共和国国家质量监督检验检疫总局. GB/T 50291—2015房地产估价规范［S］. 北京：中国建筑工业出版社，2015.

成。此时，建筑物的经济寿命可视为从这个晚建成之日起至建筑物对房地产价值不再有贡献之日止的时间。

利用年龄-寿命法求取建筑物折旧时，建筑物的年龄应采用有效年龄，寿命应采用预期经济寿命，或者剩余寿命应采用预期剩余经济寿命。因为只有这样，求出的建筑物折旧和价值才符合实际。经济寿命、有效经过年数和剩余经济寿命三者的关系为：剩余经济寿命=经济寿命-有效经过年数。例如，两幢同时建成的完全相同的建筑物，如果使用、维护状况不同，它们的市场价值就会不同，但如果采用实际年龄、自然寿命来计算建筑物折旧，则它们的价值就会相同。进一步来说，新近建成的建筑物未必完好，从而其价值未必高；而较早建成的建筑物未必损坏严重，从而其价值未必低。例如，新建成的房屋可能由于存在设计、施工质量缺陷或者使用不当，竣工没有几年就已经成了"严重损坏房"；而有些20世纪初建造的旧建筑物，至今可能仍然完好，即使不考虑其文化内涵因素，也有较高的市场价值。

采用年龄-寿命法测算建筑物折旧后价值时，可选用下列方法：

（1）直线法

直线法以建筑物在经济寿命期间每年的折旧额相等为基础。直线折旧法年折旧额的计算公式为：

$$D_i = D = \frac{C - S}{N} = \frac{C(1-R)}{N}$$

式中：D_i 为第 i 年的折旧额，或称第 i 年的折旧，在直线折旧法的情况下，每年的折旧额 D_i 是一个常数 D；C 为建筑物的重新购建价格；S 为预计的建筑物净残值，简称残值，是预计建筑物达到经济寿命，不宜继续使用，经拆除后可以收回的残余价值减去拆除清理费用后的数额；N 为建筑物的经济寿命；R 为预计的建筑物残值率，是净残值与重新购建价格的比率（$R = \frac{S}{C} \times 100\%$）。

另外，$(C-S)$ 称为折旧基数；每年的折旧额与重新购建价格的比率称为折旧率，如果用 d 来表示，即：

$$d = \frac{D}{C} \times 100\% = \frac{C - S}{C \times N} \times 100\% = \frac{1 - R}{N} \times 100\%$$

有效经过年数为 t 年的建筑物折旧总额的计算公式为：

$$E_t = D \times t = (C - S)\frac{t}{N} = C(1 - R)\frac{t}{N} = C \times d \times t$$

式中：E_t 为建筑物折旧总额。

采用直线折旧法下的建筑物现值的计算公式为：

$$V = C - E_t = C - (C - S)\frac{t}{N} = C\left[1 - (1 - R)\frac{t}{N}\right] = C(1 - d \times t)$$

式中：V 为建筑物的现值。

【例5-5】某建筑物的建筑面积为200平方米，有效经过年数为10年，单位建筑面积的重新购建价格为800元/平方米，经济寿命为40年，残值率为3%。试用直线折旧法计算该建筑物的年折旧额、折旧总额，并计算其现值。

已知 $C = 200 \times 800 = 160\ 000$（元），$R = 3\%$，$N = 40$ 年，$t = 10$ 年，则：

年折旧额 $D = \frac{C(1-R)}{N} = [160\ 000 \times (1 - 3\%)] \div 40 = 3\ 880$（元）

折旧总额 $E_t=C(1-R)\dfrac{t}{N}=160\ 000\times(1-3\%)\times10\div40=38\ 800$（元）

建筑物现值 $V=C[1-(1-R)\dfrac{t}{N}]=160\ 000\times[1-(1-3\%)\times\dfrac{10}{40}]=121\ 200$（元）

（2）成新折扣法

成新折扣法是根据建筑物的建成年代或新旧程度、完损状态等，判定出建筑物的成新率，直接求取建筑物现值的方法。其计算公式为：

$V=C\times q$

式中：V 为建筑物的现值；C 为建筑物的重新购建价格；q 为建筑物的成新率。

成新折扣法比较粗略，主要用于初步估价，或者用于需要对大量建筑物进行估价的场合，尤其是在大范围内进行建筑物现值摸底调查。

在实际估价中，成新率是一个综合指标，其求取可以采用"先定量，后定性，再定量"的方式按下列三个步骤进行：

①用年限法计算成新率。例如，用直线折旧法计算成新率的公式为：

$q=[1-(1-R)\dfrac{t}{N}]\times100\%=[1-(1-R)\dfrac{N-n}{N}]\times100\%=[1-(1-R)\dfrac{t}{t+n}]\times100\%=100\%-d\times t$

式中：n 为建筑物的剩余经济寿命。

当 R=0 时，则：

$q=(1-\dfrac{t}{N})\times100\%=\dfrac{n}{N}\times100\%=\dfrac{n}{t+n}\times100\%$

【例5-6】有一座20年前建成交付使用的建筑物，经估价师实地观察判定，其剩余经济寿命为20年，该建筑物的残值率为0。试用直线折旧法计算该建筑物的成新率。

已知 t=20年，n=20年，R=0，则：

建筑物的成新率 $=\dfrac{n}{t+n}\times100\%=\dfrac{20}{20+20}\times100\%=50\%$

②根据建筑物的建成年代对上述计算结果作初步判断，看是否吻合。

③采用实际观察法对上述结果作进一步的调整修正，并说明上下调整修正的理由。当建筑物的维修保养属于正常时，实际成新率与直线折旧法计算出的成新率相当；当建筑物的维修保养比正常维修保养好或经过更新改造时，实际成新率应大于直线折旧法计算出的成新率；当建筑物的维修保养比正常维修保养差时，实际成新率应小于直线折旧法计算出的成新率。

2）市场提取法

市场提取法是通过含有与估价对象中的建筑物具有类似折旧状况的建筑物的房地可比实例，来求取估价对象中的建筑物折旧的方法。类似折旧状况是指可比实例中的建筑物折旧类型（物质折旧、功能折旧、外部折旧）和折旧程度与估价对象中的建筑物折旧类型和折旧程度相同或相当。

市场提取法是基于先知道旧的房地价值，然后利用适用于旧的房地的成本法公式反求出建筑物折旧。因为适用于旧的房地的成本法公式为：

旧的房地价值=土地重新购建价格+建筑物重新购建价格-建筑物折旧

所以，如果知道了旧的房地价值、土地重新购建价格和建筑物重新购建价格，便可求出建筑物折旧①，即：

建筑物折旧=土地重新购建价格+建筑物重新购建价格-旧的房地价值

=建筑物重新购建价格-（旧的房地价值-土地重新购建价格）

=建筑物重新购建价格-建筑物折旧后价值

市场提取法求取建筑物折旧的步骤和主要内容如下：

（1）从估价对象所在地的房地产市场中搜集大量的房地交易实例。

（2）从搜集的房地交易实例中选取3个以上的可比实例。要求所选取的可比实例中的建筑物与估价对象中的建筑物具有相同或相似的折旧状况。

（3）对每个可比实例的成交价格进行付款方式等有关换算、交易情况修正、房地产状况调整（注意不对其中折旧状况进行调整），但不进行市场状况调整。

（4）采用比较法或基准地价修正法求取每个可比实例在其成交日期的土地重新购建价格，然后将前面换算、修正和调整后的可比实例成交价格减去土地重新购建价格，得出建筑物折旧后价值。

（5）采用成本法或比较法求取每个可比实例在其成交日期的建筑物重新购建价格，然后将每个可比实例的建筑物重新购建价格减去前面求出的建筑物折旧后价值，得出建筑物折旧。

（6）将每个可比实例的建筑物折旧除以其建筑物重新购建价格转换为总折旧率，即：

$$总折旧率=\frac{建筑物折旧}{建筑物重新购建价格}$$

如果可比实例中的建筑物年龄与估价对象中的建筑物年龄相近，且求出的各个可比实例总折旧率的范围较窄，则可以将各个可比实例的总折旧率调整为适用于估价对象的总折旧率。

如果各个可比实例中的建筑物区位、年龄、维护状况等之间有较大差异，求出的各个可比实例总折旧率的范围较宽，则应将每个可比实例的总折旧率除以其建筑物年龄转换为年折旧率，即：

$$年折旧率=\frac{总折旧率}{建筑物年龄}$$

然后将各个可比实例的年折旧率调整为适用于估价对象的年折旧率。

（7）将估价对象建筑物的重新购建价格乘以总折旧率，或者乘以年折旧率再乘以建筑物年龄，便可得到估价对象建筑物折旧，即：

建筑物折旧=建筑物重新购建价格×总折旧率

或者：建筑物折旧=建筑物重新购建价格×年折旧率×建筑物年龄

利用市场提取法求出的年折旧率，还可求取年限法所需要的建筑物经济寿命。在假设建筑物的残值率为零的情况下：

$$建筑物经济寿命=\frac{1}{年折旧率}$$

例如，如果采用市场提取法求出的估价对象建筑物的年折旧率为2%，则可根据2%的倒数估计估价对象建筑物经济寿命为50年。此外，利用总折旧率还可求出建筑物的成新

---

① 《房地产估价规范》（GBT 50291—2015）第4.4.12条规定："采用市场提取法测算建筑物折旧时，应先从交易实例中选取不少于三个含有与估价对象中的建筑物具有类似折旧状况的建筑物作为可比实例，再通过这些可比实例的成交价格减去土地重置成本得到建筑物折旧后价值，然后将建筑物重置成本或重建成本减去建筑物折旧后价值得到建筑物折旧。"

率，即：

建筑物成新率=1-总折旧率

【例5-7】某宗房地产的土地面积5 000平方米，建筑面积12 500平方米，现行市场价格4 700元/平方米，土地重置价格（楼面地价）2 300元/平方米，建筑物重置价格3 000元/平方米，建筑物年龄10年。请计算建筑物折旧总额、总折旧率和年折旧率。

（1）建筑物折旧总额计算如下：

建筑物折旧总额=土地重置价格+建筑物重置价格-房地产市场价格

$$=（2\ 300+3\ 000-4700）×1.25=750（万元）$$

（2）建筑物总折旧率计算如下：

建筑物总折旧率=建筑物折旧总额÷建筑物重置价格

$$=750÷（3\ 000×1.25）=20\%$$

（3）建筑物年折旧率计算如下：

建筑物年折旧率=建筑物总折旧率÷建筑物年龄

$$=20\%÷10=2\%$$

3）分解法

分解法（break down method）是把建筑物折旧分成物质折旧、功能折旧、外部折旧等各个组成部分，分别测算出各个组成部分后相加得到建筑物折旧的方法。

分解法是求取建筑物折旧最详细、最复杂的一种方法，其求取建筑物折旧的思路如图5-2所示。

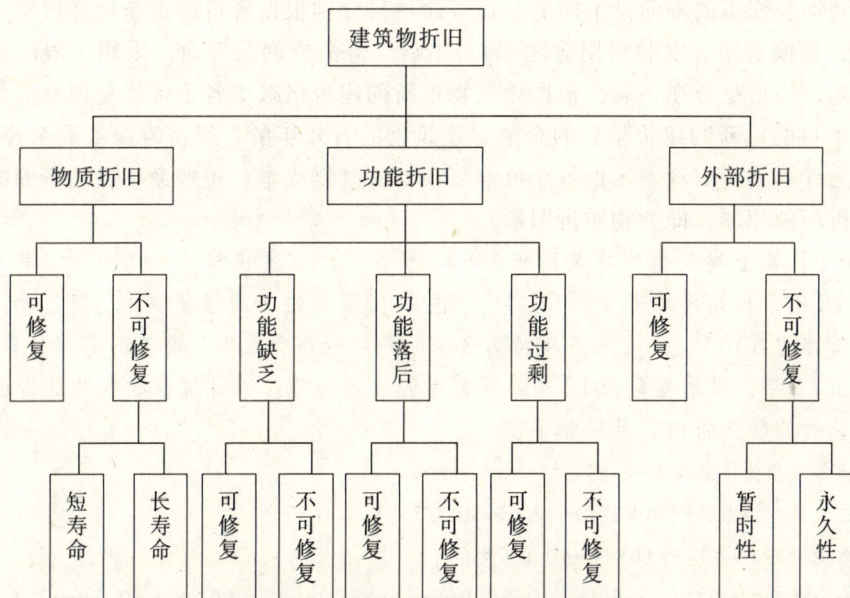

图5-2　分解法求取建筑物折旧的思路

分解法认为，建筑物折旧首先可分成物质折旧、功能折旧和外部折旧三大组成部分，而物质折旧、功能折旧和外部折旧又可分成若干个组成部分，然后根据各个组成部分的特点分别采用适当的方法予以求取。

分解法求取建筑物折旧的步骤是：①求取物质折旧。先把物质折旧分解为各个项目，然后分别采用适当的方法求取其折旧后相加。②求取功能折旧。先把功能折旧分解为各个项目，然后分别采用适当的方法求取其折旧后相加。③求取外部折旧。先把外部折旧分为不同的情形，然后分别采用适当的方法求取其折旧后相加。④求取建筑物折旧总额。把上述求取的物质折旧、功能折旧和外部折旧相加，即得到建筑物折旧总额。

（1）物质折旧的求取

求取物质折旧的过程和方法如下：①将物质折旧项目分为可修复项目和不可修复项目两类。修复是指恢复到新的或相当于新的状况，有的是修理，有的是更换。预计修复成本小于或等于修复所能带来的房地产价值增加额的，即修复成本≤修复后的房地产价值−修复前的房地产价值，是可修复的；反之，是不可修复的。修复成本是采用合理的修复方案恢复到新的或相当于新的状况的必要支出及应得利润。需要进一步说明的是，可修复不仅是技术上能够做到的，而且是法律上允许和经济上可行的。即判断是否可修复，不仅要看技术上能否修复，而且要看法律上是否允许修复，以及经济上是否值得修复。②对可修复项目，估算其在价值时点的修复成本作为折旧额。③对不可修复项目，根据其在价值时点的剩余寿命是否短于整体建筑物的剩余经济寿命，将其分为短寿命项目和长寿命项目两类。短寿命项目是剩余寿命短于整体建筑物剩余经济寿命的部件、设备、设施等，它们在建筑物剩余经济寿命期间迟早需要更换，甚至需要更换多次。长寿命项目是剩余寿命等于或长于整体建筑物剩余经济寿命的部件、设备、设施等，它们在建筑物剩余经济寿命期间不需要更换。在实际中，短寿命项目与长寿命项目的划分，一般是在其寿命是否短于建筑物经济寿命的基础上做出的，如基础、墙体、梁柱、屋顶、门窗、管道、电梯、空调、卫生设备、装饰装修等的寿命是不同的。短寿命项目分别根据各自的重新购建价格（通常为市场价格、运输费用、安装费用等之和）、年龄、寿命或剩余寿命，采用年限法计算其折旧额。长寿命项目是合在一起，根据建筑物重新购建价格减去各个可修复项目的修复成本和短寿命项目的重新购建价格后的余额、建筑物的有效年龄、经济寿命或剩余经济寿命，采用年限法计算其折旧额。④把各个可修复项目的修复成本、短寿命项目的折旧额、长寿命项目的折旧额相加，即为物质折旧额。

【例5−8】某个建筑物的建筑面积为500平方米，重置价格为3 600元/平方米，有效年龄为10年，预期经济寿命为50年。其中，门窗等破损的修复成本为2万元；装饰装修的重置价格为600元/平方米，年龄为3年，平均寿命为5年；设备的重置价格为60万元，年龄为10年，平均寿命为15年。残值率假设均为零。请计算该建筑物的折旧额。

该建筑物的物质折旧额计算如下：

①门窗等破损的修复成本=2（万元）

②装饰装修的折旧额=600×500×1/5×3=18（万元）

③设备的折旧额=60×1/15×10=40（万元）

④长寿命项目的折旧额=（3 600×500−20 000−600×500−600 000）×1/50×10=17.6（万元）

⑤该建筑物的物质折旧额=2+18+40+17.6=77.6（万元）

（2）功能折旧的求取

把功能折旧分为功能缺乏折旧、功能落后折旧和功能过剩折旧三类。

①功能缺乏折旧的求取

把功能缺乏折旧分成可修复的功能缺乏折旧和不可修复的功能缺乏折旧。可修复的功能缺乏折旧在采用缺乏该功能的"建筑物重建价格"下的求取方法是：第一，估算在价值时点在估价对象建筑物上单独增加该功能的必要费用（以下简称单独增加功能费用）；第二，估算在价值时点重置估价对象建筑物时随同增加该功能的必要费用（以下简称随同增加功能费用）；第三，将单独增加功能费用减去随同增加功能费用，即单独增加功能的超额费用为可修复的功能缺乏折旧额。

【例 5-9】某幢应有电梯而没有电梯的办公楼，重建价格是 2 000 万元，现单独增加电梯（包括土建工程费、电梯购置费和安装费等）需要 120 万元，而重置该办公楼时随同增加电梯仅需 100 万元。请计算该办公楼没有电梯引起的折旧额及扣除该折旧后的价值。

该办公楼没有电梯引起的折旧额及扣除该折旧后的价值计算如下：

该办公楼没有电梯引起的折旧额=120-100=20（万元）

该办公楼扣除没有电梯引起的折旧后的价值=2 000-20=1 980（万元）

如果是采用具有该功能的"建筑物重置价格"，则将建筑物重置价格减去单独增加功能费用，便直接得到了扣除该可修复的功能缺乏折旧后的价值。

【例 5-10】例 5-8 应有电梯而没有电梯的办公楼，现单独增加电梯需要 120 万元，相似的有电梯办公楼的重置价格为 2 100 万元。请计算该办公楼扣除没有电梯引起的折旧后的价值。

该办公楼扣除没有电梯引起的折旧后的价值计算如下：

该办公楼扣除没有电梯引起的折旧后的价值=2 100-120=1 980（万元）

不可修复的功能缺乏折旧可采用以下方法求取：第一、利用"收益损失资本化法"求取因缺乏该功能造成的未来每年损失的净收益的现值之和；第二、估算随同增加功能费用；第三、将未来每年损失的净收益的现值之和减去随同增加功能费用，即得到不可修复的功能缺乏折旧额。

【例 5-11】某幢没有电梯的旧写字楼建筑面积 3 000 平方米，租金 1.8 元 / 平方米 / 天，空置率 15%。有电梯的同类写字楼的租金 2 元 / 平方米 / 天，空置率 10%。现单独增加电梯的必要费用为 400 万元，而重置该写字楼时随同增加电梯的必要费用仅为 200 万元。该写字楼的预期剩余寿命为 30 年，报酬率为 8%。请回答：①该功能缺乏是否可修复；②该功能缺乏折旧额是多少。

①计算增加电梯所能带来的房地产价值增加额：

$$v = \frac{A}{y}\left[1 - \frac{1}{(1+y)^n}\right]$$

$$= \frac{[2 \times (1-10\%) - 1.8 \times (1-15\%)] \times 365 \times 3000}{8\%}\left[1 - \frac{1}{(1+8\%)^{30}}\right] = 332.84（万元）$$

②通过比较修复成本与房地产价值增加额的大小，判断是否可修复：因为修复成本 400 万元大于房地产价值增加额 332.84 万元，所以该没有电梯的功能缺乏不可修复。

③计算没有电梯的功能折旧额：

没有电梯的功能折旧额=房地产价值增加额-随同增加电梯费用

$$= 332.84 - 200 = 132.84（万元）$$

②功能落后折旧的求取

把功能落后折旧分成可修复的功能落后折旧和不可修复的功能落后折旧。可修复的功能落后折旧在采用该落后功能的"建筑物重建价格"下，为在价值时点该落后功能的重置价格减去该落后功能已提折旧，加上拆除该落后功能的必要费用（以下简称拆除落后功能费用），减去该落后功能拆除后的残余价值（以下简称落后功能残余价值），加上单独增加先进功能的必要费用（以下简称单独增加先进功能费用），减去重置建筑物时随同增加先进功能的必要费用（以下简称随同增加先进功能费用）。

如果采用计算过程的表述方式，说明上述情况下扣除可修复的功能落后折旧后的价值，即：

建筑物重建价格−落后功能重置价格+落后功能已提折旧−拆除落后功能费用+落后功能残余价值−单独增加先进功能费用+随同增加先进功能费用=扣除功能落后折旧后的价值

如果是采用具有先进功能的"建筑物重置价格"，则将建筑物重置价格减去落后功能重置价格，加上落后功能已提折旧，减去拆除落后功能费用，加上落后功能残余价值，减去单独增加先进功能费用，便直接得到了扣除可修复的功能落后折旧后的价值。

与可修复的功能缺乏折旧额相比，可修复的功能落后折旧额多了落后功能尚未折旧的价值（即落后功能的重置价格减去已提折旧。因为该尚未折旧的部分未发挥作用就报废了），少了落后功能的净残值（即可挽回的损失，等于落后功能的残余价值减去拆除费用），即多了落后功能的服务期未满而提前报废的损失。

【例5-12】某幢旧办公楼的电梯已落后，如果将该旧电梯更换为功能先进的新电梯，估计需要2万元的拆除费用，可回收残值3万元，安装新电梯需要120万元，比在建造同类办公楼时随同安装新电梯多花20万元。估计该旧办公楼的重建价格为2 050万元，该旧电梯的重置价格为50万元，已提折旧40万元。请计算该办公楼电梯落后引起的折旧额及扣除该折旧后的价值。

该办公楼电梯落后引起的折旧额及扣除该折旧后的价值计算如下：

该办公楼电梯落后引起的折旧额=（50-40）+（2-3）+20=29（万元）

该办公楼扣除电梯落后引起的折旧后的价值=2 050-29=2 021（万元）

不可修复的功能落后折旧是在上述可修复的功能落后折旧额计算中，将单独增加先进功能费用替换为利用"收益损失资本化法"求取的功能落后导致的未来每年损失的净收益的现值之和。

③功能过剩折旧的求取

功能过剩一般是不可修复的。功能过剩折旧包括功能过剩造成的"无效成本"和"超额持有成本"。如果采用"建筑物重置价格"，则"无效成本"可自动消除；如果采用"建筑物重建价格"，则"无效成本"不能消除。"超额持有成本"可利用"超额运营费用资本化法"——功能过剩导致的未来每年超额运营费用的现值之和来求取。

在采用建筑物重置价格下：

扣除功能过剩折旧后的价值=建筑物重置价格-超额持有成本

在采用建筑物重建价格下：

扣除功能过剩折旧后的价值=建筑物重建价格-（无效成本+超额持有成本）

【例5-13】某房地产的重建价格为2 000万元，已知在建造期间中央空调系统因功率过大较正常情况多投入150万元，投入使用后每年多耗电费0.8万元。假定该空调系统使用寿命为15年，估价对象的报酬率为9%，请计算该房地产中央空调功率过大引起的折旧及扣除该折旧后的价值。

　　该房地产中央空调功率过大引起的折旧及扣除该折旧后的价值计算如下：

$$\text{该房地产中央空调功率过大引起的折旧} = 150 + \frac{0.8}{9\%}\left[1 - \frac{1}{(1+9\%)^{15}}\right] = 156.45 \text{（万元）}$$

$$\text{该房地产扣除中央空调功率过大引起的折旧后的价值} = 2\,000 - 156.45$$
$$= 1\,843.55 \text{（万元）}$$

　　把功能缺乏折旧、功能落后折旧和功能过剩折旧相加，即为功能折旧。

　　（3）外部折旧的求取

　　外部折旧通常是不可修复的，但它可能是暂时的，如供给过度的市场，也可能是永久的，如周围环境发生了不可逆的改变。因此，求取外部折旧首先应分清它是暂时性的还是永久性的，然后可以根据收益损失的期限不同，利用"收益损失资本化法"求取建筑物以外的各种不利因素导致的未来每年损失的净收益的现值即为外部折旧。

5.5.3　求取建筑物折旧应注意的事项

　　1）估价上的折旧与会计上的折旧的区别：

　　①估价上的折旧注意的是市场价值的真实减损，科学地说不是折旧，而是"减价修正"；会计上的折旧注重的是原始价值的分摊、补偿或回收。

　　②在会计上，C 为资产原值，不随时间的变化而变化；在估价上，C 为重新购建价格，而且是价值时点的价格，因此价值时点不同，C 值也可能不同。

　　③在房地产估价中，并非所有的建筑物折旧总量都是估价上的折旧，如在收益法中，需要扣除的建筑物折旧费和土地摊提费（土地取得费用的摊销）就属于会计上的折旧。

　　2）土地使用年限对建筑物经济寿命的影响：

　　①住宅不论其经济寿命是早于还是晚于土地使用期限而结束，均按照其经济寿命计算折旧，因为《物权法》第一百四十九条规定："住宅建设用地使用权期间届满的，自动续期。"

　　②非住宅建筑物经济寿命早于土地使用期限而结束的，应按照建筑物经济寿命计算建筑物折旧。如图 5-3（a）所示，假设是在原划拨国有建设用地上建造的办公楼，在其建成 15 年后补办了出让手续，出让年限为 50 年，办公楼经济寿命为 60 年。在这种情况下，应按照 60 年（办公楼经济寿命）而不是 45 年（办公楼经济寿命 60 年减去办公楼已经使用年限 15 年）、50 年（土地使用期限）或 65 年（办公楼经济寿命 60 年加上剩余土地使用期限 5 年）计算办公楼折旧。

　　③非住宅建筑物经济寿命晚于土地使用期限而结束的，分为以下两种情况：

　　第一种情况：出让合同约定建设用地使用权期间届满需要无偿收回建设用地使用权时，根据收回时建筑物的残余价值给予土地使用者相应的补偿。这时应按照建筑物经济寿命计算建筑物折旧。如图 5-3（b）所示，假设是在出让的国有建设用地上建造的商场，出让年限为 40 年，建设期为 3 年，商场经济寿命为 60 年。在这种情况下，商场经济寿命中晚于土地使用期限的那部分寿命为 23 年（建筑期 3 年加上商场经济寿命 60 年减去出让年限 40 年），因此应按照 37 年（商场经济寿命 60 年减去 23 年）而不是 60 年、63 年或 40 年计算商场折旧。

（a）

（b）

（c）

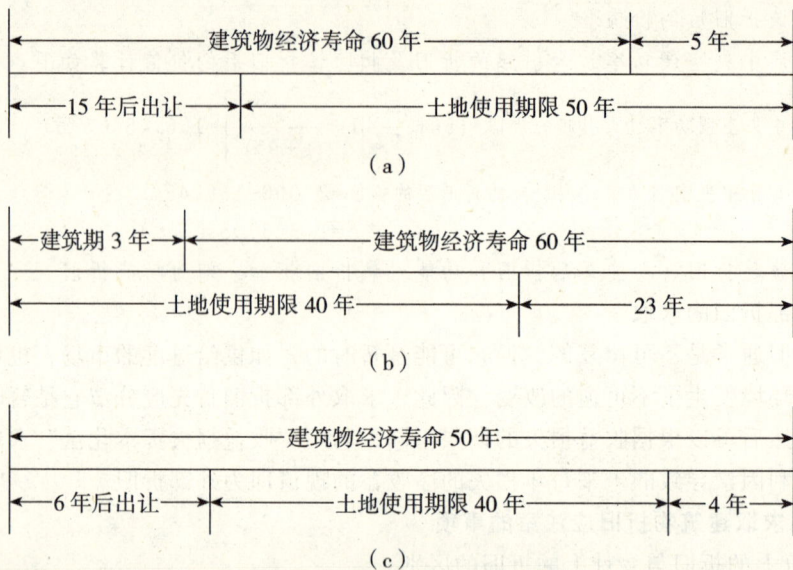

图5-3　建筑物经济寿命与土地使用期限关系的几种情况

第二种情况：出让合同约定建设用地使用权期间届满需要无偿收回建设用地使用权时，建筑物也无偿收回。这时应按照建筑物经济寿命减去其晚于土地使用期限的那部分寿命后的寿命计算建筑物折旧。如图5-3（c）所示，假设是旧厂房改造的超级市场，在该旧厂房建成6年后补办了出让手续，出让年限为40年，建筑物经济寿命为50年。在这种情况下，建筑物经济寿命中晚于土地使用期限的那部分寿命为4年（建筑物经济寿命50年减去建筑物已经使用年限6年，再减去出让年限40年），因此应按照46年（建筑物经济寿命50年减去4年），而不是50年、44年或者40年计算建筑物折旧。

5.6　房屋完损等级评定、折旧和耐用年限的有关规定

5.6.1　现行房屋完损等级评定标准

房屋完损等级是用来检查房屋维护状况的一个标准，是确定房屋实际新旧程度和测算房屋折旧的一个重要依据。房屋的完好程度越高，其现值就越接近于重新购建价格。

1984年11月8日原城乡建设环境保护部发布了《房屋完损等级评定标准（试行）》（城住字〔1984〕第678号），并于同年12月12日发布了《经租房屋清产估价原则》。相关内容如下：

（1）房屋完损等级根据房屋的结构、装修、设备等组成部分的完好、损坏程度，分为下列5类：①完好房；②基本完好房；③一般损坏房；④严重损坏房；⑤危险房[①]。其中完好房：十、九、八成新；基本完好房；七、六成新；一般损坏房：五、四成新；严重损坏房及危险房：三成新以下。

（2）房屋结构组成分为地基基础、承重构件、非承重墙、屋面、楼地面；房屋装修组成分为门窗、外抹灰、内抹灰、顶棚、细木装修；房屋设备组成分为水卫、电照、暖气及特种设备（如消防栓、避雷装置等）。

（3）房屋完损等级的判定依据如下：

---

① 危险房是指承重的主要结构严重损坏，影响正常使用，不能确保住用安全的房屋。

161

①完好房。结构构件完好，装修和设备完好、齐全完整，管道畅通，现状良好，使用正常；或者虽然个别分项有轻微损坏，但一般经过小修就能修复。

②基本完好房。结构基本完好，少量构部件有轻微损坏，装修基本完好，油漆缺乏保养，设备、管道现状基本良好，能正常使用，经过一般性的维修能恢复。

③一般损坏房。结构一般性的损坏，部分构部件有损坏或变形，屋面局部漏雨，装修局部有破损，油漆老化，设备、管道不够畅通，水卫、电照管线、器具和零件有部分老化、损坏或残缺，需要进行中修或局部大修更换部件。

④严重损坏房。房屋年久失修，结构有明显变形或损坏，屋面严重漏雨，装修严重变形、破损，油漆老化见底，设备陈旧不齐全，管道严重堵塞，水卫、电照管线、器具和零部件残缺及严重损坏，需进行大修或翻修、改建。

⑤危险房。承重构件已属危险构件，结构丧失稳定及承载能力，随时有倒塌可能，不能确保住用安全。

5.6.2　房屋折旧的有关规定

建设部、财政部制定的《房地产单位会计制度——会计科目和会计报表》（建综〔1992〕349号）中关于房屋的分类，以及房屋的耐用年限（寿命）、残值率等参数，对估价上求取房屋折旧有一定的参考价值。

房屋折旧的有关规定如下：

（1）计算折旧必须确定房屋的价值、使用年限、残值和清理费用

年折旧额的计算公式为：

年折旧额=原价×（1-残值率）÷耐用年限

（2）房屋根据结构分为四类七等

①钢筋混凝土结构。全部或承重部分为钢筋混凝土结构，包括框架大板与框架轻板结构等房屋。这类房屋一般内外装修良好，设备比较齐全。

②砖混结构一等。部分为钢筋混凝土，主要是砖墙承重的结构，外墙部分砌砖、水刷石、水泥抹面或涂料粉刷，并设有阳台，内外设备齐全的单元式住宅或非住宅房屋。

③砖混结构二等。部分为钢筋混凝土，主要是砖墙承重的结构，外墙是清水墙，没有阳台，内部设备不全的非单元式住宅或其他房屋。

④砖木结构一等。材料上等、标准较高的砖木（石料）结构。这类房屋一般是外部有装修处理、内部设备完善的庭院式或花园洋房式等高级房屋。

⑤砖木结构二等：结构正规，材料较好，一般外部没有装修处理，室内有专用上、下水等设备的普通砖木结构房屋。

⑥砖木结构三等：结构简单，材料较差，室内没有专用上、下水等设备，较低级的砖木结构房屋。

⑦简易结构：如简易楼、平房、木板房、砖坯房、土草房、竹木捆绑房等。

5.6.3　现行房屋的耐用年限及残值率

房屋的耐用年限有自然耐用年限与经济耐用年限。房地产估价上所采用的耐用年限应为经济耐用年限。

现将房屋的耐用年限与残值率和评估中经常遇到的部分构筑物的耐用年限分列成表，见表5-1、表5-2。

表 5-1   **房屋的耐用年限与残值率表**

类别等级	使用情况	耐用年限（年）	残值率（%）
钢筋混凝土结构	非生产用房 生产用房 一般腐蚀性生产用房 强腐蚀性生产用房	60 50 35 15	0
砖混结构一等	非生产用房 生产用房 一般腐蚀性生产用房 强腐蚀性生产用房	50 40 30 15	2
砖混结构二等	非生产用房 生产用房 一般腐蚀性生产用房 强腐蚀性生产用房	50 40 30 15	2
砖木结构一等	非生产用房 生产用房 一般腐蚀性生产用房 强腐蚀性生产用房	40 30 20 —	6
砖木结构二等	非生产用房 生产用房 一般腐蚀性生产用房 强腐蚀性生产用房	40 30 20 —	4
砖木结构三等	非生产用房 生产用房 一般腐蚀性生产用房 强腐蚀性生产用房	40 30 20 —	3
简易结构		10	0

表 5-2   **部分构筑物的耐用年限表**

名称	耐用年限（年）	名称	耐用年限（年）
管道	30	露天库	20
冷却塔	30	冷藏库	30
蓄水池	30	储油缸	20
污水池	20	大坝	60
水井	30	其他	30

运用举例

1）估价对象概况

估价对象为位于某城市××路108号蓝天花园1号和6号楼的部分房地产，总建筑面积为13 239.05平方米。

蓝天花园位于该市××路108号，北临××路，属城区七级地段，周边有××小学、银行等单位及××公园等风景区。该市中环线及过江大桥的建成，将有利于改善该区域的居住环境。

蓝天花园首期占地面积为31 800平方米，规划建设6栋9层（第9层为跃式）小康住宅，总建筑面积为55 598平方米，土地使用权类型为出让，产权属××有限公司。目前该工程1号楼、6号楼主体结构封顶，内外墙面粉刷工程完毕，水电未安装到户，部分已预售；2、3、4号楼已完成桩基工程；5号楼已建至地上四层。

本次评估对象包括1号和6号楼部分房地产（具体略），总建筑面积为13 239.05平方米，为钢混结构。根据委托方提供的资料，估价对象于价值时点权属明确，没有设定他项权利。

2）估价要求

需要评估2015年5月10日该估价对象（建筑物部分）的公开市场价值。

3）估价过程

（1）建设成本

①前期费用：主要包括勘察、设计、规划配套、工程前期等费用，根据该市现阶段同类型开发项目，其费用约为200元/平方米（按建筑面积），则：

前期费用=200×13 239.05×10^{-4}=264.78（万元）

②建安费用：估价对象结构为钢混结构，根据调查的该市同类结构建筑的造价，结合估价对象自身的特点，确定为950元/平方米（按建筑面积），则：

建安费用=950×13 239.05×10^{-4}=1 257.71（万元）

③开发成本：开发成本为前期费用和建安费用之和，则：

开发成本=264.78+1 257.71=1 522.49（万元）

（2）管理费用

取开发成本的3%，则：

管理费用=1 522.49×3%=45.67（万元）

（3）投资利息

投资周期取正常开发年期2年，利率取目前1~3年期固定资产贷款利率5.49%，则：

投资利息=（1 522.49+45.67）×$[(1+5.49\%)^{2/2}-1]$=86.09（万元）

（4）销售税费

目前该市同类开发项目销售税金及附加为销售收入的5.8%，销售费用平均为销售收入的1%，考虑估价对象为在建工程，销售税费按前述三项之和的6%计取，则：

销售税费=（1 522.49+45.67+86.09）×6%=99.26（万元）

（5）开发利润

取同类房地产开发项目平均投资利润率15%，则：

开发利润＝（1 522.49+45.67+86.09）×15%=248.14（万元）

（6）积算价格

估价对象房屋成新为十成新，因此可以不考虑折旧，则：

积算价格=1 522.49+45.67+86.09+99.26+248.14=2 001.65（万元）

本章小结

成本法

| 土地取得成本 | 建设成本 | 管理费用 | 销售费用 | 投资利息 | 销售税费 | 开发利润 |

构成

房地产价格
=

土地重新购建价格　＋　建筑物重新购建价格　－　建筑物折旧

重新取得价格　重新开发成本　　重置价格　重建价格　　物质折旧　功能折旧　外部折旧

求取方法　　　　　求取方法　　　　　　求取方法

比较法　基准地价系数修正法　成本法　　单位比较法　指数调整法　　年龄—寿命法　市场提取法　分解法

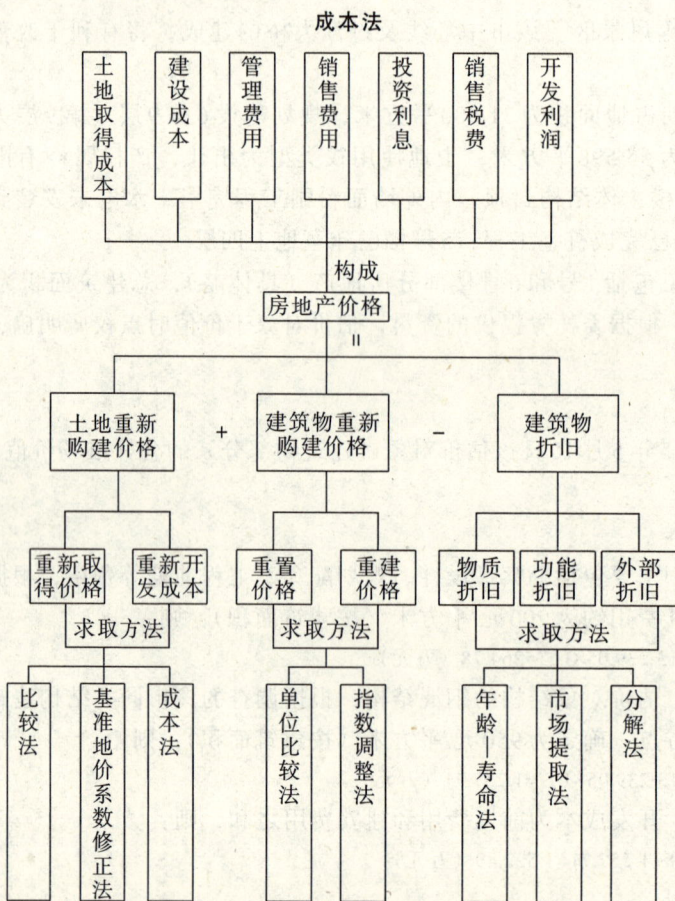

成本法估价的操作步骤

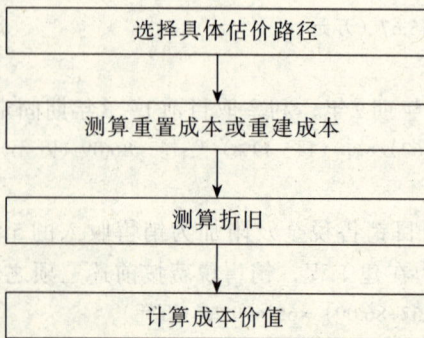

选择具体估价路径

↓

测算重置成本或重建成本

↓

测算折旧

↓

计算成本价值

主要概念

成本法重置 成本重建 成本建筑物折旧 经济寿命

基础知识练习

1.单项选择题

（1）从卖方角度看，成本法的理论依据为（   ）。

A.成本费用价值论   B.替代原理   C.效用价值论   D.预期原理

（2）运用成本法评估所得价格，通常称为（   ）。

A.成本价格   B.积算价格   C.购买价格   D.收益价格

（3）投资利息包括（   ）的利息。

A.土地取得成本   B.土地开发成本   C.A+B   D.A+B+管理费用

（4）对坐落在市中心商务区的清代古建筑群运用成本法估价时，适宜采用（   ）。

A.重置成本   B.完全成本   C.重建成本   D.实际成本

（5）建筑物内部布局过时、设备落后引起的折旧属于（   ）。

A.物质折旧   B.经济折旧   C.功能折旧   D.有形折旧

（6）用成本法估价时，房屋现值=（   ）。

A.房屋重新购建价格-年折旧额×尚可使用年限

B.房屋重新购建价格-年折旧额×耐用年限

C.房屋重新购建价格×成新率

D.房屋重新购建价格-年折旧额

（7）运用成本法评估旧建筑物价格时，折旧的实质是房地产价值的（   ）。

A.减损   B.摊销   C.回收   D.分配

（8）某办公楼2005年建成，2015年补办了土地使用权出让，土地使用权年限为50年。建筑物的经济寿命为45年，则该建筑物折旧的经济寿命为（   ）年。

A.35   B.45   C.50   D.60

（9）房屋完损等级分为（   ）类。

A.三   B.四   C.五   D.六

（10）某房地产2005年5月建成，2015年5月欲评估其现值，判定该房地产尚可使用40年，若残值率为0，则按直线折旧法确定其成新率为（   ）。

A.20%   B.30%   C.50%   D.80%

（11）用成本法评估旧建筑物的价格时，折旧注重的应是建筑物价值的（   ）。

A.收回   B.摊销   C.减损   D.补偿

（12）房地产开发成本的增加，（   ）房地产的价格。

A.必定提高   B.必定降低   C.不一定提高   D.不一定降低

（13）房屋重新建造成本中应包括（   ）。

A.利息、利润   B.利息、利润、税费

C.利润、税费   D.利息、税费

2.多项选择题

（1）直接成本利润率的计算基数包括（　　　）。

A.土地取得成本　　　B.建设成本　　　　C.管理费用　　　　　D.销售费用

（2）重新购建价格是采用价值时点时的（　　　）等，按照价值时点的价格水平，重新建造与估价对象建筑物具有同等效用的新建筑物的正常价格。

A.建筑技术　　　　　B.工艺水平　　　　C.建材价格　　　　　D.人工、机械费用

（3）成本估价法可作为以下（　　　）估价的首选方法。

A.写字楼　　　　　　B.商场　　　　　　C.政府办公楼　　　　D.学校用房

（4）李某于2011年花57万元购得"一大三小"住宅一套，此后不久在住宅小区上风位建了一座化工厂，致使空气中时常有一股酸臭味。于是李某在2015年年底将该住房以50万元低价转售，则引起减价的折旧因素有（　　　）。

A.物质折旧　　　　　B.经济折旧　　　　C.功能折旧　　　　　D.区位折旧

（5）建筑物的无形损耗包括（　　　）。

A.建筑物的腐化　　　　　　　　　　　　B.技术进步

C.消费观念的变化　　　　　　　　　　　D.老化、风化

（6）基本完好房的成新率可以为（　　　）。

A.50%　　　　　　　B.60%　　　　　　C.70%　　　　　　　D.80%

（7）根据国家有关规定，房屋完损等级是根据房屋（　　　）的完好、损坏程度来划分的。

A.结构　　　　　　　B.设备　　　　　　C.设计　　　　　　　D.装修

（8）下列关于成本法的有关论述正确的是（　　　）。

A.成本法中的成本包括直接成本和间接成本，但不包括利润、税金

B.重新建造成本并不一定是现在的重新建造成本

C.成本法中的成本是客观成本而非实际成本

D.成本法估价是从供求双方角度出发评估房地产的价格

3.判断题

（1）对有特殊保护价值的建筑物的估价以重新购建成本为宜。　　　　　　　（　　　）

（2）建筑物的重新购建价格是估价对象的价格。　　　　　　　　　　　　　（　　　）

（3）土地的重新购建价格是全新状态下的价格。　　　　　　　　　　　　　（　　　）

（4）重新购建价格是价值时点的价格。　　　　　　　　　　　　　　　　　（　　　）

（5）现实生活中，房地产价格多取决于花费的成本，成本的增减必定影响房地产价格的增减。　　　　　　　　　　　　　　　　　　　　　　　　　　　　　　（　　　）

（6）在估价上，重新购建价格与折旧总额的差被视为资产实际价值，它必须与市场价值相一致。　　　　　　　　　　　　　　　　　　　　　　　　　　　　　　（　　　）

（7）建筑物的经济寿命应从建筑物竣工验收合格之日起计，建造期不应计入。（　　　）

（8）某一旧有建筑物，其现值可能大于原值。　　　　　　　　　　　　　　（　　　）

（9）建筑物在估价中的折旧基数是价值时点该建筑物的固定资产账面原值。（　　　）

4.计算题

（1）经分析，某建筑物的重新购建价格为1 000万元，其建筑结构、装修和房屋设备

的价值分别占重新购建价格的 60%、25% 和 15%；经观察评定，三部分各自的成新率分别为 90%、70% 和 80%，试求该建筑物的现时价格。

（2）某房地产的土地总面积为 1 000 平方米，是 10 年前通过征用农地取得的，当时平均每亩花费 18 万元，现时重新取得该类土地每平方米需要 620 元；地上建筑物的总建筑面积为 2 000 平方米，是 8 年前建成交付使用的，当时的建筑造价为每平方米建筑面积 600元，现时建造同类建筑物每平方米建筑面积需要 1 200 元，估计该建筑物有八成新。试选用所给资料估算该宗房地产的现时总价和单价。

（3）现对一建筑物进行评估，该建筑物于 2007 年 6 月竣工投入使用，建筑面积为1 000 平方米，砖混结构，耐用年限为 40 年，当时建筑造价为每平方米建筑面积 500 元。2015 年 6 月对该建筑物进行实地勘察，估计该建筑物尚可使用 30 年，残值率为 2%，现时建造同类建筑物的建筑造价为每平方米建筑面积 1 000 元。试用所给资料估计该建筑物在2015 年 6 月的单价和总价。

5.思考题

（1）成本法的"成本"是成本还是价格？为什么？

（2）何谓重新购建价格？它包含哪几类？

（3）求取建筑物折旧的方法有哪几种？最常用的为哪种？

（4）估价上的折旧和会计上的折旧有何异同？

实践操作训练

△实训题

（1）依据《关于完善征地补偿安置制度的指导意见》（国土资源部发〔2004〕238号），对你学校所在城市周边农村集体土地的征收费用进行调查。

（2）今有一宗"七通一平"的待建土地。土地使用权年限为 50 年，从 2015 年 5 月 1 日起计。土地总面积为 1 000 平方米，规划允许建筑面积为 4 000 平方米，适宜建筑某种类型的写字楼。预计总开发时间是 2 年，建筑费为 1 000 元/平方米，专业费用为建筑费的 4%，第 1 年均匀投入 60% 的建筑费和专业费用，第 2 年均匀投入其余的建筑费和专业费用。销售税费为未来楼价的 8%，购买该宗地相关税费为地价的 4%，年资本化率为 15%，折现率为 14%，该写字楼可出租面积为总建筑面积的 70%，工程竣工后一次全部租出，预计出租的净收益为 60 元/平方米。试利用所给资料，用现金流量折现法评估该宗土地在 2015 年 5月 1 日的总价、单价及楼面地价。

第6章

假设开发法

学习目标

通过本章的学习，了解假设开发法的概念和基本原理；掌握其适用对象和估价需具备的条件、估价操作步骤，动态分析法和静态分析法的区别；熟悉假设开发法计算中各项的求取，能熟练运用假设开发法的基本公式，能正确运用假设开发法进行估价。

引 例

我国正处在快速的城市化进程中，许多城市均出现了城市建设的高潮。在这个过程中，有相当多的农村土地被征收，进而纳入城市建设用地，那么对一块待开发的土地（包括生地、毛地、熟地）该如何进行估价？另外，在我国很多城市均出现了大量的"半拉子工程""烂尾楼"等，对于这些对象该如何或者按照何种原则进行估价？我们该如何对在建工程、可装修改造或可改变用途的旧房（包括装修、改建、扩建）等进行估价？

房地产估价中的假设开发法正是专门用于此类对象估价的一种方法。

6.1　假设开发法的基本原理

6.1.1　假设开发法的概念和理论依据

假设开发法，又称剩余法，是求得估价对象后续开发的必要支出及折现率或后续开发的必要支出及应得利润和开发完成后的价值，将开发完成后的价值和后续开发的必要支出折现到价值时点后相减，或将开发完成后的价值减去后续开发的必要支出及应得利润得到估价对象价值或价格的方法。

假设开发法的本质与收益法相同，是以房地产的预期收益为导向求得房地产的价值或价格。其基本理论依据也与收益法相同，即预期收益原理，开发完成后的房地产价值是预期的，其开发过程中的建设成本、税费、利润等也是预期的。假设开发法估价的基本思路如下：一宗待售土地，潜在购买者必须弄清楚需为该土地付出的最高成本，是否能获得合理的回报，才能决定投资与否。为了弄清楚可获得的回报，潜在购买者就必须认真研究待售土地的内外条件，如坐落位置、面积大小、周围环境、规划允许的用途、容积率等。根据这些条件，假设选择最有效的方式开发利用该土地，根据目前市场状况及将来趋势预计建成后房地产的价格，预测在开发过程中的各项费用，包括建筑费、专业费、利息、税费、销售费等。将建成后房地产的预计价格扣除这些费用和合理的开发利润，就是愿意为该土地支付的最高价格。

假设开发法在形式上是测算新开发的房地产（如新建商品房）价值的成本法的"倒算法"。两者的主要区别是：成本法中的土地价值为已知，需要求得的是开发完成后的房地产价值；而在假设开发法中，开发完成后的房地产价值已事先通过预测得到，需要求得的是土地价值。

6.1.2　假设开发法适用的估价对象

假设开发法适用于具有开发或再开发潜力且开发完成后的价值可以采用比较法、收益法等成本法以外的方法测算的房地产，包括可供开发的土地（包括生地、毛地、熟地，典型的是各种房地产开发用地），在建工程（或称为房地产开发项目），可重新开发、更新改造或改变用途的旧房（包括改建、扩建、重新装饰装修等，如果是拆除重建，则属于毛地的范畴）。

假设开发法还适用于房地产开发项目分析。假设开发法用于房地产估价与用于房地产开发项目分析的主要不同之处是：在选取有关参数和测算有关数值时，房地产估价是站在一个典型的投资者的立场上，而房地产开发项目分析是站在某个特定的投资者的立场上。

房地产开发项目分析的目的是为房地产投资者的投资决策提供参考依据。假设开发法具体可为房地产投资者提供下列三种数据：

（1）测算待开发房地产的最高价格。如果房地产投资者有兴趣取得某一待开发房地产，那么他必须事先测算出自己可承受的最高价，其实际购置价格应低于或等于此价格，否则就不值得取得该待开发房地产。

（2）测算房地产开发项目的预期利润。在测算房地产开发项目的预期利润时，是假定待开发房地产已经按照某个价格购置，即待开发房地产的取得成本被视为已知。预计可取得的总收入减去待开发房地产的取得成本以及建设成本等成本、费用、税金后的余额，为该房地产开发项目所能产生的利润。此利润或利润率如果高于房地产投资者期望的利润或利润率，则认为该房地产开发项目可行。

（3）测算房地产开发可能的最高费用。在测算最高费用时，待开发房地产的取得成本也被视为已知。测算最高费用的目的是使开发利润保持在一个合理的范围内，同时使建设成本等成本、费用、税金在开发过程的各个阶段得到有效控制，不至于在开发过程中出现成本失控的情况。

对于规划设计条件尚未明确的待开发房地产，难以采用假设开发法估价。因为在房地产的法定开发利用前提未确定的情况下，其价值也不能确定。该情况下仍然需要估价的话，估价师可根据所推测的最可能的规划设计条件来估价，但必须将最可能的规划设计条件列为估价的假设和限制条件，并在估价报告中作特别的提示，说明它对估价结果的影响，或估价结果对它的依赖性。

6.1.3　假设开发法估价需要具备的条件

在实际估价中，假设开发法测算结果的可靠程度，关键取决于以下两个预测：①是否根据房地产估价的合法原则和最高最佳利用原则，正确判断了估价对象的最佳开发利用方式（包括用途、建筑规模、档次等）；②是否根据当地房地产市场状况，正确预测了估价对象开发完成后的价值（以下简称开发完成后的价值），即市场价值。另外，准确地预测后续开发的必要支出及应得利润（以下简称后续必要支出及应得利润），也有较大的难度。不过，当估价对象具有潜在的开发价值时，假设开发法几乎是最主要且实用的一种估价方法。

假设开发法测算的结果准确与否，还取决于是否具备以下几个基本条件：

（1）透明、稳定的房地产业政策。房地产业政策对房地产业的发展、对房地产市场行情的变化影响极大。例如银根紧缩、产业结构调整等方面的政策，直接影响房地产商品的供需状况，继而对其销售情况和价格发生作用。

（2）完善的房地产法规体系。完善的法规体系是房地产市场规范化的有效保证。无论是城市规划中对土地用途、容积率的规定，还是房地产管理法、土地使用权出让暂行条例中有关税率、税种、计税基础以及房地产销售转让、抵押、典当的规定，对房地产价格都有重大影响。

（3）清晰的、全面的房地产投资与交易的税费清单和稳定的税费政策。

（4）完整的、动态的和现代化的房地产信息资料库。运用假设开发法涉及对房地产价格、房地产建造成本和房地产开发利润等方面的预测，这些预测均要参照过去的房地产价格、房地产建造成本的变化和房地产行业平均利润率的数据或情况。没有房地产信息数据库是难以提供准确而翔实的信息的，更难以对房地产的未来发展趋势作出客观的预测。建立一个完整、公开的房地产资料库，有利于提高评估结果的精确度，避免估价工作陷于资料不全或不准确的被动境地。

（5）公开的、长期的和合理的土地供应计划。长期以来，我国城市土地的所有权掌握在国家手中。因此，国家对于土地使用权的出让计划，包括每年出让土地的数量和分布，直接影响土地市场上土地的供给量，直接影响着土地的价格及开发商的热情，如果土地供给缺乏计划和限度，这将为假设开发法的运用增加重重困难，并可能使其评估结果失真。因此，制订一个公开的、长期的和合理的土地供应计划，既能保证出让的土地满足市场需要，又能充分节约土地，减少土地的浪费，使土地处于最有效的使用状态，为估价提供坚实可靠的基础。

6.2　假设开发法估价的操作步骤

依据《房地产估价规范》（GB/T 50291—2015）第4.5.1条，运用假设开发法进行房地产估价时，应按下列步骤进行：

（1）选择具体估价方法；

（2）选择估价前提；

（3）选择最佳开发经营方式；

（4）测算后续开发经营期；

（5）测算后续开发的必要支出；

（6）测算开发完成后的价值；

（7）确定折现率或测算后续开发的应得利润；

（8）计算开发价值。

6.2.1　动态分析法和静态分析法

根据《房地产估价规范》（GB/T 50291—2015）第4.5.2条，采用假设开发法估价时，应选择具体估价方法，并应符合下列规定：应根据估价对象所处开发建设阶段等情况，选择动态分析法或静态分析法，并应优先选用动态分析法。

房地产特别是大型房地产开发项目的开发周期一般较长，待开发房地产的购置价款、后续开发的各项支出、开发完成后的房地产销售回款等发生的时间相隔较长。因此，运用假设开发法估价应考虑资金的时间价值。考虑资金的时间价值主要有两种方式：一是折现；二是计算投资利息。将前一种方式下的假设开发法定义为动态分析法，将后一种方式下的假设开发法定义为静态分析法。

1）动态分析法与静态分析法的区别

（1）对后续开发的必要支出和开发完成后的价值的测算，在静态分析法中主要是根据价值时点（通常为现在）的房地产市场状况作出的，即它们基本上是静止在价值时点的金额。而在动态分析法中，是模拟房地产开发经营过程，预测它们未来发生的时间以及在未来发生时的金额，即要进行现金流量预测[①]。

（2）静态分析法不考虑各项收入支出发生的时间不同，即不是将它们折算到同一时间上，而是直接相加减，但要计算投资利息，计息期通常到开发完成之时，即既不考虑预售，也不考虑延迟销售。而动态分析法要考虑各项收入支出发生的时间不同，即要先把它们折算到同一时间上（直接或最终折算到价值时点上），然后再相加减。例如，评估一宗房地产开发用地2016年8月15日的价值，要把预测的在未来发生的各项收入和支出都折算到2016年8月15日。如果预测该项目2019年8月15日开发完成后的房价为8 000元/㎡，折现率为10%，则需要将这8 000元/㎡折现到2016年8月15日，即在2016年8月15日来看的房价实际为6 010.52元/㎡（8 000÷（1+10%）³）。

（3）在静态分析法中投资利息和开发利润都单独显现出来，在动态分析法中这两项都不显现出来，而是隐含在折现过程中。因此，动态分析法要求折现率既包含安全收益部分（通常的利率），又包含风险收益部分（利润率）。之所以这样处理，是为了与投资项目经济评价中的现金流量分析的口径一致，便于比较。

2）动态分析法和静态分析法的优缺点

从理论上讲，动态分析法测算出的结果较精确，但测算过程相对复杂；静态分析法测算出的结果较粗略，但测算过程相对简单。就它们的精确与粗略而言，在现实中可能并不完全如此。因为动态分析法从某种意义上讲要求"先知先觉"，具体需要做到以下3点：①后续开发经营期究竟多长要预测准确；②各项收入、支出在何时发生要预测准确；③各项收入、支出发生的金额要预测准确。

由于存在着众多的未知因素和偶然因素会使预测偏离实际，准确预测是十分困难的。尽管如此，在实际估价中应优先选用动态分析法。在难以采用动态分析法的情况下，可以选用静态分析法。

6.2.2 假设开发法的估价前提

假设开发法的估价前提应根据估价目的、估价对象所处开发建设状态等情况，并应经过分析，选择业主自行开发前提、自愿转让开发前提、被迫转让开发前提之一。三种情形下预测出的后续开发经营期的长短和后续开发的必要支出的多少是不同的，从而测算出的待开发房地产价值也是不同的。例如，估价对象现为某个房地产开发企业开发的商品房在建工程，在运用假设开发法评估其价值时，要搞清楚该在建工程是仍然由该房地产开发企

---

① 现金流量是指一个项目（方案或企业）在某一特定的时期内收入和支出的资金数额。现金流量分为现金流入量、现金流出量和净现金流量。资金的收入称为现金流入，相应的数额称为现金流入量。资金的支出称为现金流出，相应的数额称为现金流出量。现金流入通常表示为正现金流量，现金流出通常表示为负现金流量。净现金流量是指某一时点的正现金流量与负现金流量的代数和，即：净现金流量=现金流入量−现金流出量。

业续建完成，还是将由其他房地产开发企业续建完成，特别是该在建工程是否要被人民法院强制拍卖。假如预测该商品房在建工程的后续建设期，通过比较法等方法得到了该在建工程的正常建设期为2年，类似商品房开发项目（将商品房建成）的正常建设期为3年，则在该在建工程由现房地产开发企业续建完成的情况下，其后续建设期为1年。但如果是该在建工程要被现房地产开发企业自愿转让给其他房地产开发企业，或被人民法院强制拍卖给其他房地产开发企业，则还应加上由现房地产开发企业转为其他房地产开发企业的"换手"的正常期限，如需要办理有关变更等交接手续，相当于产生了一个新的"前期"。如果"换手"的正常期限分别为0.5年和1年，则该在建工程的后续建设期分别为1.5年和2年。在"换手"的情况下，不仅会有一个新的"前期"，通常还会发生新的"前期费用"，因此在估算后续开发的必要支出时，还应加上这部分"前期费用"。

由此可见，假设开发法的估价前提有三种：①估价对象仍然由其业主开发完成，这种估价前提称为"业主自行开发前提"；②估价对象要被其业主自愿转让给他人开发完成，这种估价前提称为"自愿转让开发前提"；③估价对象要被迫转让给他人开发完成，这种估价前提称为"被迫转让开发前提"。同一估价对象在这三种不同的估价前提下运用假设开发法估价，评估出的价值往往不同。一般情况下，业主自行开发前提下评估出的价值要大于自愿转让开发前提下评估出的价值，自愿转让开发前提下评估出的价值要大于被迫转让开发前提下评估出的价值。但需要指出的是，在运用假设开发法时究竟应采用上述哪种估价前提进行估价，不是估价师可以随意假定的，必须根据估价目的和估价对象所处的实际情况来选择，并应在估价报告中充分说明理由。房地产抵押估价和房地产司法拍卖估价一般应采用被迫转让开发前提。

6.2.3 最佳开发经营方式的选择

选择最佳开发经营方式时，应先调查估价对象状况、估价对象所在地的房地产市场状况等情况，再据此确定未来开发完成后的房地产状况及其经营方式。

1）调查、分析待开发房地产状况

（1）弄清土地的区位状况，包括3个层次：①土地所在城市的性质；②土地所在城市内的区域的性质；③具体的坐落状况。弄清这些，主要是为选择最佳的用途服务。例如，位于上海浦东新区的一块房地产开发用地需要估价，弄清该块土地的区位状况，需要弄清上海的性质和地位，浦东新区的性质和地位，浦东新区与上海老市区的关系以及政府对该区的政策和规划建设设想等，此外还要弄清这块土地在该区内的具体坐落状况，包括交通条件、外部配套设施、周围环境和景观等。

（2）弄清土地的实物状况。如果待开发房地产是土地，要弄清包括面积大小、形状、地形、地势、平整程度、基础设施通达程度、地质和水文状况等内容；如果待开发房地产是在建工程，要着重了解已建筑的程度、后续工期、后续投资等。这些主要是为测算开发成本、费用等服务。

（3）弄清土地的权益状况，特别是规划条件和将拥有的土地权利。弄清规划条件包括弄清土地用途、容积率、建筑高度、建筑密度、绿地率等。弄清将拥有的土地权利包括弄清土地权利性质、使用期限、是否不可续期，以及对该房地产开发项目及建成后的房地产转让、抵押、出租甚至价格等的有关规定等。弄清规划条件主要是为选取最佳的开发利用方式、确定未来开发完成后的房地产状况服务。弄清将拥有的土地权利主要是为预测开发完成后的房地产市场价格、租金等服务。

173

2）选择最佳的开发利用方式

在调查、分析了房地产开发用地的状况和当地的房地产市场状况后，便可以选择最佳的开发利用方式，要根据最有效使用和最合理开发的原则，在政府规划限制的许可范围内，设计待开发房地产的最佳开发方式和方案，包括对用途、规模、档次等的确定。选择何种开发方式，将直接关系到市场销售、建设成本和开发项目的盈利。

在选择最佳的开发利用方式时，最重要的是要选择最佳的用途。选择最佳用途时，要考虑土地位置的可接受性及这种用途的现实社会需要程度和未来发展趋势。例如，某块土地城市规划规定的用途可为宾馆、公寓、写字楼，但在实际估价时究竟应选择哪种用途？这首先要调查该块土地所在城市和区域的宾馆、公寓、写字楼的供求关系及其走向。如果对宾馆、写字楼的需求开始趋于饱和，表现为客房入住率、写字楼出租率呈下降趋势，但希望能租到或买到公寓住房的人逐渐增加，而近年能提供的数量又较少时，则可以选择该块土地的用途为兴建公寓。

6.2.4 后续开发经营期的测算

《房地产估价规范》（GB/T 50291—2015）第4.5.5条规定："后续开发经营期应根据估价对象状况、未来开发完成后的房地产状况、未来开发完成后的房地产经营方式、类似房地产开发项目相应的一般期限、估价前提、估价对象所处开发建设状态、未来房地产市场状况等进行测算。"

预测后续开发经营期的目的是把握建筑物完成的时间和推测建筑物完成时的价格、建筑费用的投入、利息的负担和各项收入支出的贴现值的数额，因为开发经营期的长短直接关系到市场行情的变化，牵涉到房地产转让销售价格的测算和开发建设资金的安排与落实等。

开发经营期的起点是取得估价对象（待开发房地产）的日期，即价值时点，终点是预计未来开发完成后的房地产经营结束的日期。开发经营期可分为开发期和经营期。

开发期可称为开发建设期，其起点与开发经营期的起点相同，终点是预计待开发房地产竣工的日期。对于在土地上进行房屋建设的情况来说，开发期又可分为前期和建造期。前期是从取得待开发土地到动工开发（开工）的这段时间；建造期是从动工开发到房屋竣工的这段时间。开发经营期及其构成如图6-1所示。

经营期根据开发完成后房地产的不同经营使用方式而具体分析。开发完成后房地产的经营使用方式主要有出售、出租、自营。因此，经营期可以具体分为销售期（针对出售）和运营期（针对出租、自营）。销售期是从开始销售已开发完成或未开发完成的房地产到将其全部售罄的日期。销售未开发完成的房地产，即预售。在有预售的情况下，销售期与建造期有重合。运营期的起点通常是待开发房地产开发完成（竣工）的日期，终点是开发完成后的房地产经济寿命结束的日期。

估计开发经营期可采用类似于比较法的方法，即根据同一地区、相同类型、同等规模的类似开发项目已有的正常开发经营期来估计。开发期一般能较准确地估计，对于可能使开发期延长的非正常因素在估计开发期时一般不考虑。经营期，特别是销售期，通常是难以准确估计的，在估计时应考虑未来房地产市场的状况。

6.2.5 后续开发必要支出及应得利润的测算

《房地产估价规范》（GB/T 50291—2015）第4.5.6条规定："后续开发的必要支出应根据估价对象状况、未来开发完成后的房地产状况、未来开发完成后的房地产经营方式、估

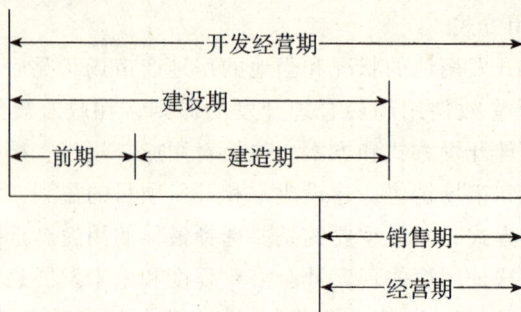

（a）在销售（含预售）情形下

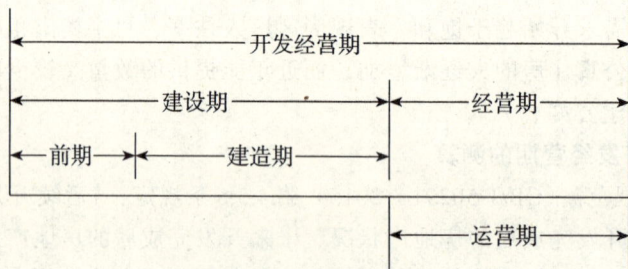

（b）在出租或营业情形下

图6-1　开发经营期及其构成

价前提、估价对象所处开发建设状态等来确定，并应符合下列规定：①后续开发的必要支出应为将估价对象开发成未来开发完成后的房地产所必须付出的各项成本、费用和税金，动态分析法的构成项目包括后续开发的建设成本、管理费用、销售费用、销售税费等，静态分析法的构成项目还包括后续开发的投资利息。当估价前提为自愿转让开发和被迫转让开发时，构成项目还应包括估价对象取得税费。②动态分析法中折现前后续开发的必要支出应为预计其在未来发生时的金额，静态分析法中后续开发的必要支出可为假设其在价值时点发生时的金额。"

后续的建设成本、管理费用、销售费用、销售税费、投资利息、开发利润及投资者购买待开发房地产应负担的税费等必要支出，要与未来开发完成后的房地产状况相对应。在实际估价中，建设成本、管理费用、销售税费等必要支出的测算，可根据当地的房地产价格构成情况分项测算，测算的方法与成本法中的相同，所不同的是需要预测这些必要支出。

（1）建设成本、管理费用。建设成本、管理费用可采用类似于比较法的方法来测算，即通过当地同类房地产开发项目当前的建设成本和管理费用来大致推算，还要考虑未来建筑材料价格、建筑人工费等的变化对开发成本和管理费用的影响。

（2）销售费用、销售税费。内涵同成本法，通常是按照开发完成后的房地产价值的一定比率来测算。

（3）投资利息①。投资利息只有在静态分析法中才需要测算。测算投资利息需要把握下列六个方面：

①应计息的项目。应计息的项目包括：未知、需要求取的待开发房地产的价值；投资者

① 《房地产估价规范》（GB/T 50291—2015）第4.5.11条规定：静态分析法中后续开发的投资利息的计算基数，应包括估价对象价值或价格和后续开发的建设成本、管理费用、销售费用。当估价前提为自愿转让开发和被迫转让开发时，计算基数还应包括估价对象取得税费。各项计算基数的计息期，应分别自其发生时起至建设期结束时止。

购买待开发房地产应负担的税费；开发成本、管理费用和销售费用。销售税费一般不计息。

②计息期的长短。计息期是某项费用应计息的时间长度。其起点是该项费用发生的时间点，终点通常是开发期结束的时间点，不考虑预售和延迟销售的情况。另外，需要注意的是，未知、需要求取的待开发房地产的价值是假设在价值时点一次付清，所以，其计息的起点是价值时点。有些费用不是发生在一个时间点，而是在一段时间（如开发期或建造期）内连续发生，但计息时通常将其假设为在所发生的时间段内均匀发生，具体视为发生在该时间段的期中。发生的时间段通常按年来划分，精确的测算也可按半年、季、月来划分。

③计息的方式。有单利计息和复利计息两种。本金相等、计息的周期数相同、利率相同，则通常情况下（计算的周期数大于1）单利计息的利息少，复利计息的利息多。

④利率的高低。有单利利率和复利利率两种。选用不同的利率，应选用相对应的计息方式；反过来，选用不同的计息方式，应选用相对应的利率，不能混淆。

⑤计息周期。计息周期是计算利息的单位时间。计息周期可以是年、半年、季、月、周或天等，但通常为年。

⑥名义利率和实际利率。在复利计息的情形下，当利率的时间单位与计息周期不一致时，就出现了名义利率和实际利率（又称有效利率）。

（4）开发利润。静态分析法中才需要估算开发利润。开发利润估算的方法与成本法中的相同，通常是以一定基数乘以同一市场上类似房地产开发项目所要求的相应利润率。开发利润率有成本利润率、投资利润率、销售利润率等多种。不同种类的开发利润率的内涵不同，计算口径也不同。因此，在测算开发利润时，应搞清楚开发利润率的含义，并据此采用相应的计算基数；或者反过来，当确定了计算基数后，应选用相应的开发利润率。

（5）取得待开发房地产应负担的税费。投资者购买待开发房地产应负担的税费，是假定一旦购买了待开发的房地产，在交易时作为买方应负担的有关税费，如契税、交易手续费等。该项税费通常是根据当地的规定，按待开发房地产价值的一定比率估算。估价前提为业主自行开发的，后续开发的必要支出一般不包括估价对象取得税费。

6.2.6 开发完成后的价值测算

预测开发完成后的价值，需要弄清3个问题：①该价值是在哪种开发完成后的房地产状况下的价值；②该价值是在哪个时间的价值；③该价值的预测方法有哪些。

（1）开发完成后的价值对应的房地产状况。开发完成后的价值是指未来开发完成后的房地产状况所对应的价值。因此，在预测开发完成后的价值之前，先要弄清未来开发完成后的房地产状况，然后再预测该状况的房地产价值。以估价对象为商品房在建工程为例，如果预计未来开发完成后的商品房是毛坯房、粗装修房、精装修房的，则预测的开发完成后的价值分别应是毛坯房的价值、粗装修房的价值、精装修房的价值。

还需要注意的是，未来开发完成后的房地产状况并不总是纯粹的房地产，除了房地产，还可能包含房地产以外的动产、权利等。特别是未来开发完成后的房地产为酒店、保龄球馆这类收益性房地产的，其状况通常是"以房地产为主的整体资产"，包含着建筑物内的家具、设备等房地产以外的财产。在这种情形下，预测的开发完成后的价值还应包含家具、设备等房地产以外财产的价值。

（2）开发完成后的价值对应的时间。开发完成后的价值对应的时间可能是未来开发完成之时，也可能是未来开发完成之前或之后的某个时间。因此，在预测开发完成后的价值之前，还要弄清是预测未来开发完成后的房地产状况在哪个时间的价值。在静态分析法中，开发完成后的价值是未来开发完成后的房地产状况在价值时点的房地产市场状况下的价值。[①]但在动态分析法中，对于未来开发完成后的房地产适宜建成销售的，通常是预测它在未来开发完成之时的房地产市场状况下的价值；但当房地产市场较好而适宜预售的，则是预测它在预售时的房地产市场状况下的价值；当房地产市场不好而需要延迟销售的，则是预测它在延迟销售时的房地产市场状况下的价值。[②]

（3）开发完成后的价值的预测方法[③]。在动态分析法中，预测开发完成后的价值时，一般不宜将估价作业时的类似房地产的市场价格直接"平移"过来作为开发完成后的价值，通常是采用市场法并考虑类似房地产市场价格的未来变化趋势，即根据类似房地产过去和现在的市场价格及其未来可能的变化趋势来推测。比较的单位一般为单价。

值得指出的是，运用假设开发法估价，开发完成后的价值不能采用成本法求取，否则表面上是采用假设开发法估价，实质上是采用成本法估价。有人据此认为同一估价对象不能同时采用成本法和假设开发法估价。但这种观点是不正确的。许多待开发房地产，如住宅、写字楼、商场、饭店等在建工程，不仅可以而且应当同时采用成本法和假设开发法估价，只是在运用假设开发法估价时，开发完成后的价值不能采用成本法求取。

将上述求得的各项数值，按照假设开发法的公式，进行具体的计算，求出待开发房地产的价值。计算时要注意，上述各项数值实际发生的时期并不相同，精确的价格评估通常要考虑货币的时间价值因素，要将发生的各个不同时期的费用与收入折算到相同的时间基点。

6.2.7 确定折现率或测算后续开发的应得利润

折现率是在采用动态分析法时需要确定的一个重要参数，与报酬资本化法中的报酬率的性质和求取方法相同，具体应等同于同一市场上相同或相似的房地产开发项目所要求的平均报酬率，它体现了资金的利率和开发利润两部分。

后续开发的应得利润只有在静态分析法中才需要测算。静态分析法中后续开发的应得利润，应在明确其计算基数和相应开发利润率的基础上，为其计算基数乘以类似房地产开发项目的相应开发利润率。具体见6.2.5中的开发利润。

6.2.8 开发价值的计算

动态分析法中的开发价值，应为开发完成后的价值和后续开发的必要支出分别折现到价值时点后相减；静态分析法中的开发价值，应为开发完成后的价值减去后续开发的必要支出及应得利润。

6.2.9 测算中的其他有关问题

假设开发法本质上是一种收益法，在上述测算中只讲了通常情况下的开发完成后的房地产价值这种收入，在实际估价中特别是评估投资价值时，有时还应考虑某些额外的收入、节省的费用或无形收益。未来开发完成后的房地产状况不一定是纯粹的房地产，还可

---

① 《房地产估价规范》（GB/T 50291—2015）第4.5.9条规定：静态分析法中开发完成后的价值，可为假设未来开发完成后的价值在价值时点的价值。
② 《房地产估价规范》（GB/T 50291—2015）第4.5.8条规定：动态分析法中折现前开发完成后的价值测算，应符合下列规定：（1）应为未来开发完成后的房地产在其开发完成时的价值，但当能预计未来开发完成后的房地产预售或延迟销售时，应为在预售或延迟销售时的价值；（2）应根据类似房地产未来市场价格变动趋势进行预测。
③ 《房地产估价规范》（GB/T 50291—2015）第4.5.7条规定：开发完成后的价值测算，应符合下列规定：（1）不应采用成本法测算；（2）当采用比较法测算时，应先测算开发完成后的房地产单价，再将该单价乘以未来开发完成后的房地产面积或体积等得出开发完成后的房地产总价值；当未来开发完成后的房地产中有不同用途或档次等较大差别时，应分别测算不同部分的单价，再将它们乘以相应的面积或体积等后相加得出开发完成后的房地产总价值。

能包含家具、机器设备等动产和特许经营权等权利。

6.3 假设开发法的基本公式

6.3.1 最基本的公式

假设开发法的基本公式为：

待开发房地产的价值=开发完成后的价值−后续必要支出及应得利润

$$\substack{\text{后续必要} \\ \text{支出及应得利润}} = \substack{\text{待开发} \\ \text{房地产取得税费}} + \substack{\text{后续} \\ \text{建设成本}} + \substack{\text{后续} \\ \text{管理费用}} + \substack{\text{后续} \\ \text{销售费用}} + \substack{\text{后续} \\ \text{投资利息}} + \substack{\text{后续} \\ \text{销售税费}} + \substack{\text{后续} \\ \text{开发利润}}$$

假设开发法最基本的公式为：

$$\substack{\text{待开发房地} \\ \text{产的价值}} = \substack{\text{开发完成后} \\ \text{的房地产价值}} − \substack{\text{建设} \\ \text{成本}} − \substack{\text{管理} \\ \text{费用}} − \substack{\text{销售} \\ \text{费用}} − \substack{\text{投资} \\ \text{利息}} − \substack{\text{销售} \\ \text{税费}} − \substack{\text{开发} \\ \text{利润}} − \substack{\text{待开发房地} \\ \text{产取得税费}}$$

对于公式中具体应减去的项目，掌握的基本原则是设想得到估价对象后，往后至开发完成还需要支出的一切合理、必要的费用、税金及应取得的利润。所以，如果是已经投入的费用，则它就包含在待开发房地产的价值内，不应作为扣除项。例如，评估毛地的价值，即该土地尚未完成拆迁补偿安置，这时减去的项目中还应包括拆迁补偿安置费；如果评估的是已完成拆迁补偿安置后的土地价值，则就不应扣除拆迁补偿安置费[①]。

运用此方法应把握待开发房地产在投资开发前后的状态，以及投资开发后的房地产的经营方式。待开发房地产投资开发前的状态，包括生地、毛地、熟地、旧房和在建工程等；投资开发后的状态，包括熟地和房屋（含土地）等；投资开发后的房地产的经营方式，包括出售（含预售）、出租（含预租）和自营等。

6.3.2 按估价对象细化的公式

待开发房地产即估价对象，包括下列情形[②]：

①由生地建造房屋然后租售；

②由生地开发为熟地然后租售；

③由毛地建造房屋然后租售；

④由毛地开发为熟地然后租售；

⑤由熟地建造房屋然后租售；

⑥由旧房装修改造为新房然后租售；

⑦在建工程。

按估价对象状况，上述假设开发法最基本的公式可具体细化如下：

1）求生地价值的公式

（1）由生地建造房屋然后租售的公式：

$$\substack{\text{生地} \\ \text{价值}} = \substack{\text{开发完成后} \\ \text{的房地产价值}} − \substack{\text{由生地建成} \\ \text{房屋的成本}} − \substack{\text{管理} \\ \text{费用}} − \substack{\text{销售} \\ \text{费用}} − \substack{\text{投资} \\ \text{利息}} − \substack{\text{销售} \\ \text{税费}} − \substack{\text{开发} \\ \text{利润}} − \substack{\text{生地取} \\ \text{得税费}}$$

（2）由生地开发为熟地然后租售的公式：

---

① 《城市房地产开发经营管理条例》第二十二条规定："房地产开发企业转让房地产开发项目时，尚未完成拆迁补偿安置的，原拆迁补偿安置合同中有关的权利、义务随之转移给受让人。"
② 生地：指已完成土地使用批准手续（包括土地使用权出让手续）可用于建筑的土地，该建筑用地无基础设施，或者有部分基础设施，但尚不具备完全的三通（通道路和临时水、电）条件，同时地上地下待拆除的房屋、构筑物尚未搬迁拆除。
毛地：指已完成土地使用批准手续（包括土地使用权出让手续），具有三通（通道路和临时水、电）或者条件更完备的基础设施，但未进行动拆迁的可用于建筑的土地。
熟地：指具有完善的基础设施，且地面平整，可用于建筑的土地。

$$\frac{\text{生地}}{\text{价值}}=\frac{\text{开发完成后}}{\text{的熟地价值}}-\frac{\text{由生地开发}}{\text{为熟地的成本}}-\frac{\text{管理}}{\text{费用}}-\frac{\text{销售}}{\text{费用}}-\frac{\text{投资}}{\text{利息}}-\frac{\text{销售}}{\text{税费}}-\frac{\text{开发}}{\text{利润}}-\frac{\text{生地取}}{\text{得税费}}$$

【实战演练6-1】

有一面积为3平方千米的成片荒地需要估价。获知该成片荒地适宜进行"五通一平"的开发后分块有偿转让；可转让土地面积的比率为60%；附近地区与之位置相当的小块"五通一平"的熟地的单价为900元/平方米。开发期需要3年；将该荒地开发成"五通一平"的熟地的开发成本、管理费用等估价为2.5亿元/平方千米；贷款年利率为10%；投资利润率为15%；投资者购买该成片荒地需要缴纳的税费为荒地价格的4%，土地开发完成后转让过程中需要缴纳的税费为转让价格的6%；销售费用为转让价格的4%。试用静态分析法估算该成片荒地的总价和单价。

设该成片荒地的总价为V，则：

该成片荒地开发完成后的总价值=900×3 000 000×60%=16.2（亿元）

开发成本和管理费用等的总额=2.5×3=7.5（亿元）

投资利息总额=（V+V×4%）×［（1+10%）^{3}-1］+7.5×［（1+10%）$^{1.5}$-1］
=0.344V+1.153（亿元）

销售税费及销售费用=16.2×10%=1.62（亿元）

开发利润总额=（V+V×4%+7.5）×15%=0.156V+1.125（亿元）

购买该成片荒地的税费总额=V×4%=0.04V（亿元）

根据公式：

$$\frac{\text{生地}}{\text{价值}}=\frac{\text{开发完成后}}{\text{的熟地价值}}-\frac{\text{由生地开发}}{\text{为熟地的成本}}-\frac{\text{管理}}{\text{费用}}-\frac{\text{销售}}{\text{费用}}-\frac{\text{投资}}{\text{利息}}-\frac{\text{销售}}{\text{税费}}-\frac{\text{开发}}{\text{利润}}-\frac{\text{生地取}}{\text{得税费}}$$

V=16.2-7.5-（0.344V+1.153）-1.62-（0.156V+1.125）-0.04V

求得V=4.1829亿元，即为该荒地的总价。

荒地的单价=418 290 000÷3 000 000=139.43（元/平方米）

2）求毛地价值的公式

（1）由毛地建造房屋然后租售的公式：

$$\frac{\text{毛地}}{\text{价值}}=\frac{\text{开发完成后}}{\text{的房地产价值}}-\frac{\text{由毛地建成}}{\text{房屋的成本}}-\frac{\text{管理}}{\text{费用}}-\frac{\text{销售}}{\text{费用}}-\frac{\text{投资}}{\text{利息}}-\frac{\text{销售}}{\text{税费}}-\frac{\text{开发}}{\text{利润}}-\frac{\text{毛地取}}{\text{得税费}}$$

（2）由毛地开发为熟地然后租售的公式：

$$\frac{\text{毛地}}{\text{价值}}=\frac{\text{开发完成后}}{\text{的熟地价值}}-\frac{\text{由毛地开发}}{\text{为熟地的成本}}-\frac{\text{管理}}{\text{费用}}-\frac{\text{销售}}{\text{费用}}-\frac{\text{投资}}{\text{利息}}-\frac{\text{销售}}{\text{税费}}-\frac{\text{开发}}{\text{利润}}-\frac{\text{毛地取}}{\text{得税费}}$$

【实战演练6-2】

某开发商决定购买某市一宗面积为1 000平方米的未拆迁安置土地进行房地产开发。经过对周围环境和市场状况的调查，该块土地改造后最佳的开发利用方式为写字楼。土地的剩余使用年限为40年，规划允许建筑面积为4 000平方米。预计总开发时间为2年，拆迁安置补偿费和其他土地开发费用为1 000万元，于开发建造前投入；建筑费为1 000元/平方米，专业费用为建筑费的4%，第一年均匀投入60%的建筑费和专业费，剩余的建筑费和专业费于第二年均匀投入。预计写字楼建成后即可全部租出，可出租面积为总建筑面积的70%，预计出租的净收益为每月80元/平方米。销售税费为写字楼价值的8%，购买该宗土地需缴纳的相关税费为地价的4%。试利用所给资料，用动态分析法评估该宗土地的正常购买总价、单价和楼面地价（报酬率为10%，折现率为14%）。

设该宗毛地的总价为 V，则：

（1）开发完成后的房地产价值为 V。

需首先运用收益法估算收益价格，再折现为价值时点的价值，即计算开发完成后该房地产总价值的公式为：

$$V_0 = \frac{a}{r}\left[1 - \frac{1}{(1+r)^n}\right] \times \frac{1}{(1+r_d)^t}$$

式中：r_d 为折现率；t 为折现年限。

a=80×4 000×70%×12=2 688 000（元）

r=10%；n=38年；r_d=14%；t=2年。

$$V_0 = \frac{a}{r}\left[1 - \frac{1}{(1+r)^n}\right] \times \frac{1}{(1+r_d)^t} = \frac{2\,688\,000}{10\%} \times \left[1 - \frac{1}{(1+10\%)^{38}}\right] \times \frac{1}{(1+14\%)^2}$$

$$=2\,013.03（万元）[1]$$

（2）拆迁安置补偿费及其他土地开发费用为 1 000 万元

（3）建筑费及专业费用的总额=1 000×4 000×(1+4%)×$\left[\dfrac{60\%}{(1+14\%)^{0.5}} + \dfrac{40\%}{(1+14\%)^{1.5}}\right]$

$$=370.48（万元）$$

（4）销售税费总额=2 013.03×8%=161.04（万元）

（5）购买该宗土地应负担的税费总额=V×4%=0.04V（万元）

（6）求该毛地的正常购买价格

毛地 ＝ 开发完成后 ＿ 由毛地建成 ＿ 管理 ＿ 销售 ＿ 销售 ＿ 毛地取
价值　的房地产价值　房屋的成本　费用　费用　税费　得税费

（投资利息、开发利润用动态分析法时不扣除）

V=2 013.03-1000-370.48-161.04-0.04V

求得 V=462.99 万元，即为该毛地的总价。

毛地的单价=4 629 900÷1 000=4 629.9（元/平方米）

楼面地价=4 629 900÷4 000=1157.48（元/平方米）

3）求熟地价值的公式

熟地 ＝ 开发完成后 ＿ 由熟地建成 ＿ 管理 ＿ 销售 ＿ 投资 ＿ 销售 ＿ 开发 ＿ 熟地取
价值　的房地产价值　房屋的成本　费用　费用　利息　税费　利润　得税费

【实战演练6-3】

某一宗"七通一平"的熟地，面积为 5 000 平方米，土地剩余使用年限为 65 年，容积率为 2，适宜建造某种类型的普通住宅；预计取得该土地后建造该类普通住宅的开发期为 2 年，建筑安装工程费为每平方米建筑面积 800 元，勘察设计等专业费用及管理费为建筑安装工程费的 12%，第一年需要投入 60% 的建筑安装工程费、专业费用及管理费，第二年需要投入 40% 的建筑安装工程费、专业费用及管理费；销售商品住宅时的广告宣传等费用为其售价的 2%，房地产交易中卖方需要缴纳的税费等为交易价格的 6%，买方需要缴纳的契税等为交易价格的 3%；预计该商品住宅在建成时可全部售出，售出时的平均价格为每平方米建筑面积 2 000 元。试利用所给资料用动态分析法估算该宗土地的总价、单价及楼面地价（折现率为 12%）。

---

① 开发建设费用在各年的投入实际上是覆盖全年的，但为折现计算方便起见，假设各年的投入是集中在各年的年中，以下各例中同理。

设该宗熟地的总价为 V，则：

开发后房地产的建筑总面积=土地总面积×容积率=5 000×2=10 000（平方米）

开发后房地产的总价值=2 000×10 000÷(1+12%)^2=1 594.39（万元）

$$\text{建筑安装工程费、} \atop \text{专业费用及管理费的总额}=800×10\ 000×(1+12\%)×\left[\frac{60\%}{(1+12\%)^{0.5}}+\frac{40\%}{(1+12\%)^{1.5}}\right]$$

$$=810.36（万元）$$

销售税费总额=1594.39×(2%+6%)=127.55（万元）

购买该宗土地应负担的税费总额=V×3%=0.03V（万元）

$$\text{熟地} \atop \text{价值} = {\text{开发完成后} \atop \text{的房地产价值}} - {\text{由熟地建成} \atop \text{房屋的成本}} - {\text{管理} \atop \text{费用}} - {\text{销售} \atop \text{费用}} - {\text{销售} \atop \text{税费}} - {\text{熟地取} \atop \text{得税费}}$$

（投资利息、开发利润用动态分析法时不扣除）

V=1 594.39-810.36-127.55-0.03V

求得 V=637.36 万元，即为该熟地的总价。

熟地的单价=6 373 600÷5 000=1 274.72（元/平方米）

楼面地价=土地总价÷总建筑面积=土地单价÷容积率=12 74.72÷2=637.36（元/平方米）

4）求在建工程价值的公式

$$\text{在建工程} \atop \text{价值} = {\text{续建完成后} \atop \text{的房地产价值}} - {\text{续建} \atop \text{成本}} - {\text{管理} \atop \text{费用}} - {\text{销售} \atop \text{费用}} - {\text{投资} \atop \text{利息}} - {\text{销售} \atop \text{税费}} - {\text{开发} \atop \text{利润}} - {\text{在建工程} \atop \text{取得税费}}$$

【实战演练6-4】

某在建工程开工于20×6年3月1日，拟作为商场和办公综合楼；总用地面积3 000平方米，规划总建筑面积为12 400平方米，其中商场总建筑面积为2 400平方米，办公楼建筑总面积为10 000平方米。土地使用年限为50年，从开工之日起计算；当时取得土地的地价为楼面价800元/平方米。该项目的正常开发期为2年，开发成本为每平方米建筑面积2 500元，管理费用为开发成本的3%。至20×6年9月1日实际完成了主体结构，已投入35%的建设费用，剩余的65%的建设费用在剩余的1.5年的建设期内均匀投入，贷款年利率为8.5%。预计该工程建成后商场即可出租，写字楼即可出售；商场可出租面积为建筑面积的75%，正常出租率为85%，可出租面积的月租金为80元/平方米，出租的运营费用为有效毛收入的25%；写字楼的售价为5 000元/平方米，销售税费为售价的8%。当地购买在建工程买方需要缴纳的税费为购买价的3%。试利用上述资料用动态分析法估算该在建工程20×6年9月1日的正常购买价格和按规划建筑面积折算的单价（报酬率为12%，折现率为15%）。

设该在建工程的正常购买总价为 V，则：

（1）续建完成后的房地产价值为 V_0。

续建完成后的房地产价值为商场和办公综合楼价值之和，对于写字楼的价值，把销售价值折现为价值时点的价值即可，而商场的价值需首先运用收益法估算收益价格，再折现为价值时点的价值，即计算续建完成后该房地产总价值的公式为：

$$V_0=\left\{v×s+\frac{a}{r}\left[1-\frac{1}{(1+r)^n}\right]\right\}×\frac{1}{(1+r_d)^t}$$

（v 为写字楼销售单价，s 为写字楼面积，r_d 为折现率，t 为折现年限）

式中：a=80×2 400×12×75%×85%×(1-25%)=1 101 600（元）；r=12%；n=

$50-2=48$（年）；$r_d=15\%$；$t=1.5$年。

$$V_0=\left\{v\times s+\frac{a}{r}\left[1-\frac{1}{\cdot(1+r)^n}\right]\right\}\times\frac{1}{(1+r_d)^t}$$

$$=\left\{5\,000\times10\,000+\frac{1\,101\,600}{12\%}\left[1-\frac{1}{(1+12\%)^{48}}\right]\right\}\times\frac{1}{(1+15\%)^{1.5}}=47\,95.52\text{（万元）}$$

（2）续建总费用$=2\,500\times12\,400\times(1-35\%)\times\dfrac{1}{(1+15\%)^{\frac{1.5}{2}}}\times(1+3\%)=1\,868.91$（万元）

（3）销售税费总额$=10\,000\times5\,000\times8\%\times\dfrac{1}{(1+15\%)^{1.5}}=324.35$（万元）

（4）购买该在建工程应负担的税费总额$=V\times3\%=0.03V$（万元）

（5）求该在建工程的正常购买价格

根据公式：

在建工程价值＝续建完成后的房地产价值－续建成本－管理费用－销售费用－销售税费－在建工程取得税费

（投资利息、开发利润用动态分析法时不扣除）

$V=4\,795.52-1\,868.91-324.35-0.03V$

求得 $V=2526.47$ 万元，即为该在建工程的正常购买总价。

在建工程的单价$=25\,264\,700\div12\,400=2\,037.48$（元/平方米）

5）求旧房价值的公式

旧房价值＝装修改造完成后的房地产价值－装修改造成本－管理费用－销售费用－投资利息－销售税费－开发利润－旧房取得税费

【实战演练6-5】

某建筑面积为 6 000 平方米的旧厂房需要估价。根据其所在地点和周围环境，适宜装修改造成商场出售，并可获得政府批准，但需补交土地使用权出让金等400元/平方米（按建筑面积计），同时取得40年的土地使用权。预计装修改造期为1年，装修改造费为每平方米建筑面积1 000元；装修改造完成后即可全部售出，售价为每平方米建筑面积5 000元；销售费用和销售税费为售价的8%；购买该旧厂房需要缴纳的税费为其价格的4%。试利用上述资料用动态分析法估算该旧厂房的正常购买总价和单价（折现率为12%）。

设该旧厂房的正常购买总价为V，则：

装修改造后的总价值$=6\,000\times5\,000\div(1+12\%)=2\,678.57$（万元）

装修改造总费用$=1\,000\times6\,000\div(1+12\%)^{0.5}=566.95$（万元）

销售税费总额$=2\,678.57\times8\%=214.29$（万元）

购买该旧厂房的税费总额$=V\times4\%=0.04V$（万元）

需补交土地使用权出让金等的总额$=400\times6\,000=240$（万元）

根据公式：

旧房价值＝装修改造完成后的房地产价值－装修改造成本－管理费用－销售税费－旧房取得税费

（投资利息、开发利润用动态分析法时不扣除）

$V=2\,678.57-240-566.95-214.29-0.04V$

求得 $V=1\,593.59$ 万元，即为该旧厂房的正常购买总价。

旧厂房的单价$=15\,935\,900\div6\,000=2\,655.98$（元/平方米）

6.3.3 按开发完成后的经营方式细化的公式

待开发房地产即估计对象，投资开发后的经营方式有出售（包括预售、建成后出售）、出租（包括预租，但比较少见，多为建成后出租）和自营（如商店、旅馆、餐馆、游乐场）等。按开发完成后经营方式的状况，上述假设开发法最基本的公式可具体细化如下：

1）适用于开发完成后出售的公式

$V=V_P-C$

式中：V为待开发房地产的价值；V_P为用比较法并考虑类似房地产价格未来变动趋势测算的开发完成后的房地产价值；C为应扣除项目。

2）适用于开发完成后出租、自营的公式

$V=V_R-C$

式中：V_R为用收益法测算的开发完成后的房地产价值。

6.4 运用举例

1）估价对象概况

本估价对象是一块"七通一平"的建设用地，用地面积为70 760.55平方米，该地块规划拟建住宅小区，规划容积率为1.6，则总建筑面积为113 216.88平方米，土地使用权出让时间为2015年10月31日，土地使用年限为从土地使用权出让时起50年。

2）估价要求

需要评估该块土地于2015年10月31日出让时的正常购买价格。

3）估价过程

（1）选择估价方法

该块土地属于待开发房地产，具有开发潜力，适用假设开发法进行估价，故选用假设开发法。具体是采用传统法。

（2）具体估价过程

①预测楼价。

估价地块规划拟建住宅小区，规划容积率为1.6，则总建筑面积为113 216.88平方米，用地面积为70 760.55平方米。假设该项目的开发期为2年，房屋建成后即可投入使用。根据目前的销售形势及该地块的区域状况和个别因素，估算住宅楼平均售价为2 450元/平方米，开发完成时会全部售出。

2 450×113 216.88÷10 000=27 738.14（万元）

②建造费用。

参考××市建筑设计定额指标，估算建筑物平均建筑费用为700元/平方米，则本项费用为：

700×113 216.88÷10 000=7 925.18（万元）

③工程前期费用（含配套费及各项规费）。

A.勘察规划设计：估算单价为12元/平方米（建筑面积），则：

12×113 216.88÷10 000=135.86（万元）

B.投资方向调节税：现已暂停征收。

C.城市建设配套费：合计为1 126.51万元。

a.基础设施配套费：80×113 216.88÷10 000=905.74（万元）

b.消防设施配套费：1.5×113 216.88÷10 000=16.98（万元）

c.人防易地建设费：18×113 216.88÷10 000=203.79（万元）

D.墙体改造费：10×113 216.88÷10 000=113.22（万元）

E.抗震设防审查费：0.05×113 216.88÷10 000=0.57（万元）

F.工程质量监督费：按建筑安装造价的1.8‰计，则：

7 925.18×1.8‰=14.27（万元）

G.垃圾服务费：12×113 216.88÷10 000=135.86（万元）

H.白蚁防治费：1.0×113 216.88÷10 000=11.32（万元）

I.开发行业管理费：0.5×113 216.88÷10 000=5.66（万元）

J.契税：地价以V表示，则为0.04V。

工程前期费用合计为1 543.27+0.04V万元。

④投资利息。

参考同期银行贷款利率，取投资年利率5.94%。地价和前期费用要一次性投入，建筑费用在开发期内均匀投入，则投资利息为：

$(V+1\ 543.27+0.04V)\times[(1+5.942\%)^2-1]+7\ 925.18\times[(1+5.94\%)^{2/2}-1]$

$=0.1272V+659.54$（万元）

⑤投资利润。

结合近年来的房地产业状况，确定投资年利润率为10%，则投资利润为：

$(V+1\ 543.27+0.04V)\times[(1+10\%)^2-1]+7\ 925.18\times[(1+10\%)^{2/2}-1]$

$=0.2184V+1\ 116.60$（万元）

⑥管理费用、销售费用及其他不可预见费用：按楼价的2.5%计，则为693.45万元。

⑦税费（含后期费用）：合计为2 649.01万元。

A.水增容费（含表外工程费）：15×113 216.88÷10 000=169.83（万元）

B.供电。

增容费：45×113 216.88÷10 000=509.48（万元）

工程费：估算单价为3元/平方米，则：3×113 216.88÷10 000=33.97（万元）

C.营业税金及附加（教育费附加、城市维护建设税、堤防维护建设费）：

27 738.14×6.55%=1 816.85（万元）

D.专项维护资金：7 925.18×1.5%=118.88（万元）

⑧相关法律手续费用、土地估价费及登记发证费，按地价的2%计，则为0.02V万元。

⑨计算地价：

地价=①-②-③-④-⑤-⑥-⑦-⑧

$V=27\ 738.14-7925.18-(1\ 543.27+0.04V)-(0.1272V+659.54)-(0.2184V+1116.60)-693.45-2\ 649.01-0.02V$

经整理后：V=9 356.21万元

单价=总地价÷用地面积

　　=9 356.21×10 000÷70 760.55

　　=1 322.24（元/平方米）

楼面地价=9 356.21×10 000÷113 216.88=826.40（元/平方米）

4）估价结果

运用假设开发法评估出土地价格为9 356.21万元人民币，单位面积地价为1 322.24元/平方米，楼面地价为826.40元/平方米。

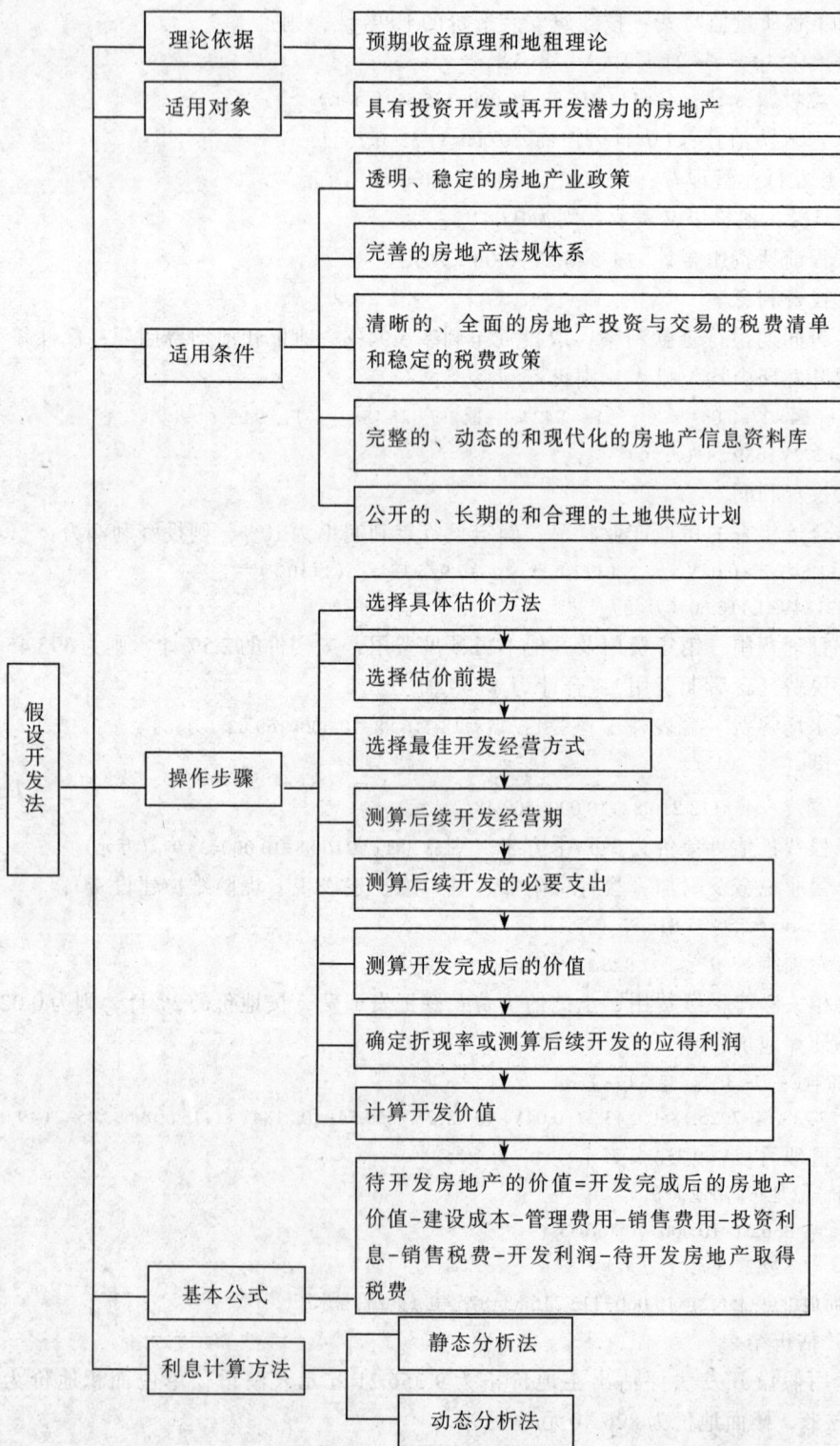

本章小结

	理论依据	预期收益原理和地租理论
	适用对象	具有投资开发或再开发潜力的房地产

适用条件
- 透明、稳定的房地产业政策
- 完善的房地产法规体系
- 清晰的、全面的房地产投资与交易的税费清单和稳定的税费政策
- 完整的、动态的和现代化的房地产信息资料库
- 公开的、长期的和合理的土地供应计划

操作步骤
- 选择具体估价方法
- 选择估价前提
- 选择最佳开发经营方式
- 测算后续开发经营期
- 测算后续开发的必要支出
- 测算开发完成后的价值
- 确定折现率或测算后续开发的应得利润
- 计算开发价值

基本公式

待开发房地产的价值=开发完成后的房地产价值−建设成本−管理费用−销售费用−投资利息−销售税费−开发利润−待开发房地产取得税费

利息计算方法
- 静态分析法
- 动态分析法

（假设开发法）

主要概念

假设开发法　生地　毛地　熟地　在建工程　动态分析法　静态分析法　名义利率　实际利率

基础知识练习

1.单项选择题

（1）对于下列房地产，不宜采用假设开发法的有（　　）。

A.可改变用途的旧建筑物　　　　　　B.在建工程

C.竣工工程　　　　　　　　　　　　D.待开发土地

（2）在运用假设开发法时，对于最佳开发利用方式的判断，最主要的标准是（　　）。

A.用途　　　　　B.规模　　　　　C.档次　　　　　D.建筑结构

（3）若较为精确地应用假设开发法，应考虑（　　）。

A.通货膨胀影响　　B.投资利息因素　　C.资金时间价值　　D.投资风险补偿

（4）假设开发法应计利息项目中，（　　）一般不计息。

A.待开发房地产价值　　　　　　　　B.投资者购买待开发房地产应负担的税费

C.开发成本和管理费用　　　　　　　D.销售税费

（5）假设开发法计算时，应扣除的项目不包括（　　）。

A.已投入的费用　　　　　　　　　　B.毛地的拆迁安置补偿费

C.投资利息　　　　　　　　　　　　D.销售税费

2.多项选择题

（1）运用假设开发法所得估价结果的可靠性，关键取决于（　　）等预测。

A.最佳开发利用方式　　　　　　　　B.折现率的大小

C.开发商期望的利润率　　　　　　　D.开发完成后的房地产价值

（2）在假设开发法估价过程中，可用市场法求取的是（　　）。

A.开发完成后的房地产价值　　　　　B.已投入的建筑及专业费用

C.开发经营期　　　　　　　　　　　D.开发成本

（3）在静态分析法中，影响利息大小的因素有（　　）。

A.应计息的项目　　B.计息期长短　　C.计息方式　　　　D.利率大小

（4）估计建设期主要是为了推测建筑物完成时的（　　）。

A.售价　　　　　B.建筑费　　　　C.利润　　　　　D.利息

（5）运用假设开发法时，应弄清将拥有的土地权利，包括弄清（　　）。

A.权利性质　　　　　　　　　　　　B.使用年限

C.可否续期　　　　　　　　　　　　D.转让、出租、抵押等的有关规定

3.计算题

某在建工程开工于2016年3月1日，用地总面积为2 000平方米，建筑容积率为5.1，用途为公寓。土地使用年限为50年，从2016年3月1日起计。土地取得费用为楼面地价1 000元/平方米，该公寓正常建设期为2年，建设费用为每平方米建筑面积2 500元，至

2016年9月1日已完成主体封顶，已投入建设费用的45%。估计该公寓可按期建成，建成后即可出租。可出租面积的月租金为80元/平方米，可出租面积为建筑面积的65%，正常出租率为80%，出租期间运营费用率为30%。又知当地购买在建工程应缴纳的税费为购买价格的5%。试利用上述资料采用动态分析法估算该在建工程于2016年9月1日的正常购买总价和按建成后的建筑面积折算的单价（假定报酬率为8%，折现率为14%）。

4.思考题

（1）假设开发法的理论依据是什么？

（2）假设开发法的适用条件是什么？

（3）假设开发法的操作步骤是怎样的？

（4）开发经营期、开发期、前期、建造期、租售期的含义及其之间的区别和联系是什么？

（5）适用于将毛地建成房屋的假设开发法的公式是什么？

实践操作训练

△实训题

试找一处"烂尾楼"，运用假设开发法估算其市场价值。

第7章

地价评估

学习目标

通过本章的学习，了解基准地价的概念、特点、作用及其评估原则和原理，宗地地价的概念；熟悉路线价法，影响地价的一般因素、区域因素和个别因素，基准地价修正系数表的编制；能运用基准地价系数修正法进行宗地价格评估。

引　例

在现实中，往往需要快速地对大量土地的价值进行评估，如果按照本书前面介绍的比较法、成本法、收益法以及假设开发法等方法对短时期内大量的、经常的土地价值进行评估，则容易出现评估成本过高、时间较长等缺点，基准地价评估就是解决这一问题的有效手段。那么，什么是基准地价？其特点、作用及其评估原则和原理有哪些？这些是本章需要解决的问题。

7.1 基准地价评估

7.1.1 基准地价评估概述

1）基准地价的概念和特点

基准地价是指在土地利用总体规划确定的城镇可建设用地范围内，对平均开发利用条件下，不同级别或不同均质地域的建设用地，按照商业、居住、工业等用途分别评估，并由政府确定的某一估价期日法定最高年期土地权利的区域平均价格。[1]基准地价所反映的是城镇建设用地地价的总体分布趋势和各级、各类土地的一般价格水平，一般由政府部门组织或委托具有一定资质的评估机构评估，评估结果经政府认可后定期公布。

基准地价具有以下特点：

（1）平均性

基准地价是一定时期的商业、住宅、工业等各类用地和综合土地级别的土地使用权的平均价格，它反映了一定时间、一定地域内的城镇土地利用所产生的实际经济效果的平均水平。

（2）区域性

基准地价反映的是特定区域内的平均价格。这个区域可以是级别区域，也可以是区片或路段，因而基准地价的表现形式通常为区片价或路段价，或两者结合起来共同反映某种用途的土地使用权价格。

---

[1]　中华人民共和国国家质量监督检验检疫总局，中国国家标准化管理委员会. GB/T 18508—2014城镇土地估价规程［S］. 北京：中国质检出版社，2015：1.

（3）时效性

基准地价只反映一定时期内某城镇地价的总体水平及其空间变化规律。随着经济的发展、城镇化建设的加快和房地产市场的变化，城市地价必然产生波动，基准地价也必会相应地变化。所以基准地价作为一种价格标准，必然有一定的时效性。为了保证基准地价的有效性和及时性，使其能够客观地反映地产市场的价格变化，就必须适时地对基准地价进行调整。

（4）全域性

基准地价一般都要覆盖整个区域，使地价在整个区域内具有可比性，城市内的任何一个区域内的土地，应有至少一种用途类型的基准地价，而且只代表该区域的地价标准，这个地价标准是该区片地价的水平。

（5）标准性

基准地价不仅是土地市场的基本地价行情的表现，还是市场的地价标准，它反映了在标准条件下的一般地价水平。这种标准条件使宗地地价与基准地价建立了具有可比性的联系，为基准地价评估时的样点地价修正提供了参考基准，也为应用基准地价系数修正法评估宗地地价奠定了基础。

（6）公示性

按照相关规定，基准地价应该定期向社会公布，以便社会及时了解城镇的地价水平及走向，使土地市场更加透明，并可作为调控和指导土地市场发展的依据。

（7）控制性

基准地价是国家对城镇土地市场价格进行宏观调控的基础，也是国家征收城镇土地使用税的依据。

2）基准地价的作用

基准地价的推广应用，在我国土地使用制度的改革和城市的发展中发挥了很大的作用。

（1）基准地价是评估宗地价格的基础

基准地价可为宗地地价的确认提供参考，为宗地地价的评估提供依据。对宗地地价进行评估时，可以采用基准地价系数修正法，即以宗地所在位置的基准地价为基础，通过对一系列因素进行系数修正，从而得出宗地地价。

（2）基准地价是合理调整土地利用结构的经济杠杆

在市场经济中，土地价格直接影响土地利用。基准地价可引导用地单位合理安排土地的使用，有利于调整用地的结构，实现土地利用规划和城市规划的目标。

（3）基准地价是政府参与土地有偿使用收益分配的依据之一

基准地价可作为制定城市国有出让土地使用权价格的依据。基准地价是城市内不同部分土地利用的收益差异较公正客观的反映，是制定协议出让国有土地使用权底价的依据和标准。根据基准地价，政府可以确定土地使用权的出让价格。

（4）基准地价是国家计征土地增值税、城镇土地使用税等税费的依据

土地增值税是在土地转让时对土地增值部分征收的。由于土地具有稀缺性，土地供给受自然供给的约束，而随着经济的不断发展，土地的需求量不断增多，从而导致土地价格上升。国家通过征收土地增值税的形式将国家所有的土地增值部分收归国有。基准地价作

为依据和标准之一，可以防止为了不缴或少缴增值税而虚报土地转让价格或以不合实际情况的价格将土地转让。

城镇土地使用税是把土地作为一项资源加以课税，基准地价可以为细分课税对象和确定税率提供依据，对于不同用途、不同容积率的宗地来说，其采用的税率从理论上来说应该是不同的。通过税率的不同，可调节土地资产在各行业的分布，有利于国家用经济手段来调控经济发展和资金流向。

（5）基准地价能为投资者提供价格信息

无论是产业投资者还是土地投资者，地价的高低都直接关系到其业务启动的成本。投资者，尤其是外来投资者，对该地区的市场地价并不熟悉。作为公告地价的基准地价，是政府制定并公布的，具有权威性，它能为投资者提供价格信息，为投资者的投资可行性研究提供材料，从而也为投资者是否投资该地区、投资于某一行业的决策提供了依据。

3）基准地价评估的原则

在评估基准地价时，要遵循以下原则：

（1）土地用途以现状为主的原则

由于基准地价的市场导向性原则，要求其能反映一定时期内城镇土地客观存在的价格水平，因此，应根据城镇目前的土地利用状况和市场交易资料来评估基准地价，据此反映土地利用效益和地价水平的现状。同时，考虑到成果的应用，对于一些城市规划实施或社会经济发展可能造成地价上涨的区域，可在按现状评估的基准地价的基础上，以其规划为参考，评估规划实现后区域未来的基准地价标准。

（2）根据实际情况因地制宜选择技术路线的原则

我国地区间发展不平衡，城镇的个体性较强，各个城镇的社会经济发展状况、土地市场活跃程度、城镇的功能定位都有一定的差异，这就要求在基准地价评估时要因地制宜地选择适合城镇实际情况的技术路线。对于地产市场不太活跃的城镇，可选择"土地分等定级为基础，土地收益为依据，土地市场交易价格为参考"的技术路线；对于地产市场较为活跃的城镇，可选择"在土地等级或均质区域划分的基础上，以市场资料为主进行评估"的技术路线。

（3）与社会经济发展水平相协调的原则

城镇地价水平的高低对城镇经济发展有很大的影响。在确定基准地价时，要从土地的使用价值和价值出发，并与城镇社会经济的发展水平相协调。这就要求评估的基准地价不能太低，也不能太高，而是要适应经济发展水平，并在一定程度上对经济发展起到促进作用。

（4）静态与动态相结合的原则

受供求关系、社会经济发展以及土地利用结构等因素的影响，城镇土地价格具有动态性。但在动态变化中，在一定时期内城镇土地价格又具有相对稳定性。因此，在条件成熟的城镇，应根据城镇的现状，评估出目前的基准地价，同时应建立标准宗地体系，以后只要跟踪这些标准宗地地价的变化，并计算其地价指数，就可以为调整基准地价提供重要的依据。

7.1.2　基准地价评估的原理

1）土地收益是基准地价评估的基础

所谓土地收益，是指由于土地条件和土地区位的差异，土地使用者使用不同的土地而获取的超额利润。进一步讲，土地收益主要是指城镇土地为其权利人带来的收入或效益。按照经济学原理，土地位置是决定土地收益的最主要因素，土地位置的差异能给直接利用土地的使用者带来不同的超额利润，超额利润的大小，决定了土地所有者收取地租的标准，因此也决定了土地使用者支付地租的能力。

影响城镇土地位置差异的主要因素有商服繁华程度、基础设施条件、交通条件、生活环境、自然环境等。

2）地租、地价理论和区位理论是基准地价评估的理论依据

依据绝对地租理论，需要最末级别的基准地价，以此达到控制城市地价最低值的目的；依据级差地租理论，在一个城市内部，由土地利用的区位效益所构成的级差地租必然有别，同时由于土地利用方式的不同，体现的级差地租是不同的、可变的。因此，在评估基准地价时，一定要体现不同区位土地的级差地租的不同。同时，地价评估成果要随时间的推移而不断更新，以维持其现时性。依据区位理论，把土地作为区位论研究的客体，而把各种已有的地理要素和社会经济活动的空间配置作为区位条件，分析研究这些条件在土地上的分布和变化特点，以及它们相互组合对土地发生的综合影响和作用，就可以揭示城镇土地的空间变化规律及数量特征，即可以根据土地区位条件形成的区位空间差异，划分出土地级别和地价控制区域。

3）各行业对土地质量的不同要求是形成不同类别基准地价的基础

城镇内各种经济活动由于自身的运行特点，对土地质量的要求会有所不同，利用土地产生的超额利润也会存在差异，从而使各行业的土地利用效益形成差别，因此，各类用地的基准地价也应存在差异。而且，由于不同行业在土地上从事的活动不同，它们在空间上表现出的利用类型不同，地租、地价也随之变化，因此，不同质量的土地，其地租、地价之间具有确定的空间分布规律。这些空间分布规律的变化过程及区位特征又都与各种地理要素和社会经济活动的影响有密切的内在关系，从而使得各行业的土地利用效益有其自身的规律，所以，不同用途的基准地价也具有不同的规律。

4）城镇土地利用结构在一定时期内的相对稳定性和长期趋势上的变化性是基准地价相对稳定和不断变化的前提

由于行业集聚效益、土地市场的发展以及土地利用现状的稳定，土地利用的结构基本稳定，基准地价在一定时期内也相对稳定。随着城镇的发展、土地利用现状的变化以及行业集聚效益的变化，土地利用结构和土地利用效益在长期趋势上也会发生变化，所以，基准地价也将处于不断的变化之中。

7.1.3 价格影响分类

城镇土地价格的影响因素有：

1）一般因素

一般因素指影响城镇地价总体水平的自然、社会、经济和行政因素等，主要包括地理位置、自然条件、人口、行政区划分、城镇性质、城镇发展过程、社会经济状况、土地制度、住房制度、土地利用规划及计划、社会及国民经济发展规划等。

2）区域因素

区域因素指影响城镇内部区域之间地价水平的商服繁华程度及区域在城镇中的位置、交通条件、公用设施及基础设施水平、区域环境条件、土地使用限制和自然条件等。

3）个别因素

个别因素指宗地自身的地价影响因素，包括宗地自身的自然条件、开发程度、形状、长度、宽度、面积、土地使用限制和宗地临街条件等。

7.1.4 基准地价的评估方法

收益法、比较法等都可用于基准地价的评估，具体内容参见《城镇土地估价规程》（GB/T 18508—2014）。

7.1.5 基准地价修正系数表的编制

1）编制基准地价修正系数表的目的

编制基准地价修正系数表的目的就是建立基准地价与宗地地价的关系。通过采用比较法，建立基准地价、宗地地价及其影响因素之间的相关关系，编制出基准地价在不同因素条件下修正为宗地地价的系数体系。这种由标准地价到宗地地价的快速转换机制的建立，对于政府部门方便、及时地得到具体宗地地价，加强土地管理具有重要意义。

2）基准地价修正系数表编制的基础

基准地价与宗地样点地价的差异，一般是由影响地价的区域和个别因素差异造成的。只要在特定的区域或级别确定了与基准地价对应的区域和个别因素的平均水平，在占有大量宗地样点地价的基础上，通过对已有地价数据和影响因素的数理统计和比较分析，就可得到不同因素在不同标准下对地价的影响程度和修正比例，编制出在不同土地条件下，基准地价修正为宗地有关价格的修正系数体系。

3）影响地价的因素与基准地价修正因素

影响地价的因素主要有一般因素、区域因素和个别因素，但由于在一个城市或城市中的某些区域，一般因素的变化只会引起整个城市地价水平的变化，因此，基准地价修正因素主要选择宗地地价的区域因素和个别因素。当然对于特定宗地，政府从其他方面的政策考虑，一般因素也将影响宗地的地价水平，但这些多数属于决策行为引起的地价差异。对于这些因素，地价评估时一般不会考虑，而是由决策者在决策时考虑。

区域因素包括以下几种：位置、交通条件、基础设施条件、环境质量和城市规划的限制。个别因素主要包括：宗地的形状、面积；宗地在区域中的微观区位；宗地环境质量因素；宗地市政设施条件；城市规划限制。

4）基准地价修正系数表的编制

（1）土地级别基准地价修正系数表的编制

在土地级别基础上评估的基准地价，包含综合基准地价和分商业、住宅、工业用地类型的基准地价。在此类成果上编制基准地价修正系数表，一般以商业、住宅、工业等行业用地的基准地价为标准。

土地级别基准地价修正系数表的编制主要包括以下程序：确定级别内商业、住宅、工业用地的基准地价；选择编制基准地价修正系数表的因素；样点地价、土地收益资料的整理；各级土地中各行业用地修正幅度的确定；基准地价修正系数表的编制及因素条件的说明。

（2）均质区域基准地价修正系数表的编制

均质区域上评估的基准地价，多为某一用途土地的基准地价，有的区域也有二到三种用途土地的基准地价，在此成果基础上编制基准地价修正系数表，以区域中实际存在的土地用途为标准。

均质区域基准地价修正系数表的编制主要包括以下程序：确定区域基准地价；选择修正因素；样点地价的整理；计算各区域的地价修正幅度；编制基准地价修正系数表。

（3）土地级别和均质区域基准地价修正系数表的编制

采用土地级别和均质区域两种形式表示基准地价的，一般是在土地级别基准地价的基础上，对区位条件反应敏感的商业服务用地，在土地级别内再划分不同的区域或地段，并对地价差异明显的区域或地段，单独评估出基准地价。因此，对于此种类型城镇基准地价修正系数表的编制，应结合前两种基准地价修正系数表的编制方法，得到该类型城镇的基准地价修正系数。对以区域或区段单独反映商业用地基准地价的，可按土地利用均质区域基准地价修正系数表编制的程序、方法，确定该城镇区域基准地价修正系数。

对其他以土地级别反映土地利用类型基准地价的，可按土地级别基准地价修正系数表的编制程序、方法，确定其修正系数。

（4）土地定级总分值的基准地价修正系数的确定

在土地定级的基础上，可利用综合土地定级或分类土地定级的成果及其相应基准地价，建立起土地定级总分值与基准地价的相关关系，评估出不同总分值对应的基准地价。有了总分值对应的基准地价，可在定级单元基础上，确定基准地价的修正指标体系及标准。其工作程序为：确定不同总分值下对应的基准地价；选择修正因素；计算出不同总分值或总分值区段的地价修正幅度；计算影响地价各因素的最大修正幅度，一般只进行个别因素修正；选择总分值或总分值区段五种土地收益或地价标准，分别确定为好、较好、一般、较劣、劣；编制基准地价修正系数表。

7.2　宗地地价评估

7.2.1　宗地地价评估的概念及特点

1）宗地地价的概念

宗地地价是指具体宗地在某一期日的土地使用权价格。宗地地价评估是指根据评估目的、待估宗地的特点和当地土地市场的状况，选择适宜的估价方法对待估宗地的权益进行分析，评估出待估宗地在某一期日的土地使用权价格。根据评估目的的不同，宗地地价可分为标定地价、出让地价、交易地价等。

2）宗地地价评估的特点

（1）特殊性

宗地地价是针对特定宗地而评估的价格，宗地所在区域的市场行情、道路状况、基础设施状况、宗地大小、形状、容积率、微观区位等都直接影响宗地地价的高低。

（2）目的多样性

宗地地价的表现形式多种多样，根据评估目的不同和各城市的价格水平及基础资料的状况，可选择不同的评价方法，得到适合特定目的的宗地地价。

（3）公正性

宗地地价评估，应该评估出正常市场中一般经济技术及管理水平下的正常价格，给土地交易者提供交易决策的依据。

（4）时效性

宗地地价只反映某一时点的价格水平，评估中要明确评估宗地在具体时日的价格。

7.2.2 宗地地价评估的一般原理

宗地地价评估，是根据已有宗地的收益资料、市场成交价格资料、征地拆迁成本费用资料，以及影响土地使用权价格的自然、社会、经济因素之间的相关关系，评估出宗地在特定时间、特定目的下的价格。

宗地地价评估的基本原理是地租理论，即土地使用者经营土地而获得的超额利润——土地收益，是土地使用者支付地租的能力，也是土地使用者愿意支付地价以获取相应土地权利和收益的基础。在正常的土地市场中，具有同样土地质量等级和土地使用价值的宗地，应该具有相同的土地收益，使用者也应支付相同的地租。在同一供需圈内，具有同样等级和土地使用价值的宗地，应该具有同样的价格。在正常的市场条件下，市场比较价格与收益价格应基本一致；在非正常的市场条件下，比较价格不能反映地价与地租的基本原理，难以反映土地作为生产要素参与社会经济活动时应该具有的价格标准。

在土地市场中，不同的土地使用者对同一宗地的价格认识可能不完全一致，但土地使用权转移成交时，双方对地价标准的认识趋于一致，这也正是土地估价应追求的结果。

7.2.3 宗地地价的评估方法

宗地地价评估方法有收益法、比较法、成本法、剩余法[①]、路线价法、基准地价系数修正法，这里着重介绍基准地价系数修正法和路线价法。

1）基准地价系数修正法

（1）基准地价系数修正法的定义

基准地价系数修正法，是利用城镇基准地价和基准地价修正系数表等评估成果，按照替代原则，将待估宗地的区域条件、个别条件与其所处区域的平均条件相比较，并对照修正系数表选取相应的修正系数对基准地价进行修正，进而求取待估宗地在估价期日价格的方法。其基本计算公式为：

$$待估宗\atop 地地价 = \left({基准\atop 地价} \pm {开发\atop 程度修正} \right) \times {区域因素\atop 修正系数} \times {个别因素\atop 修正系数} \times {年期修\atop 正系数} \times {期日修\atop 正系数} \times {容积率\atop 修正系数}$$

（2）基准地价系数修正法的基本原理

基准地价系数修正法的基本原理是替代原理，即在正常的市场条件下，具有相似土地条件和使用价值的土地，在交易双方具有同等市场信息的基础上，应当具有相近的价格。基准地价是某一级别或均质区域内不同用途的土地使用权平均价格，该级别或均质区域内该类用地的其他宗地价格在基准地价上下波动。基准地价相对应的土地条件，是土地级别或均质地域内该类用途土地的一般条件。因此，通过待估宗地条件与级别区域内同类用地一般条件的比较，并根据二者在区域条件、个别条件、使用年期和估价期日等方面的差异大小，对照因素修正系数表选取适宜的修正系数，对基准地价进行修正，即可得到待估宗地地价。

（3）基准地价系数修正法的适用范围

基准地价系数修正法，适用于完成基准地价评估城镇中的土地估价，即具备基准地价和相应修正体系成果的城镇中的土地估价。该方法是对一般比较法变形、量化及

---

① 此处所讲的剩余法，类似于假设开发法。剩余法是《城镇土地估价规程》（GB/T 18508—2014）中的术语。

系统化后的一种估价方法，是在短时间内大批量进行宗地评估的有效手段，可快速方便地评估多宗土地的价格。用该方法估价的精度与基准地价及其修正体系的精度密切相关。

（4）基准地价系数修正法估价的程序

①收集、整理当地的土地定级估价成果资料。定级估价成果资料是采用基准地价系数修正法估价的基础，因此，在估价前必须收集当地土地定级估价的成果资料，主要包括：土地级别图、土地级别表、基准地价图、基准地价表、基准地价因素修正系数表和相应的因素条件说明表等，并根据估价的需要加以整理，作为宗地估价的基础。

②确定待估宗地所处的土地级别、对应的基准地价、相应的修正系数表和该级别基准地价对应的地价内涵和土地开发程度等。根据待估宗地的位置、用途，对照前面所收集的土地级别图表、基准地价图表等，确定待估宗地所处的土地级别、基准地价和相应的因素条件说明表、因素修正系数表、该级别土地平均开发程度和基准地价内涵，以确定地价修正的基准和需要调查的影响因素项目。

③调查宗地地价影响因素的指标条件。按照与待估宗地所处级别和用途对应的基准地价修正系数表和因素条件说明表中所要求的因素条件，确定宗地条件的调查项目，调查项目应与修正系数表中的因素一致，并明确待估地价的内涵和相应的土地开发程度。

宗地因素指标的调查，应充分利用已收集的资料和土地登记资料及有关图件，不能满足需要的，应进行野外实地调查，在调查基础上，确定宗地地价因素指标数据。

④土地开发程度修正。比较待估宗地价格定义与基准地价内涵，当两者内涵一致，开发程度相同时，则不必进行土地开发程度差异修正；当两者不一致时，则要进行土地开发程度差异修正，将基准地价修正为待估宗地地价设定的土地开发程度。例如，某市三级工业用地基准地价为500元/平方米，对应的土地开发程度为"四通一平"（通路、通电、通上水、通下水和场地平整），而待估宗地地价定义为"三通一平"（通路、通电、通上水和场地平整）条件下的工业用地报价，二者开发程度不一致，需进行修正。据调查，该级别土地通下水开发费用为40元/平方米，则该级别"三通一平"条件下基准地价应为460元/平方米（500-40），以此作为下一步宗地地价评估的基准。

⑤确定宗地地价评估的修正系数。按调查结果，首先根据每个因素的指标值，查对各用途土地的基准地价影响因素指标说明表，确定因素指标对应的优劣状况；按优劣状况再查对基准地价修正系数表，得到该因素的修正系数。对所有影响宗地地价的因素都同样处理，即得到宗地的全部因素修正系数。宗地地价评估的修正系数按下式计算：

$$K = \sum_{i=1}^{n} K_i$$

式中：K为某一宗地所有地价影响因素总修正值；K_i为宗地在第i个因素条件下的修正系数百分比；n为修正因素个数。

⑥确定待估宗地使用年期修正系数。基准地价对应的使用年期，是各用途土地使用权的最高出让年期，而具体宗地的使用年期可能各不相同，因此，必须进行年期修正。待估宗地使用年期修正系数可按下式计算：

$$y=\frac{1-\left(\frac{1}{1+r}\right)^{m}}{1-\left(\frac{1}{1+r}\right)^{n}}$$

式中：y为宗地使用年期修正系数；r为土地还原率；m为待估宗地可使用年期；n为该用途土地法定最高出让年期。

⑦确定期日修正系数。基准地价对应的是基准地价评估期日的地价水平，随时间迁移，土地市场的地价水平会有所变化，因此，必须进行期日修正，把基准地价对应的地价水平修正到宗地地价评估期日。期日修正一般根据地价指数的变动幅度进行，期日修正系数可按下式计算：

$$T=\frac{\text{宗地估价期日的地价指数}}{\text{基准地价评估期日的地价指数}}$$

⑧确定容积率修正系数。基准地价对应的是该用途土地在该级别或均质地域内的平均容积率，各宗地的容积率可能各不相同，同时由于容积率对地价的影响极大，难以在编制基准地价因素修正系数表时考虑进去，因此，在因素修正系数表中应考虑容积率水平。容积率修正系数可按下式计算：

$$K_{ij}=\frac{k_{i}}{k_{j}}$$

式中：K_{ij}为容积率修正系数；k_{i}为待估宗地容积率对应的地价水平指数；k_{j}为级别或均质地域内该类用地平均容积率对应的地价水平指数。

⑨确定待估宗地地价。根据前面所求得的各项修正系数，对待估宗地对应的基准地价修正，即可求得宗地地价。待估宗地地价系数修正公式为：

$$P_i=p\times（1\pm K）\times y\times T\times K_{ij}$$

式中：P_i为待估宗地地价；p为待估宗地对应的基准地价；K、y、T、K_{ij}含义同上。

2）路线价法

（1）路线价估价法的含义

路线价法是在城镇街道上划分路线价区段，设定标准临街深度，选取若干标准临街宗地并求其平均价格，然后利用价格修正率对该平均价格进行调整来求取街道两侧的土地价值的方法。

城镇街道两侧的商业用地，如图7-1（a）、图7-1（b）、图7-1（c）、图7-1（d）所示，即使位置相邻、形状相同、面积相等，但由于临街状况不同，如长方形土地是长的一边临街还是短的一边临街，梯形土地是宽的一边临街还是窄的一边临街，三角形土地是一边临街还是一顶点临街，以及土地是一面临街还是前后两面临街，或者为街角地，价值会有所不同，而且差异可能很大。对于图7-1中的土地，人们一般凭常识就可作出以下判断：土地A的价值大于土地B的价值，土地C的价值大于土地D的价值，土地E的价值大于土地F的价值，土地G的价值大于土地H的价值。如果要快速并相对科学准确、公平合理地评估出街道两侧所有土地的价值，就需要采用路线价法。

（2）路线价法的理论依据

路线价法实质上是一种市场法，是市场法的派生方法，其理论依据与市场法相同，是房地产价格形成的替代原理。

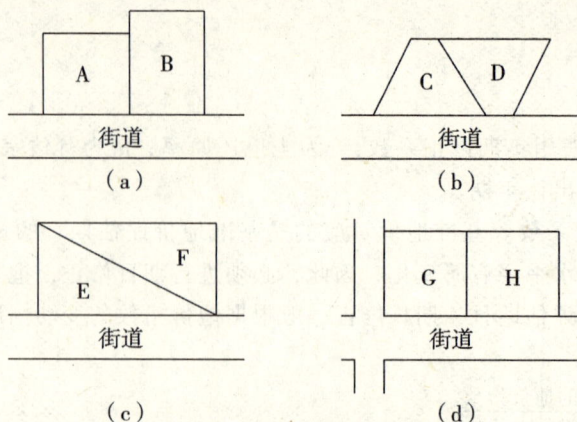

图7-1　不同临街状况土地价值的比较

（3）路线价估价法的基本原理

路线价估价法是在已知各样点宗地地价的基础上，分析宗地地价与影响地价的临街深度等因素的相关关系，进而据此估算其他宗地地价。其基本原理是替代原理和区位论的具体运用。路线价估价法与比较法类似，只不过路线价估价法中的可比实例价格，以深度等差异修正取代了区域因素和个别因素等的修正。

（4）路线价法适用的估价对象和前提条件

路线价法主要适用于城镇街道两侧商业用地的估价。市场法、收益法、成本法和剩余法主要适用于单宗土地的估价，而且所需时间较长。路线价法则被认为是一种相对科学准确、公平合理，能够节省人力、财力，可以在短时间内对许多宗土地进行估价的方法，即是一种批量估价方法①，特别适用于房地产税收、市地重划（城镇土地整理）、房地产征收或其他需要在短时间内对许多宗土地进行估价的情形。

运用路线价法估价的前提条件是街道较规整，街道两侧的土地排列较整齐。

（5）路线价估价法的基本公式

宗地单价=路线价×深度百分率

宗地总价=路线价×深度百分率×宗地面积

运用路线价估价法时，如果街道两边的土地另有特殊条件存在，如属街角地、两面临街地、三角形地、梯形地、不规则形地等，则除了依上列的普通计算公式计算地价外，还要进一步做加价或减价修正，这种情况下的计算公式如下：

宗地单价=路线价×深度百分率±其他修正额

宗地总价=路线价×深度百分率×宗地面积±其他修正额

或　宗地单价=路线价×深度百分率×其他条件修正率

宗地总价=路线价×深度百分率×宗地面积×其他条件修正率

（6）临街深度价格修正率表

临街深度价格修正率表简称深度价格修正率表，也称为深度百分率表、深度指数表，是基于临街深度价格递减率制作的。

①临街深度价格递减率。

一宗临街土地中各个部分的价值随着其远离街道而有递减现象，因其离街道越远，通

---

① 批量估价是指在短时间内对大批量房地产进行估价。

达性越差，价值也就越小。假设把一宗临街土地划分为许多与街道平行的细条，由于越接近街道的细条的利用价值越大，越远离街道的细条的利用价值越小，则接近街道的细条的价值大于远离街道的细条的价值。如图7-2（a）所示，有一宗临街深度为n米的矩形土地，假设以某个单位（在此为1米）将其划分为许多与街道平行的细条，可知各细条的形状和面积是相同的，并且越接近街道的细条的价值越大。如果从临街方向起按顺序以a_1，a_2，a_3，$\cdots$，a_{n-1}，a_n来表示各细条的价值，则有a_1大于a_2，a_2大于a_3，$\cdots$，a_{n-1}大于a_n。另外，虽然都是1米之差，但a_1与a_2之差最大，a_2与a_3之差次之，之后逐渐缩小，至a_{n-1}与a_n之差可视为接近零。如果把总价转化为单价，因各细条的面积相同，所以各细条单价的变化也遵循相同的规律。但是不同城镇，同一城镇的不同路线价区段，土地价值随临街深度变化的程度是不尽相同的，表现为图7-2（b）中曲线的位置及弯曲程度不同。弯曲程度越大，表明土地价值对临街深度的变化越敏感；弯曲程度越小，表明土地价值对临街深度的变化越不敏感。如果将各细条的价值转换为相对数，便可得到临街深度价格递减率。

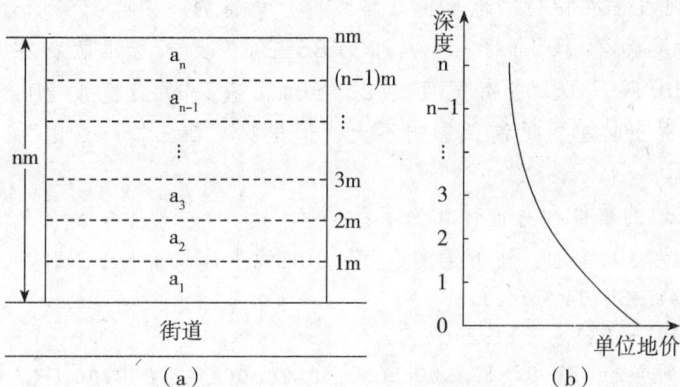

图7-2 临街深度价格递减率

A.四三二一法则。

最简单且最容易理解的一种临街深度价格递减率，是"四三二一法则"。它是将临街深度为100英尺[①]的临街土地，划分为与街道平行的四等份，如图7-3所示。各等份因离街道的远近不同，价值有所不同。从街道方向算起，第一、二、三、四个25英尺等份的价值，分别占整块土地价值的40%、30%、20%和10%。例如，一宗临街深度为100英尺、临街宽度为50英尺的土地，总价为100万元，从街道方向算起，该土地四个等份的价值分别为40万元、30万元、20万元和10万元。

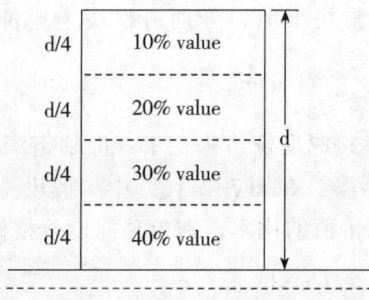

图7-3 四三二一法则

---

① 为保持"四三二一法则"的原貌及理解上的方便，这里将其有关的长度单位仍用英尺表示。

如果超过100英尺，则以"九八七六法则"来补充，即超过100英尺的第一、二、三、四个25英尺等份的价值，分别为临街深度100英尺的土地价值的9%、8%、7%和6%。

【例7-1】某宗临街深度为30.48m（即100英尺）、临街宽度为20.00m的矩形土地，总价为121.92万元。请根据"四三二一法则"，计算其相邻的临街深度为15.24m（即50英尺）、临街宽度为20.00m的矩形土地的总价。

该相邻的临街土地的总价计算如下：

121.92×（40%+30%）=85.34（万元）

【例7-2】在【例7-1】中，如果相邻的临街土地的临街深度为45.72m（即150英尺），其他条件不变，请计算该相邻的临街土地的总价。

该相邻的临街土地的总价计算如下：

121.92×（1+9%+8%）=142.65（万元）

【例7-3】通过标准临街宗地单价（路线价）求得的一宗临街深度为15.24m（即50英尺）、临街宽度为20.00m的土地总价为85.34万元。标准临街宗地的临街深度为30.48m（即100英尺），临街宽度为25.00m。假设临街宽度20.00m与临街宽度25.00m的差异对土地单价的高低影响不大，请根据"四三二一法则"，计算标准临街宗地的单价和总价。

标准临街宗地的单价和总价计算如下：

设临街深度为30.48m、临街宽度为20.00m的土地总价为V，则：

V×（40%+30%）=85.34（万元）

V=85.34÷（40%+30%）=121.92（万元）

标准临街宗地的单价=121.92×10 000÷（30.48×20.00）=2 000.00（元/平方米）

标准临街宗地的总价=2 000.00×（30.48×25.00）÷10 000=152.40（万元）

B.其他法则。

"前面三分之一里面三分之二法则"：临街深度为150英尺的临街土地，前三分之一部分和后三分之二部分的价值，各占整块土地价值的一半。

苏慕斯法则（Somersrule）：临街深度为100英尺的临街土地，前半部分和后半部分的价值，分别占整块土地价值的72.5%和27.5%。如果再深50英尺，则该部分的价值仅为临街深度为100英尺的临街土地价值的15%。

霍夫曼法则（Hoffmanrule）：临街深度为100英尺的临街土地，前25英尺部分、前50英尺部分、前75英尺部分和整块土地，分别占整块土地价值的37.5%、67%、87.7%和100%。

②几种临街深度价格修正率。

临街深度价格修正率有单独深度价格修正率（即临街深度价格递减率）、累计深度价格修正率和平均深度价格修正率。在图7-2（a）中，假设a_1，a_2，a_3，…，a_{n-1}，a_n也分别表示各细条的价值占整块土地价值的比率，则单独深度价格修正率的关系为：

$a_1 > a_2 > a_3 > \cdots > a_{n-1} > a_n$

累计深度价格修正率的关系为：

$a_1 < (a_1+a_2) < (a_1+a_2+a_3) < \cdots < (a_1+a_2+a_3+\cdots+a_{n-1}+a_n)$

平均深度价格修正率的关系为：

$$a_1 > \frac{a_1 + a_2}{2} > \frac{a_1 + a_2 + a_3}{3} > \cdots > \frac{a_1 + a_2 + a_3 + \cdots + a_{n-1} + a_n}{n}$$

以"四三二一法则"为例，单独深度价格修正率为：

$40\% > 30\% > 20\% > 10\% > 9\% > 8\% > 7\% > 6\%$

累计深度价格修正率为：

$40\% < 70\% < 90\% < 100\% < 109\% < 117\% < 124\% < 130\%$

平均深度价格修正率为：

$40\% > 35\% > 30\% > 25\% > 21.8\% > 19.5\% > 17.7\% > 16.25\%$

为简明起见，将上述临街深度价格修正率用表格来反映，即为临街深度价格修正率表，见表7-1。

表7-1　　　　　　　　基于"四三二一法则"制作的临街深度价格修正率表

临街深度(英尺)	25	50	75	100	125	150	175	200
四三二一法则(%)	40	30	20	10	9	8	7	6
单独深度价格修正率(%)	40	30	20	10	9	8	7	6
累计深度价格修正率(%)	40	70	90	100	109	117	124	130
平均深度价格修正率(%)	160 (40)	140 (35)	120 (30)	100 (25)	87.2 (21.8)	78.0 (19.5)	70.8 (17.7)	65.0 (16.25)

表7-1中的平均深度价格修正率，是将上述临街深度100英尺处的平均深度价格修正率25%乘以4转换为100%，同时为保持与其他数字的相对关系不变，其他数字也都乘以4。这也是利用平均深度价格修正率进行单价修正的需要。平均深度价格修正率与累计深度价格修正率的关系，还可用下列公式表示：

$$平均深度价格修正率 = 累计深度价格修正率 \times \frac{标准临街深度}{所给临街深度}$$

制作临街深度价格修正率表的要领是：①设定标准临街深度；②将标准临街深度划分为若干等份；③确定临街深度价格递减率；④求取单独深度价格修正率、累计深度价格修正率或平均深度价格修正率，并用表格反映。

【实战演练7-1】

某一矩形街角地，其正街路线价（土地单价）为2 000元/平方米，旁街路线价（土地单价）为1 000元/平方米，临正街深度为22.86米（即75英尺），临旁街深度为15.24米（即50英尺）。假设旁街影响加价率为20%。正街的平均深度价格修正率为120%，旁街的平均深度价格修正率为140%，该宗地的单价是多少？

该宗地的单价 $= U_0 d_{v_0} + U_1 d_{v_1} t = 2\ 000 \times 120\% + 1\ 000 \times 140\% \times 20\% = 2\ 680$（元/平方米）

7.3　　　高层建筑地价分摊

7.3.1 高层建筑地价分摊的意义

在现代城市中，由于土地越来越稀缺、地价越来越高，以及建筑技术的日益发展，多层、高层建筑越来越多。建筑物不仅多层、高层化，而且建筑物的用途出现了立体化。典型的一幢大楼的立体用途是：地下一至二层为停车场、会所或设备用房，地面一至三层为商店，四至五层为餐饮，往上可能是写字楼或公寓。产权多元化，一幢建筑物内同时存在着多个所有者的情况，他们分别拥有该幢建筑物的某个部分。但是，整幢建筑物占用的土地只是一块，在实物形态上不可分割。最后是购得该幢建筑物的众多所有者按份共有该块土地的使用权，但各个所有者的土地份额分别为多少就成了一个需要解决的现实问题。

7.3.2 高层建筑地价分摊的方法

高层建筑地价分摊的方法有：按照建筑物面积进行分摊、按照房地价值进行分摊和按照土地价值进行分摊等方法。

1) 按照建筑物面积进行分摊

按照建筑物面积进行分摊是根据建筑物各部分的建筑物面积（如建筑面积、套内建筑面积、使用面积）占整个建筑物面积的比例，来推断其占有的土地份额。具体公式为：

$$某部分占有的土地份额=\frac{该部分的建筑物面积}{建筑物总面积}$$

$$某部分分摊的土地面积=土地总面积×\frac{该部分的建筑物面积}{建筑物总面积}$$

$$某部分分摊的地价数额=土地总价值×\frac{该部分的建筑物面积}{建筑物总面积}$$

$$=楼面地价×该部分的建筑物面积$$

按照建筑面积进行分摊的优点是简便、可操作性强，但存在的问题也是显而易见的，它主要适用于各层用途相同且价格差异不大的建筑物，如用途单一的住宅楼、办公楼。

【例7-4】某幢楼房的建筑面积为1 000平方米，土地面积为500平方米，某人拥有其中80平方米的建筑面积。请采用按照建筑面积进行分摊的方法计算该人占有的土地份额及分摊的土地面积。

该人占有的土地份额及分摊的土地面积计算如下：

该人占有的土地份额=80÷1 000×100%=8%

该人分摊的土地面积=500×8%=40（平方米）

或者500÷1 000=0.5，即1平方米的建筑面积附带0.5平方米的土地面积。

2) 按照房地价值进行分摊

为了克服按照建筑面积分摊出现的不同部分的价值不同但却分摊了等量地价的情况，可以根据各部分的房地价值进行分摊。这种分摊方法是根据建筑物各部分的房地价值占房地总价值的比例，来推断其占有的土地份额。具体公式为：

$$某部分占有的土地份额=\frac{该部分的房地价值}{房地总价值}$$

$$某部分分摊的土地面积=土地总面积×\frac{该部分的房地价值}{房地总价值}$$

$$某部分分摊的地价数额=土地总价值×\frac{该部分的房地价值}{房地总价值}$$

但是，按照房地价值进行分摊的方法仔细研究起来仍然有一些缺陷。假设整幢大厦都是住宅，且每层的面积、户型、装饰装修等都相同，但由于楼层不同，售价肯定不同。显然，各层之间的价格差异不是其建筑造价不同造成的，是各层占据的土地立体空间位置的不同，从而其通达性、视野、景观、采光、通风、空气质量、安宁程度、安全等的不同造成的。按照房地价值进行分摊比按照建筑面积进行分摊要复杂一些，但更符合实际情况，主要适用于各部分的房地价值（单价）有差异，但差异不很大的建筑物。

【例7-5】某6层的综合楼，1~3层为商场，4~6层为写字楼；商场为甲公司拥有，写字楼为乙公司拥有。该综合楼的土地价值为3 500万元，房地总价值为5 000万元，其中商场的房地价值为3 000万元，写字楼的房地价值为2 000万元。请采用按照房地价值进行分摊的方法计算甲、乙公司占有的土地份额及分摊的地价数额。

甲、乙公司占有的土地份额及分摊的地价数额计算如下：

甲公司占有的土地份额=3 000÷5 000×100%=60%

乙公司占有的土地份额=2 000÷5 000×100%=40%

甲公司分摊的地价数额=3 500×60%=2 100（万元）

乙公司分摊的地价数额=3 500×40%=1 400（万元）

3）按照土地价值进行分摊

按照土地价值进行分摊是根据建筑物各部分的土地价值占土地总价值的比例，来推断其占有的土地份额。具体公式为：

$$某部分占有的土地份额=\frac{该部分的房地价值-该部分的建筑物价值}{房地总价值-建筑物总价值}$$

某部分分摊的土地面积=土地总面积×该部分占有的土地份额

某部分分摊的地价数额=土地总价值×该部分占有的土地份额

　　　　　　　　　　=该部分的房地价值-该部分的建筑物价值

按照土地价值进行分摊的另一种更适用的公式如下：

$$某部分占有的土地份额=\frac{该部分的房地价值-\dfrac{房地总价值-土地总价值}{总建筑面积}×该部分的建筑面积}{土地总价值}$$

某部分分摊的地价数额=土地总价值×该部分占有的土地份额

$$=该部分的房地价值-\frac{房地总价值-土地总价值}{总建筑面积}×该部分的建筑面积$$

【例7-6】某幢大厦的房地总价值为5 000万元，其中建筑物总价值为2 000万元。某人拥有该大厦的某部分，该部分的房地价值为100万元，建筑物价值为40万元。请采用按照土地价值进行分摊的方法计算该人占有的土地份额。

该人占有的土地份额计算如下：

$$该人占有的土地份额=\frac{100-40}{5 000-2 000}×100%=2%$$

【例7-7】某幢大厦的总建筑面积为10 000平方米，房地总价值为6 000万元，其中土地总价值为2 500万元。某人拥有该大厦的某部分，该部分的建筑面积为200平方米，房地价值为130万元。请采用按照土地价值进行分摊的方法计算该人占有的土地份额。

该人占有的土地份额计算如下：

$$该人占有的土地份额=\frac{130-\dfrac{6 000-2 500}{10 000}×200}{2 500}×100%=2.4%$$

这种地价分摊方法比较简单，只要知道了建筑物各部分的房地价值和土地总价值就可以进行分摊，而在现实中这两个价值一般都是已知的。

由于未来的房地价值是不断变动的，土地价值也是不断变动的，所以，按照房地价值进行分摊和按照土地价值进行分摊的方法，从理论上讲要求地价分摊不断地进行，但这在实际中不可行，因为进行分摊所需要的费用可能很高，另外，土地占有份额一旦确定下来就不宜经常变动。而如果间隔一定的年数进行分摊，这种间隔期多长合适也是值得研究的。

上述讨论的分摊方法不仅适用于多层、高层建筑物的地价分摊，而且适用于同一层或平房的不同部位分别为不同人所有、房地价值不相等时的地价分摊。

【实战演练7-2】

1）估价对象情况

某省某市主要商业街有一待估面积为2 000平方米的商业用途土地（具体区域因素、个别因素不列）。其出让时间为2012年1月1日，出让年限为40年，开发程度为"三通一平"，宗地容积率为1.5，现要评估该宗地在估价基准日2016年1月1日价格。该宗地属市区商业二级地段，该市二级地段商业用途基准地价为7 000元/平方米（开发程度为"三通一平"，标准容积率为1）。基准地价公布时间为2010年1月1日。该市商业服务用地修正系数说明表、商业用地修正系数表、商业用地容积率修正系数表分别见表7-2、表7-3、表7-4。

表7-2　　　　　　　　　　　　　　某市商业服务用地修正系数说明表

	影响因素	优	较优	一般	较劣	劣
商业繁华条件	企业经营类别	首饰、高档服装	家电、服装、饮食	日用百货、理发	副食店等	基本生活用品
	企业职工总数	>400人	250～400人	150～250人	80～150人	≤80人
	距商业中心距离	≤$\frac{R}{2}$	>$\frac{R}{2}$且≤R	>R且≤2R	>2R且≤4R	>4R
交通状况	距公交车站距离	≤100米	100～200米	200～300米	300～500米	500～1 000米
	公交车站车流量	>30辆/小时	15～30辆/小时	8～14辆/小时	5～8辆/小时	<4辆/小时
	距火车站距离	≤1千米	1千米～2千米	2千米～3千米	3千米～4千米	>4千米
	距汽车站距离	≤1千米	1千米～2千米	2千米～3千米	3千米～4千米	>4千米
宗地条件	宗地临街门面宽度	>8米	4～8米	2～4米	1～2米	≤1米
	宗地形状	形状好	形状良好	形状规则	形状不良	形状差
	宗地自身深度距离	≤3米	3～7米	7～9米	9～12米	>12米
	容积率	4	3～2	1	0.5～0.9	≤0.5

续表

	影响因素	优	较优	一般	较劣	劣
宗地临街道路	道路级别	20~40米	10~20米	7~10米	≤7米	无
	人行道宽度 区域交通管理 规定	>5米 无限制	3~5米 货车禁行	1.5~3米 货车禁行、其 他车不能停放	1~1.5米 汽车不能停放 在人行道	≤1米 限制机动车 通行
宗地外界环境	周围土地利用 类型	商业用地	住宅生活用地	市政小道 公共建筑	工业仓储 交通用地	园林风景 其他用地
	未来土地规划 用途	商业用地	住宅生活用地	公共事业教育 卫生机关用地	工业交通用地	其他用地

表 7-3 **某市商业用地修正系数表（%）**

	影响因素	优	较优	一般	较劣	劣
商业繁华条件	企业经营类别	15	7.5	0	-3.75	-7.0
	企业职工总数	15.4	7.7	0	-3.85	-7.7
	距商业中心距离	11.8	5.9	0		
交通状况	距公交车站距离	4	3	2	1	0
	公交车站车流量	3.8	1.8	0	-0.9	-1.8
	距火车站距离	5.7	4.28	2.85	1.43	0
	距汽车站距离	5.7	4.28	2.95	1.43	0
宗地条件	宗地临街门面宽度	5	2.5	0	-2.5	-5
	宗地形状	2.5	1.25	0	-1.25	-2.5
	宗地自身深度距离	1	0.5	0	-0.5	-1
	容积率	7.3	3.67	0	-3.67	-7.3
宗地临街道路	道路级别	2.4	1.2	0	-1.2	-2.4
	人行道宽度	4	2	0	-2	-4
	区域交通管理规定	2	1	0	-1	-2
宗地外界环境	周围土地利用类型	7.6	3.8	0	-3.8	-7.6
	未来土地规划用途	7	3.5	0	-3.5	-7

表7-4　　　　　　　　　　　　　　　　**商业用地容积率修正系数表**

容积率	0.7	0.8	1.0	1.2	1.5	2.0
修正系数	0.85	0.9	1.0	1.5	1.2	1.3

2）估价要求

用基准地价修正法评估该宗地于2016年1月1日的地价。

3）估价过程

（1）确定对应基准地价

通过查对基准地价，确定待估宗地属商业用途二级地，其对应的基准地价为7 000元/平方米（开发程度为"三通一平"，标准容积率为1）。

（2）确定宗地地价评估的修正系数

根据宗地区域、个别因素条件，对照修正系数说明表中各项指标，确定各因子情况从上到下依次为：一般、一般、一般、优、较优、一般、较劣、优、一般、较优、较优、一般、一般、劣、一般、一般。

根据修正系数表，具体计算出宗地总修正系数：

$K=\sum_{i=1}^{n}K_i$（K_i表示第i个因素条件下修正系数的百分比）

$=0+0+0+4\%+1.8\%+2.85\%+1.43\%+5\%+0+0.5\%+3.67\%+0+0-2\%+0+0$

$=17.25\%$

（3）确定待估宗地使用年期修正系数

$$y=\frac{1-\left(\frac{1}{1+r}\right)^m}{1-\left(\frac{1}{1+r}\right)^n}$$

其中，r选用基准日一年期贷款利率3.76%；m为待估宗地可使用年限，即出让年限40年扣除已使用年限，即评估基准日的2016年1月1日于出让日的2012年1月1日间已使用年限（4年），则m为36；n为基准地价中商业用地年限，即法定最高出让年限40年，则n为40。

$$y=\frac{1-\left(\frac{1}{1+3.76\%}\right)^{36}}{1-\left(\frac{1}{1+3.76\%}\right)^{40}}=0.953$$

（4）确定期日修正系数

根据样点搜集资料中地价变动状况，编制地价期日修正系数表，见表7-5。

表7-5　　　　　　　　　　　　　　　　**地价期日修正系数表**

日期	2010.1.1	2011.1.1	2012.1.1	2013.1.1	2014.1.1	2015.1.1	2016.1.1
地价指数	100	102	105	109	112	113	115

期日修正系数：

$T=\frac{115}{100}=1.15$

（5）确定容积率修正系数

待估宗地容积率为1.5，本基准地价标准容积率为1。

查商业用地容积率修正系数表，则：

$$K_{fj}=\frac{K_i}{K_j}=\frac{1.2}{1.0}=1.2$$

（6）计算并确定待估宗地地价

$P_1=P\times(1+K)\times y\times T\times K_{fj}=7\ 000\times(1+17.25\%)\times0.953\times1.15\times1.2=10\ 794$（元/平方米）

本章小结

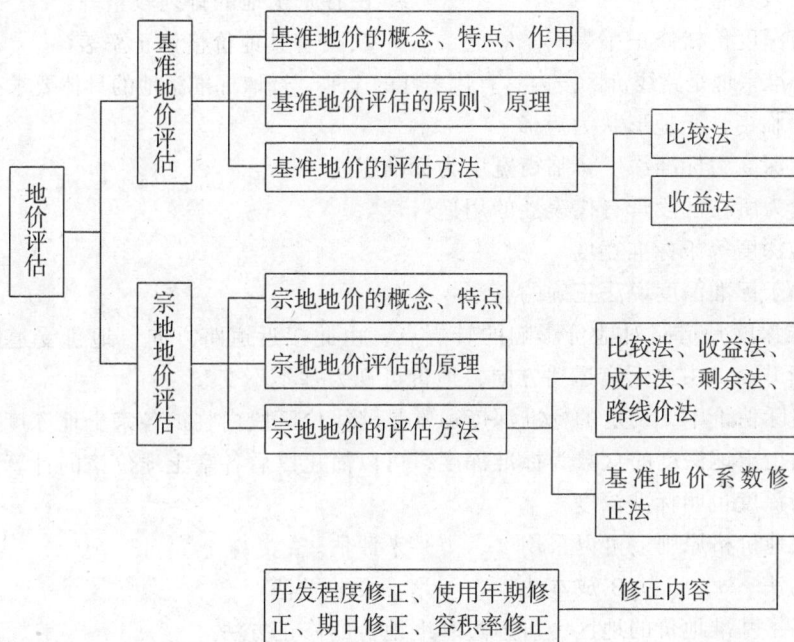

主要概念

基准地价　宗地地价　路线价法　基准地价系数修正法

基础知识练习

1.单项选择题

（1）在实际估价中设定的标准深度，通常是路线价区段内临街各宗土地深度的（　　）。

A.算术平均数　　　　　B.中位数　　　　　　C.加权平均数　　　　　　D.众数

（2）路线价法主要适用于（　　）。

A.城市商业街道两侧土地的估价　　　　　B.旧建筑物的估价

C.新建筑物的估价　　　　　　　　　　　D.拆迁房屋的估价

（3）从理论上讲，标准深度是道路对地价影响的转折点：由此接近道路的方向，地价逐渐升高，由此远离道路的方向，地价（　　）。

A.逐渐降低　　　　　　　　　　　B.逐渐升高

C.可视为基本不变　　　　　　　　D.为0

（4）用基准地价修正法评估宗地价格的一个最重要的前提条件是（　　）。

A.评估对象宗地所在地区的政府确定公布了基准地价

B.要对评估对象宗地进行交易日期调整

C.要对评估对象宗地进行土地状况调整

D.要对评估对象宗地进行交易情况调整

2.多项选择题

（1）运用路线价法估价的前提条件有（　　）。

A.道路较规整　　　　　　　　　　B.各宗土地的排列较整齐

C.要有深度价格修正率表　　　　　D.要有其他价格修正率表

（2）标准宗地是路线价区段内具有代表性的土地，选取标准宗地的具体要求有（　　）。

A.一面临街，土地形状为矩形

B.临街深度为标准深度，临街宽度为标准宽度

C.用途为所在区段具有代表性的用途

D.标准深度等于标准宽度

（3）关于标准深度说法正确的有（　　）。

A.标准深度是道路对地价影响的转折点，由此接近道路方向，地价受道路的影响而逐渐升高，由此远离道路方向，地价可视为基本不变

B.在实际估价中，设定的标准深度通常是路线价区段内临街各宗土地深度的众数

C.以临街土地深度的众数为标准深度，可以简化以后各宗土地价格的计算

D.临街深度也叫标准深度

（4）宗地价格原则上可以采用（　　）来评估。

A.市场法　　　　　　B.成本法　　　　　　C.收益法

D.在有了基准地价的地区，可通过基准地价的修正方法

（5）土地的权益有（　　）。

A.土地使用权　　　　　B.划拨土地使用权

C.设有抵押权的土地使用权　　　　D.有租约限制的土地使用权

（6）城市基准地价是以一个城市为对象，在该城市一定区域范围内，根据（　　）的原则划分地价区段，调查评估出的各地价区段在某一时点的平均价格。

A.用途相似　　　　B.地块相连　　　　C.面积相同　　　　　D.地价相近

3.简答题

（1）路线价法的操作步骤是什么？

（2）路线价法的适用条件和对象是什么？

（3）基准地价系数修正法评估宗地的程序是什么？

（4）宗地地价评估有哪些方法？各种方法的优缺点是什么？

实践操作训练

△案例题

在路线价法中，最关键的是要制作价格修正率表。教材为了方便叙述"四三二一法则"，就选取了临街深度100英尺的临街土地作为标准临街宗地，并制作了相应的价格修正率表，这没有问题。问题是，在以后的应用过程中，都默认了这个100英尺的标准宗地

前提，让人难以理解。实际上，选取的标准临街宗地的临街深度并不恰好等于100英尺，比如150英尺，而要求取的是175英尺的估价对象价格，这样，"四三二一法"则将怎样使用呢？为了应用"四三二一法则"，计算公式可否改为：

$$V（总价）= \frac{标准临街}{（150英尺的）宗地总价} \times \frac{\sum（估价对象单独深度价格修正系数）}{\sum（标准临街宗地（150英尺的）单独深度价格修正系数）}$$

△实训题

试对某商业街的一块商业出让土地运用路线价法估算其地价。

实 务 篇

第8章

房地产估价程序

学习目标

通过本章的学习，了解对估价报告的总体要求，熟悉并掌握估价的基本事项、估价程序和每一步的要点、估价报告的基本内容。

引　例

某房地产估价公司接受一笔抵押贷款估价业务，安排注册房地产估价师小李负责该项目的具体事务。小李接受相关资料后，发现估价对象在其家附近。为节约时间，下班后小李拿着相机在估价对象外面拍了一些照片。按照委托方提供的相关资料和估价机构所拥有的估价资料，小李的团队在一周内完成估价报告的撰写并通知委托方来公司取估价报告。请问小李是否遵循了估价的基本程序？是否做到勤勉尽责？

8.1　房地产估价程序的含义及作用

8.1.1　房地产估价程序的含义

房地产估价程序是指保质、按时完成一个房地产估价项目所需要做的各项工作及其进行的先后次序。《房地产估价规范》（GB/T 50291—2015）第3.0.1条规定，房地产估价工作应按下列程序进行：①受理估价委托；②确定估价基本事项；③编制估价作业方案；④搜集估价所需资料；⑤实地查勘估价对象；⑥选用估价方法进行测算；⑦确定估价结果；⑧撰写估价报告；⑨审核估价报告；⑩交付估价报告；⑪保存估价资料。

在实际估价中，估价程序中的一些工作步骤之间不是绝对分割开的，可以有某些交叉（如搜集估价所需资料可在受理估价委托时就要求委托人提供，在实地查勘估价对象时还可进一步补充搜集有关资料），有时甚至需要一定的反复，但不得随意简化和省略。

8.1.2　房地产估价程序的作用

按照科学、严谨、完整的估价程序按部就班地开展估价工作，可以使估价工作具有计划性并规范化、精细化，避免顾此失彼、疏忽遗漏或重复浪费，从而可以保证估价工作质量，提高估价工作效率。履行必要的估价程序是完成任何估价项目的基本要求，也是房地产估价机构和注册房地产估价师防范估价风险、有效保护自己的重要手段。完成任何估价项目，房地产估价机构和注册房地产估价师都不得随意简化或省略《房地产估价规范》（GB/T 50291—2015）规定的估价程序。

对因评估价值异议引起的估价鉴定，其中一项重要的鉴定内容是检查房地产估价机构和注册房地产估价师是否履行了必要的估价程序（包括必要的估价工作步骤和估价工作内容）来开展估价工作，即检查在履行估价程序方面是否存在简化、省略等问题或疏漏。例如，是否尽职搜集了估价所需资料，包括是否要求了估价委托人如实提供其知悉的估价所需资料，自己是否努力搜集了其他估价所需的资料，并对估价所依据的资料进行了审慎检查；是否对估价对象进行了认真的实地查勘；是否采用了适用的估价方法对估价对象价值或价格进行了正确、仔细的测算。除非是有意高估或低估，一般情况下只要估价程序做到位，评估价值不会出现太大的偏差。因此，房地产估价机构和注册房地产估价师开展任何估价项目，都必须在估价程序上经得起严格检查。①

概括起来，估价程序主要有以下4个作用：①规范估价行为；②保障估价质量；③提高估价效率；④防范估价风险。

8.2　受理估价委托

从估价机构和估价师的主观能动性角度，房地产估价业务来源渠道可分为"主动争取"和"被动接受"两种。

8.2.1　主动争取

主动争取是走出去力争为估价需求者提供估价服务，如积极向潜在的估价需求者宣传估价的必要性和作用，将其潜在的估价需要变为现实的估价需求；密切关注商业银行、房屋征收部门、人民法院等发布的遴选入围估价机构、估价项目招标、委托评估等信息，积极申请加入入围估价机构名单，参加估价项目投标，报名参加委托评估等。在估价业务市场化后，这是估价业务的最主要来源。

房地产估价业务来源渠道，还可按照不同的委托人（客户）（如商业银行、人民法院、政府部门、上市公司等）、不同的估价目的（如抵押估价、征收估价、司法鉴定估价、税收估价等）、不同的估价对象（如住宅、商业用房、办公用房、工业用房、土地等）来划分。

8.2.2　被动接受

被动接受是委托估价方上门委托估价机构对指定的房地产进行估价。委托估价方可以是政府有关部门、企事业单位或个人，也可以是该房地产的所有者或使用者。例如，委托估价方可能是房地产拥有者的代理人、房地产的潜在购买者（要求对其拟购买的房地产进行估价）、银行金融机构（委托估价机构对房地产所有者抵押的房地产进行估价）、政府有关部门（委托估价机构对非政府拥有的课税对象房地产进行估价）、法院（处理涉案房地产，如拍卖、抵债、定罪量刑等，也可能委托估价机构对该房地产进行估价）等。

8.2.3　不应承接估价业务的情形

在获取估价业务中，估价机构和估价师通过与估价需求者接触，根据了解的估价业务情况，从是否有利害关系和利益冲突、是否超出了自己的业务范围、是否有专业胜任能力等方面，衡量是否可以承接该估价业务。

（1）超出了本机构的业务范围

如果估价业务超出了估价机构资质等级许可的业务范围，就不应承接相应的估价业务。《房地产估价机构管理办法》第二十五条规定："从事房地产估价活动的机构，应当依法取得房地产估价机构资质，并在其资质等级许可范围内从事估价业务。一级资质房地产估价机构可以从事各类房地产估价业务。二级资质房地产估价机构可以从事除公司上市、

---

①　中华人民共和国住房和城乡建设部，中华人民共和国国家质量监督检验检疫总局. GB/T 50291—2015房地产估价规范 [S]. 北京：中国建筑工业出版社，2015：66.

企业清算以外的房地产估价业务。三级资质房地产估价机构可以从事除公司上市、企业清算、司法鉴定以外的房地产估价业务。暂定期内的三级资质房地产估价机构可以从事除公司上市、企业清算、司法鉴定、房屋征收、在建工程抵押以外的房地产估价业务。"

（2）有利害关系或利益冲突

如果估价机构或估价师与估价需求者或相关当事人有利害关系，或与估价对象有利害关系，就应回避相应的估价业务。有关法规规定了回避制度，如，《房地产估价机构管理办法》（住建部令第14号）第二十七条规定："房地产估价机构及执行房地产估价业务的估价人员与委托人或者估价业务相对人有利害关系的，应当回避。"《房地产抵押估价指导意见》第六条规定："房地产估价机构、房地产估价人员与房地产抵押当事人有利害关系或者是房地产抵押当事人的，应当回避。"《国有土地上房屋征收评估办法》（建房〔2011〕77号）规定："任何单位和个人不得干预房屋征收评估、鉴定活动。与房屋征收当事人有利害关系的，应当回避。"

（3）自己的专业能力难以胜任

如果估价机构或者估价师感到由于自己的专业知识和实践经验所限难以评估出客观合理的价值，就不应该承接相应的估价业务。《房地产抵押估价指导意见》第七条规定："从事房地产抵押估价的房地产估价师，应当具备相关金融专业知识和相应的房地产市场分析能力。"

（4）估价业务有较大的风险

估价机构和估价师应清楚拟承接估价业务的风险之所在及其程度。对于不具备相应估价目的之下估价基本条件的，不应承接该估价业务；对于估价需求者或者有关单位和个人要求高估或低估的，要坚守估价职业道德底线，向其说明不能满足高估或低估要求的原因；对于执意甚至利诱要求高估或低估的，应拒绝该估价业务。另外，对于估价需求者或者有关单位和个人索要回扣、介绍费，以及恶意压低估价服务费的，要予以抵制，直至不承接该估价业务。

8.2.4　估价业务接洽与受理

估价委托应由房地产估价机构统一受理，注册房地产估价师不得以个人名义承揽估价业务，分支机构应以设立该分支机构的房地产估价机构的名义承揽估价业务。

房地产估价机构在接受估价委托时，应要求估价委托人向其出具估价委托书[①]。估价委托书一般应载明估价委托人的名称或姓名、委托的房地产估价机构的名称、估价目的、估价对象、估价要求、委托日期等内容。估价委托书将作为估价依据放入估价报告的附件中。

受理估价委托后，应根据估价项目的规模、难度和完成时间确定开展估价工作的注册房地产估价师数量，并至少选派两名能够胜任该估价工作的注册房地产估价师共同进行估价，且明确其中一人为项目负责人。除应采用批量估价的项目外，每个估价项目应至少有一名注册房地产估价师全程参与受理估价委托、实地查勘估价对象、撰写估价报告等估价工作，不得将有机联系的估价工作前后割裂开来，采取流水作业方式，分别由不同的人员完成其中一部分工作。

---

① 估价委托书是估价委托人出具的委托房地产估价机构为其提供估价服务的文件。

确定估价基本事项

估价机构一旦接受了估价业务，就应向估价需求者深入了解真实的估价要求及拟指定估价对象，确定估价目的、估价对象、价值时点、价值类型等估价的基本事项，向估价需求者介绍估价服务的收费标准、收费依据、付费方式、估价报告交付日期等估价的其他事项并予以确定，并与估价需求者签订估价委托合同[①]。

房地产估价的核心内容是为了特定目的，对特定房地产在特定时间的特定价值进行分析、测算和判断。因此，在分析、测算和判断特定价值之前，必须弄清特定目的、特定房地产、特定时间和特定价值，即要弄清估价目的、估价对象、价值时点和价值类型。弄清这四者称为确定估价基本事项。

在一个估价项目中，估价目的、估价对象、价值时点和价值类型之间有着内在联系，其中估价目的是龙头。因为只有确定了估价目的，才能确定估价对象、价值时点和价值类型。例如，从确定估价对象来看，法律、行政法规规定不得买卖、租赁、抵押、作为出资或进行其他活动的房地产，或征收不予补偿的房地产，就不应作为相应估价目的的估价对象。估价对象、价值时点和价值类型三者之间，估价对象有时与价值时点有关，但一般是相互独立的。确定价值时点一般应在确定估价对象之前，因为一些估价目的要求估价对象状况应是在价值时点的状况，价值时点不同，估价对象状况可能不同。

在实际估价中，一些房地产估价师不是在与估价委托人进行充分沟通交流的基础上依法确定估价基本事项，而是寄希望于估价委托人自己说清楚估价基本事项，甚至还因此抱怨估价委托人。这种想法和做法是不正确的。

8.3.1　确定估价目的

估价目的[②]即估价结果的期望用途，是由委托人提出的，但在实际中委托人往往并不懂得提出估价目的，也可能不懂得如何表达其估价目的，这就需要估价师主动提出相关问题，与委托人进行充分沟通，认真细致地了解委托人的估价目的。在弄清委托人的估价目的后，估价师应当用符合估价要求的表述将其表达出来，并请委托人确认。任何一个估价项目都有估价目的，估价目的可以通过未来提供的估价报告的用途来明确，即通过将要完成的估价报告究竟是提交谁使用或由谁认可来明确。

确定估价目的有助于更好地确定估价对象，有助于明确价值时点，还有助于明确所要评估的价值类型。依据有关法律、行政法规，有些房地产不能用于某些估价目的，或有些估价目的限制了可以作为估价对象的范围和内容。例如，《物权法》《担保法》《城市房地产抵押管理办法》[③]等都规定了一些不得作为抵押的房地产，那么它们就不应作为抵押估价目的的估价对象。此外，不能独立使用、处分的房地产，如一个高尔夫球洞、一条保龄球道，不宜作为抵押物，一般不具有抵押价值，所以不宜作为抵押估价目的的估价对象。

[①]　估价委托合同是房地产估价机构和估价委托人之间就估价服务事宜订立的协议。
[②]　估价目的应根据估价委托人真实、具体的估价需要及估价报告的预期用途或预期使用者确定，对其表述应具体、准确、简洁。
[③]　《城市房地产抵押管理办法》第八条规定："下列房地产不得设定抵押：（一）权属有争议的房地产；（二）用于教育、医疗、市政等公共福利事业的房地产；（三）列入文物保护的建筑物和有重要纪念意义的其他建筑物；（四）已依法公告列入拆迁范围的房地产；（五）被依法查封、扣押、监管或者以其他形式限制的房地产；（六）依法不得抵押的其他房地产。"

8.3.2　确定价值时点

价值时点从本质上说不是由委托人决定的，也不是由估价师决定的，而是由估价目的决定的。实际估价中的价值时点是由估价师根据估价目的，在征得委托人同意后确定的。

价值时点应根据估价目的确定，采用公历表示，宜具体到日。回顾性估价和预测性估价的价值时点在难以具体到日且能满足估价目的需要的情况下，可到周或旬、月、季、半年、年等。不同的时期，房地产的价格不同，不同的价格类型对价值时点的要求也不同。委托人往往也不懂得要提出价值时点，这也需要估价师提出问题，让委托人回答认可。

8.3.3　确定估价对象

估价对象应在估价委托人指定及提供有关情况和资料的基础上，根据估价目的依法确定，并应明确界定其财产范围和空间范围，不得遗漏或虚构。法律、行政法规规定不得买卖、租赁、抵押、作为出资或进行其他活动的房地产，或征收不予补偿的房地产，不应作为相应估价目的的估价对象。对作为估价对象的，应在估价报告中根据估价目的分析、说明其进行相应买卖或租赁、抵押、作为出资等活动的合法性。具体来说，估价对象的范围和内容，既不能简单地根据委托人的要求确定，也不能根据估价师的主观愿望随意确定，而应根据估价目的，依据法律、行政法规并征求委托人认可后综合确定。

确定估价对象包括确定估价对象的实物、权益和区位状况。这首先是要弄清楚委托人要求估价的房地产具体是什么，范围多大，例如，是土地还是建筑物，还是土地与建筑物的合成体，还是其中的某一部分。如果是正在经营中的宾馆，是否还包含其中配备的家具、设备等房地产以外的财产。

在确定估价对象时，估价师还应查清楚估价对象基本状况的资料。

估价对象的物质实体状况主要包括：土地面积、形状、临路状态、土地平整程度、地势、地质水文状况、建筑物面积、建筑结构、平面布置、工程质量、新旧程度、装修、设施设备、楼层、朝向等。

估价对象的权益状况主要包括：土地权利性质、权属、土地使用权年限，建筑物权属，估价对象上设定的其他项权利状况等。

估价对象的区位状况主要包括：估价对象的位置、交通、周围环境和景观、外部配套设施等。估价对象的用途和实物状况不同，其区位状况的界定也会有所不同。

确定估价对象，首先应对估价对象的范围予以界定，具体包括估价对象实物构成上的范围，例如是否包括建筑物内的家具、电器、机器设备等动产；权益上的范围，例如是否包括特许经营权、债权债务等；空间上的范围，例如坐落、四至、高度、深度等。

在界定估价对象的范围时，应注意同一标的物在不同的估价目的下，如抵押估价、房屋征收估价、自愿转让估价、人民法院拍卖估价，估价对象的范围可能应有所不同。例如，一个特许加盟经营、有特色装饰装修、正在运营的餐厅，其资产包括房屋及其占用范围内的土地使用权、厨具等动产以及特许经营权、债权债务等。在不同估价目的下的估价对象范围通常不完全相同，除包括房屋及其占用范围内的土地使用权外，可能还包括其他部分，见表8-1。

表8-1　　　　　　　　　　　　不同估价目的的估价对象范围

估价目的	前提约定或处置方式	特色装饰装修	厨具等动产	特许经营权	债权债务	
					抵押贷款	其他
抵押估价	房地产抵押	×	×	×	√	×
	整体资产抵押	√	√	√	√	×
房屋征收估价	不评装饰装修	×	×	×	×	×
	评装饰装修	√	×	×	×	×
自愿转让估价	继续经营	√	√	√	√	√
	不再继续经营	×	×	×	√	×
人民法院拍卖估价	房地产拍卖	×	×	×	×	×
	整体资产拍卖	√	√	√	×	×

注：√表示估价对象包括；×表示估价对象不包括。

8.3.4　确定价值类型

价值类型与价值时点一样，从本质上说不是由委托人决定的，也不是由估价师决定的，而是由估价目的决定的。

确定价值类型是确定所要评估的价值具体是哪种类型的价值。如果价值类型不明确，将难以进行估价。因为同一宗房地产在同一价值时点下的不同价值类型的价值会有所不同，即使是运用相同的估价方法，其中的参数、系数等的取值也可能不同。

大多数估价是评估市场价值，但在某些情况下，需要评估的可能是投资价值、清算价值、快速变现价值等，具体见"1.4房地产价值和价格的种类"。

8.3.5　签订书面估价委托合同

估价委托合同是委托人和估价机构之间就估价事宜的相互约定。其作用主要有：①成立受法律保护的委托与受托关系；②明确合同双方的权利和义务；③载明估价的有关事项。

估价委托合同的内容一般包括：①委托人、估价机构（包括名称或者姓名和住所）；②估价目的；③估价对象；④价值时点；⑤价值类型；⑥委托人的协助义务（如委托人应向估价机构如实提供估价所必需的资料及对所提供资料的真实性、合法性的承诺，协助估价机构进行实地查勘等）；⑦估价服务费用及其支付方式；⑧估价报告交付日期和交付方式；⑨违约责任和解决争议的方法；⑩委托人和估价机构认为需要约定的其他事项。

在不应承接估价业务的情形外，房地产估价机构决定受理估价委托的，应与估价委托人订立书面估价委托合同。估价委托合同一般应载明以下内容：一是估价委托人和房地产估价机构的基本情况，包括估价委托人的名称或姓名、住所，房地产估价机构的名称、住所。二是负责本估价项目的注册房地产估价师，包括姓名、注册号。三是估价目的和估价对象。四是估价委托人应提供的估价所需资料，包括资料的目录、数量，如估价委托人应向估价机构提供估价对象的权属证明、历史成交价格、运营收益（包括收入和费用）、开发建设成本以及有关会计报表等资料。五是估价过程中双方的权利和义务，如房地产估价机构和注册房地产估价师等有关人员应保守在估价活动中知悉的估价委托人的商业秘密，不得泄露估价委托人的个人隐私；估价委托人保证所提供的资料是合法、真实、准确和完整的，没有隐匿或虚报的情况，应协助注册房地产估价师对估价对象进行实地查勘，搜集估价所需资料。六是估价费用及其支付的方式、期限。七是估价报告及其交付，包括交付的估价报告类型、份数以及估价报告的交付期限、方式等。例如，是仅提供估价结果报告，还是既提供估价结果报告又提供估价技术报告；是提供中文估价报告，还是提供英文估价报告，或是既提供中文估价报告又提供英文估价报告。在确定估价报告交付期限时，应保证有足够的时间以保质完成该估价项目，不得"立等可取"。八是违约责任。九是解决争议的方法。十是其他需要约定的事项。此外，估价委托合同中还应注明其签订日期。

8.4 编制估价作业方案

编制估价作业方案的目的是保质、按时完成估价项目。估价作业方案的核心是解决将要做什么、什么时候做以及由谁来做，是关于保质、按时完成一个估价项目的未来一系列行动的计划。

在确定估价基本事项及估价报告交付日期的基础上，应对估价项目进行初步分析，编制估价作业方案，以保质、按时完成估价项目。估价作业方案应包括：①估价工作的主要内容及质量要求，包括拟采用的估价方法和估价技术路线，拟搜集的估价所需资料及其来源渠道等；②估价工作的具体步骤及时间进度；③估价工作的人员安排等内容。

8.4.1 拟采用的估价技术路线和估价方法

房地产估价技术路线是评估估价对象房地产价值所应遵循的根本途径，是指导整个房地产估价过程的技术思路，是估价师对估价对象房地产价格形成过程和形成方式的认识。确定估价技术路线的结果和目的是确定价格内涵和价格形成过程。房地产估价技术路线是对房地产价格形成过程和形成方式的认识，而房地产估价方法本身也反映了人们对房地产价格形成过程和形成方式的认识，可以说，每种房地产估价方法都体现了一种技术路线。同样，一个估价对象，采用不同的估价方法，实际上是在模拟不同的价格形成过程，体现的是不同的估价技术路线。把握房地产估价技术路线有助于正确理解和运用房地产估价方法。初步选定估价方法是为了使后面搜集估价所需资料和实地查勘估价对象等工作有的放矢，以避免不必要的无效劳动。

拟定估价方法时应注意以下五点：

①选用估价方法时，应根据估价对象及其所在地的房地产市场状况等客观条件，对比较法、收益法、成本法、假设开发法等估价方法进行适用性分析。当估价对象仅适用一种估价方法进行估价时，可只选用一种估价方法进行估价。当估价对象适用两种或两种以上估价方法进行估价时，宜同时选用所有适用的估价方法进行估价，不得随意取舍；当必须取舍时，应在估价报告中说明并陈述理由。

②估价对象的同类房地产有较多交易的，应选用比较法。

③估价对象或其同类房地产通常有租金等经济收入的，应选用收益法。

④估价对象可假定为独立的开发建设项目进行重新开发建设的，宜选用成本法；当估价对象的同类房地产没有交易或交易很少，且估价对象或其同类房地产没有租金等经济收入时，应选用成本法。

⑤估价对象具有开发或再开发潜力且开发完成后的价值可采用除成本法以外的方法测算的，应选用假设开发法。

8.4.2 拟定应该调查搜集的资料及其来源渠道

针对估价对象、估价目的以及拟采用的估价方法等，需要搜集的资料及其来源渠道，参见"8.5搜集估价所需资料"。

8.4.3 预计所需的时间、人力、经费

应根据拟估价对象，初步匡算完成该项估价任务所需的时间、人力、经费，在保证估价按时、保质完成的前提下，力求达到人力、经费最省的目标。

8.4.4 拟定作业步骤和作业进度

在以上工作的基础上，应对所承担的房地产估价任务拟订作业步骤和作业进度计划，使工作有条不紊，做到参与估价的人员心中有数。

8.5 搜集估价所需资料

估价机构和估价师应经常搜集估价所需资料，并进行核实、分析、整理。房地产估价所需资料主要应包括下列四个方面：

1）对房地产价格有普遍影响的资料

对房地产价格有普遍影响的资料多指宏观环境资料，包括经济发展、银行存贷款利率、物价、人均可支配收入等经济因素资料，政治安定状况、城市化等社会因素资料，房地产制度、房地产价格政策、行政隶属变更、地区特殊政策、税收政策等行政因素资料，世界经济状况、国际竞争状况、国际政治对立状况、国际军事冲突等国际因素资料。

2）对估价对象所在地区的房地产价格有影响的资料

对估价对象所在地区的房地产价格有影响的资料，多指微观区域环境资料，包括大气环境、水文环境、声觉环境、视觉环境、卫生环境等环境资料；基础设施完备程度资料，商店、医院、学校、餐馆、金融机构、公园、娱乐设施等公共配套设施资料；市内交通的通达度、可及性，对外交通的方便程度等交通状况资料；人口数量、质量、家庭规模、风土人情、消费特征等人口状况资料；城市区域规划、交通管制、社会治安状况、房地产投机、居民收入等区域性行政、社会经济状况资料。不同用途、不同规模、不同档次、不同平面布置、不同价格房地产的供求状况资料等。

3）估价对象及同类房地产的交易、收益、成本等资料

这类资料包括类似房地产的交易实例资料，租赁实例资料，空置实例资料，收益实例资料，租赁价格实例资料，建安造价资料，房地产开发市政配套费用等规费资料，开发利润率资料，基准地价资料，路线价资料，资本化率、报酬率、折现率资料，销售费用率资

料，营业税金及附加税率资料，契税税率资料，开发经营期资料等。

4）反映估价对象区位、实物、权益状况的资料

估价对象为土地使用权的，需搜集的资料包括：

①土地实物状况。土地实物状况即坐落位置，以及至城市标志性建筑物的直线距离、行程、车程，形状，地形、地貌，工程地质状况。

②土地开发程度。土地开发程度即宗地红线内、外通路、通水、通电、通上水、通下水、通信、通邮，红线内场地平整程度状况。

③土地登记状况。土地登记状况即土地来源及历史沿革，地理位置，法定用途及实际用途，四至，面积，土地级别，土地权属性质及权属变更，土地登记证书号，国有土地使用证编号，登记时间，地籍图号，宗地号。

④土地权利状况。土地的所有权、使用权，土地使用权性质是划拨还是出让，出让年限、已使用年限、剩余使用年限，是否设立抵押、典当、出租，是否涉案，权属有无争议，是否为共有等状况。

⑤土地利用状况。土地利用现状及土地利用的变迁、土地上房屋建筑物及道路、沟渠等其他附属物状况。

⑥土地使用管制状况。城市规划限定的用途、容积率、建筑密度、建筑高度、建筑红线后退距离、建筑物间距、绿化率、交通出入方位、停车泊位、建筑体量体型、色彩、地面标高，规划设计方案与环境保护、消防安全、文物保护、卫生防疫等有关法律规定的符合状况，以及商业用地的临街宽度、深度状况，农业用地的土壤成分、肥力、灌排水状况，周期性自然灾害状况。日照、降水量、风向、排水积水状况等资料。

估价对象为建筑物的，需搜集的资料包括：

①建筑物的三维空间位置。

②面积：建筑面积，使用面积，成套房屋的套内建筑面积、居住面积、营业面积、出租面积。

③层数及总高，层高。

④建筑式样、风格、色调，结构，设备、设施，装饰装修，朝向，平面布局，通风，采光，隔声、隔振、隔热。

⑤建筑物建成年月，维修养护及完损状况、新旧程度。

⑥产权状况：产权证号，是独有、共有还是建筑物区分所有权，是完全产权还是部分产权，是否设定抵押、典当、出租，是否涉案，权属有无争议，是否违章建筑等。

⑦利用状况：法定用途，实际用途，不同用途的位置或楼层分布及其面积，物业管理，卫生、治安状况。

搜集什么样的实例资料，主要取决于拟采用什么样的估价方法。对于比较法而言，应主要搜集交易实例资料；对于成本法而言，应主要搜集成本实例资料；对于收益法而言，应主要搜集收益实例资料。而具体应搜集的内容，则需要针对估价方法中计算所需要的资料数据进行。如对供出租用的写字楼拟选用收益法进行估价，则需要搜集可供出租的面积、租金水平、出租率或空置率、运营管理费等方面的资料。又如，某块土地拟选用假设开发法进行估价，则需要搜集规划限定的用途、建筑高度、容积率、规划设计方案、拟开

发费用等方面的资料。

虽然估价委托人应当如实提供其掌握的估价所需资料，并对其所提供资料的合法性、真实性、准确性和完整性负责，但也要对估价委托人提供的资料进行审慎检查。对于估价对象的权属状况，当估价委托人是估价对象权利人的，不能仅凭权属证明复印件作出判断，应与原件核对，不得仅凭复印件判断或假定估价对象的权属状况。

8.6　实地查勘估价对象

8.6.1　实地查勘的重要性

实地查勘[①]是指估价师亲自到估价对象现场，检查、观察估价对象状况。俗话说"百闻不如一见""眼见为实"，房地产尤其如此，因为房地产具有独一无二的特性，且其价值、价格与区位密切相关，只有身临其境才能真正了解和认识它，因此实地查勘估价对象是做好房地产估价不可省略的工作步骤。任何房地产估价项目，应至少有一名参加该项目的注册房地产估价师负责实施估价对象实地查勘工作，观察、检查、核对估价对象的区位状况、实物状况和权益状况。

实地查勘有利于估价师加深对估价对象的认知，形成直观、具体的印象，获取文字、图纸、照片等资料无法或难以反映的细节。另外，对于伪造房地产权属证书或虚构估价对象的情况，只要通过认真的实地查勘，与被查勘房地产内的有关人员和四邻进行交谈，是可以发觉的。

对估价对象为已经消失的房地产，虽然不能进行完全意义上的实地查勘，但也应去估价对象原址进行必要的调查。

对运用比较法等估价方法所选取的可比实例房地产，应参照估价对象实地查勘要求，进行必要的实地查勘。

8.6.2　实地查勘的工作内容

实地查勘的工作内容包括：①感受估价对象的区位优劣；②核对之前搜集的估价对象的坐落、四至、面积、用途等情况；③观察估价对象的内外部状况，如土地形状、建筑结构、设施设备、装饰装修、维修养护等；④拍摄反映估价对象内外部状况及周围环境和景观或临路状况的照片等影像资料；⑤调查估价对象的历史使用状况（例如，是否存放过污染物）、周边以及当地同类房地产的市场行情；⑥补充搜集估价所需要的其他资料。

8.6.3　实地查勘程序和记录

在实地查勘时，一般需要委托人和被查勘房地产业主等当事人到场，估价师要认真听取他们关于估价对象的情况介绍，详细询问估价需要弄清的问题，并将有关情况和数据记录下来，形成"实地查勘记录"。实地查勘记录应包括实地查勘的对象、内容、结果、人员和时间等，记录的内容应真实、客观、准确、完整、清晰，进行实地查勘的注册房地产估价师及协助其实地查勘的人员应在该记录上签名或盖章确认，并注明实地查勘日期。在进行实地查勘时，特别要注意核对估价对象的坐落和空间范围，防止搞错估

---

① 根据《房地产估价规范》（GB/T 50291—2015）第 3.0.7 条，估价对象的实地查勘应符合下列规定：1. 应观察、询问、检查、核对估价对象的区位状况、实物状况和权益状况；2. 应拍摄反映估价对象内部状况、外部状况和周围环境状况的照片等影像资料，并应补充搜集估价所需的关于估价对象的其他资料；3. 应制作实地查勘记录，并应记载实地查勘的对象、内容、结果、时间和人员及其签名，记载的内容应真实、客观、准确、完整、清晰。

价对象。

当无法进入估价对象内部进行实地查勘时，应对估价对象的外部状况和区位状况进行实地查勘，并应在估价报告中说明未进入估价对象内部进行实地查勘及其具体原因。对未进行实地查勘的估价对象内部状况，应作为估价假设中的依据不足假设在估价报告中说明。

【实战演练 8-1】

在房地产价格影响因素中，不同用途的房地产其价格影响因素不同，即使影响因素相同，其影响程度也不一样。请分别就住宅、商业、工业用途房地产制定房地产现场勘察表，以便提高现场勘察效果和效率，避免遗漏一些调查项目。

8.7　选用估价方法进行测算

估价方法的选用，取决于估价对象的房地产类型、估价方法的适用条件及所搜集资料的数量和质量等。前面已根据估价对象初步选择了估价方法，在此再根据搜集到的资料情况，正式确定所采用的估价方法。

估价方法选定后就应进行具体的测算。如何运用各种估价方法测算估价对象的价值，已在前面介绍各种估价方法时作了详细说明。

8.8　确定估价结果

估价结果包括评估价值和相关专业意见。在确定评估价值前，应对所选用的估价方法的测算结果进行校核。同时选用两种或两种以上估价方法进行估价的，还应对不同估价方法的测算结果进行比较分析。采用不同的估价方法测算出的结果通常是不同的。应在对不同估价方法的测算结果进行比较、检查、确认、分析的基础上判断估价对象价值，确定最终的估价结果。

当不同估价方法的测算结果之间有较大差异时，应找出测算结果存在的差错和造成各个测算结果之间差异的原因，并应改正错误，消除不合理的差异。寻找和排除出现差异的原因，可从以下方面进行检查：①估价计算的正确性；②估价基础数据[①]的正确性；③估价参数[②]的合理性；④估价计算公式的恰当性；⑤不同估价方法的估价对象财产范围的一致性；⑥不同估价方法的估价前提的一致性；⑦估价方法的适用性；⑧估价假设的合理性；⑨估价依据的正确性；⑩估价原则的正确性；⑪房地产市场状况的特殊性。房地产市场状况的特殊性，是指房地产市场是否正常、过热或不景气。在不同的房地产市场状况下，比较法、收益法、成本法等估价方法的测算结果的高低差异通常是不同的。例如，在房地产市场过热的状况下，比较法的测算结果通常最高；在房地产市场不景气的状况下，比较法的测算结果通常最低。

估价基础数据和估价参数的来源或确定的依据或方法应在估价报告中说明。估价参数应优先选用房地产估价行业组织公布的估价参数；不选用的，应在估价报告中陈述

---

　①　估价基础数据包括：反映估价对象状况的数据包括反映估价对象规模的数据，如土地面积、建筑面积、容积率、使用面积、可出售面积、可出租面积、临街深度、临街宽度、体积、房间数、床位数、座位数等；反映估价对象等级或档次的数据，如土地等级、宾馆的星级、写字楼的等级、装饰装修等级、房屋完损等级等；反映估价对象位置的数据，如与市中心的距离、总楼层数、所在楼层等；反映估价对象年龄和寿命的数据，如土地使用期限、土地已使用年限、建筑物年龄、建筑物经济寿命等。

　②　估价参数包括比较法中的各种修正系数、调整系数，收益法中的报酬率、资本化率、收益乘数、空置率、运营费用率、净收益率、净收益变化率，成本法、假设开发法中的利息率、房地产开发利润率，成本法中的建筑物折旧率、残值率，收益法、假设开发法中的折现率等。

理由。

综合测算结果的确定：①对同时选用两种或两种以上估价方法进行估价的，应在确认各个测算结果无差错及其之间差异的合理性后，根据估价目的及不同估价方法的适用程度、数据可靠程度、测算结果之间差异程度等情况，选用简单算术平均、加权算术平均等方法得出综合测算结果，并应在估价报告中说明得出综合测算结果的方法和理由。②在同时选用两种或两种以上估价方法进行估价的情况下，根据估价目的的特殊要求，可以将其中一种估价方法的测算结果作为综合测算结果。例如，为满足征收补偿的需要，同时选用比较法、收益法和成本法对被征收房屋价值进行评估，在比较法的测算结果最高的情况下，可以将比较法的测算结果作为综合测算结果，因为《国有土地上房屋征收与补偿条例》第十九条规定："对被征收房屋价值的补偿，不得低于房屋征收决定公告之日被征收房屋类似房地产的市场价格。"而如果在这种情况下将比较法、收益法和成本法的测算结果采用简单算术平均或加权算术平均等方法计算出综合测算结果，则最终评估价值就会低于房屋征收决定公告之日被征收房屋类似房地产的市场价格。③对选用一种估价方法进行估价的，应在确认测算结果无差错后，将其作为综合测算结果。

最终评估价值的确定：①测算结果是通过估价方法计算得出的，可能还有一些对估价对象价值或价格有影响的因素难以通过测算结果反映出来，因此需要对这些因素的影响程度进行考量，对综合测算结果进行适当调整后确定最终评估价值，并应在估价报告中陈述调整的理由。②当确认不存在未能在综合测算结果中反映的价值或价格影响因素时，可直接将综合测算结果确定为最终评估价值。③应承认任何评估价值都有一定的误差，房地产的真实价值仅在理论上存在，实际中不可得知，评估价值有误差是不可避免的，只是应将误差控制在合理的范围内。最终评估价值的精度应满足估价目的需要的精度，并应将其误差控制在合理范围内。

8.9 撰写估价报告

估价报告是房地产估价机构和注册房地产估价师向估价委托人所做的关于估价情况和结果的正式陈述。

8.9.1 估价报告的质量和形式

估价报告是估价机构出具的关于估价对象价值的专业意见书，可视为估价机构提供给委托人的"产品"，是全面、公正、客观、准确地记述估价过程和估价成果的文件，是给委托方的书面答复，是关于估价对象的客观合理价格或价值的分析报告。

估价报告质量的高低，除了取决于估价结果的合理性和准确性、估价方法选用的正确性、估价参数选取的合理性和准确性等内在质量外，还包括估价报告的文字表述水平、格式及印刷质量等外在质量，两者不可偏废。

估价报告的形式分为口头报告和书面报告。书面报告按照其格式又可分为表格式估价报告和叙述式估价报告。对于成片多宗房地产的同时估价，且单宗房地产的价值较低时，估价报告可以采用表格的形式，如旧城区居民房屋拆迁补偿估价。居民预购商品住宅的抵押估价报告，也可以采用表格的形式。

叙述式估价报告能使估价师有机会充分论证和解释其分析、意见和结论，使估价结果更具有说服力。叙述式估价报告是估价师履行对委托人责任的最佳方式，叙述式估价报告是最普遍、最完整的。

8.9.2 估价报告的组成和内容

叙述式估价报告通常由八个部分组成：①封面；②致估价委托人函；③目录；④估价师声明；⑤估价假设和限制条件；⑥估价结果报告；⑦估价技术报告；⑧附件。

8.9.3 对估价报告的总要求

估价报告是全面、公正、客观、准确地记述估价过程和估价成果的文件，应真实、客观、准确、完整、清晰、规范。

估价报告真实，即估价报告应按事物的本来面目陈述事实、描述状况、说明情况，没有虚假记载。

估价报告客观，即估价报告应不加个人偏见地进行叙述、分析和评论，得出的结论应有依据，没有误导性陈述。

估价报告准确，即估价报告中的估价基础数据应正确，用语应明确、避免产生误解，对未予以核实的事项不得轻率写入，对难以确定的事项及其对估价结果的影响应予以说明，没有含糊其辞。

估价报告完整，即估价报告应全面反映估价情况和结果，包含估价报告使用者所需要的必要信息及与其知识水平相适应的必要信息，正文内容和附件资料应齐全、配套，不得隐瞒事实，没有重大遗漏。

估价报告清晰，即估价报告应层次分明，用简洁的文字或图表对有关情况和结果进行归纳总结，避免不必要的重复，便于估价报告使用者理解和使用。

估价报告规范，即估价报告的制作应符合规定的格式，估价报告应做到图文并茂，文字、图表等的使用应符合相应的标准，房地产估价术语及其他专业术语应符合《房地产估价基本术语标准》（GIG/T 50899—2013）等有关规定。纸质估价报告应装订成册，纸张大小宜采用尺寸为210mm×297mm的A4纸规格。

8.10 审核估价报告

为了保证出具的报告的质量，估价机构应当建立估价报告内部审核制度。对估价报告进行内部审核，也是防范估价风险的最后一道防线。房地产估价机构应设立估价报告审核部门，按照合格的估价报告的要求，对撰写完成尚未出具的估价报告，从形式到内容进行全面、认真、细致的检查，确认估价结果是否客观合理，提出审核意见。审核的结论性意见可为下列之一：可以出具；做适当修改出具；应重新撰写；应重新估价。

为使估价报告内部审核工作规范化并便于审核，可制定估价报告审核表，见表8-2。审核人员按照该表对估价报告进行审核，可以统一审核标准，避免审核上的漏洞，保障审核工作的质量，提高审核的效率。

表 8-2 房地产估价报告审核表

估价项目名称					
估价报告编号					
序号	审核项目	审核要求	标准分	得分	缺陷说明（扣分点）
1	估价报告的完整性	要件齐全：封面（项目齐全）、目录（含页码）、致委托人函（含估价机构盖章）、注册房地产估价师声明（含2名以上注册房地产估价师签名及注册号）、估价的假设和限制条件、估价结果报告（项目齐全）、估价技术报告（项目齐全）、附件（含估价对象位置图、内外部状况图片、权属证明复印件、估价机构资质、估价师资格证明复印件）	10		
2	估价的假设和限制条件	假设条件是必要、充分、合理、有依据的；限制条件具有针对性	5		
3	估价目的及价值类型和定义	表述准确、清晰、具体	5		
4	估价对象的界定、描述和分析	对估价对象的界定准确，对区位、实物、权益状况的描述全面、翔实	15		
5	市场背景描述与分析	对宏观房地产市场、估价对象细分房地产市场及价值影响因素的分析简明、透彻、针对性强	5		
6	最高最佳利用分析	对最高最佳利用的判定正确，分析透彻、具体，有合法依据和市场根据	5		
7	估价方法选用	选用方法全面、恰当，对理论上适用于估价对象的方法不选用的，充分说明了理由；选用的，简述了道理	10		
8	数据来源与确定、参数选取与运用及计算过程	数据来源依据充分或理由充足；参数选取客观、合理，理论和现实上有说服力，有必要的分析和过程；计算过程完整、严谨、正确	30		
9	估价结果确定及表述	估价结果确定有充分依据，结论表述清晰（含单价、总价）、理由充分；致委托人函、结果报告、技术报告中的估价结果相互一致	5		

续表

估价项目名称					
估价报告编号					
序号	审核项目	审核要求	标准分	得分	缺陷说明（扣分点）
10	估价报告的规范性、文字表述、排版、外观	报告名称、格式、用语规范；引用法规、标准正确；文字简洁、通畅，表述严谨、前后一致、逻辑性强，无错别字、漏字，标点符号使用正确；排版规整、前后统一，装订美观大方	10		
合计			100		
综合审核意见	□可出具报告□做适当修改后出具报告□重新估价□重新撰写估价报告				
审核人员签名		审核日期	年　月　日		

注：①某项中有严重缺陷之一的，指出具体缺陷，并可将该整项评定为0分。

②估价报告有原则性错误的，指出具体错误，可不分项评分，直接将其评定为不合格。

8.11　交付估价报告

估价报告经内部审核合格后，应由负责该估价项目的至少两名注册房地产估价师在"注册房地产估价师申明"等处签名并注明注册号，由估价机构在"致委托方函"中加盖公章，以估价机构名义出具，并应注明致函日期，该日期即为估价报告出具日期。

估价报告完成签名、盖章手续后，应及时将估价报告交付给委托人。在交付估价报告时，还可就估价中的某些问题进行口头说明。至此，便完成了对委托人的估价服务。

8.12　保存估价资料

估价报告交付估价委托人后，不得擅自改动、更换、删除或销毁下列估价资料：①估价报告；②估价委托书和估价委托合同；③估价所依据的估价委托人提供的资料；④估价项目来源和沟通情况记录；⑤估价对象实地查勘记录；⑥估价报告内部审核记录；⑦估价中的不同意见记录；⑧外部专业帮助的专业意见。房地产估价机构应及时整理和保存估价资料，并应保存到估价服务的行为结束且不得少于10年。保存期限应自估价报告出具之日起计算。

保存估价资料是为了方便今后的估价和管理，有助于估价机构和估价师不断提高估价水平，同时也有助于解决以后可能发生的估价纠纷，还有助于政府主管部门和行业自律性组织对估价机构进行资质审查和考核。

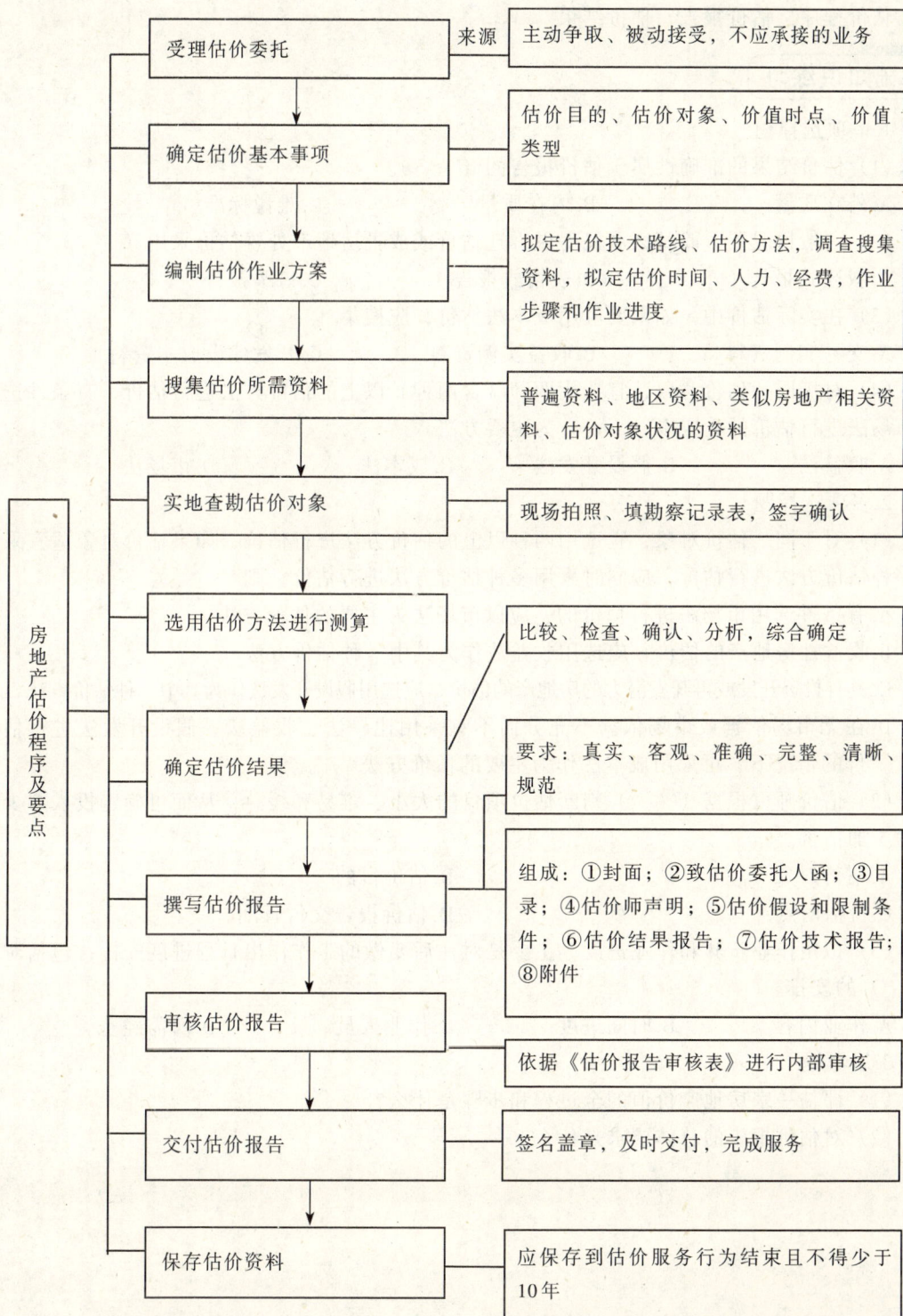

本章小结

	受理估价委托	来源 → 主动争取、被动接受，不应承接的业务
	确定估价基本事项	估价目的、估价对象、价值时点、价值类型
	编制估价作业方案	拟定估价技术路线、估价方法，调查搜集资料，拟定估价时间、人力、经费，作业步骤和作业进度
房地产估价程序及要点	搜集估价所需资料	普遍资料、地区资料、类似房地产相关资料、估价对象状况的资料
	实地查勘估价对象	现场拍照、填勘察记录表，签字确认
	选用估价方法进行测算	比较、检查、确认、分析，综合确定
	确定估价结果	要求：真实、客观、准确、完整、清晰、规范
	撰写估价报告	组成：①封面；②致估价委托人函；③目录；④估价师声明；⑤估价假设和限制条件；⑥估价结果报告；⑦估价技术报告；⑧附件
	审核估价报告	依据《估价报告审核表》进行内部审核
	交付估价报告	签名盖章，及时交付，完成服务
	保存估价资料	应保存到估价服务行为结束且不得少于10年

主要概念

估价程序   估价报告   估价结果

基础知识练习

1.单项选择题

（1）估价结果的准确性属于估价报告的（   ）。

A.外在质量   B.内在质量   C.难说标准

（2）一般情况下，旧城区居民房屋拆迁估价或成批房地产处置估价采用（   ）。

A.叙述式报告   B.表格式报告   C.口头报告

（3）在实际估价中，如果要应用成本法估价，应搜集（   ）。

A.交易实例资料   B.收益实例资料   C.开发建设成本资料

（4）对于同一估价对象，宜选用两种（含两种）以上的估价方法进行估价，有条件选用市场法进行估价的，应以（   ）为主要方法。

A.收益法   B.假设开发法   C.成本法   D.市场法

2.多项选择题

（1）对于同一估价对象，宜选用两种以上的估价方法进行估价，如果估价对象适宜采用多种估价方法进行估价，应同时采用多种估价方法进行估价，则（   ）。

A.有条件选用市场法进行估价的，应以市场法为主要的估价方法

B.收益性房地产的估价，应选用收益法作为其中一种估价方法

C.具有投资开发或再开发潜力的房地产的估价，应选用假设开发法作为其中一种估价方法

D.在无市场依据或市场依据不充分而不宜采用比较法、收益法、假设开发法进行估价的情况下，可采用成本法作为主要的估价方法

（2）估价师可根据（   ）判断估价项目的大小、难易和缓急，从而可确定投入多少人力参加估价。

A.估价对象   B.估价目的

C.价值时点   D.估价报告交付日期

（3）拟定作业步骤和作业进度，主要是对往后要做的工作作出日程进度安排，包括对（   ）的安排。

A.作业内容   B.时间进度   C.作业人员   D.所需经费

3.思考题

（1）评估一宗房地产价值的全过程和步骤是什么？

（2）对估价报告的总体要求是什么？

第9章

各种用途的房地产估价

学习目标

通过本章的学习，了解各类房地产估价常用的方法，熟悉并掌握各种类型房地产估价的特点，影响各类房地产估价结果的区位和实物状况。

引 例

在现实中，我们经常要对不同类型的房地产进行评估，比如对居住、商业、工业房地产展开评估。这就产生了一个问题：不同类型房地产价格的影响因素是否相同？它们的影响因素各有哪些？我们该如何对这些不同类型的房地产展开评估？能否简单地运用前面介绍的方法对其展开评估？这是本章需要解决的问题。

在本书第1章"1.1.2 房地产的类型"中将房地产按用途划分为10种类型，本章主要对居住、商业、商务办公、旅馆、工业等房地产的估价进行分析。

9.1 居住房地产估价

9.1.1 居住房地产及其估价的特点

居住房地产，简称住宅，主要包括普通住宅、高档公寓、别墅等，它是房地产商品中所占比重最大的一类。居住房地产主要有以下特点：

1）单宗交易规模较小，但市场交易量大

居住房地产往往以居民个人购买为主，单宗交易规模较小，但市场交易频繁，交易量大。

2）具有较强的相似性、可比性

居住房地产之间的相似性比其他类型的房地产多。在同一居住小区中，往往有许多栋住宅的施工图纸一样，外观也是一样的；在同一栋住宅楼内，特别是混合结构的房屋，方位相同的各套住房也基本上没有什么区别。同时，居住房地产的交易量一般也是各类房地产中最大的。因此，居住房地产估价的可比性较强，比较容易找到足够数量的可比实例。

3）不同类型住房价格内涵差异明显

我国城市中存在着商品房、限价房、房改房、经济适用住房、廉租住房和集资房等，这些住房的权属性质存在差异。由于现阶段住房权属性质不同，必然导致其价格内涵上的差异，因此其估价也具有各自的特殊性。对居住房地产进行估价时应了解这些特点。

9.1.2 影响居住房地产价格的区位因素

1）位置

位置主要体现为方位、与相关场所的距离、朝向和楼层等。位置对不同类型房地产的影响程度不同。对居住房地产而言，位置首先体现在某宗居住房地产在城市较大区域中的位置以及在较小区域中的具体位置。其次，位置表现为某宗居住房地产距离市中心、交通干线、购物中心、学校、医疗等重要场所的距离，距离越近，位置越好。再次，位置体现在某宗居住房地产的朝向，朝向除了考虑采光、通风等因素外，还有一个重要因素是景观，如海景、湖景、江景、山景、公园等。最后，位置体现在楼层，不同楼层住宅之间的价格差异取决于总楼层数、有无电梯，一般而言，没有电梯的传统多层住宅的中间楼层最优，顶层较差。有电梯的中高层住宅，楼层越高，景观及空气质量越好，价格越高。

2）交通条件

交通条件指距社会经济活动中心的距离、道路状况与交通便捷程度等。交通条件对于不同类型的房地产来说，其含义是不同的。对于居住房地产而言，交通条件指城市公共交通的通达程度、临街道路状况、临公交站点状况、距火车站距离、距汽车站距离、临码头状况等，如估价对象附近是否通行公共汽车、电车、地铁、轻轨，是否有车站及车站停车路数等。

3）生活服务设施

居住房地产所处地段不一定要繁华，即使处于商业繁华地段，也希望能够闹中取静。但居住房地产周围一定要有基本的生活服务设施，如菜市场、商店、银行、邮局、医院、电信营业厅、理发店、洗衣店等。

4）基础设施状况

基础设施状况包括供水、排水、供热、供电、供气、通信、道路等基础设施与公用服务设施状况等。

5）教育配套设施

居住房地产周围有无教育配套设施，主要指中、小学校和幼儿园等。

6）环境因素

环境因素包括估价对象附近以及小区的绿化环境、噪音污染程度、空气质量、卫生条件、邻近危险设施及污染源的程度等。

7）社会因素

社会因素指社区规模功能与安全保障、人口密度、邻里的社会归属文化程度及生活方式等。

8）区域经济发展水平

区域经济发展水平指区域经济发展规模及水平、居民收入水平等。在同一个城市，一般商业中心周边的住宅价格都比较高。

9）行政因素

行政因素包括区域经济政策、土地规划及城镇规划限制等。

9.1.3 影响居住房地产价格的主要实物因素

影响居住房地产价格的主要实物因素包括：

1）建筑结构、类型和等级

建筑结构可分为砖木结构、砖混结构、框架结构、钢混结构等，具体包括基础、墙体、屋面、楼地面等情况。按重要性，建筑物分为五个等级；按经济耐用年限，砖混结构分为两个等级，砖木结构分为三个等级。

2）装修

对于新建房地产而言，毛坯房与装修房的价格差别很大，粗装修、普通装修与高档装修的差别也很大。装修不仅指内装修，还与房屋的外装修等有关。

3）设施与设备

供水、排水、供电、供气、共用天线、通信等管线的完备程序，厨房、卫生间洁具情况等，都会影响居住房地产的价格。

4）建筑质量和品质

建筑质量、保温或隔热设施、防水防渗措施等是否符合标准及质量等级，也会影响居住房地产价格。

5）朝向与楼层

朝向除了要考虑采光、通风等因素外，还要考虑一个重要的因素，即景观。例如，一般来说，住宅避免东西朝向，朝南的住宅要优于其他朝向（如朝北）的住宅，但当北向面对的是美丽的海景、江景或者花园时，北向的住宅就比同楼层南向的住宅价格高，而且甚至会高很多。

多层无电梯住宅的最佳楼层是高低适中的楼层，例如，7层住宅的最佳楼层一般是5层。高层住宅则通常是楼层越高价格越高。

6）房屋的布局、房型、户型

房屋布局合理，房型较好，房屋可使用面积较多，房屋的价格一般会高些。若一套房屋内有过道、黑房或者房间面积过小而影响使用、得房率较低等，则该房屋的价格一般会低些。

7）物业管理条件

物业管理虽然与房地产本身是分开的，但高质量的物业管理可以使房地产保值、增值。物业管理得不好，也可以使房地产贬值。

9.1.4　居住房地产估价的常用方法

居住房地产的估价可以选择市场法、成本法、收益法等。

1）市场法

由于居住房地产交易较频繁、交易量较大，很容易获取交易实例，因此市场法是居住房地产估价最常用的方法。

2）成本法

成本法也常用于居住房地产的估价，在居住房地产的抵押值评估时，出于安全、保守的考虑常会用到成本法，此外，居住房地产的征收估价以及在建工程的估价往往也会采用成本法。

3）收益法

采用收益法对居住房地产估价的相对较少，其主要用于出租型公寓等居住房地产的估价。

【实战演练9-1】

××小区5栋501房地产估价结果报告（节选）

（一）估价委托人

李××。

（二）房地产估价机构

××房地产估价公司。

（三）估价目的

为留学提供财产价值依据。

（四）估价对象

李××所拥有的××小区5栋501房，建筑面积93.88平方米。

（五）价值时点

2015年11月15日。

（六）价值类型

本次估价采用公开市场价值标准。

（七）估价原则

合法原则、最高最佳利用原则、替代原则、价值时点原则。

（八）估价依据（略）

（九）估价方法

由于可比实例较少，拟采用成本法估价。计算公式如下：

房地产价格=土地重新取得成本+建筑物重置价−建筑物折旧

（十）估价结果

经过估算，在价值时点，估价对象单价为2 207元/平方米，总值人民币207 177元，大写为：人民币贰拾万柒仟壹佰柒拾柒元整。

（十一）注册房地产估价师（略）

（十二）估价作业日期（略）

（十三）估价报告使用期限（略）

××小区5栋501房地产估价技术报告

（一）实物状况分析

估价对象原为经济适用房，于2014年5月18日补足地价，用途为住宅，于2010年竣工，混合结构，业主自用，具体情况见附件。

（二）区位状况分析（略）

（三）权益状况分析（略）

（四）市场背景分析（略）

（五）最高最佳利用分析（略）

（六）估价方法适用性分析和选用

由于可比实例较少，拟采用成本法估价。计算公式如下：

房地产价格=土地重新取得成本+建筑物重置价−建筑物折旧

（七）估价测算过程

1.土地重置价

根据委托人提供的地价付款收据，确定地价为7 276元。

2.价格估算

根据××市建设定额管理站公布的2015年1月建筑工程价格信息和××省预算定额，确定估价对象重置价格为：

（1）建筑安装工程费：112 656元

（2）施工前期费用：52 573元

（3）区内配套工程费：45 062元

（4）管理费：(112 656+52 573+45 062)×3%=6 309 (元)

（5）利息：52 573×0.86%×10+ (112 656+45 062)×0.86%×5=11 303 (元)

建筑物重置价=112 656+52 573+45 062+6 309+11 303=227 903 (元)

建筑物折旧=［227 903×(1-0.1)］÷(50-6)×6=27 969.9 (元)

现时价格=7 276+227 903-27 969.9≈207 209 (元)

现时单价=207 209÷93.88≈2 207 (元/平方米)

（八）估价结果确定

对估价对象的状况、装饰等影响其价值的因素进行综合考虑，根据市场调查资料及估价师经验，采用成本法，确定估价对象的市场总价值为207 209元，单价为人民币2 207元/平方米。

分析：

（1）估价中仅采用一种估价方法，且没有说明理由，不符合规范要求。

（2）以取得土地与实际发生的费用作为土地的重新取得成本，混淆了土地原始取得成本与土地重新取得成本的概念。

（3）成本法中没有计算销售税费和开发利润。

9.2　商业房地产估价

商业房地产指用于商业目的的房地产，狭义的商业房地产包括商场、购物中心、商业店铺、超级市场、批发市场等。餐饮、商务办公、旅馆、娱乐等房地产在广义上也是商业房地产。餐饮、商务办公、旅馆、娱乐等房地产与商场、购物中心、商业店铺、超级市场、批发市场等房地产有相似之处，它们也都具有商业房地产的一般特点，影响其价值的实物状况和区位状况也大多类似，采用的估价方法也基本一样，本节主要介绍狭义上的商业房地产。

9.2.1　狭义商业房地产估价

1）狭义商业房地产及其估价的特点

狭义的商业房地产包括商场、购物中心、商业店铺、超级市场、批发市场等，其特点如下：

（1）收益性

商业房地产属于经营性房地产，其主要特点是能够用以获得收益。

（2）经营内容多

在同一宗商业房地产中，往往会有不同的经营内容，例如，一部分经营办公、一部分经营商品零售、一部分经营餐饮、一部分经营娱乐等，不同的经营内容（或者说不同的用途）一般会有不同的收益水平，如果用收益法估价则应该对经营内容不同的各部分房地产采用不同的报酬率。

（3）出租、转租经营多，产权分散复杂

商业房地产往往是销售给个体业主或公司，业主又常常将其拥有的房地产出租给别人经营或自营，有的承租人从业主手上整体承租后又分割转租给第三者，造成商业房地产产权分散、复杂，因此在进行商业房地产估价时要调查清楚产权状况，分清估价价值定义是出租人权益评估还是承租人权益评估，避免有的估价委托人仅是承租人，却以房地产产权人的身份委托。

（4）装修高档而复杂

商业房地产通常会有高档的装修，而且形式各异，要准确估算其价值需要单独计算。有时候，装修是不能估价的。

有些地方的习惯是：买下或租下别人经营的商业用房后，一定要重新装修，因此，在抵押估价、交易估价、转租估价等过程中，要考虑到这种因素。

（5）垂直空间价值衰减性明显

商业房地产的价值在垂直空间范围内表现出明显的衰减性。一般来说，商业物业的价值以底层为高（高层商业物业顶层有景观等因素，比较特殊），向上的方向其价值呈现快速的衰减，越到后面，价值衰减则越慢。

2）影响狭义商业房地产价格的区位因素

（1）地段繁华程度

影响商业房地产价格的首要因素是所处地段的繁华程度，繁华程度越高，商业房地产的价值越高。地段繁华程度包括距商业服务中心的距离、商务设施的种类规模与集聚程度、经营类别、客流的数量与质量等。商业服务中心一般分为市级、区级、小区级三级。一般而言，每个城市都有一个或几个市一级的商业中心区，它们的辐射力遍及全市，吸引着全市的购买力，这类市一级的商业中心区是全市最繁华的地段。每个行政区或住宅聚集区也会有一个或更多的区级商业中心区，它们的辐射力一般仅限于本区域内，繁华程度也低于市级商业区。每个居住小区通常还会有一个商业服务集中地带，或可称为小区级商业中心，其繁华程度又低一些。

对于商业房地产，首先要确定其处于哪一级商业中心区，从而可知其所处地段的商业繁华程度。

另外，现在各地常常有一些专业市场或专业一条街，如电子一条街、饮食一条街、建材市场、步行街等。专门经营某类商品的商业房地产如果位于相应的专业市场内，由于集聚程度较高，同样可以认为所处地段有较高的繁华程度。

（2）交通条件

交通条件包括街道状况、道路状况与交通便捷程度等。进行商业房地产估价时要从两方面考虑交通条件：一是顾客方面。一般情况来说，主要指公共交通的通达度，可用附近公交线路的条数、公交车辆时间间隔，以及公交线路联结的居民区人数等指标来衡量，另外还要考虑交通管制的影响（如很多城市的单行道）和停车场地问题。二是经营者方面。主要考虑距火车站、汽车站、码头等的距离，还要考虑进货和卸货的便利程度等。

（3）临街状况

一般来说，商业房地产应该是临街的，而且临街面越宽越好，如果几面临街，一般认为有利于提高商业房地产的价值。但要注意的是，街面有阴街和阳街之分（指街道两边商业经营效益差别很大）；位于街角交通要道的商业房地产如果没有足够的缓冲余地，对于其经营也是不利的，因为这将影响购物人流的出入。

（4）楼层

一般来说，位于底层的商业房地产要优于楼上的商业房地产，但如果有自动扶梯上下，楼上的商业用房与底层的差距将大大缩小。

（5）环境、基础公用设施状况

环境、基础公用设施状况也会影响商业房地产的价格。价格的制定主要考虑绿地覆盖、大气污染、噪音污染等环境因素，还要考虑供电、供水、排水、通信、供气、供热等基础公用设施的供应状况。

（6）自然、社会因素

常住人口及流动人口数量、家庭规模、居民生活方式、消费观念、社会人文环境、气候条件等，也会影响商业房地产的价格。

（7）经济因素

区域经济增长、物价水平、就业与居民收入水平、产业结构与商业服务业的发展前景等，也是影响商业房地产价格的主要因素。

3）影响狭义商业房地产价格的实物因素

（1）建筑品质及内部格局

商业房地产自身的建筑品质包括建筑结构、装饰装修、设施、建筑平面或空间利用的难易及可改造程度、外观乃至建筑物的临街门面宽窄等，它们对于商业房地产的经营有重要的影响。商业用房的内部格局是否有利于柜台和货架的布置和购物人流的组织。一些大型商业用房往往要分割出租，因此，要求内部空间能够灵活地间隔。

（2）净高

商业房地产的室内净高应适宜。净高偏低则难免产生压抑感，不利于经营；若净高超过合适的高度，建筑成本会提高，也无助于房地产价值的提高。

（3）面积

根据经营要求不同，商业用房所需的面积可能不同，但一般来说不宜太小，如果不是大型零售百货或大型交易市场，面积也不宜太大。

（4）装饰装修

装饰装修在商业房地产的价值中往往占有很大分量，同样的房屋，仅仅由于装修不同，价值会有很大的出入。装修包括内装修和外装修。装修对酒店和办公楼的价值影响很大。

（5）设施设备

电梯、空调是否齐备，甚至电梯的速度如何，都会影响商业房地产的价值。设施设备的智能化条件也将影响商业房地产的价值。

（6）物业管理条件

物业管理虽然与房地产本身是分离的，但对于商业房地产，特别是办公楼而言，物业管理对于提升其价值的作用非常明显。

（7）无形价值

在注重品牌、文化品位的时代，商业房地产价值中无形价值所占的比重越来越大。例如，一个酒店管理集团，能使一个同样的酒店体现出完全不同的租金水平与出租率，从而使酒店体现出不同的价值。又如有大型品牌超市、商业企业进驻的商业房地产，其价值会明显上升。在投资交易等某些估价目的的情况下，估价应对附属于有形商业房地产的无形价值进行考虑。

4）狭义商业房地产估价的常用方法

（1）收益法

商业房地产的一个主要特点是能够用以获得收益，商业房地产的价值正是体现在其获取收益的能力上。收益性房地产的估价，应选用收益法作为其中的一种估价方法。所以，收益法是商业房地产估价最为常用的方法之一。

（2）市场法

商业房地产的转售转租比较频繁，特别是小型商铺更是如此，因此，较易获得比较案例。有条件选用比较法进行估价的，应以比较法为主要的估价方法。所以，在进行商业房地产估价时，比较法是一种常用的方法。

（3）成本法

在有些估价业务中，如商业房地产的抵押估价，或是对将要转变用途的房地产进行估价时，或者市场无交易实例时，也会使用成本法作为辅助方法。

9.2.2 商务办公房地产估价

1）商务办公房地产及其特点

（1）商务办公房地产及其分类

商务办公楼，俗称写字楼，是指用于公司或企业从事各种业务经营活动的建筑物及其附属设施和相关场地。写字楼的业主往往以行之有效的物业管理，以出租经营的方式达到房地产保值、增值和收益的目的。

写字楼可从不同的角度、按照不同的标准进行分类与分级。

按建筑面积的大小，可分为小型、中型和大型写字楼。其中，建筑面积在1万平方米以下的，为小型写字楼；建筑面积在1万～3万平方米的，为中型写字楼；建筑面积在3万平方米以上的，为大型写字楼，有些大型写字楼的建筑面积在10万平方米以上。

按使用功能的不同，写字楼可分为：①单纯型写字楼，即写字楼基本上只有办公一种功能，没有其他功能（如展示厅、餐饮等）。②商住型写字楼，这种写字楼既提供办公又提供住宿，其中一种是办公室内有套间可以住宿，另一种是楼的一部分是办公，楼的另一部分是住宿。③综合型写字楼，指以办公为主，同时又有其他多种功能，如公寓、餐饮、商场、展示厅等的写字楼，但其中办公部分的面积最多。

按写字楼所处的位置、自然或质量状况和收益能力，可将写字楼分为甲、乙、丙三个档次：①甲级写字楼。这类写字楼具有优越的地理位置和交通环境，建筑物的物理状况优良，建筑质量达到或超过有关建筑条例或规范的要求，其收益能力可与新建成的写字楼建筑相媲美。甲级写字楼通常有完善的物业管理服务，包括24小时的维护及保安服务。②乙级写字楼。它具有良好的地理位置，建筑物的物理状况良好，建筑质量达到有关建筑条例或规范的要求，但建筑物的功能不是最先进的（有功能陈旧因素影响），有自然磨损存在，收益能力低于新落成的同类建筑物。③丙级写字楼。它是指已使用的年限较长，建筑物在某些方面不能满足新的建筑条例或规范的要求；建筑物存在较明显的物理磨损和功能陈旧，但仍能满足低收入承租人的需求，并与其租金支付能力相适应，相对于乙级写字楼，虽然租金较低，但仍能保持一个合理的出租率。

不同类型的写字楼其价值相差很大，因此对写字楼物业进行估价时，应依赖专业知识对写字楼的类型、档次进行准确的判断。

当然，随着时代的发展，写字楼的分类和分级标准也在发生变化。目前写字楼市场流行两大评定标准，即甲级写字楼和5A写字楼。其实，无论是甲级写字楼还是5A写字楼，国际和国内都没有固定而统一的界定标准。

（2）商务办公房地产的特点

①所处区位好，规模大。写字楼多建在以经济、金融、贸易、信息为中心的大中城市，同时，有相当规模的面积，办公单位集中，人口密度大，写字楼集聚的区域往往是城市的经济活动频繁、交易量大、信息快而多、交易成功率高、吸引众多知名企业及其国内外办事机构进驻的区域。因此，估价对象是否处于城市写字楼集聚的区域对其价值会产生很大影响。

②多为现代化的高层建筑，功能齐全、配套设施完善。写字楼，特别是甲级写字楼大多为高档次高层建筑，有良好的建筑和现代化的设备，不仅外部有自己独特的线条、格局、色彩和装饰装修等建筑风格，而且内部一般都配有先进的设备，如中央空调、高速电梯、高灵敏的系统化通信等。

③出租经营为主，多由专业物业服务企业管理。大多数写字楼是以出租为主，出租率或占有率的高低是该写字楼的生命线，而出租率的高低与物业服务的好坏休戚相关，因此很多写字楼业主委托专业物业服务企业管理和代理出租。

2）影响商务办公房地产价格的区位因素

（1）集聚程度

商务办公房地产的集聚程度对其价值产生很大影响，因为商务机构的大量集聚必然扩大这一区域的知名度、影响力，推动这一区域高档写字楼的建设并形成一定的规模，区域的知名度、写字楼的知名度反过来影响这一区域中机构的知名度。因此，写字楼特别是甲级写字楼集聚的区域，其写字楼的租金水平往往很高。

（2）交通条件

能否方便、快捷地到达办公地点，能否方便、快捷地与客户交流、会谈是从事办公行业特别是企业公司总部选择办公场所的重要条件之一。因此，写字楼所处区域的交通可达性、通达性、易接近性是影响其价值的重要区位状况。

（3）周边环境

商务办公房地产既不像商业房地产那样要求周围环境繁华热闹，也不像居住房地产那样要求周围环境优美幽静，但要求周围环境整洁气派，有现代化的都市气氛，而不能杂乱无章。

（4）楼层

与商业房地产一样，楼层对商务办公房地产价值也产生较大影响，但影响的方式不同。商业房地产楼层越高价值越小，而商务办公房地产楼层越高价值越大，租金水平越高，这与办公环境有关，楼层越高，景观、空气质量越好，被干扰的机会越小。

3）影响商务办公房地产价格的实物因素

（1）外观形象

声望或形象在商业活动中非常重要，一个公司往往会注重自身形象，而公司办公场所的形象则直接影响公司的形象，因此有良好外观形象的商务办公房地产会大大吸引实力强的企业，商务办公房地产的外观主要包括：建筑物高度、体量、造型、外墙面装修等。

（2）内部装修

与外观一样，内部装修也对商务办公房地产的价值有重要影响。商务办公房地产的内部装修主要体现在大堂、走廊、内墙面、灯具等。商务办公房地产大堂的外观、平面设计和灯光布置等往往是其特色的综合体现。

（3）设备、设施

商务办公房地产的使用者对建筑物内的设备、设施系统非常重视，主要包括给排水、电气、暖通、消防、动力、通信、运输、电子等设备设施。这些设备设施是否齐备、是否高效运行都是影响商务办公房地产价值的重要因素，如垂直交通对于商务办公房地产非常重要，因此电梯的数量、质量、载重量、速度、安装位置直接影响商务办公房地产的吸引力。

（4）智能化程度

随着电子商务的兴起，企业对网络设施的要求迅速提高，以网络为载体，各种智能办公解决方案也在日新月异地发展，因此，写字楼也必须能够提供完善的智能化办公条件才具有吸引力。同时，智能化程度也是衡量写字楼等级的重要指标之一，如甲级写字楼，其智能化程度需达到3A以上，最好达到5A，即须具备BAS楼宇自动化系统、OAS办公自动化系统、FAS消防自动化系统、SAS安防自动化系统、CAS通信自动化系统。

（5）物业服务水平

对于商务办公房地产特别是甲级写字楼而言，物业服务水平的高低对其价值产生影响很大，因为它直接关系到能否吸引大公司、大财团、国内外高级办事机构进驻，进而直接影响写字楼的租金水平，因此，通常甲级写字楼都是聘请一流的服务企业公司进行管理。

（6）租户类型

入住同一商务办公房地产的租户间的相互影响，会增加或减低他们各自的形象和声誉，大厦内的主要租户，往往决定了一幢商务办公房地产的租户类型，当主要租户是知名企业及其办事机构，就会吸引同类及其相关联企业进驻，从而提高大厦的知名度，其价值也会得到迅速提高。

4）商务办公房地产估价的常用方法

商务办公房地产的估价可以选择收益法、市场法、成本法等。

（1）收益法

由于商务办公房地产通常采用出租经营的方式，因此收益法是商务办公房地产估价最为常用的方法之一。

（2）市场法

商务办公房地产的转售转租也比较频繁，因此较易获得可比实例，所以市场法也是商务办公房地产估价的一种常用方法。市场法不仅用于商务办公房地产转让价格的测算，很多情况下也用于租金的估算。

（3）成本法

在进行商务办公房地产的抵押估价时，出于安全、保守的考虑也会用到成本法作为辅助估价方法，此外，在建工程的估价往往也应用成本法。

9.2.3　旅馆房地产估价

1）旅馆房地产及其估价特点

按照服务质量、管理水平、设施及功能的完善程度等可将酒店分为星级酒店和非星级酒店，星级酒店一般有五个等级，五星级酒店一般是城市中等级最高的酒店。近年来，随着酒店业的不断发展，出现了不同概念的酒店，主要有：产权式酒店、酒店式公寓、分时度假酒店、经济型酒店。

旅店、招待所一般是以客房居住功能为主，兼有小规模的餐厅、饭堂，经营规模都比较小，一般为企事业单位作为接待客人使用，其经营收入主要来自于床位收入。

旅馆房地产的估价特点除与商业房地产类似外，还具有以下特点：

（1）转让少且一般为整体转让

旅馆房地产一般较少在市场上转让，而旅馆房地产一旦转让，一般是整体转让，很少采取部分转让的形式。同样，对旅馆房地产估价时，估算其整体价值的情况居多。与之相应要注意的是，单独估算旅馆大堂等部分房地产的价值是没有意义的。

（2）功能多样

旅馆房地产往往具有多种功能，级别、档次越高的旅馆房地产其具有的功能越多，如五星级酒店一般具有商场、餐饮娱乐健身、商务会议、客房等功能，其收益主要体现在不同功能的经营能力和水平上。其功能是否多样、经营水平的高低对其物业的价值影响较大，因此，估价时应根据其具有的不同功能及其经营状况、收益能力分别估价。

（3）一次性投资大、投资回收期较长、经营风险较大

旅馆房地产中的酒店，特别是一些大型酒店房地产，其一次性投资比较大，特别是装修及其各种设施设备的投资很大，而酒店房地产主要是通过经营获取回报，因此投资回收期较长，在经营期内可能遇到宏观经济形势、通货膨胀、金融政策、法律法规等因素的变化影响，尤其是供求变化对酒店房地产价格变动影响很大，经营风险较大。

（4）价值主要体现在接待客户的类型及其能力上

旅馆房地产功能主要是接待各种类型的客户，如会议客户、经商客户、度假客户等。不同类型的旅馆房地产其接待的客户类型、层次不同，其体现的价值不同。对同类型旅馆房地产而言，其价值主要体现在接待能力的大小，因此旅馆房地产的房间价格（或床位价格）、房间数（或是床位数）、入住率等指标，常常可以作为估价的指标，即以床位数或房间数作为比较因素，根据同类旅馆估算其每个床位或是每个客房的价格，然后乘以总的床位数或客房数，即可得出旅馆的总价。

2）影响旅馆房地产价格的区位因素

（1）交通条件

这是影响旅馆房地产价格的最重要的区位状况，是否拥有便捷、快速的交通条件直接影响着旅馆房地产客户的入住及消费。

（2）周围环境

周围环境和交通条件往往是相互起着反作用的，交通条件好的旅馆往往周围环境嘈杂，作为旅馆价值的直接使用者和评价者——旅客，往往也会理解这一点，会在交通和环境之间作出适当的取舍。但相比接待观光和商务旅客的旅馆而言，接待度假旅客的旅馆就特别需要优美的环境，而交通条件的便利这时就退居其次了。

3）影响旅馆房地产价格的实物因素

除了通常的房地产实物状况，特别是影响商业房地产的实物状况以外，影响旅馆房地产的重要实物状况有：

（1）设备设施和用具

除了设备设施以外，用具是影响旅馆房地产价值的一个比较特殊的重要实物状况。虽然在对旅馆房地产估价时，用具往往并不包括在内，但和设备设施一样，用具也是旅客选择和评价旅馆的重要因素。

（2）经营管理

旅馆的经营管理对于提升旅馆房地产的价值起着重要作用，好的酒店聘请国际著名的酒店管理集团经营管理，这样不仅能够提高酒店的服务水准，而且能够利用这些酒店管理集团的国际订房网络，保证酒店的客源。

4）旅馆房地产估价的常用方法

旅馆房地产的估价可以选择收益法、市场法等。

（1）收益法

旅馆房地产具有一次性投资较大、经营风险相对较大及投资回收期较长的特点，其通用性、可分割转让性较差，因此市场整体转让成交的实例较少，而且其有经营收益，因此，对旅馆房地产进行估价时，一般选用收益法。

（2）市场法

由于旅馆房地产一般较少在市场上转让，因此较难获取交易实例，市场法主要用于客房价格、其他功能用房租金的估算。

【实战演练9-2】

深圳某商业中心部分房地产价值评估报告①（选）
估价结果报告

（一）估价委托人（略）

（二）房地产估价机构（略）

（三）估价目的

为贵公司核定资产提供参考依据。

（四）估价对象

深圳市罗湖区××商业中心地下室及地上第三层，地下室为3 065.09平方米，地上第三层为3 770.61平方米。

（五）价值时点

2015年1月29日。

（六）价值类型

本次评估的市场价值是指该物业在2015年1月29日，在正常市场条件下，进行合理销售的公开市场价值。

（七）估价原则

合法原则、最高最佳利用原则、替代原则、价值时点原则。

（八）估价依据（略）

（九）估价方法

采用比较法及收益法对该物业进行评估。

---

① 中国房地产估价师学会. 房地产估价报告精选（2003）[M]. 北京：中国建筑工业出版社，2003.

（十）估价结果

深圳市罗湖区××商业中心地下室及地上第三层物业，建筑面积总计为6 835.70平方米，该物业在价值时点的公开市值为207 673 000元人民币（大写为：人民币贰亿零柒佰陆拾柒万叁仟元整）。

（十一）注册房地产估价师（略）

（十二）估价作业日期（略）

（十三）估价报告使用期限（略）

估价技术报告

（一）实物状况分析

深圳市罗湖区××商业中心地下室及地上第三层，地下室为3 065.09平方米，地上第三层为3 770.61平方米。总楼层数为7层，建筑结构为框架，装修情况（内外部装修（略）），设施设备（略），工程质量验收合格，竣工日期为2012年1月25日。维护、保养情况：目前维护、保养情况较好。占用情况（略），周边设施（略），大厦利用现状（略），物业产权状况（略）。

（二）区位状况分析

1.深圳市位置（略）

2.人口、地域及行政区（略）

3.深圳市之交通条件（略）

4.区属位置（略）

5.××商业中心位置，邻近环境及建筑物（略）

6.物业之交通条件（略）

（三）权益状况分析（略）

（四）市场背景分析

1.深圳市商业物业市场现状概述（略）

2.罗湖区现时商业物业简析（略）

3.深圳市主要商业区的市场租售情况及特点（略）

（五）最高最佳利用分析

估价对象均为商业用途，已达到最高最佳利用。

（六）估价方法选用

在本次估价中，我们采用比较法及收益法对待评估物业的价值进行估算。

（七）估价测算过程

运用比较法进行房地产估价。

1.地下室价格测算

（1）可比案例一

罗湖文化娱乐中心。位于罗湖区东门人民北路与三横街交会处。框架结构，共6层，2014年4月30日入伙。商业总面积约13 000平方米。该物业与待评估物业在使用功能、交易日期、地理位置上都具有较强的相关性和可比性。

（2）可比案例二

金世界广场。位于罗湖区东门步行街内，框架结构，2014年竣工，多层，商业面积共 6 000 平方米。该物业与待评估物业在使用功能、交易日期、地理位置上都具有较强的相关性和可比性。

（3）可比案例三

德奥商城。位于罗湖区东门步行街内，框架结构，2014年下半年入伙，多层。商业面积共 5 000 平方米。该物业与待评估物业在使用功能、交易日期、地理位置上都具有较强的相关性和可比性。

（4）编制因素比较表（见表9-1）

表9-1　　　　　　　　　　　　　　因素比较表

	比较因素	估价对象	案例一	案例二	案例三
	交易价格	待估	36 000元/平方米	44 076元/平方米	46 000元/平方米
	交易情况	正常	正常	正常	正常
	交易时点	—	2009.11	2009.1	2009.8
区位状况	配套设施	较好	较好	较好	较好
	繁华程度	一般	一般	较好	好
	离市中心距离	位于市中心	位于市中心	位于市中心	位于市中心
	交通便捷度	便利	便利	便利	便利
	环境质量	较好	较好	较好	较好
	区域规划	好	好	好	好
实物状况	建筑结构及质量	较好	较好	好	好
	装修情况	一般	一般	好	一般
	物业管理	一般	一般	较好	好
	成新度	一般	一般	较新	新
	人流量	一般	稍多	较多	多
	楼层	地下一层	地下一层	地下一层	地下一层

（5）根据因素比较表编制价格修正及评估测算表（见表9-2）

表9-2　　　　　　　　　　　　　价格修正及评估测算表

	比较因素	估价对象	案例一	案例二	案例三
	交易情况	100	100	100	100
	交易时点	100	100	100	100
区位状况	配套设施	20	20	20	20
	繁华程度	15	15	17	18
	离市中心距离	15	15	15	15
	交通便捷度	15	15	15	15
	环境质量	15	15	15	15
	区域规划	20	20	20	20
	合计	100	100	102	103

续表

实物状况	建筑结构及质量	15	15	16	16
	装修情况	15	15	16	15
	物业管理	10	10	11	12
	成新度	20	20	21	22
	人流量	25	26	30	33
	楼层	15	15	15	15
	合计	100	101	109	113

（6）计算结果（见表9-3）

表9-3　　　　　　　　　　　　　　　　　**评估结果**

比较案例交易价格(元/平方米)	36 000	44 076	46 000
交易情况修正	100/100	100/100	100/100
市场状况调整	100/100	100/100	100/100
区位状况调整	100/100	100/102	100/103
实物状况调整	100/101	100/109	100/113
比准价格(元/平方米)	35 644	39 644	39 522
权重	0.34	0.33	0.33
评估单价(元/平方米)	38 244		
建筑面积(平方米)	3 065.09		
评估总值(元,取整至千位)	117 221 000		

2. 地上第三层价格测算

（1）可比案例一

大世界商城。位于罗湖区东门步行街，东邻东港中心，南邻东门休闲广场，西邻越港商业中心，北隔东门步行街与方海商苑相邻。框架结构，共7层，2015年上半年竣工，商业总面积约6 700平方米。该物业与待评估物业在使用功能、交易日期、地理位置上都具有较强的相关性和可比性。

（2）可比案例二

金世界广场。位于罗湖区东门步行街内，框架结构，2014年竣工，多层，商业面积共6 000平方米。该物业与待评估物业在使用功能、交易日期、地理位置上都具有较强的相关性和可比性。

（3）可比案例三

南塘商业中心。位于罗湖区东门永新街，框架结构，2014年入伙，多层，商业面积共20 000平方米。该物业与待评估物业在使用功能、交易日期、地理位置上都具有较强的相关性和可比性。

（4）编制因素比较表（见表9-4）

表9-4 　　　　　　　　　　　　　　　　　　　因素比较表

比较因素		估价对象	案例一	案例二	案例三
交易价格		待估	26 000元/平方米	27 800元/平方米	28 000元/平方米
交易情况		正常	正常	正常	正常
交易时点		—	2009.10	2009.9	2009.12
区位状况	配套设施	较好	较好	较好	较好
	繁华程度	一般	一般	较好	一般
	离市中心距离	位于市中心	位于市中心	位于市中心	位于市中心
	交通便捷度	较便利	较便利	较便利	便利
	环境质量	较好	较好	较好	较好
	区域规划	好	好	好	好
实物状况	建筑结构及质量	较好	较好	好	较好
	装修情况	一般	一般	好	一般
	物业管理	一般	一般	较好	一般
	成新度	一般	一般	较新	一般
	人流量	稍多	一般	多	一般
	楼层	地下一层	地下一层	地下一层	地下一层

（5）根据因素比较表编制价格修正及评估测算表（见表9-5）

表9-5 　　　　　　　　　　　　　　　　　价格修正及评估测算表

比较因素		估价对象	案例一	案例二	案例三
交易情况		100	100	100	100
交易时点		100	100	100	100
区位状况	配套设施	20	20	20	20
	繁华程度	15	15	17	15
	离市中心距离	15	15	15	15
	交通便捷度	15	15	15	14
	环境质量	15	15	15	15
	区域规划	20	20	20	20
	合计	100	100	102	99
实物状况	建筑结构及质量	15	15	16	15
	装修情况	15	15	16	15
	物业管理	10	10	11	10
	成新度	20	20	21	20
	人流量	25	23	30	23
	楼层	15	15	15	15
	合计	100	98	109	98

（6）计算结果（见表9-6）

表9-6　　　　　　　　　　　　　评估结果

比较案例交易价格（元/平方米）	26 000	27 800	28 000
交易情况修正	100/100	100/100	100/100
市场状况调整	100/100	100/100	100/100
区位状况调整	100/100	100/102	100/99
实物状况调整	100/98	100/109	100/98
比准价格（元/平方米）	26 531	25 004	28 860
权重	0.34	0.33	0.33
评估单价（元/平方米）	26 796		
建筑面积（平方米）	3 770.61		
评估总值（元,取整至千位）	101 037 000		

3. 比较法评估总值

综上所述，比较法评估总值为：

地下室评估总值+地上第三层评估总值=117 221 000+101 037 000=218 258 000（元）

4. 估价结果确定

用比较法的估价结果为218 258 000元。

用收益法的估价结果为197 087 000元。

根据估价目的、估价对象状况和估价思路，考虑到上述两种方法的结果相差不大，综合估价经验分析确定，取上述两种方法估价结果之算术平均值，则：

最终评估结果=（比较法结果+收益法结果）÷2=（218 258 000+197 087 000）÷2
　　　　　　=207 673 000（元）

（注：最终结果保留到千位）

分析：

（1）本报告采用表格式撰写，内容完整，各项说明分析详尽，可为借鉴。

（2）市场背景分析很好。从本市、区到主要商业区，从市场总体、供求、趋势、优势、特点到租赁价格、分层价格水平及租售率等均作了简明扼要的分析说明。

9.3　工业房地产估价

工业房地产主要包括厂房及工厂区内的其他房地产、仓库及其他仓储用房地产。

9.3.1　工业房地产及其估价的特点[①]

1）涉及的行业多

工业房地产估价涉及各类工业，各类工业有各自的行业特点、生产要求，即使生产同一产品的工业企业，由于工艺、流程不同，对厂房、用地的要求也可能截然不同。因此，进行工业房地产估价，首先应该了解企业生产的一些行业知识。

---

① 廖俊平，陆克华. 房地产估价案例与分析［M］. 北京：中国建筑工业出版社，2005.

2）非标准厂房多，单价相差大

工业厂房有一些属于标准（通用）厂房，这类厂房多用于一些轻工业产品的生产，如电子装配、成衣加工等，在一些新兴工业园区、出口加工区，就有许多这类标准厂房可供出租。标准厂房一般有标准的柱距、层高、楼面荷载等。

另外，工业厂房中的大部分为非标准厂房，即根据各类生产的需要而设计建造的其他规格的厂房，这类厂房的跨度、柱距、梁底标高、（行车）轨顶标高、楼面荷载等都根据生产的需要而定。因此，工业房地产每平方米的造价相差较大。

3）要区分设备和建筑物的造价

有些工业设备的建造安装是和建筑物（厂房）同时进行的。例如，很多设备的基座就和厂房的基础连为一体，因此，估价时要注意区分厂房的价值和设备的价值。如果估价结果中既包含了厂房的价值，又包含了设备的价值，则应在估价报告中予以说明。

4）厂房使用寿命受腐蚀影响大

厂房的工作环境常常有腐蚀性，估价时要注意，房屋使用年限会因此而缩短。

9.3.2 影响工业房地产价格的区位因素

1）交通状况

交通状况主要包括对外交通便捷程度、交通管制、与货物集散地（车站、码头、机场）的距离，以及货物集散地的规模档次、道路构成及档次、道路体系等。

工业企业通常需要大量运进原材料及燃料，运出产品，因此，必须有便捷的交通条件，如邻近公路交通干线，或有符合运输条件的道路与公路干线相连，有铁路专用线进入厂区，邻近通航河道（或海岸）且有专用码头。以上公路、铁路和水运交通条件若能同时满足两项则更好。

2）基础设施状况

工业生产对基础设施的依赖性较强，当地的电力供应情况、生产用水能否满足需要、排污及污染治理的可能性、通信条件等，都是影响工业房地产价值的主要区位因素。

3）地理位置

有些工业生产要求对地理位置的选择具有特殊性。例如，造纸需要大量排放污水，所以，通常需要邻近河道，且应避免污染对下游造成重大影响；化工企业则不应设在山沟里；水泥厂的附近若有煤矿和石灰矿则可减少原材料的运输距离等。若相应的工业房地产的地理位置符合生产要求，则十分有助于提高这一工业房地产的价值。

9.3.3 影响工业房地产价格的实物因素

1）用地面积与形状

厂区用地面积大小应该合理，面积太小无法满足生产需要，太大则多出的部分并不能增加房地产的价值，但有时要考虑厂区扩建预留用地；用地形状、地势应符合生产要求，不同的生产常常要求不同的用地形状及地势。

2）地质和水文条件

厂区用地的地质条件应满足厂房建设和材料堆放场地对土质、承载力的要求。当地水文条件应满足厂区建设和生产要求，如果地下水位过高，则会影响建设施工；如果地下水有腐蚀性，则会腐蚀基础（特别是桩基础）。河流的常年水位和流速、含沙量则影响生产取水及污水排放。洪水水位的高低则关系到厂区是否有被淹没的可能性。

3）房地产用途

在进行工业房地产抵押、清算、兼并等目的估价时，由于房地产的用途可能发生改变，因此，要考虑该房地产改为其他用途以及用于其他产品生产的可能性。

9.3.4　工业房地产估价的常用方法

1）比较法

工业房地产通常缺少同类房地产的交易案例，特别是非标准厂房，更不易在同一供需圈内找到符合条件的比较案例，所以，一般不具备采用比较法估价的条件。但在一些新兴工业地带，往往有较多的标准厂房，这些标准厂房的租售案例（特别是出租案例）通常较多，可以考虑采用比较法估价。

2）收益法

如果可以从企业的总收益中剥离出房地产的收益，则可以考虑采用收益法估价，但这种剥离通常有一定的难度，特别是难以准确区分厂房和设备各自产生的收益。

3）成本法

由于上述原因，对工业房地产估价时较多采用成本法。标准厂房较易确定统一的重置价格，从而可以制定当地统一重置价格表。非标准厂房的重置价格的确定则有两个主要途径：一是参考预算价格计算；二是利用标准厂房的重置价格表，根据跨度、柱距、高度等修正，修正参数由经验得出。

【实战演练9-3】

××制药厂房地产估价结果报告（节选）

（一）估价委托人

××股份有限公司。

（二）房地产估价机构

××房地产估价公司。

（三）估价目的

为委托人以估价对象向银行申请抵押贷款提供价值参考。

（四）估价对象

坐落于××市长征路26号××制药厂内的二号车间全部房地产。

（五）价值时点

2015年4月20日。

（六）价值类型

本次估价采用公开市场价值标准。

（七）估价原则

合法原则、最高最佳利用原则、替代原则、价值时点原则。

（八）估价依据（略）

（九）估价方法

由于该类厂房交易的实例不多，采用市场法估价较困难，根据现有资料和估价目的的要求，拟采用成本法估价。

（十）估价结果

估价对象在价值时点的公开市场价值为人民币8 803 000元，大写为：人民币捌佰捌拾万零叁仟元整。

（十一）注册房地产估价师（略）

（十二）估价作业日期（略）

（十三）估价报告使用期限（略）

××制药厂房地产估价技术报告

（一）实物状况分析

估价对象为××股份有限公司所有，二号车间为四层钢筋混凝土结构，建筑面积为7 685.48平方米，建于2014年6月。外墙为37清水砖墙，1.2m高水泥砂浆勒脚；内墙普通抹灰，106涂料；天花板为轻钢龙骨，石膏板吊顶；地面为水磨石；屋面两布三油，硅石保温层；空心夹板门，木质单层玻璃窗。

（二）区位状况分析

估价对象占地面积为1 921.37平方米，所处地段为规划上的工业用地，土地等级为三级，土地平整，呈长方形，交通便利，公共设施齐全。

（三）权益状况分析（略）

（四）市场背景分析（略）

（五）最高最佳利用分析（略）

（六）估价方法选用

由于该类厂房交易的实例不多，采用市场法估价较困难，根据现有资料和估价目的的要求，拟采用成本法估价。

（七）估价测算过程

1. 建筑物价格

根据当地工程造价资料测算，二号车间的单价为987.86元/平方米（包括建安造价、税费及建筑利润在内）。二号车间已使用1年，根据部颁标准，钢筋混凝土结构生产用房的使用年限为50年，残值率为0，二号车间的建筑物价格为：

$987.86 \times 7\ 685.48 \times (1 - 1 \div 50) \approx 7\ 440\ 000$（元）

2. 土地使用权价格

当地征用土地、平整土地、配套建设等费用共为每亩473 000元，土地使用权价格为：

$473\ 000 \times 1\ 921.37 \div 666.7 \approx 1\ 363\ 000$（元）

3. 求取估价对象价格

建筑物价格与土地使用权价格之和为：

$7\ 440\ 000 + 1363\ 000 = 8\ 803\ 000$（元）

（八）估价结果确定

估价对象价格为人民币8 803 000元，大写为：人民币捌佰捌拾万零叁仟元整。

分析：

（1）有些估价师在估算房屋重置价时只考虑其建安造价，这是不全面的，应像本报告这样，还要包括建筑税费及利润。

（2）抵押房地产估价应遵循谨慎原则，本估价报告在选取估价方法上是体现了这一原则的，但在估价过程中则对这一原则反映得还不够充分，这并不是说采用报告中的估价计算方法就一定没有反映谨慎原则，而是没有对此作出足够的强调说明。

（3）评估过程简单，二号车间的单价及土地单价未展开说明。

（4）只采用了一种估价方法，不符合房地产估价规范的要求。

本章小结

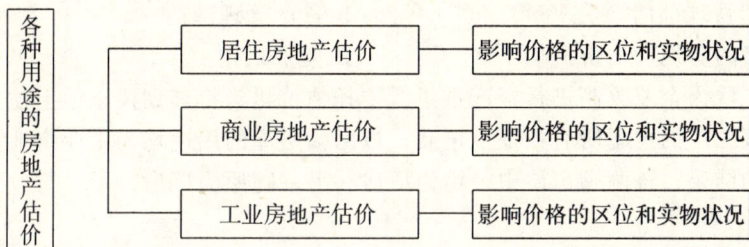

主要概念

基准地价　宗地地价

基础知识练习

1.单项选择题

（1）卖房者甲与购房者乙于2015年4月25日签订了一套装修较陈旧的二手房买卖合同（以下称合同1）和房屋装修合同（以下称合同2），合同1规定甲必须于5月25日交房，且乙同时付清房款。交房后甲按合同2进行装修，装修工程共2个月。乙于4月25日支付90%的购房款和10%的装修费，5月25日付清剩余购房款和60%的装修费，7月25日付清剩余的30%装修费。按规定，在向当地房地产管理部门申报买卖成交价格时，被认定应重新评估。请在以下问题中选择正确的答案。

①价值时点是（　　　）。

A.2015年4月25日　　　　　　　　　　B.2015年5月25日

C.2015年7月25日　　　　　　　　　　D.2015年7月25日以后的某一天

②估价的价值范围应是（　　　）。

A.合同1规定的房款

B.合同1规定的90%购房款和合同2规定的10%装修费

C.合同1规定的购房款和合同2规定的70%装修费

D.合同1规定的购房款和合同2规定的全部装修费

（2）某公司拥有一栋旧写字楼，房屋所有权证记载的建筑面积为460平方米。因年久失修，经房屋鉴定部门鉴定为危房，由上级总公司批准翻建，建筑面积可增至600平方米，该公司认为，建600平方米经济上不合算，擅自建成建筑面积为1 000平方米的写字楼。现该公司欲以该新建写字楼投资入股与外商成立合资企业，拟请某估价机构对该写字楼进行估价。

①能否翻建的最终批准权在（　　　）。

A.政府房地产管理部门　　　　　　　　B.政府规划管理部门

C.政府土地管理部门　　　　　　　　　D.上级总公司

②评估时依据的建筑面积应为（　　）。

A.460平方米　　　　　　　　　　B.600平方米

C.1 000平方米　　　　　　　　　D.以上三个面积都不行

③该公司委托评估应选择（　　）。

A.房地产管理部门　　　　　　　B.资产管理部门

C.有资格的房地产估价机构　　　D.验资机构

（3）某工厂为企业改制进行资产重组，委托估价机构将其划拨土地上建成的两幢房屋进行估价。该工厂的房屋所有权证上记载，该两幢房屋的用途均为工业房地产。根据估价师现场勘察的结果，该两幢房屋中一幢为厂房，另一幢原为厂房，后自行改为办公楼用于出租。

①对该两幢房屋进行估价，应（　　）。

A.根据房屋所有权证上记载的用途进行估价

B.根据估价师现场勘察结果的现状用途进行估价

C.根据企业改制、资产重组后该两幢房屋拟确定的用途进行估价

D.根据该两幢房屋可以获利最多的用途进行估价

②将该两幢房屋的用途由工业改变为其他，应通过下列途径（　　）。

A.自行改变

B.经上级主管部门批准改变

C.经政府房屋管理部门批准，并办理变更手续

D.经政府规划主管部门批准，并按法定程序办理变更手续

③该工厂若为扩大经营而筹集资金将该两幢房屋抵押，则为抵押目的评估的价值应为（　　）。

A.该两幢房屋的抵押评估价格之和

B.该两幢房屋及其土地的抵押评估价格之和扣除划拨土地改为出让土地时应补交的土地使用权出让金

C.该两幢房屋的抵押评估价格之和乘以银行抵押率后的价格

D.该两幢房屋及其土地的抵押评估价格之和乘以银行抵押率后的价格

④该工厂若将该两幢房屋投保火灾险，则为保险目的评估的价值应为（　　）。

A.该两幢房屋的非正常市场价值

B.该两幢房屋的重新购建价格

C.该两幢房屋的重新购建价格扣除折扣后的价值

D.该两幢房屋的重新购建价格扣除折扣后的价值加上土地的价值

（4）甲方于2014年7月委托乙方（建筑公司）建设两幢（分别称为A座和B座）八层共5 000平方米的商品房，至2014年12月止，甲方共支付乙方工程款1 500万元，此时A座建至四层，B座建至五层，工程到此停工。甲、乙双方此后为工程款发生纠纷，甲方认为工程款实际发生1 400万元，乙方尚应返还100万元；乙方则认为工程款实际发生1 580万元，甲方尚应再付80万元。双方争执不下，至2016年7月甲方向法院起诉，法院委托估价机构对甲方实际应支付给乙方的工程款进行评估。

①确定评估结论的依据应该是（　　）。

A.以1 500万元作为估价值

B.以1 490万元（（1 400+1 580）÷2）作为估价值

C.以2014年7月至12月的预算定额、材差等资料为依据，按两幢商品房到停工之日止实际发生的工程量计算估价值

D.以2016年7月的预算定额、材差等资料为依据，按两幢商品房到停工之日止实际发生的工程量计算估价值

②如果该开发公司拥有全部合法开发手续，欲将整体项目转让，价值时点应确定为（　　）。

A.2014年12月　　　　B.2016年7月　　　　C.转让时点　　　　D.项目建成时点

③该商品房预计2019年5月建成，要估测届时的售价，估价对象的状况和房地产市场情况应该选择（　　）。

A.估价对象状况及房地产市场情况均为2019年5月的状态

B.估价对象状况为2019年5月、房地产市场情况为2016年7月的状态

C.估价对象状况为2016年7月、房地产市场情况为2019年5月的状态

D.估价对象状况及房地产市场情况均为2016年7月的状态

2.思考题

（1）简述影响居住房地产价格的主要区位因素和实物因素。

（2）简述影响商业房地产价格的主要区位因素和实物因素。

（3）简述影响工业房地产价格的主要区位因素和实物因素。

（4）简述影响商务办公房地产价格的主要区位因素和实物因素。

（5）简述影响旅馆房地产价格的主要区位因素和实物因素。

（6）简述影响餐饮房地产价格的主要区位因素和实物因素。

（7）简述影响娱乐房地产价格的主要区位因素和实物因素。

（8）简述影响农业房地产价格的主要区位因素和实物因素。

实践操作训练

△案例题

拆迁评估中遇到一网点，房产证用途为商业，土地证却为剩余14年的工业用地，应按照什么用途评估？

△实训题

试对某一麦当劳或肯德基餐厅所占用的房地产进行估价，并讨论对这种类型的房地产进行估价与对普通住宅进行估价的异同点。

第10章

各种目的的房地产估价

学习目标

通过本章的学习，熟悉不同目的房地产估价技术路线的确定以及估价方法的选用；掌握不同目的房地产估价的估价特点、适用的法律法规、注意事项以及估价思路的确定。

引 例

在现实中生活，经常需要进行房地产转让、抵押、拍卖，以及房屋征收、租赁、损害赔偿、课税等目的的评估，那么房地产估价目的对房地产估价究竟起到了什么作用？对于这些不同目的的房地产估价，在选用估价方法、处理手段等方面会不会存在差异？会存在什么差异？

房地产估价目的即估价结果的期望用途，即估价委托人聘请估价机构对房地产估价的用途是什么。例如，是为借款人向贷款银行提供抵押房地产价值证明或为贷款银行判断抵押房地产价值提供参考依据，还是为房屋征收部门与被征收人确定被征收房屋价值的补偿、税务机关核定某种房地产税收的计税依据、人民法院确定拍卖房地产的保留价、保险公司衡量投保房屋的保险价值、房地产买卖双方协商成交价、政府确定国有建设用地使用权出让底价等提供参考依据。估价委托人一般不会无故花钱委托房地产估价机构估价，肯定是为了某种需要才委托，因此任何估价项目都有估价目的。一个估价项目通常只有一个估价目的。

不同估价目的下的估价结果可能不同，因为估价目的不同，价值时点、估价对象、价值类型以及估价原则、估价依据等都有可能不同。例如，许多房地产在买卖、抵押之前已出租，买卖、抵押时带有租赁期间未届满的租赁合同（俗称租约），许多法律法规规定保护这种租赁关系，因此，购买者、抵押权人应尊重并履行这些租赁合同的各项条款，即所谓"买卖不破租赁"。如果是为房地产买卖、抵押目的对这类房地产进行估价，就应考虑合同租金与市场租金差异的影响。但如果是为房屋征收目的而估价，则不考虑房屋租赁因素的影响，视为无租约限制的房屋来估价。估价目的也限制了估价报告的用途。针对某种估价目的得出的估价结果，不能盲目地套用于与其不相符的用途。

估价假设前提主要有两类：最高最佳利用前提和持续使用前提。最高最佳利用前提是假设估价对象在法律上许可、技术上可能、经济上可行的情况下，以价值达到最大的一种最可能的使用方式被使用，估价时按这样的使用方式评估其价格。

相对于最高最佳利用前提着重强调估价对象本身发挥最高最佳效用，持续使用前提则更多地考虑估价对象对于一个持续经营的企业整体能够发挥最大的效用。也就是说，当一个企业采取持续经营的方式可以发挥其整体最大效用时，我们对该企业的组成部分（如房地产）按照其目前的使用方式评估其价值。这时，仅就估价对象本身而言，它可能并没有发挥最大效用，但它能使企业整体经营发挥最大效用。

价值类型有市场价值、投资价值、保险价值、课税价值、抵押价值等，一种类型的价值通常只有一种估价前提。由于估价前提和价值类型是由估价目的决定的，因此估价目的实际上也就规定了房地产交换价值的实现形式。或者说，不同的估价目的使得同一房地产会有不同的交换价值。在考虑房地产估价目的时，首先要掌握与这种目的相关的法律规定，其次要把握这种目的的估价所适用的价值标准。下面分别介绍各种目的的房地产估价。

10.1 房地产转让价格评估

房地产转让价格是指转让房地产时形成的价格。房地产转让价格评估，应依据《城市房地产管理法》、《中华人民共和国土地管理法》（以下简称《土地管理法》）、《城市房地产转让管理规定》以及当地制定的实施细则和其他有关规定进行。房地产转让估价，应区分转让人需要的估价和受让人需要的估价，并应根据估价委托人的具体需要，评估市场价值或投资价值、卖方要价、买方出价、买卖双方协议价等。

10.1.1 房地产转让价格评估的法律规定

《城市房地产管理法》第三十七条规定："房地产转让，是指地产权利人通过买卖、赠与或者其他合法方式将其房地产转移给他人的行为。"

《城市房地产转让管理规定》第三条规定："本规定所称房地产转让，是指房地产权利人通过买卖、赠与或者其他合法方式将其房地产转移给他人的行为。前款所称其他合法方式，主要包括下列行为：

①以房地产作价入股、与他人成立企业法人，房地产权属发生变更的；

②一方提供土地使用权，另一方或者多方提供资金，合资、合作开发经营房地产，而使房地产权属发生变更的；

③因企业被收购、兼并或合并，房地产权属随之转移的；

④以房地产抵债的；

⑤法律、法规规定的其他情形。"

《城市房地产管理法》第三十八条规定："下列房地产，不得转让：

①以出让方式取得土地使用权的，不符合本法第三十九条规定的条件的；

②司法机关和行政机关依法裁定、决定查封或者以其他方式限制房地产权利的；

③依法收回土地使用权的；

④共有房地产，未经其他共有人书面同意的；

⑤权属有争议的；

⑥未依法登记领取权属证书的；

⑦法律、行政法规规定禁止转让的其他情形。"

10.1.2 房地产转让价格评估的特点

房地产转让价格评估具有以下几个方面特点：

①在委托人和评估主体方面，房地产转让价格评估可以委托社会上任何一家值得委托

人信任的评估机构进行。委托既可能是买方和卖方单独委托，也可能是买卖双方共同委托，这是一种自愿的行为。

②从价值时点上看，房地产转让价格评估多数是在转让前进行，价值时点则在估价作业日期之后。

③在估价目的和要求方面，房地产转让价格评估只是为了了解、掌握房地产交易行情，为了在进行房地产交易时有一个参考价格，因此它带有一种咨询性。例如，买方需要了解购买一宗房地产时可能实现的最低价格，而卖方则需要了解出售房地产时可能实现的最高价格。评估机构进行房地产转让价格评估时，其评估结果可能是有一定摆动幅度的价格区间，估价人只对估价信息和结论是否合乎估价技术规范和职业规范负责，而对房地产转让定价决策是否正确不负直接责任。

10.1.3 房地产转让价格评估的方法及注意事项

房地产转让价格评估可采用比较法、假设开发法、成本法、收益法、基准地价系数修正法。

房地产转让价格评估，应采用公开市场价值标准。

房地产转让估价应调查转让人、受让人对转让对象状况、转让价款支付方式、转让税费负担等转让条件的设定或约定。当转让人、受让人对转让条件有书面设定或约定时，宜评估在其书面设定或约定的转让条件下的价值或价格；当转让人、受让人对转让条件无书面设定、约定或书面设定、约定不明确时，应评估转让对象在价值时点的状况、转计价款在价值时点一次性付清、转让税费正常负担下的价值或价格。

已出租的房地产转让估价，应评估出租人权益价值；转让人书面设定或转让人与受让人书面约定依法将原有的租赁关系解除后进行转让的，可另行评估无租约限制价值，并应在估价报告中同时说明出租人权益价值和无租约限制价值及其使用条件。

以划拨方式取得建设用地使用权的房地产转让估价，估价对象应符合法律、法规规定的转让条件，并应根据国家和估价对象所在地的土地收益处理规定，给出需要缴纳的出让金等费用或转让价格中所含的土地收益。

保障性住房销售价格评估，应根据分享产权、独享产权等产权享有方式，评估市场价值或其他特定价值、价格。对采取分享产权的，宜评估市场价值；对采取独享产权的，宜根据类似商品住房的市场价格、保障性住房的成本价格、保障性住房供应对象的支付能力、政府补贴水平及每套住房所处楼幢、楼层、朝向等保障性住房价格影响因素，测算公平合理的销售价格水平。但国家和保障性住房所在地对保障性住房销售价格确定有特别规定的，应按其规定执行。

【实战演练10-1】

房地产估价结果报告（节选）

（一）估价委托人（略）

（二）房地产估价机构（略）

（三）估价目的

为委托方转让该房地产提供价值参考。

（四）估价对象

1.估价对象实体状况

估价对象房地产位于××区××路2号，属于××市城区住宅用地三级地段。其四临分别为：南临××省军区××干休所，北临东二路、聋哑学校、盲童学校，西临××居民住宅，东临××省轻工职业技术学校。周边有××贸易广场、××总医院等单位及物业。

依据委托方提供"房屋所有权证"（×房字第007-00039号）、"××市国有土地使用权证"（×房地籍市字第00578号）。估价对象房地产共有房屋13栋，总建筑面积为4 155.99平方米，总用地面积为12 330.92平方米，房屋占地面积为2 537.66平方米。房屋现在用途为：部分房屋出租给××市××区华光小学，部分房屋出租给××大学作为学生公寓，部分房屋作为××省军区后勤部××营房管理办公室等。土地使用权类型为出让。房屋具体情况见表10-1。

表10-1 房屋具体情况表

栋号	层数	结构	成新率（%）	建筑面积（平方米）	备注
1	1	砖混二等	50	45.54	水刷石外墙，木门窗，简单装修
2	1	砖混二等	50	97.74	水刷石外墙，木门窗，简单装修
3	2	砖混一等	50	957.31	水刷石外墙，木门窗，坡屋顶，木地板，简单装修
4	2	砖混二等	50	24.00	水刷石外墙，木门窗，简单装修
5	2	砖混一等	50	671.73	外墙刷涂料，一楼水泥地面，二楼木地板，木门窗，坡屋顶，简单装修
6	1	砖混二等	50	330.33	水刷石外墙，木门窗，简单装修
7	1	砖混二等	50	222.46	水刷石外墙，木门窗，简单装修
8	1	砖混二等	50	88.62	外墙瓷砖饰面，木门窗，水泥地面
9	2	砖混一等	50	650.33	外墙刷涂料，一楼水泥地面，二楼木地板，木门窗，坡屋顶，简单装修
10	2	砖混一等	50	957.31	水刷石外墙，木门窗，坡屋顶，木地板
11	1	砖混二等	50	68.34	水刷石外墙，木门窗，简单装修
12	1	砖混二等	50	11.00	水刷石外墙，木门窗，简单装修
13	1	砖混二等	50	31.28	水刷石外墙，木门窗，简单装修
合计				4 155.99	

2．估价对象权属状况

估价对象房地产所有权属于××军区，土地使用权取得类型为出让。至价值时点止，估价对象房地产没有设定抵押权等他项权利。

（五）价值时点

2015年9月10日。

（六）价值类型

本报告所确定的价值为估价对象房地产在价值时点的客观合理价值。

（七）估价原则（略）

（八）估价依据（略）

（九）估价方法

本报告采用成本法、基准地价系数修正法作为本次评估的基本方法。

（十）估价结果

2015年9月10日，估价对象评估值为人民币1 951.17万元，大写为：人民币壹仟玖佰伍拾壹万壹仟柒佰元整。

（十一）注册房地产估价师（略）

（十二）估价作业日期

2015年9月10日至2015年9月17日。

（十三）估价报告使用期限

本估价报告自价值时点起半年内有效。

房地产估价技术报告（节选）

（一）实物状况分析（略）

（二）区位状况分析（略）

（三）权益状况分析（略）

（四）市场背景分析（略）

（五）最高最佳利用分析（略）

（六）估价方法选用（略）

（七）估价测算过程

1．土地价值

基准地价系数修正法的基本原理：在政府公布的基准地价的基础上，结合评估对象自身的特点进行交易日期修正、区域因素修正、个别因素修正之后，得出评估对象的价格，即：

宗地地价＝基准地价×交易日期修正系数×区域因素修正系数×个别因素修正系数×面积

估价对象土地位于基准地价评估范围之内，因此应参照政府公布的基准地价资料，对待估土地进行评估。估价对象土地属××市城区住宅用地三级地段，结合××市的规划设计目标和评估的最有效利用方式的要求，确定该地块的最有效利用方式为住宅用地。根据此次基准地价成果资料，取其基准地价为1 470元/平方米。

各种修正系数的确定：

（1）市场状况调整

根据××市现有的基准地价工作成果，并考虑到××市土地市场的发展情况，××市2012年到现在的地价有涨有跌，但总体上还是以涨为主，结合××市土地市场行情的现实状况，确定修正系数为1.01。

（2）区位和实物状况调整

根据评估人员的现场查勘情况，确定因素修正表（见表10-2）。

估价对象土地的单位地价＝1 470×1.01×（1+4%）×（1-4%）=1 482.32（元/平方米）

估价对象土地总价＝1 482.32×12 330.92×10^{-4}=1 827.84（万元）

2．房屋价值

根据估价目的及估价对象现状，房屋价值测算应采用成本法。

成本法是指求取估价对象在价值时点的重置价格或重建价格，扣除折旧，以此估算估价对象的客观合理价格或其价值的方法。

表 10-2　　　　　　　　　　　　　**因素修正表**

因素	因子	说明	修正系数
区位状况	距市级商服中心距离	劣	−5%
	距区级商服中心距离	优	+4%
	区域公用设施方便度	较优	+2%
	区域环境质量状况	一般	0
	距火车站距离	较优	+2%
	区域内文体设施方便度	较优	+1%
	区域公共交通便利度	一般	0
	其他因素	一般	0
	合计		+4%
实物状况	交通便捷度	劣	−4%
	建筑物朝向与采光	一般	0
	土地面积	较优	+1%
	土地形状	较优	+1%
	宗地临路条件	较劣	−2%
	容积率	一般	0
	其他	一般	0
	合计		−4%

估价师对现场进行了实地勘察，按照××市现行重置价格标准，采用成本法对房屋价值进行评估，依据下列公式测算：

房价＝房屋重置单价×房屋成新率×建筑面积

其中，房屋成新率根据房屋使用年限与估价师现场勘察结果综合确定。

房屋价值计算详细过程见表 10-3。

表 10-3　　　　　　　　　　**房屋价值计算详细过程表**

栋号	层数	建筑结构	成新率（%）	建筑面积（平方米）	重置单价（元/平方米）	总价格（万元）
1	1	砖混二等	50	45.54	500	1.14
2	1	砖混二等	50	97.74	500	2.44
3	2	砖混一等	50	957.31	620	29.68
4	1	砖混二等	50	24.00	500	0.60
5	2	砖混一等	50	671.73	620	20.82
6	1	砖混二等	50	330.33	500	8.26
7	1	砖混二等	50	222.46	500	5.56
8	1	砖混二等	50	88.62	500	2.22
9	2	砖混一等	50	650.33	620	20.16
10	2	砖混一等	50	957.31	620	29.68
11	1	砖混二等	50	68.34	500	1.71
12	1	砖混二等	50	11.00	500	0.28
13	1	砖混二等	50	31.28	500	0.78
合计				4 155.99		123.33

经以上计算，估价对象房屋价值为人民币123.33万元。

（八）估价结果确定

经以上计算，估价对象出让土地使用权总地价为人民币1 827.84万元，估价对象房屋价值为人民币123.33万元，则：

估价对象房地产总价值=1 827.84+123.33=1 951.17（万元）

分析：

①该报告实质上只采用了一种估价方法，那就是成本法，且未说明原因，不符合估价规范的要求。

②价值时点应在估价作业日期以后，因为是转让估价。报告有效期应当自估价报告完成时开始。

③军用土地一般为划拨土地，虽然是出让土地，但没有说明土地用途、土地剩余使用年限等。在采用基准地价系数修正法评估土地价值时，没有对土地使用年限、容积率、土地开发程度等进行修正。没有交代基准地价对应的日期。

④在计算房屋价值时，成新率缺少数据来源。

⑤估价方法选用缺少理由说明。

⑥交通便捷度和建筑物朝向与采光应属于区位状况调整。

⑦采用房地分估路径，但遗漏相应的价格构成部分。

10.2 房地产抵押价值评估

10.2.1 房地产抵押价值评估概述

房地产抵押是指抵押人以其合法的房地产以不转移占有的方式向抵押权人提供债务履行担保的行为。债务人不履行债务时，抵押权人有权依法以抵押的房地产拍卖所得的价款优先受偿。

房地产抵押价值应是以抵押方式将房地产作为债权担保时的价值。房地产抵押价值评估实质上是评估抵押房地产在设定抵押权时某价值时点的公开市场价值作为抵押贷款活动的价值参考。房地产抵押估价，应区分抵押贷款前估价和抵押贷款后重估。房地产抵押贷款前估价，应包括下列内容：①评估抵押房地产假定未设立法定优先受偿权下的价值；②调查抵押房地产法定优先受偿权设立情况及相应的法定优先受偿款；③计算抵押房地产的抵押价值或抵押净值；④分析抵押房地产的变现能力并作出风险提示。

抵押价值和抵押净值评估应遵循谨慎原则，不得高估假定未设立法定优先受偿权下的价值，不得低估法定优先受偿款及预期实现抵押权的费用和税金。

10.2.2 房地产抵押价值评估的法律规定

房地产抵押估价应依据《城市房地产管理法》、《担保法》、《物法权》及最高人民法院的司法解释、《城市房地产抵押管理办法》、《房地产估价规范》、《商业银行房地产贷款风险管理指引》、《关于规范与银行信贷业务相关的房地产抵押估价管理有关问题的通知》和《房地产抵押估价指导意见》等进行。现将有关法规中规定可以设定抵押的房地产、不得设定抵押的房地产、其他限制条件，以及与估价有关的规定归纳如下[①]：

① 廖俊平，陆克华. 房地产估价案例与分析［M］. 北京：中国建筑工业出版社，2005.

1）可以设定抵押的房地产

①抵押人所有的房屋和其他地上定着物。

②抵押人依法有权处分的国有土地使用权、房屋和其他地上定着物。

③抵押人依法承包并经发包方同意抵押的荒山、荒沟、荒丘、荒滩等荒地的土地使用权。

④以乡（镇）、村企业的厂房等建筑物抵押的，其占有范围内的土地使用权同时抵押。

⑤依法取得的房屋所有权连同该房屋占用范围内的土地使用权，可以设定抵押权。

⑥以出让方式取得的土地使用权，可以设定抵押权。

⑦以出让方式取得的国有土地使用权抵押的，应当将抵押时该国有土地上的房屋同时抵押。

⑧以依法取得的国有土地上的房屋抵押的，该房屋占用范围内的国有土地使用权同时抵押。

⑨以在建工程已完工部分抵押的，其土地使用权随之抵押。

⑩学校、幼儿园、医院等以公益为目的的事业单位、社会团体的教育设施、医疗卫生设施和其他社会公益设施以外的财产。

2）不得设定抵押的房地产

①土地所有权。

②权属有争议的房地产，所有权、使用权不明或者有争议的财产（房地产）。

③用于教育、医疗、市政等公共福利事业的房地产；学校、幼儿园、医院等以公益为目的的事业单位、社会团体的教育设施、医疗卫生设施和其他社会公益设施。

④列入文物保护的建筑物和有重要纪念意义的其他建筑物。

⑤已依法公告列入拆迁范围的房地产。

⑥被依法查封、扣押、监管或者以其他形式限制的房地产。

⑦划拨土地使用权不得单独抵押。

⑧耕地、宅基地、自留地、自留山等集体所有的土地使用权（上述可抵押的除外）。

⑨乡（镇）、村企业的（集体）土地使用权不得单独抵押。

⑩以法定程序确认为违法、违章的建筑物。

⑪依法不得抵押的其他房地产。

3）其他限制条件

①在建项目应取得"国有土地使用证""建设用地规划许可证""建设工程规划许可证""建设工程施工许可证"。

②开发商已合法出售的房地产不得与未出售的房地产一起抵押。

③房地产抵押应当凭"土地使用权证""房屋所有权证"办理。

④预购商品房贷款抵押的，商品房开发项目必须符合房地产转让条件并取得商品房预售许可证。

⑤以共有的房地产抵押的，抵押人应当事先征得其他共有人书面同意。

⑥以已出租的房地产抵押的，抵押人应当将租赁情况告知抵押权人，并将抵押情况告知承租人，原租赁合同继续有效。

⑦发包人拖欠承包人的建筑工程价款，已抵押担保的债权数额，以及其他法定优先受

偿款，均为法律规定优先于该次抵押贷款受偿的款额。

⑧当事人未办理抵押物登记的，不得对抗第三人。

⑨以法律、法规禁止流通的财产或者不可转让的财产设定担保，担保合同无效。

⑩抵押权人在债务履行期届满前，不得与抵押人约定债务人不履行到期债务时抵押财产归债权人所有。

4）与估价有关的规定

①评估待开发房地产假定未设立法定优先受偿权下的价值采用假设开发法的，应选择被迫转让开发前提进行估价。

②抵押房地产已出租的，其假定未设立法定优先受偿权下的价值应符合下列规定：合同租金低于市场租金的，应为出租人权益价值；合同租金高于市场租金的，应为无租约限制价值。

③抵押房地产的建设用地使用权为划拨方式取得的，应选择下列方式之一评估其假定未设立法定优先受偿权下的价值：直接评估在划拨建设用地使用权下的假定未设立法定优先受偿权下的价值；先评估在出让建设用地使用权下的假定未设立法定优先受偿权下的价值，且该出让建设用地使用权的使用期限应设定为自价值时点起计算的相应用途法定出让最高年限，再减去由划拨建设用地使用权转变为出让建设用地使用权需要缴纳的出让金等费用。

④由划拨建设用地使用权转变为出让建设用地使用权需要缴纳的出让金等费用，应按估价对象所在地规定的标准进行测算；估价对象所在地没有规定的，可按同类房地产已缴纳的标准进行估算。

⑤抵押房地产为按份共有的，抵押价值或抵押净值应为抵押人在共有房地产中享有的份额的抵押价值或抵押净值；为共同共有的，抵押价值或抵押净值应为共有房地产的抵押价值或抵押净值。

⑥抵押房地产为享受国家优惠政策购买的，抵押价值或抵押净值应为房地产权利人可处分和收益的份额的抵押价值或抵押净值。

⑦房地产抵押估价用于设立最高额抵押权，且最高额抵押权设立前已存在的债权经当事人同意转入最高额抵押担保的债权范围的，抵押价值或抵押净值可不减去相应的已抵押担保的债权数额，但应在估价报告中说明并对估价报告和估价结果的使用作出相应限制。

⑧在进行续贷房地产抵押估价时，应调查及在估价报告中说明抵押房地产状况和房地产市场状况发生的变化，并应根据已发生的变化情况进行估价。对同一抵押权人的续贷房地产抵押估价，抵押价值、抵押净值可不减去续贷对应的已抵押担保的债权数额，但应在估价报告中说明并对估价报告和估价结果的使用作出相应限制。

⑨房地产抵押贷款后重估，应根据监测抵押房地产市场价格变化、掌握抵押价值或抵押净值变化情况及有关信息披露等的需要，定期或在房地产市场价格变化较快、抵押房地产状况发生较大改变时，对抵押房地产的市场价格或市场价值、抵押价值、抵押净值等进行重新评估，并应为抵押权人提供相关风险提示。

10.2.3 房地产抵押及其价值评估的风险

1）预期风险

房地产抵押价值评估业务的价值时点一般为当前的某一日期，而抵押期限一般会有一年以上的时间，一旦需要实现抵押权时，则是在未来的某一时点，因此房地产抵押需要特别注重预期风险。在估价时，对预期会降低估价对象价值的因素要充分考虑，而对预期不确定的收益或升值因素较少或不予考虑。

2）市场变现风险

抵押权人大多在抵押人不能履行债务时，要将抵押房地产变现，而不是收回实物。这是由于处置抵押物的短期性、强制性和变现能力差等因素形成的房地产降价甚至资不抵债的风险。因此，在进行房地产抵押价值评估时，要对抵押物的市场变现能力进行分析，尤其要对有价无市的状况进行分析。

3）抵押期间的耗损风险

由于房地产抵押的性质，因此抵押物仍由抵押人占有、使用。在抵押期较长或抵押物耐用经济年限较短的时候，则会造成抵押物的耗损，引起价值的变化。这种耗损风险在估价时也应予以分析、考虑。

4）价值高估风险

房地产评估机构的估价结果对抵贷双方起到了重要的参考作用，由于房地产千差万别，目前银行更加倚重估价机构的估价结果作为贷款数额的衡量指标。在竞争激烈的市场中，房地产估价机构会受到各方面的压力：银行要吸引客户，促成贷款或续贷；抵押人欲多借款，少出抵押物；一些相关的中介公司、担保公司、律师为促成贷款，都希望估价机构高估房地产价值；估价机构为了不失去客户，受利益驱使而迎合客户的不合理要求。这些因素都会形成房地产抵押价值高估的风险。

10.2.4　房地产抵押价值评估的方法和注意事项

1）房地产抵押价值评估的常见类型与估价方法

①对以获得出让土地使用权和房屋产权的房地产作为抵押物进行评估时，可根据具体情况采用比较法、收益法和成本法估价。

②对以出让方式获得的土地使用权作为抵押物进行评估时，可以采用基准地价系数修正法、比较法、成本法和假设开发法。

③对以划拨土地上的建成房屋作为抵押物进行评估时，市场交易性较强的，可先假设估价对象为完全产权的商品房，选用比较法（或收益法）为一种方法，从得出的客观市场价值中减去需要补缴的土地出让金或出让毛地价价值；再选用成本法为另一种方法，其中不含土地出让金或出让毛地价价值，这类方法的适用对象如原国有企事业单位、社会团体的各类房地产、廉租房、经济适用房、房改房、合作建房等。市场性差的，可采用房产与土地分别估价再综合的成本法估价，不含土地出让金或出让毛地价价值，这类方法的适用对象如市场狭小的特殊的房地产。

④对已建成或使用的部分（局部）房地产作为抵押物进行评估时，应注意到该部分（局部）房地产在整体房地产中的作用，它的相应权益能否独立使用，是否可以独立变现，并注意到土地的分摊和公共配套设施、共用部分的合理享用问题，估价方法可选用市场法、收益法或成本法。这类方法的适用对象如部分栋号、层、单元，综合物业中某部分用途的物业等。

⑤在建工程抵押是以合法取得的土地使用权连同在建工程进行抵押。将在建工程作为抵押物进行评估时，要全面掌握估价对象状况，注意实际施工进度和相应可实现的权益，

请抵押人出具在建工程发包人与承包人及监理方签署的在价值时点是否拖欠建筑工程价款的书面说明（承诺函），存在拖欠建筑工程价款的要提供拖欠的具体数额。此时的评估只能反映房屋未建成时的某一时点的抵押价值，不含拖欠价款，估价方法可选用成本法和假设开发法。

⑥以乡（镇）、村企业的厂房等建筑物及其占用范围内的集体土地使用权作为抵押物进行评估时，应注意到未经法定程序不得改变土地集体所有和土地用途。在估价过程中，应扣减与国有土地价值的差异，估价方法可选用成本法、收益法或比较法。

2）房地产抵押价值评估的注意事项

房地产抵押价值评估服务于金融（银行）业的抵押贷款、担保业务，必须安全、稳健、谨慎。房地产估价机构和注册房地产估价师处在中介的位置，必须注意抵贷双方的风险，规避估价机构及估价师的风险，在抵押估价中要更加严格地执行《房地产估价规范》和《房地产抵押估价指导意见》，采取客观、谨慎，甚至偏保守的做法，从而使估价结果客观、公正、合理、合法，切忌不实估价，切忌高（虚）估价。这是房地产抵押估价最重要的特点及注意事项，其他注意事项还有：

（1）估价目的

房地产抵押估价目的可统一表述为：为确定房地产抵押贷款额度提供参考依据而评估房地产抵押价值。

（2）价值时点

由于抵押时点在评估时是不确定的，因此价值时点原则上为完成对估价对象的实地查勘之日。估价委托合同对价值时点另有约定的从其约定，但实地查勘时应了解估价对象在价值时点的（过去或未来）状况，并在"估价假设和限制条件"中假定估价对象在价值时点的状况与完成实地查勘之日的状况一致。

（3）确认估价对象为可以设定抵押的房地产

估价师首先要确定估价对象可以作为抵押房地产，这里包括估价师从专业角度审视估价对象的合法性、他项权利状况、可转让（流通或拍卖）性、可抵押登记生效，这样就从合法性上确保了抵押房地产的安全性，从基本条件上减少了风险。抵押评估对估价对象要明确界定。

（4）合理确定假设前提和限制条件

针对估价对象的具体情况，合理且有依据地明确相关假设前提和限制条件。房地产估价师和估价机构在进行抵押评估时，应当实事求是、勤勉尽责，不得滥用和任意设定假设前提和限制条件。

（5）把握市场风险，防止高估

为了防止高估抵押房地产价值，估价师在估价过程中应把握好市场状况。若在价值时点当地同类房地产市场有过热（或泡沫）现象，估价师要头脑清醒，谨慎、保守估价，因为一旦泡沫破裂，市场价值理性回归，抵押物价值就会急速下降。

对于某些续贷的价值评估，如果市场已经发生不利变化，估价师就更要客观谨慎，不能继续维持过高估值。

（6）在报告中说明主要风险会对评估价值产生的影响

应在估价报告中说明未来市场变化风险和短期强制处分等因素对抵押价值的影响。在估价报告的分析及有关说明中，注册房地产估价师应从专业角度指出抵押房地产主要可能面临的风险，并对会引起价值变化的主要因素加以说明，提出专业性的提示及建议，提请抵贷双方注意。

【实战演练10-2】

××市××区三街坊28号底层房地产抵押价值评估（节选）
房地产估价结果报告

（一）估价委托人（略）

（二）房地产估价机构（略）

（三）估价目的

为确定房地产抵押贷款额度提供参考依据而评估房地产抵押价值。

（四）估价对象

1.估价对象实体状况

估价对象房地产位于××区三街坊28号底层，房地产所在地块属于××市城区商业用地五级地段。其四临分别为：东临××区热电厂宿舍；南临居民楼、××大道；西临居民住宅、××路；北临××城三街、××工人日报站。

依据委托方提供"房屋所有权证"（×房权证×字第××号）记载，估价对象房地产总建筑面积为2 728.72平方米（证载面积为2 766.20平方米，其中37.48平方米已出售），设计用途为商业服务；"国有土地使用证"（×国用〔2013〕字第××号）记载，土地用途为住宅综合楼，使用权类型为出让，终止使用日期为2057年12月31日，共有使用权面积为5 270.22平方米，其中共用分摊面积为773.37平方米。估价师按已出售房屋面积占总面积的比例分摊土地面积10.48平方米（37.48÷2766.20×773.37），则估价对象房地产分摊土地面积为762.89平方米（773.37-10.48）。

估价师现场勘察：估价对象房地产所在建筑物共7层，为钢混结构，外墙为瓷砖饰面，建筑物基本上通上水、通下水、通电、通信、通气等。估价对象房地产为该建筑物底层部分房屋，其现在部分用作集贸市场（主要是菜市场），其余出租用作商业门面。其装饰情况为：外墙瓷砖饰面，内墙石灰砂浆抹面，天棚石灰砂浆抹面，地面水泥沙浆抹面，卷闸门。

2.估价对象权属状况

估价对象房地产所有权属于××市××区建筑工程公司，土地使用权取得类型为出让。至价值时点止，估价对象房地产没有设定抵押权，但部分房屋用作集贸市场（主要是菜市场）、部分房屋出租作商业门面。××市××区建筑工程公司拟以其所有的房地产为××市××区房地产开发公司贷款提供担保。

（五）价值时点

2015年4月1日。

（六）价值类型

本报告所确定的价值为估价对象房地产在价值时点的客观合理价值。

（七）估价原则（略）

（八）估价依据（略）

（九）估价方法（略）

（十）估价结果

估价师根据估价目的，遵循估价原则，按照估价程序，采用科学合理的估价方法，在认真分析现有资料的基础上，结合估价经验，综合分析影响房地产价值的各项因素，经过仔细分析测算，确定估价对象房地产在价值时点2015年4月1日的评估值为人民币520.16万元，大写为：人民币伍佰贰拾万壹仟陆佰元整。

（十一）注册房地产估价师（略）

（十二）估价作业日期

2015年4月1日至2015年4月8日。

（十三）估价报告使用期限

本估价报告使用期限为半年，有效日期从2015年4月8日至2015年10月7日。

房地产估价技术报告

（一）实物状况分析（略）

（二）区位状况分析（略）

（三）权益状况分析（略）

（四）市场背景描述与分析（略）

（五）最高最佳利用分析

本报告以商业用途为最高最佳利用。

（六）估价方法选用

估价师认真分析所掌握的资料，进行了实地勘察和调查，根据估价对象的特点及评估目的，确定运用成本法和收益还原法作为本次估价方法。

（七）估价测算过程

1. 成本法测算过程

（1）土地价值（用基准地价系数修正法测算土地价值）

基准地价系数修正法的基本原理：在政府公布的基准地价的基础上，结合评估对象自身的特点进行交易日期修正、区域因素修正、个别因素修正之后得出评估对象价格的一种方法，即：

宗地地价=基准地价×交易日期修正系数×区域因素修正系数×个别因素修正系数×面积

根据估价师的现场查勘情况，确定地块区位状况说明及修正系数表（见表10-4），以及地块实物状况说明及修正系数表（见表10-5）。

该地块属于商业五级，级别价为1 343元/平方米，则：

土地单价=1 343×（1-0.0420）×（1+2.5%）^{2}×0.94×1×1.0155×1.303

　　　　=1 681.29（元/平方米）

土地总价=1 681.29×762.89÷10 000=128.26（万元）

含契税土地总价=128.26×（1+4%）=133.39（万元）

（2）房屋价值

根据估价目的及估价对象现状，房屋价值测算采用成本法。

成本法是指求取估价对象房屋在价值时点的重置价格或重建价格，扣除折旧，以此估算估价对象的客观合理价格或价值的方法。

估价师对现场进行了实地勘察，按照××市现行重建价格标准，采用成本法对房屋价值进行评估，依据下列公式测算：

表10-4 地块区位状况说明及修正系数表

因素	因子	说明	修正系数
繁华程度	距市级商服中心距离	大于3 500米	−0.0119
	距区级商服中心距离	约1 250米	−0.0098
	距小区级商服中心距离	约600米	−0.0071
	距街区级商服中心距离	约100米	0.0022
交通条件	临街道路状况	临支路	−0.0085
	距火车站距离	距火车站大于8 000米	−0.0024
	距长途汽车站距离	距长途汽车站大于3 000米	−0.0027
	临码头状况	临码头约2 500米	0.0019
基础公用设施状况	供水状况	供水保证率为97%	0
	排水状况	排水保证率较优	0
	距医院距离	距医院距离大于1 200米	−0.0040
环境状况	噪音污染	基本无污染	0.0027
	大气污染	污染较重	−0.0015
	地形状况	地势较平坦,对建筑物无影响	0.0037
	地质状况	抗震能力一般	0
城市规划	道路规划状况	支道	−0.0018
	用地规划状况	商业网点	−0.0028
合计			−0.0420

表10-5 地块实物状况说明及修正系数表

因素	说明	修正系数
交易日期	基准地价交易日期为2013年1月1日,地价每年平均上涨1%~4%,取2.5%	$(1+2.5\%)^2$
宗地面积	面积过小,对土地利用产生严重影响	0.94
宗地形状	形状对土地利用无不良影响	1
使用年限修正	使用年限设定为42.67年	1.0155
容积率修正	容积率为3.58	1.303

房价=房屋重建单价×房屋成新率×建筑面积

其中,房屋成新率根据房屋使用年限与估价师现场勘察结果综合确定。

房屋价值计算详细过程如下:

①建安费用

参考××市建筑设计定额指标，估算建筑物平均建安费用为800元/平方米，则本项费用为：

建安费用=800×2 728.72÷10 000=218.30（万元）

②工程前期费用（含配套费及各项规费）

勘察规划设计费估算单价为12元/平方米（建筑面积）；

投资方向调节税现已暂停征收；

城市建设配套费合计为93.5元/平方米（建筑面积）；

墙体改革费为10元/平方米（建筑面积）；

抗震设防审查费为0.05元/平方米（建筑面积）；

工程质量监督费按建安造价的1.8‰计，则为0.39万元（218.30×1.8‰）；

垃圾服务费为12元/平方米（建筑面积）；

白蚁防治费为1.0元/平方米（建筑面积）；

开发行业管理费为0.5元/平方米（建筑面积）。

工程前期费用合计为：

（12+93.5+10+0.05+12+1.0+0.5）×2 728.72÷10 000+0.39=35.21+0.39=35.60（万元）

③投资利息

参考××市房屋建造周期一般水平，建筑面积为2 728.72平方米的房屋，综合取建造时间为0.5年。参考同期银行贷款利率，取贷款年利息率5.31%。地价和前期费用要一次性投入，而建筑费用在开发期内均匀投入，则投资利息为：

$35.60×[（1+5.31\%）^{0.5}-1]+218.30×[（1+5.31\%）^{0.25}-1]=3.77$（万元）

$133.39×[（1+5.31\%）^{0.5}-1]=3.50$（万元）

④投资利润

结合近年来的房地产行业状况，确定投资年利润率为20%，则投资利润为：

（35.60+218.30）×20%=50.78（万元）

133.39×20%=26.68（万元）

⑤房屋重建价格

房屋重建价格=218.30+35.60+3.77+50.78=308.45（万元）

估价师现场勘察建筑物为九成新，则：

估价对象房屋现值=308.45×0.9=277.61（万元）

⑥估价对象房地产总价值

房地产总价值=土地价值+投资利息+投资利润+房屋现值

=133.39+3.50+26.68+277.61=441.18（万元）

经以上计算，估价对象房地产价值为人民币441.18万元。

2.收益法测算过程

（1）纯收入的确定

①年租金收入。经本公司估价师实地勘测和市场调查得知，估价对象房地产所在区域的类似房地产出租价格为：商业用房月租金为27元/平方米（建筑面积），参考市场出租水平确定商业用房空置率为25%，则：

年租金收入=2 728.72×27×（1-25%）×12÷10 000=66.31（万元）

②房屋年折旧费。房屋年折旧费是指房屋在使用过程中因损耗而在租金中补偿的那部分价值。如按正常耐用年限折旧，则：

年折旧费=房屋重置价格×面积×（1-残值率）÷耐用年限

=800×2 728.72×（1-0）÷60÷10 000=3.64（万元）

③房屋年维修费。维修费用取折旧费用的80%，则：

年维修费=3.64×80%=2.91（万元）

④房屋年管理费用。按年租金收入的3%计，则：

年管理费用=66.31×3%=1.99（万元）

⑤房屋年保险费。取房地产年租金收入的3‰，则：

年保险费=66.31×3‰=0.20（万元）

⑥年房地产税。

房产税：依据税法及税务部门资料，房产税税额为房地年总收益的12%，则：

房产税税额=房地年总收益×12%=66.31×12%=7.96（万元）

营业税：营业税（现已改征增值税）取房地年租金的5%，则：

营业税税额=房地年总收益×5%=66.31×5%=3.32（万元）

城市维护建设税：城市维护建设税取营业税税额的7%，则：

城市维护建设税=3.32×7%=0.23（万元）

教育费附加：教育费附加取营业税税额的3%，则：

教育费附加=3.32×3%=0.10（万元）

税金合计为：7.96+3.32+0.23+0.10=11.61（万元）

房地出租年总费用=房屋年折旧费+维修费+管理费+保险费+税金

=3.64+2.91+1.99+0.20+11.61

=20.35（万元）

⑦年纯租金收入。

年纯租金收入=66.31-20.35=45.96（万元）

（2）报酬率的确定

采用复合投资收益法求报酬率。按照项目投资自有资金占30%、银行贷款占70%的比例，自有资金内部收益率取房地产开发行业平均利润率水平的15%，银行一年期贷款利率为5.31%，则：

报酬率=70%×5.31%+30%×15%=8.22%

（3）估价对象收益价格的确定

估价对象房地产的剩余使用年限为42.6/年，根据该房屋的具体情况，综合确定估价对象房地产的剩余收益年限为42.67年，则：

收益价格=45.96÷8.22%×[1-1÷（1+8.22%）$^{42.67}$]=539.91（万元）

（八）房地产价格确定

由于两种估价结果相差较大，收益法测算的结果基本上能够反映当地房地产的价值，这里由于估价目的的限制，取成本法和收益法的加权平均值作为最终估价结果。其中成本法测算的结果取20%，收益法测算的结果取80%，则：

估价对象房地产的价格=441.18×20%+539.91×80%=520.16（万元）

分析：

该报告为房地产抵押价值评估报告。

①报告格式、组成内容符合规范要求。

②运用成本法计算过程中列出了工程前期费用等，做得很详细。因为不少类似报告忽略该项费用支出。

③该报告估价思路正确，估价方法选用恰当。

不足之处：

①在成本法中，土地价值已是价值时点的价值，而在计算房屋利息和利润时，又计算土地投资的利率和利润，属于重复计算。

②在成本法中，投资利润率为20%，而在收益法中计算报酬率时，投资利润水平取15%，前后不一致。

③在收益法中，在计算净收益时，扣除了房屋折旧。《房地产估价基本术语标准》第6.2.10条规定："运营费用包括房地产税（为房地产持有环节的税收，如目前的房产税、城镇土地使用税）、房屋保险费、物业服务费、维修费、管理费用、水电费等。运营费用是从估价角度出发的，与会计上的成本费用有所不同，通常不包含房地产抵押贷款还本付息额、房地产折旧费、房地产改扩建费用和所得税。"

④没有说明土地使用权取得日期、使用期限、已使用年限、剩余年限。

⑤收益法取得比例为80%，成本法为20%，没有说明理由。

⑥成本中测算房屋价值时，应对前期费用等规费、开发周期确定的依据、标准予以说明。

⑦该估价对象为部分房地产，估价时并未说明估价对象能否独立使用。

10.3　建设用地使用权出让价格评估

建设用地使用权出让价格评估，应依据《物权法》《城市房地产管理法》《土地管理法》《城镇国有土地使用权出让和转让暂行条例》，以及当地制定的实施办法和其他有关规定进行。

10.3.1　建设用地使用权出让价格评估的法律规定

1）出让方式及价格管理

《物权法》第一百三十七条规定："设立建设用地使用权，可以采取出让或者划拨等方式。工业、商业、旅游、娱乐和商品住宅等经营性用地以及同一土地有两个以上意向用地者的，应当采取招标、拍卖等公开竞价的方式出让。严格限制以划拨方式设立建设用地使用权。采取划拨方式的，应当遵守法律、行政法规关于土地用途的规定。"第一百三十八条规定："采取招标、拍卖、协议等出让方式设立建设用地使用权的，当事人应当采取书面形式订立建设用地使用权出让合同。"

《城市房地产管理法》第十三条第一款规定："土地使用权出让，可以采用拍卖、招标或者双方协议的方式。"这是对土地使用权出让方式的规定。

《招标拍卖挂牌出让国有土地使用权规定》第四条规定："商业、旅游、娱乐和商品住宅等各类经营性用地，必须以招标、拍卖或者挂牌方式出让。前款规定以外用途的土地的供地计划公布后，同一宗地有两个以上意向用地者的，也应当采用招标、拍卖或者挂牌方式出让。"

拍卖方式是国有土地所有者代表在指定的时间、地点，组织符合条件的土地使用权有意受让方，就其出让土地使用权公开叫价竞投，按"价高者得"的原则确定土地使用权出让价格的方式。

招标方式是在指定的期限内，由符合条件的单位或个人以书面投标形式，竞投某宗地土地使用权，由招标人根据一定的要求择优确定土地使用者、确定土地使用权价格的方式。

挂牌出让国有土地使用权是指出让人发布挂牌公告，按公告规定的期限将拟出让宗地的交易条件在指定的土地交易场所挂牌公布，接受竞买人的报价申请并更新挂牌价格，根据挂牌期限截止时的出价结果确定土地使用者的行为。

协议方式是土地使用权有意受让方直接和国有土地所有者代表就有偿使用土地进行一对一的协商，确定土地使用权出让金等有关事宜的方式。

《城市房地产管理法》第十三条第三款规定："采取双方协议方式出让土地使用权的出让金不得低于按国家规定所确定的最低价。"

2）取得建设用地使用权，必须缴纳土地有偿使用费等费用

《土地管理法》第五十五条规定："以出让等有偿使用方式取得国有土地使用权的建设单位，按照国务院规定的标准和办法，缴纳土地出让金等土地有偿使用费和其他费用后，方可使用土地。"《物权法》第一百四十一条："建设用地使用权人应当依照法律规定以及合同约定支付出让金等费用。"

3）转让以划拨方式取得的土地使用权的房地产时应缴纳土地使用权出让金

《城市房地产管理法》第四十条第一款规定："以划拨方式取得土地使用权的，转让房地产时，应当按照国务院规定，报有批准权的人民政府审批。有批准权的人民政府准予转让的，应当由受让方办理土地使用权出让手续，并依照国家有关规定缴纳土地使用权出让金。"

4）建设用地使用年限

《城镇国有土地使用权出让和转让暂行条例》第十二条规定："土地使用权出让最高年限按下列用途确定：①居住用地七十年；②工业用地五十年；③教育、科技、文化、卫生、体育用地五十年；④商业、旅游、娱乐用地四十年；⑤综合或者其他用地五十年。"

《物权法》第一百四十八条规定："建设用地使用权期间届满前，因公共利益需要提前收回该土地的，应当依照本法第四十二条的规定对该土地上的房屋及其他不动产给予补偿，并退还相应的出让金。"第一百四十九条规定："住宅建设用地使用权期间届满的，自动续期。非住宅建设用地使用权期间届满后的续期，依照法律规定办理。该土地上的房屋及其他不动产的归属，有约定的，按照约定；没有约定或者约定不明确的，依照法律、行政法规的规定办理。"

10.3.2 建设用地使用权出让估价的规范标准要求

（1）建设用地使用权出让估价，应区分出让人需要的估价和意向用地者需要的估价。

（2）出让人需要的建设用地使用权出让估价，应根据招标、拍卖、挂牌、协议等出让方式和出让人的具体需要，评估市场价值或相应出让方式的底价。

（3）意向用地者需要的建设用地使用权出让估价，应根据招标、拍卖、挂牌、协议等

出让方式和意向用地者的具体需要，评估市场价值或投资价值、相应出让方式的最高报价、最高出价、竞争对手的可能出价等。

（4）建设用地使用权出让估价应调查出让人对交付的土地状况、出让金等费用的支付方式等出让条件的规定，并应符合下列规定：当出让人对出让条件有明文规定时，应评估在其明文规定的出让条件下的价值或价格；当出让人对出让条件无明文规定或规定不明确时，宜评估在价值时点的土地状况、出让金等费用在价值时点一次性付清等条件下的价值或价格。

（5）当出让人需要的建设用地使用权出让估价采用假设开发法时，宜选择自愿转让开发前提进行估价。

（6）当意向用地者需要的建设用地使用权出让估价采用假设开发法时，应符合下列规定：①当土地未被任何意向用地者占有时，应选择自愿转让开发前提进行估价；②当土地已被该意向用地者占有时，应选择介于业主自行开发与自愿转让开发之间的某种前提进行估价；③当土地已被其他意向用地者占有时，应选择介于自愿转让开发与被迫转让开发之间的某种前提进行估价。

10.3.3　建设用地使用权出让价格的评估方法

建设用地使用权出让价格评估，可采用比较法、成本法、假设开发法、基准地价系数修正法。

1）比较法

比较法是在土地使用权市场交易较为活跃、可比实例较多时普遍采用的一种方法。

2）成本法

成本法是在估价对象土地使用权价格各组成部分费用项目明确、账目清楚时适宜采用的一种方法。

3）假设开发法

假设开发法是评估建设用地使用权出让价格的常用方法之一，该方法运用的前提条件是估价对象土地规划设计条件已经规划主管部门审批。只有在此情况下，估价对象土地才有假定开发的具体规划设计方案，才能据此规划方案假设得到开发建设后的剔去建筑物部分的剩余土地部分价格。

4）基准地价系数修正法

基准地价系数修正法是以该区域或级别的基准地价为依据，再根据实际情况进行必要的修正后估算土地价值的方法。该方法的关键是确定土地的基准地价。

【实战演练10-3】

××市××区××大道龙王庙地块国有出让土地使用权价格评估（节选）
房地产估价结果报告

（一）估价委托人（略）

（二）房地产估价机构（略）

（三）估价目的

为委托人进行土地挂牌交易提供价值参考。

（四）估价对象

1. 土地登记状况

待估宗地为位于××市××区××大道龙王庙的一宗国有土地，该宗地使用权面积为156

亩（合104 000.52平方米），用途为住宅用地，使用权类型为出让。具体位置为：东临××路；南临××道；西临××路；北临××路。现××市土地整理储备供应中心拟通过挂牌交易方式供地。

2．土地权利状况

待估宗地土地所有权为国家所有，现为××市土地整理储备供应中心储备地，拟挂牌交易。

3．土地利用状况

用地面积：156亩（合104 000.52平方米）；

规划用途：住宅用地；

容积率：3.0。

（五）价值时点

2015年6月25日。

（六）价值类型

评估价格是指估价对象在2015年6月25日，土地面积为156亩（合104 000.52平方米），评估设定用途为住宅用地，容积率为3.0，设定土地使用年限为住宅用地法定最高使用年期70年，评估设定土地开发程度为宗地红线外"五通"（即通路、通电、供水、排水、通信）及宗地红线内"场地平整"条件下的国有土地使用权出让价格。

（七）估价原则（略）

（八）估价依据（略）

（九）估价方法（略）

（十）估价结果

估价师根据估价目的，遵循估价原则，按照估价程序，采用科学合理的估价方法，在认真分析现有资料的基础上，结合估价经验，综合分析影响房地产价格的各项因素，经过仔细分析测算，确定估价对象房地产的土地用途为住宅用地，开发程度为宗地红线外"五通"（即通路、通电、供水、排水、通信）及宗地红线内"场地平整"70年使用权等条件下，于2015年6月25日的国有土地使用权出让价格为：

土地总面积：156亩（合104 000.52平方米）。

单位面积地价：3 092.51元/平方米（合206.17万元/亩）。

评估土地总地价：人民币32 162.26万元，大写为：人民币叁亿贰仟壹佰陆拾贰万贰仟陆佰元整。

（十一）注册房地产估价师（略）

（十二）估价作业日期

2015年6月5日至2015年6月9日。

（十三）估价报告使用期限

本估价报告使用期限为半年，有效日期从2015年6月9日起半年内有效。

房地产估价技术报告

（一）实物状况分析（略）

（二）区位状况分析（略）

（三）权益状况分析（略）

（四）市场背景描述与分析（略）

（五）最高最佳利用分析

本报告以住宅用途为最高最佳利用。

（六）估价方法选用

估价师认真分析所掌握的资料，进行了实地勘察和调查，根据估价对象的特点及估价目的，确定运用比较法和基准地价系数修正法作为本次估价的基本方法。

（七）估价测算过程

1. 采用比较法评估待估宗地的市场价格

所谓比较法，是指在求取待估土地的价格时，将待估土地与较近期已经交易的可比地产进行比较，并对它们之间的差异进行修正，得出待估房地产价格的方法。

根据估价师现场查勘的情况，确定比较因素条件说明表（见表10-6）、比较因素条件指数表（见表10-7）、比较因素系数修正表（见表10-8）。

表10-6　　　　　　　　　　　　　**比较因素条件说明表**

项目＼可比实例及估价对象		可比实例A	可比实例B	可比实例C	估价对象
交易日期		2014年4月	2014年4月	2014年4月	2014年9月
交易情况		交易	交易	交易	—
坐落		××区××路	××区××路	××区××路	××大道
土地等级		二级	二级	二级	二级
土地使用年限		70年	70年	70年	70年
土地用途		住宅	住宅	住宅	住宅
区位状况	距商服中心距离	优	较优	较优	较优
	交通便捷度	优	优	较优	优
	环境质量优劣	较优	优	较优	较优
	规划限制	一般	一般	一般	一般
	公共设施配套完备程度	一般	一般	一般	一般
实物状况	土地形状	优	优	较优	较优
	临路条件	较优	较优	较优	较优
	距公交车站距离	优	优	较优	较优
	土地面积	一般	较优	一般	优

表 10-7　　　　　　　　　　　比较因素条件指数表

项目＼可比实例及估价对象	可比实例 A	可比实例 B	可比实例 C	估价对象
交易日期	100	100	100	100
交易情况	100	100	100	100
土地等级	100	100	100	100
土地使用年限	100	100	100	100
土地用途	100	100	100	100
区位状况 距商服中心距离	102	100	100	100
区位状况 交通便捷度	100	100	98	100
区位状况 环境质量优劣	100	102	100	100
区位状况 规划限制	100	100	100	100
区位状况 公共设施配套完备程度	100	100	100	100
实物状况 土地形状	104	104	100	100
实物状况 临路条件	100	100	100	100
实物状况 距公交车站距离	104	104	100	100
实物状况 土地面积	98	99	98	100

表 10-8　　　　　　　　　　　比较因素系数修正表

项目＼可比实例及估价对象	可比实例 A	可比实例 B	可比实例 C	估价对象
交易日期	100/100	100/100	100/100	—
交易情况	100/100	100/100	100/100	—
土地等级	100/100	100/100	100/100	—
土地使用年限	100/100	100/100	100/100	—
土地用途	100/100	100/100	100/100	—
区位状况 距商服中心距离	100/102	100/100	100/100	—
区位状况 交通便捷度	100/100	100/100	100/98	—
区位状况 环境质量优劣	100/100	100/102	100/100	—
区位状况 规划限制	100/100	100/100	100/100	—
区位状况 公共设施配套完备程度	100/100	100/100	100/100	—
实物状况 土地形状	100/104	100/104	100/100	—
实物状况 临路条件	100/100	100/100	100/100	—
实物状况 距公交车站距离	100/104	100/104	100/100	—
实物状况 土地面积	100/98	100/99	100/98	—
交易价格（元/平方米）	3 329.58	3 460.36	3 025.48	—
比准价格（元/平方米）	3 079.62	3 168.25	3 150.23	3 132.70

用比较法求得的估价对象土地的市场价格为：

总地价=3132.70×104 000.52×10⁻⁴=32 580.24（万元）

2.采用基准地价系数修正法评估待估宗地土地价格

根据估价师现场查勘的情况，确定地块区域因素说明及修正系数表（见表10-9），以及地块个别因素说明及修正系数表（见表10-10）。

表10-9　　　　　　　　　　地块区域因素说明及修正系数表

因素	因子	说明	修正系数
繁华程度	距市级商服中心距离	距市级商服中心约600米	0
	距区级商服中心距离	距区级商服中心约350米	0.0052
	距小区级商服中心距离	距小区级商服中心大于300米	−0.0051
	距街区级商服中心距离	距街区级商服中心大于250米	−0.0010
交通条件	临街道路状况	临生活主干道	0.0051
	距火车站距离	距火车站约6 000米	0
	距长途汽车站距离	距长途汽车站约3 000米	−0.0020
	临公交站点	（12,16）	0.0060
	距码头距离	距码头距离小于600米	0.0024
基础公用设施状况	供水状况	供水保证率99%	0.0036
	排水状况	排水保证率较好	0.0033
	距医院距离	距医院距离大于1 200米	−0.0033
	距电信营业厅距离	距电信营业厅距离大于900米	−0.0023
	距幼儿园距离	距幼儿园约500米	−0.0036
	距小学距离	距小学距离大于800米	−0.0022
	距中学距离	距中学距离大于800米	−0.0026
	距大学距离	距大学距离大于6 000米	−0.0016
环境条件	噪音污染	轻度污染	0
	绿地覆盖	较好	0.0018
	大气污染	轻度污染	0
	地质状况	一般	0
	距公园距离	距公园约800米	0
	距体育馆距离	距体育馆距离大于2 000米	−0.0025
	距图书馆距离	距图书馆距离大于2 800米	−0.0025
城市规划	道路规划状况	无限制	0
	用地规划状况	一般住宅区	0
合计			−0.0013

表 10-10　　　　　　　　　　　地块个别因素说明及修正系数表

因素	说明	修正系数
交易日期	基准地价交易日期为2015年1月1日,住宅地价基本持平,故不修正	1
容积率修正	3.0	1.15
年限修正	住宅法定最高年限70	1
宗地面积	面积对土地利用较为有利	1.03
形状	形状规则,对土地利用较为有利	1.04

地块属住宅用地二级,级别价为 2 481元/平方米,则:

单位面积地价=2 481×(1-0.0013)×1×1.15×1×1.03×1.04=3 052.32(元/平方米)

总地价=3 052.32×104 000.52×10⁻⁴=31 744.29(万元)

（八）估价结果确定

由于以上两种评估方法评估结果比较接近,结合当地地价的实际情况,并采访有关专家,认为取比较法和基准地价系数修正法的算术平均数能够反映当地地价水平,故以比较法和基准地价系数修正法的算术平均数作为最终估价结果。

单价=(3 132.70+3 052.32)÷2=3 092.51(元/平方米)

总价=3 092.51×104 000.52÷10 000=32 162.26(万元)

分析:

该报告为建设用地使用权出让价格评估报告。

①该报告符合土地使用权出让价格评估要求:采用公开市场标准评估。

②语言准确、清楚,文字简洁、概括性强。

不足之处:

①比较法和基准地价系数修正法中的各修正系数缺少说明。

②比较法中的实物状况"距公交车站距离"应属于区位状况。

③对其他没有采用的估价力法没有说明理由,比如假设开发法。

10.4　房地产征收评估

10.4.1　房地产征收补偿的内涵

《国有土地上房屋征收与补偿条例》(中华人民共和国国务院令第590号)第二条规定:"为了公共利益的需要,征收国有土地上单位、个人的房屋,应当对被征收房屋所有权人(被征收人)给予公平补偿。"第十七条规定:"作出房屋征收决定的市、县级人民政府对被征收人给予的补偿包括:①被征收房屋价值的补偿;②因征收房屋造成的搬迁、临时安置的补偿;③因征收房屋造成的停产停业损失的补偿。"第十九条规定:"对被征收房屋价值的补偿,不得低于房屋征收决定公告之日被征收房屋类似房地产的市场价格。"第二十一条规定:"被征收人可以选择货币补偿,也可以选择房屋产权调换。"

10.4.2　房地产征收评估特点

房地产征收评估不同于一般房地产的市场价格评估,其估价特点主要表现在以下几个方面:

1）估价数量大

房地产征收往往是由于旧城改造、新建和改建城市道路交通、新建大型基础设施等而引起。随着我国城市建设的不断加快，大规模的房地产征收行为不可避免，这就导致了征收数量大、待征收的户数多，由此带来的房地产征收估价数量也很大，少则一二幢，多则成片乃至一个或多个小区。

2）涉及面广，社会影响大

被征收房地产既有居民个人房屋，也有机关企事业单位房屋；既有住宅用房，也有商业用房、办公用房、生产用房；既有独立产权用房，也有共有产权用房。对企事业单位来说，征收不仅涉及企事业单位财产的补偿问题，而且涉及企事业单位的生存和职工家庭的生活问题。对居民个人来说，房屋仍是当今我国大多数城市居民的最大财产。因此，房地产征收评估涉及千家万户的切身利益，所产生的社会影响很大。

3）估价对象复杂，需要协调各种关系

相对于其他目的的估价，征收评估的对象比较复杂，一个征收项目往往包括住宅、商铺、办公楼、车库、构筑物等不同类型的房地产，从而导致估价方法的选择存在较大难度。同时，一次估价中还会面对大量的房屋，面对征收人和众多的被征收人，由于各自对自身利益的维护，因此会出现不同的意见，从而导致估价的重要工作之一是协调各种利益关系。

4）补偿价格关联性强

就同一城市而言，同一时期同一地段同种类型房地产的征收补偿价之间、同一时期同一地段不同类型房地产的征收补偿价之间、同一时期不同地段同种类型房屋的征收补偿价之间都具有价格相互关联性。如果忽视了这种关联性，就可能引发征收冲突。

10.4.3　房屋征收评估的相关规定

1）房屋征收评估对象

房屋征收评估前，房屋征收部门应当组织有关单位对被征收房屋情况进行调查，明确评估对象。评估对象应当全面、客观，不得遗漏、虚构。

房屋征收部门应当向受托的房地产估价机构提供征收范围内房屋情况，包括已经登记的房屋情况和未经登记建筑的认定、处理结果情况。

对于已经登记的房屋，其性质、用途和建筑面积，一般以房屋权属证书和房屋登记簿的记载为准；房屋权属证书与房屋登记簿的记载不一致的，除有证据证明房屋登记簿确有错误外，以房屋登记簿为准。对于未经登记的建筑，应当按照市、县级人民政府的认定、处理结果进行评估。

2）房屋征收评估目的

被征收房屋价值评估目的应当表述为："为房屋征收部门与被征收人确定被征收房屋价值的补偿提供依据，评估被征收房屋的价值。"

用于产权调换房屋价值评估目的应当表述为："为房屋征收部门与被征收人计算被征收房屋价值与用于产权调换房屋价值的差价提供依据，评估用于产权调换房屋的价值。"

3）房屋征收评估范围

被征收房屋价值评估范围包括合法的被征收建筑物及其占用范围内的建设用地使用权和其他不动产，不包括违法建筑和超过批准期限的临时建筑。当被征收房屋室内装饰装修价值由征收当事人协商确定或房地产估价机构另行评估确定时，所评估的被征收房屋价值不应包括被征收房屋室内装饰装修价值，并应在被征收房屋价值评估报告中作出特别说明。

房地产征收估价，应区分国有土地上房屋征收评估和集体土地征收评估。国有土地上房屋征收评估，应区分被征收房屋价值评估、被征收房屋室内装饰装修价值评估、被征收房屋类似房地产市场价格测算、用于产权调换房屋价值评估、因征收房屋造成的搬迁费用评估、因征收房屋造成的临时安置费用评估、因征收房屋造成的停产停业损失评估等。

4）房屋征收评估时点

被征收房屋价值评估时点为房屋征收决定公告之日。

用于产权调换房屋价值评估时点应当与被征收房屋价值评估时点一致。

5）房屋征收评估的价值内涵

被征收房屋价值应为在正常交易情况下，由熟悉情况的交易双方以公平交易方式在房屋征收决定公告之日自愿进行交易的金额，且假定被征收房屋没有租赁、抵押、查封等情况。

不考虑租赁的影响，是指评估被征收房屋无租约限制的价值；不考虑抵押、查封因素的影响，是指评估价值中不扣除被征收房屋已抵押担保的债权数额、拖欠的建设工程价款和其他法定优先受偿款。

用于产权调换房屋价值为市场价值，产权调换房屋价值应包括用于产权调换房屋及其占用范围内的土地使用权和用于产权调换的其他不动产的价值，产权调换房屋价值应是在房屋征收决定公告之日的市场价值，当政府或其有关部门对用于产权调换房屋价格有规定的，应按其规定执行

6）房屋征收评估前提

当被征收房地产为正常开发建设的待开发房地产或因征收已停建、缓建的未完工程且采用假设开发法估价时，应选择业主自行开发前提进行估价；当被征收房地产为非征收原因已停建、缓建的未完工程且采用假设开发法估价时，应选择自愿转让开发前提进行估价。

7）房屋征收评估标准

《国有土地上房屋征收与补偿条例》第十九条规定："对被征收房屋价值的补偿，不得低于房屋征收决定公告之日被征收房屋类似房地产的市场价格。"

8）房屋征收评估因素

被征收房屋价值评估应当考虑被征收房屋的区位、用途、建筑结构、新旧程度、建筑面积以及占地面积、土地使用权等影响被征收房屋价值的因素。

被征收房屋室内装饰装修价值，机器设备、物资等搬迁费用，以及停产停业损失等补偿，由征收当事人协商确定；协商不成的，可以委托房地产估价机构通过评估确定。

9）房地产征用估价

房地产征用估价，应评估被征用房地产的市场租金，为给予使用上的补偿提供参考依据。可评估因征用造成的搬迁费用、临时安置费用、停产停业损失；当房地产被征用或征用后毁损的，还可评估被征用房地产的价值减损额；当房地产被征用或征用后灭失的，还可评估被征用房地产的市场价值，为相关补偿提供参考依据。

10.4.4 房屋征收评估方法和结果确定

被征收房屋价值应当根据评估对象和当地房地产市场状况，对比较法、收益法、成本法、假设开发法等评估方法进行适用性分析后，选用其中一种或者多种方法进行评估。被征收房屋的类似房地产有交易的，应当选用比较法评估；被征收房屋或者其类似房地产有经济收益的，应当选用收益法评估；被征收房屋是在建工程的，应当选用假设开发法评估。

被征收房屋价值可以同时选用两种以上评估方法评估的，应当选用两种以上评估方法，并对各种评估方法的测算结果进行校核和比较分析后，合理确定评估结果。

房屋征收评估价值结果应当以人民币为计价的货币单位，精确到元。

10.4.5 房屋征收复核评估和鉴定

1）申请复核评估

被征收人或者房屋征收部门对评估结果有异议的，应当自收到评估报告之日起5日内，向原房地产估价机构申请复核评估。

申请复核评估的当事人，应当提出书面复核评估申请，指出评估结果存在的问题。

2）复核评估

房地产估价机构应当自收到书面复核评估申请之日起5日内对评估结果进行复核。复核后，改变原评估结果的，应当重新出具评估报告；评估结果没有改变的，应当书面告知复核评估申请人。

3）评估专家鉴定

被征收人或者房屋征收部门对房地产估价机构的复核结果有异议的，应当自收到复核结果之日起5日内，向被征收房屋所在地评估专家委员会申请鉴定。

评估专家委员会应当组成专家组，对复核结果进行鉴定。专家组成员为3人以上单数，其中房地产估价师不得少于2/3。

评估专家委员会应当自收到鉴定申请之日起10日内，对申请鉴定评估报告的评估程序、评估依据、评估假设、评估技术路线、评估方法选用、参数选取、评估结果确定方式等评估技术问题进行审核，出具书面鉴定意见。

经评估专家委员会鉴定，评估报告不存在技术问题的，应当维持评估报告；评估报告存在技术问题的，出具评估报告的房地产估价机构应当改正错误，重新出具评估报告。

在房屋征收评估鉴定过程中，房地产估价机构应当按照评估专家委员会的要求，就鉴定涉及的评估相关事宜进行说明。需要对被征收房屋进行实地查勘和调查的，有关单位和个人应当协助。

因房屋征收评估、复核评估、鉴定工作需要查询被征收房屋和用于产权调换房屋的权属以及相关房地产交易信息的，房地产管理部门及其他相关部门应当提供便利。

【实战演练10-4】

××市××区××街旧城改造房屋拆迁评估报告（节选）

（一）估价委托人（略）

（二）房地产估价机构（略）

（三）估价目的

为房屋征收部门与被征收人确定被征收房屋价值的补偿提供依据，评估被征收房屋的价值。

（四）估价对象

估价对象位于××市××区××号，西距××高速路约××千米，南距区政府路约××千米。

估价对象为××区××街××公司拥有的2号楼房，建筑面积为2 100平方米，估价对象建筑物建成于2005年，并于2014年进行了装修，详见表10-11、表10-12。

表10-11　　　　　　　　　　**估价对象基本情况表**

建筑面积	2 100平方米	建筑结构	混合
估价对象总层数	3层	建成年代	2005年
附属设施	具备上水、下水、通电等设施		

表10-12　　　　　　　　　　**估价对象装修情况表**

内外装修状况	外装修		瓷砖		
	内装修	项目＼楼层	一层	二层	三层
		地面	地砖	地砖	地砖
		墙面	涂料	涂料	涂料
		顶棚	涂料	涂料	涂料
	门窗		塑钢外门、木内门、塑钢窗		
	房屋整体状况		经评估人员现场查勘,估价对象维护状况良好		

（五）价值时点

2015年7月15日。

（六）价值类型

评估价格为非住宅的房屋征收补偿价格，包括房屋区位补偿价和地上物补偿价两部分。其计算公式为：

征收补偿价=区位价格×K_1×K_2×K_3×建筑面积+地上物补偿价

式中：区位价格依照××市非住宅区位类别图及文字说明，确定估价对象所在地为七类地区，估价师根据被拆迁房屋的具体区位状况，在该类别区位价格范围内，确定估价对象单位建筑面积的区位价格系数；K_1为容积率调整系数，根据被拆迁房屋现状容积率确定；K_2为房屋原用途调整系数，根据被拆迁房屋的实际情况和××市的有关规定确定；K_3为规划用途调整系数，按照××市的有关规定，当规划用途为市政府确定的市政公益事业或重点工程时取0.7，其他情况取1.0。

地上物补偿价按××市的有关规定采取成本法，用房屋重置成本结合成新率进行计算。

本次评估为估价对象在价值时点的成新价，是以价值时点即2015年7月15日的建筑材料和建筑技术，按价值时点的价格水平，重新建造与估价对象具有同等功能效用并且在相同成新状态下的建筑物的正常价格。

（七）估价原则

本次拆迁评估遵循了合法原则、替代原则、公平原则和价值时点原则，达到了独立、客观、公正。

（八）估价依据（略）

（九）估价方法及测算方式

在评估过程中，主要依据××市现行的征收政策、法规及征收评估标准，同时结合估价对象的实际情况，测算估价对象的地上物拆迁补偿价。

在评估过程中，主要依据××市现行的征收政策、法规及征收评估标准，同时结合估价对象的实际情况，测算估价对象的房屋拆迁补偿价。

房屋拆迁补偿价=区位补偿价+地上物补偿价

$$=区位价格×K_1×K_2×K_3×建筑面积+地上物补偿价$$

地上物补偿价按××市的有关规定采取成本法，用房屋重置成本结合成新率进行计算。其计算公式为：

$$\underset{价格}{非住宅楼}=\underset{价格}{基本}×\underset{成新率}{楼房}+\underset{项价格}{\sum 各增}×\underset{成新率}{各增项}×\underset{面积}{建筑}×\underset{系数}{时点}×\underset{系数}{区域}+\underset{物及装修价格}{设备、附属}$$

式中：基本价格包括土建及上下水、照明及普通内装修（水泥地、内外墙刷白）；增项是指由产权单位统一安装或修建的项目，包括暖气、中央空调、煤气及抗震加固；设备、附属物及装修是指除基本价格和增项所包含的内容外，估价对象额外的装修及设备。

区位补偿价计算结果见表10-13，地上物补偿价计算结果见表10-14，房屋拆迁补偿价格计算结果见表10-15。

表10-13　　　　　　　　　　区位补偿价计算结果表

区位价格（元/平方米）	K₁	K₂	K₃	建筑面积（平方米）	区位补偿总价（元）
	容积率调整系数	房屋原用途调整系数	规划用途调整系数		
2 500	1.14	1.0	1.0	2 100	5 985 000

表10-14　　　　　　　　　　地上物补偿价计算结果表

房屋重置成新价（元）	附属物价格（元）	地上物补偿价总计（元）
1 365 000	219 870	1 584 870

表10-15　　　　　　　　　　房屋拆迁补偿价格计算结果表

建筑面积（平方米）	区位补偿总价（元）	地上物补偿总价（元）	房屋拆迁补偿总价（元）
2 100	5 985 000	1 584 870	7 569 870

（十）估价结果

估价师根据估价目的，遵循估价原则，按照估价程序，选用适宜的估价方法，并在综合分析影响估价对象价格因素的基础上，确定估价对象在价值时点2015年7月15日的房屋拆迁补偿价格为人民币7 569 870元，大写为：人民币柒佰伍拾陆万玖仟捌佰柒拾元整。

（十一）注册房地产估价师

姓名、估价师证书注册号、签名（略）。

（十二）估价作业日期

2015年7月8日至2015年7月16日。

（十三）估价报告使用期限

本报告估价结果自2015年7月16日起有效期为1年。

（十四）相关说明

1.本报告仅用于为委托人进行房屋拆迁补偿工作提供价格参考依据。

2.本报告的假设前提为××市房屋拆迁补偿的法规在一年内不发生重大改变。

3.估价报告中采用的估价对象的建成年代、长度、高度、面积等数据均以委托人提供的估价对象清单和"房屋所有权证"为准，如估价对象清单等发生变化，本估价报告结果有可能发生相应变化。

（十五）声明

本估价报告由××市××房地产评估有限公司负责解释。如果被拆迁人对评估结果有异议，可在收到拆迁评估报告之日起5日内向本估价机构提出复核咨询。如果对复核结果仍不满意，可委托评估机构重新进行评估，重新评估结果与原评估结果不一致的，由拆迁人与被拆迁人协商认定，并按认定结果补偿；拆迁人与被拆迁人协商认定不成的，一方可以向区、县国土房管局提出申请，由区、县国土房管局指定评估机构对双方提交的评估报告进行复核，并按复核结果补偿。复核的费用由申请人承担；但复核结果与原评估结果差额超过复核结果5%（含5%）的，由原评估机构承担。

××市××房地产评估有限公司

2015年7月16日

分析：

①拆迁补偿估价是地方性很强的一种房地产估价形式，各地政府及有关部门制定了地方性的拆迁法规及拆迁估价的方法，本估价报告是××市某征收项目的分户征收估价报告，估价方法及依据为××市政府及有关部门制定的法规及条文，不适合其他地区的估价拆迁。

②本估价报告为拆迁估价的结果报告，拆迁估价一般为批量性工作，估价对象之间不存在区域性的差异，只有实物状况的差异，所以可根据全部被拆迁房屋的情况，出具一份全部估价对象整体的技术报告和分户的结果报告。

10.5　房地产拍卖估价

房地产拍卖估价为确定拍卖价格提供服务。房地产拍卖估价，应区分司法拍卖估价和普通拍卖估价。司法拍卖是强制处分的拍卖，在强制处分、清偿、司法执行房地产的交易中较为常见。以拍卖方式对房地产进行处分，是一种特殊的交易方式。拍卖房地产与正常交易方式相区别的特点，使拍卖价格评估也具有不同的特点。

10.5.1　房地产拍卖的相关法律规定

房地产拍卖价格评估应依据《中华人民共和国拍卖法》（以下简称《拍卖法》）、《担保法》、《城市房地产管理法》和其他有关规定进行。

《拍卖法》第三条规定："拍卖是指以公开竞价的形式，将特定物品或者财产权利转让给最高应价者的买卖方式。"第六条规定："拍卖标的应当是委托人所有或者依法可以处分的物品或者财产权利。"

《担保法》第三十三条规定："本法所称抵押，是指债务人或者第三人不转移对本法第三十四条所列财产的占有，将该财产作为债权的担保。债务人不履行债务时，债权人有权依照本法规定以该财产折价或者以拍卖、变卖该财产的价款优先受偿。前款规定的债务人或者第三人为抵押人，债权人为抵押权人，提供担保的财产为抵押物。"第五十三条规定："债务履行期届满抵押权人未受清偿的，可以与抵押人协议以抵押物折价或者以拍卖、变卖该抵押物所得的价款受偿；协议不成的，抵押权人可以向人民法院提起诉讼。"第五十五条规定："城市房地产抵押合同签订后，土地上新增的房屋不属于抵押物。需要拍卖该抵押的房地产时，可以依法将该土地上新增的房屋与抵押物一同拍卖，但对拍卖新增房屋所得，抵押权人无权优先受偿。依照本法规定以承包的荒地的土地使用权抵押的，或者以乡（镇）、村企业的厂房等建筑物占用范围内的土地使用权抵押的，在实现抵押权后，未经法定程序不得改变土地集体所有和土地用途。"

《城市房地产管理法》第四十七条规定："房地产抵押，是指抵押人以其合法的房地产以不转移占有的方式向抵押权人提供债务履行担保的行为。债务人不履行债务时，抵押权人有权依法以抵押的房地产拍卖所得的价款优先受偿。"第五十一条规定："设定房地产抵押权的土地使用权是以划拨方式取得的，依法拍卖该房地产后，应当从拍卖所得的价款中缴纳相当于应缴纳的土地使用权出让金的款额后，抵押权人方可优先受偿。"第五十二条规定："房地产抵押合同签订后，土地上新增的房屋不属于抵押财产。需要拍卖该抵押的房地产时，可以依法将土地上新增的房屋与抵押财产一同拍卖，但对拍卖新增房屋所得，抵押权人无权优先受偿。"

《最高人民法院关于人民法院民事执行中拍卖、变卖财产的规定》第二条规定："人民法院对查封、扣押、冻结的财产进行变价处理时，应当首先采取拍卖的方式，但法律、司法解释另有规定的除外。"第八条规定："人民法院确定的保留价，第一次拍卖时，不得低于评估价或者市价的百分之八十；如果出现流拍，再行拍卖时，可以酌情降低保留价，但每次降低的数额不得超过前次保留价的百分之二十。"

10.5.2 房地产拍卖价格评估的特点

处分房地产由于清偿、抵债、罚没、司法执行等原因造成其除具有房地产的一般固有特点外，还有许多新的特点。因此，在对司法拍卖房地产拍卖底价进行评估的过程中，应根据这些不同点，确定其价格。

1）强制处分

处分房地产的拍卖属于强制性的司法行为，原产权人没有权利讨价还价，处分行为也一定要在规定的时间内完成；如果拍卖不成，通常会由法院主持将拍卖标的物折价抵偿债务。

2）快速变现

由于拍卖交易方式的特点，买受人（购得拍卖标的竞买人）要在较短的时间内决定购买，没有充分的考虑时间，也没有足够的时间对拍卖标的物作充分了解，承担的风险较大，因此其价格一般较正常交易低。

3）需求面窄，供给量少，推广力度小

被拍卖房地产多为单宗、部分、小规模物业，难以房地产开发项目的形式进行市场营销，仅以拍卖公告的形式进行宣传推广，因此推广力度较小。拍卖房地产是对已确定用途、规模、位置的房地产进行销售，而不像房地产开发项目先进行市场定位、策划、营销，以销定产而成，因此其市场需求面窄，供给量少，只能满足个别消费者的需求，并在许多方面存在"先天不足"。

4）消费者心理因素

购买者由于消费心理的影响，在购买前已先期认为被拍卖房地产的价格会低于正常房地产的价格，从而使得被拍卖房地产的价格较低。

5）购买者的额外支出

竞买拍卖房地产要支付拍卖机构佣金，按标的额的不同，佣金为标的额的1%～5%，并成为购买者额外的成本。因此购买者希望得到较低的价格，以弥补该项支出。

10.5.3　房地产拍卖价格评估的技术路线

房地产拍卖是一种特殊的市场交易，在确定拍卖底价评估的技术路线时，要充分认识到这种特殊性。《房地产估价规范》（GB/T 50291—2015）第5.4.2条规定："房地产司法拍卖估价，应符合下列规定：①应根据最高人民法院的有关规定和人民法院的委托要求，评估拍卖房地产的市场价值或市场价格、其他特定价值或价格；②评估价值的影响因素应包括拍卖房地产的瑕疵，但不应包括拍卖房地产被查封及拍卖房地产上原有的担保物权和其他优先受偿权；③人民法院书面说明依法将拍卖房地产上原有的租赁权和用益物权除去后进行拍卖的，评估价值的影响因素不应包括拍卖房地产上原有的租赁权和用益物权，并应在估价报告中作出特别说明；④当拍卖房地产为待开发房地产且采用假设开发法估价时，应选择被迫转让开发前提进行估价。"《房地产估价规范》（GB/T 50291—2015）第5.4.3条规定："房地产普通拍卖估价，可根据估价委托人的需要，评估市场价值或市场价格、快速变现价值，为确定拍卖标的的保留价提供参考依据。快速变现价值可根据变现时限短于正常销售期的时间长短，在市场价值或市场价格的基础上进行适当减价确定。"《房地产估价规范》（GB/T 50291—2015）第5.4.4条规定："房地产变卖估价，宜评估市场价值。"

1）确定拍卖标的市场价格

这里的市场价格，是指基于价值时点，在不考虑拍卖因素影响的正常交易情况下，房地产所能实现的价格。对房地产市场价格的评估，应立足于房地产的现行市场供求状况，充分考虑影响房地产价格的各种因素，如位置、环境、结构、用途、配套、装置、装修等，并运用现行的评估理论与方法，如收益法、成本法和比较法等，从而评估出比较客观、合理的市场价格。

2）求取变现系数r

变现系数表示标的变现的程度，用r表示。它主要与以下两个因素有关：

（1）标的额的大小

标的额越大，变现能力越小。一个几千万元甚至上亿元的标的，即使价格再诱人，如果没有雄厚的资本，也只能望而兴叹。因为竞买是短期内的一次性投资。标的额的大小决定了竞投人是否有能力参与竞投。很显然，标的额越大，能够参与竞投的人越少；相反，一个几十万元甚至几万元的标的，利差再小，参与竞投的人也会很多。

（2）标的的各类用途

拍卖的房地产有宾馆、写字楼、综合楼、别墅、住宅、商业网点、厂房、仓库及加油站等。不同的房地产由于使用性质不同，购买人的范围也不一样。一般来说，住宅、商业网点之类的房地产购买人的范围较广。因为人人需要住房，很多人都在经商，所以购买的人往往较多；而厂房、仓库之类的房地产，只能满足较少部分人的需要，使用人的范围较狭窄，因此其变现能力相对来讲差一点。

那么，变现系数究竟如何求取呢？我们一般采用比较法，就是从市场上选取多个同类且拍卖成功的房地产案例，求出各个案例的拍卖成交价与客观市场价的比率，综合确定该类房地产变现系数r的范围；然后根据估价对象房地产的地理位置、使用用途、周边自然人文环境状况、建筑面积等因素对变现系数r进行调整；最后由估价师根据估价经验综合考虑确定变现系数r。

10.5.4　房地产拍卖价格评估的类型与方法

1）商品房和行政划拨地上房产

按照相关法律法规的规定，拍卖所得在支付处分工作费用后，应先补缴土地使用权出让金，因此这两类房地产对拍卖的竞买者、买受人来说，均可视为完全产权的房地产，估价时可采用比较法、成本法、收益法。

2）在建工程

对处于在建工程阶段的拍卖房地产的估价，应充分考虑后续工程需要投入的成本、费用，交接带来的额外支出及不可预见的费用，估价方法可选用假设开发法、成本法、比较法。

【实战演练10-5】

××区××大街268号××花园拍卖价格评估报告（节选）
房地产估价结果报告

（一）估价委托人（略）

（二）房地产估价机构（略）

（三）估价目的

提供估价对象房地产拍卖价格，作为执行案件时的参考。

（四）估价对象

1．估价对象区位状况

估价对象为××区××大街268号××花园8号楼504、602；9号楼410、510、511、512；10号楼607；11号楼504；14号楼202、203、303、402、404、501、503、504；15号楼504；7、14、15号楼第一层商铺等房地产。该房屋所在地块属于××市城区商业用地五级地段、住宅用地三级地段。其四临分别为：东临规划道路；南临××机务车辆段；西临仙碧公司；北临××大街。

2．估价对象实物状况

依据委托方提供的"××市房产权属登记表"记载，估价对象房地产的层数、建筑面积、占地面积、用途分别为：

8号楼：504：第六层，占地20.60平方米，建筑面积150.69平方米，住宅用途；

602：第七层，占地20.60平方米，建筑面积150.69平方米，住宅用途。

9号楼：410：第五层，占地12.25平方米，建筑面积88.64平方米，住宅用途；

510：第六层，占地12.25平方米，建筑面积88.64平方米，住宅用途；

511：第六层，占地12.25平方米，建筑面积88.64平方米，住宅用途；

512：第六层，占地12.25平方米，建筑面积88.64平方米，住宅用途。

10号楼：607：第七层，占地22.93平方米，建筑面积150.67平方米，住宅用途。

11号楼：504：第六层，占地12.25平方米，建筑面积88.64平方米，住宅用途。

14号楼：202：第四层，占地28.44平方米，建筑面积151.17平方米，住宅用途；

203：第四层，占地28.44平方米，建筑面积151.17平方米，住宅用途；

303：第五层，占地28.44平方米，建筑面积151.17平方米，住宅用途；

402：第六层，占地28.52平方米，建筑面积151.33平方米，住宅用途；

404：第六层，占地28.52平方米，建筑面积151.33平方米，住宅用途；

501：第七层，占地28.52平方米，建筑面积151.33平方米，住宅用途；

503：第七层，占地28.52平方米，建筑面积151.33平方米，住宅用途；

504：第七层，占地28.52平方米，建筑面积151.33平方米，住宅用途。

15号楼：504：第七层，占地24.51平方米，建筑面积130.06平方米，住宅用途。

7号楼第一层商铺：占地173.47平方米（693.88÷4），建筑面积944.175平方米（3 776.7÷4），商业办公用途。

14、15号楼第一层商铺：占地364.575平方米（729.15÷2），建筑面积1 934.585平方米（3 869.17÷2），商业办公用途。

估价对象占地总面积为915.855平方米，总建筑面积为5 114.23平方米，其中，住宅建筑面积为2 235.47平方米，商业建筑面积为2 878.76平方米。

××市房产权属登记表记载估价对象房地产7、14、15号楼为框架结构，总层数为8层；8、9、10、11号楼为砖混结构，总层数为7层。7号楼建成于2012年4月；8号楼建成于2011年7月；9、10、11、14、15号楼建成于2012年1月。估价师现场查勘，外墙均为涂料饰面，塑钢窗，坡屋顶；通水、通电、通路、通信、通气；有一中心花园，小区绿化一般。

3. 估价对象权益状况

估价对象房地产现已被××市中级人民法院查封，司法申请人为××县市政建筑安装工程公司，被执行人为××投资有限公司，房屋产权申请人为××市××区旧城改造开发公司。

（五）价值时点

2015年2月8日。

（六）价值类型

首先，以公开市场价值标准确定估价对象房地产在价值时点的客观合理价值。然后，考虑短期强制处分（快速变现）因素对估价对象的影响，确定其拍卖底价。

（七）估价原则（略）

（八）估价依据（略）

（九）估价方法

以比较法、收益法作为本次估价的基本方法。

（十）估价结果

估价师根据估价目的，遵循估价原则，按照估价程序，采用科学合理的估价方法，在认真分析现有资料的基础上，结合估价经验，综合分析影响房地产价值的各项因素，经过仔细的分析测算，确定估价对象房地产的市场价值为人民币2 688.42万元，大写为：人民币贰仟陆佰捌拾捌万肆仟贰佰元整。其中，住宅总价为人民币663.98万元，大写为：人民币陆佰陆拾叁万玖仟捌佰元整；商铺总价为人民币2 024.44万元，大写为：人民币贰仟零贰拾肆万肆仟肆佰元整。

估价对象中住宅快速变现底价为464.79万元，商铺快速变现底价为1 214.66万元。

（十一）注册房地产估价师（略）

（十二）估价作业日期

2015年2月8日至2015年2月14日。

（十三）估价报告使用期限

估价报告使用期限从2015年2月8日起半年内有效。

房地产估价技术报告

（一）实物状况分析（略）

（二）区位状况分析（略）

（三）权益状况分析（略）

（四）市场背景分析（略）

（五）最高最佳利用分析

本报告以估价对象房地产住宅和商业用途为最高最佳利用。

（六）估价方法选用

本估价报告采用比较法和收益法。

（七）估价测算过程

1.比较法

比较法是依据替代原则，将估价对象房地产与在近期发生交易的类似房地产进行比较、对照，根据已知的可比实例房地产价格，通过对交易情况、市场状况、房地产状况的修正、调整，得出估价对象房地产价格的评估方法。

经筛选，选取A、B、C三个可比实例，其基本情况见表10-16。根据估价师的现场查勘情况，确定比较因素条件说明表（见表10-17）、比较因素指数表（见表10-18）、比较因素修正系数表（见表10-19）。

表10-16　　　　　　　　　　　　可比实例情况表

可比实例及估价对象　　项目	可比实例A	可比实例B	可比实例C	估价对象
坐落	××路	××路	××大街	××大街
地段等级	住宅三级	住宅二级	住宅二级	住宅三级
结构	砖混	砖混	砖混	砖混
用途	住宅	住宅	住宅	住宅
交易日期	近期	近期	近期	—
毛坯房销售价格（元/平方米）	3 290	3 310	3 520	—

表 10-17　　　　　　　　　　　比较因素条件说明表

项目 ＼ 可比实例及估价对象	可比实例 A	可比实例 B	可比实例 C	估价对象
交易日期	近期	近期	近期	2015年2月
交易情况	正常	正常	正常	—
土地等级	住宅三级	住宅二级	住宅二级	住宅三级
用途	住宅	住宅	住宅	住宅
区位状况 — 商业繁华度	优	优	优	较优
区位状况 — 交通便捷度	较优	较优	较优	较优
区位状况 — 环境质量	优	一般	优	较优
区位状况 — 城市规划	较优	一般	一般	一般
区位状况 — 公共配套设施完备程度	一般	一般	一般	一般
实物状况 — 新旧程度	优	较优	优	较优
实物状况 — 装修	较优	一般	较优	一般
实物状况 — 设施设备	较优	较优	较优	较优
实物状况 — 平面布置	优	较优	较优	较优
实物状况 — 物业管理	优	一般	较优	一般

表 10-18　　　　　　　　　　　比较因素指数表

项目 ＼ 可比实例及估价对象	可比实例 A	可比实例 B	可比实例 C	估价对象
交易日期	100	100	100	100
交易情况	100	100	100	100
土地等级	100	108	108	100
区位状况 — 商业繁华度	103	103	103	100
区位状况 — 交通便捷度	100	100	100	100
区位状况 — 环境质量	102	98	102	100
区位状况 — 城市规划	102	100	100	100
区位状况 — 公共配套设施完备程度	100	100	100	100
实物状况 — 新旧程度	101	100	101	100
实物状况 — 装修	102	100	102	100
实物状况 — 设施设备	100	100	100	100
实物状况 — 平面布置	101	100	100	100
实物状况 — 物业管理	102	100	101	100

表 10-19　　　　　　　　　　　　比较因素修正系数表

项目 ＼ 可比实例及估价对象		可比实例A	可比实例B	可比实例C	估价对象
交易日期		100/100	100/100	100/100	—
交易情况		100/100	100/100	100/100	—
土地等级		100/100	100/108	100/108	—
区位状况	商业繁华度	100/103	100/103	100/103	
	交通便捷度	100/100	100/100	100/100	
	环境质量	100/102	100/98	100/102	
	城市规划	100/102	100/100	100/100	
	公共配套设施完备程度	100/100	100/100	100/100	
实物状况	新旧程度	100/101	100/100	100/101	
	装修	100/102	100/100	100/102	
	设施设备	100/100	100/100	100/100	
	平面布置	100/101	100/100	100/100	
	物业管理	100/102	100/100	100/101	
交易价格（元/平方米）		3 290	3 310	3 520	—
比准价格（元/平方米）		2 892.78	3 036.27	2 981.53	2 970.19

用比较法求得估价对象房地产住宅部分的比准单价为 2 970.19 元/平方米，则：

住宅部分房地产的总价=2 970.19×2 235.47÷10 000=663.98（万元）

2．收益还原法

（1）纯收入的确定

①年租金收入。经本公司估价师实地勘测和市场调查得知，估价对象房地产所在区域类似房地产的出租价格：商业门面用房平均月租金水平为 80 元/平方米。参考市场水平确定商业门面用房空置率为 20%，则：

年租金收入=2 878.76×80×（1-20%）×12÷10 000=221.09（万元）

②房屋年折旧费。房屋年折旧费是指房屋在使用过程中因损耗而在租金中补偿的那部分价值。如按正常耐用年限折旧，框架结构多层房屋造价为 800 元/平方米，土地使用年限为 50 年，残值率为 0，则：

年折旧费=房屋重置价格×（1-残值率）÷耐用年限
　　　　=2 878.76×800×（1-0）÷50÷10 000
　　　　=4.61（万元）

③年维修费。年维修费用取折旧费用的 80%，则：

年维修费=4.61×80%=3.69（万元）

④年管理费用。年管理费用按年租金收入的 3% 计，则：

年管理费用=221.09×3%=6.63（万元）

⑤年保险费。年保险费取房地产年租金收入的 3‰，则：

年保险费=221.09×3‰=0.66（万元）

⑥年房地产税。

房产税：依据税法及税务部门资料，房产税税额为房地年总收益的 12%，则：

房产税税额=房地年总收益×12%=221.09×12%=26.53（万元）

营业税：营业税（现已改征增值税）为房地年租金的 5%，则：

营业税税额=房地年总收益×5%=221.09×5%=11.05（万元）

城市维护建设税：城市维护建设税为营业税税额的 7%，则：

城市维护建设税=11.05×7%=0.77（万元）

教育费附加：教育费附加为营业税税额的 3%，则：

教育费附加=11.05×3%=0.33（万元）

税金合计为：26.53+11.05+0.77+0.33=38.68（万元）

房地出租年总费用=管理费+维修费+房屋年折旧费+保险费+税金

　　　　　　　　=4.61+3.69+6.63+0.66+38.68

　　　　　　　　=54.27（万元）

⑦年纯租金收入。

年纯租金收入=221.09-54.27=166.82（万元）

（2）报酬率的确定

《房地产估价规范》（GB/T 50291—2015）第 4.3.14 条规定："以安全利率加风险调整值作为报酬率。安全利率可选用国务院金融主管部门公布的同一时期一年定期存款年利率或一年期国债年利率；风险调整值应为承担额外风险所要求的补偿，并应根据估价对象及其所在地区、行业、市场等存在的风险来确定。"本项估价的折现率取一年期定期存款利率（1.98%）和风险报酬率（6%）之和，即为 7.98%。

（3）估价对象收益价格的确定

估价对象房地产土地使用年限为 50 年，已使用 5 年，该房屋的剩余经济使用年限为 45 年，根据该房屋的具体情况，该房屋的剩余收益年限为 45 年，则：

收益价格=166.82÷7.98%×[1-1÷(1+7.98%)^{45}]=2 024.44（万元）

估价对象房地产总价=663.98+2 024.44=2 688.42（万元）

（八）估价结果确定

经以上计算，估价对象房地产市场价值为人民币 2 688.42 万元，大写为：人民币贰仟陆佰捌拾捌万肆仟贰佰元整。其中，住宅总价为人民币 663.98 万元，大写为：人民币陆佰陆拾叁万玖仟捌佰元整；商铺总价为人民币 2 024.44 万元，大写为：人民币贰仟零贰拾肆万肆仟肆佰元整。

本次估价目的是为委托方确定估价对象拍卖底价提供价值参考，故应对上述客观市场价值进行综合分析处理。

由于快速变现自身的特点，交易成本较正常交易大，交易市场相对狭小，并且买受人可能因没有充分考虑时间对变现标的物的影响，付款风险较大，市场上拍卖价格一般比正常价格低 20%~40%。

根据估价对象的地理位置、使用用途、周边环境、建筑情况、市场状况等，估价师综合考虑了市场调查的拍卖价格与正常市场价格的比例关系，确定估价对象中住宅快速变现底价与客观市场价值的比率为 70%；估价对象中商铺快速变现底价与客观市场价值的比率为60%。

估价对象中住宅快速变现底价为：663.98×70%=464.79（万元）

估价对象中商铺快速变现底价为：2 024.44×60%=1 214.66（万元）

因此，估价对象中住宅快速变现底价为人民币464.79万元，大写为：人民币肆佰陆拾肆万柒仟玖佰元整；商铺快速变现底价为人民币1 214.66万元，大写为：人民币壹仟贰佰壹拾肆万陆仟陆佰元整。

分析：

该估价报告估价思路正确。先估算正常市价，再根据拍卖行情确定拍卖保留价与正常市价的比率，进而定出拍卖保留价。

不足之处：

①该估价报告实质上只用一种评估方法进行估价，比较法对应住宅，收益法对应商铺，但未说明原因，不符合规范的要求。

②比较法中各项修正系数没有来源说明。

③估价报告没有对土地使用权进行描述，包括土地使用权取得日期、使用年限、已使用年限、剩余使用年限等。收益法中土地剩余收益年限、快速变现折现系数没有来源。

④估价方法的选用并没有说明理由。

⑤在收益法中，在计算净收益时，扣除了房屋折旧。《房地产估价基本术语标准》第6.2.10条规定："运营费用包括房地产税（为房地产持有环节的税收，如目前的房产税、城镇土地使用税）、房屋保险费、物业服务费、维修费、管理费用、水电费等。运营费用是从估价角度出发的，与会计上的成本费用有所不同，通常不包含房地产抵押贷款还本付息额、房地产折旧费、房地产改扩建费用和所得税。"

10.6　房屋租赁价格评估

房屋租赁是指房屋所有权人作为出租人将其房屋出租给承租人使用，由承租人向出租人支付租金的行为。

10.6.1　房屋租赁价格管理的法律规定

房地产租赁价格评估，应依据《城市房地产管理法》《土地管理法》《城市房屋租赁管理办法》，以及当地制定的实施细则和其他有关规定进行。

《城市房地产管理法》第五十四条规定："房屋租赁，出租人和承租人应当签订书面租赁合同，约定租赁期限、租赁用途、租赁价格、修缮责任等条款，以及双方的其他权利和义务，并向房产管理部门登记备案。"

租赁合同是出租人与承租人签订的用于规范租赁行为的协议。租赁价格即租金标准，其确定是租赁合同的核心。租赁合同应当明确规定租金标准及支付方式。同时租金标准必须符合有关法律、法规的规定。

《城市房地产管理法》第五十五条规定："住宅用房的租赁，应当执行国家和房屋所在城市人民政府规定的租赁政策。租用房屋从事生产、经营活动的，由租赁双方协商议定租金和其他租赁条款。"本条规定了住宅用房和生产经营性用房的不同的租赁价格政策。

对于租用房屋从事生产、经营活动的，由于其用途与住宅用房不同，因此，可以由租赁双方协商议定租金标准和其他租赁条款。随着社会主义市场经济的发展，此类非住宅用房的用途、结构、装修标准等与住宅用房有明显的区别和差异，其租金标准应依靠市场调节，由租赁双方协商议定。非住宅租赁价格评估时应以市场租金、协议租金确定。

10.6.2　房屋租赁价格评估的特点

房屋租赁价格（即房屋租金）是房屋承租人为取得一定时期内房屋的占有、使用、收益权利而向出租人支付的代价。房地产租赁估价，应区分出租人需要的估价和承租人需要的估价，并应根据估价委托人的具体需要，评估市场租金或其他特定租金、承租人权益价值等。其价格评估具有如下特点：

1）租约对租金估价有一定的影响

有租约限制的，租约期内的租金宜采用租约所确定的租金，租约期外的租金应采用正常客观的租金。租赁房屋已订立租约时，应对租约中所约定的租金标准的客观性、合理性进行判断。如果租约所约定的租金客观合理，一般应根据该租金估价；如果与市场租金标准相差较大（或高、或低），租金明显存在不合理性，则应重新评估其租金值。

2）住宅类房屋租赁价格评估分为政策性评估和市场租赁评估两种类型

从事生产、经营活动的房地产租赁价格评估，应采用公开市场价值标准。住宅的租赁价格评估，应执行国家和该类住宅所在地城市人民政府规定的租赁政策。

住宅类房屋的市场租赁价格评估主要涉及商品房住宅和已购房，由于该类房屋的买卖、租赁行为属于市场行为，其租赁价格为市场价格，因此应参照公开市场价值标准评估。

对于住宅类房屋租赁价格的政策性评估，估价师应严格执行有关租赁政策，不能擅自改变调整租金幅度的规定。《房地产估价规范》（GB/T 50291—2015）第5.9.3条规定："保障性住房租赁价格评估，应根据货币补贴、实物补贴等租金补贴方式，评估市场租金或其他特定租金。对采取货币补贴的，宜评估市场租金；对采取实物补贴的，宜根据类似商品住房的市场租金、保障性住房的成本租金、保障性住房供应对象的支付能力、政府补贴水平及每套住房所处楼幢、楼层、朝向等保障性住房租金影响因素，测算公平合理的租金水平。但国家和保障性住房所在地对保障性住房租赁价格确定有特别规定的，应按其规定执行。"

3）划拨土地上的营利性房屋租赁价格评估应确定土地收益中的国家部分

《城市房地产管理法》第五十六条规定："以营利为目的，房屋所有权人将以划拨方式取得使用权的国有土地上建成的房屋出租的，应当将租金中所含土地收益上缴国家。具体办法由国务院规定。"《房地产估价规范》（GB/T 50291—2015）第5.9.2条规定："以营利为目的出租划拨建设用地使用权上的房屋租赁估价，应根据国家和估价对象所在地的土地收益处理规定，给出租金中所含的土地收益。"房屋租赁价格中应含土地收益值，而房租中的土地收益为上缴国家部分。因此，需要将土地收益值单独列示。

10.6.3　房屋租赁价格评估中应采用的估价方法

房屋租赁价格评估可采用比较法、收益法和成本法。

1）比较法

比较法是房屋租赁市场公开、租赁信息充分时首选的一种估价方法。注册房地产估价师在平时应广泛搜集各类房屋的租赁信息。在调查房屋租赁市场的交易实例时，不仅要了解交易实例的价格及房屋状况，如坐落、面积、结构、交通条件、楼层、装修、周边环境等，还应记录其租赁期限、租赁用途、租赁支付方式、房屋修缮责任等情况。

2）收益法

收益法是在租赁房屋预期收益可预测或可确定的情况下常用的估价方法。收益法评估房屋租赁价格的关键仍然是年净收益的计算和报酬率的选定。租赁净收益为租赁收入（主要为有效毛租金收入及租赁保证金、押金等的利息收入）扣除维修费、管理费、保险费和税金四项费用。

3）成本法

成本法是市场难以提供类似估价对象的可比实例，也不便准确预测净收益时，易于计算、把握房屋租赁价格的基本标准方法。采用成本法评估房屋租赁价格时，房地产租金的构成包括折旧费、维修费、管理费、利息、税金、保险费、地租、利润。采用该方法估价时，应先求取建筑物的重置价格。房屋重置价格一般通过政府公布的标准确定，也可采用按工程造价估算等方法求取。

【实战演练10-6】

××网球俱乐部房地产租赁权价格评估报告（节选）
房地产估价技术报告

（一）实物状况分析（略）

（二）区位状况分析（略）

（三）权益状况分析（略）

（四）市场背景分析（略）

（五）最高最佳利用分析

估价对象所处区域为商业繁华地段，是较为理想的商业综合用地。估价对象用途为商业综合，符合区域功能规划，确定现用途为估价对象的最高最佳用途。

（六）估价方法选用（略）

（七）估价测算过程

1. 收益法分析测算过程

（1）年收入的确定

①网球室：共有网球场8个，全天24小时营业，白天12小时收费标准为每个网球场48元/小时，晚上12小时收费标准为每个网球场78元/小时，一年按360个营业日计，空置率取85%，则：

网球室年收入=（48+78）×12×8×360×（1-85%）×10^{-4}=65.32（万元）

②KTV包房：共设有5间大包、3间中包、4间小包，取费标准分别为每晚480元/间、380元/间、280元/间，一年按360个营业日计，空置率取70%，则：

KTV包房年收入=（480×5+380×3+280×4）×360×（1-70%）×10^{-4}=50.33（万元）

③餐饮部：可同时容纳50人进餐，消费标准为每餐30元/人，一个营业日按中、晚两餐计，一年按360个营业日计，空置率取60%，则：

餐饮部年收入=30×50×2×360×（1-60%）×10^{-4}=43.20（万元）

④休闲清吧：可同时容纳80人，消费标准按每天20元/人计，一年按360个营业日计，空置率取60%，则：

休闲清吧年收入=20×80×360×（1-60%）×10⁻⁴=23.04（万元）

⑤舞厅：可同时容纳30人，消费标准按每天30元/人计，一年按360个营业日计，空置率取50%，则：

舞厅年收入=30×30×360×（1-50%）×10⁻⁴=16.20（万元）

⑥桑拿理疗部：可同时容纳40人，消费标准按每天350元/人计，一年按360个营业日计，空置率取40%，则：

桑拿理疗部年收入=40×350×360×（1-40%）×10⁻⁴=302.40（万元）

年收入合计：65.32+50.33+43.20+23.04+16.20+302.40=500.49（万元）

（2）年费用的测算

①年维修费：估价对象年维修费取折旧费的80%。

估价对象俱乐部综合楼为3层框架结构，建筑面积为4 200平方米，建造单价取900元/平方米，耐用年限为60年，残值率为0；网球室为1层全钢网结构，建筑面积为4 600平方米，建造单价取800元/平方米，耐用年限为60年，残值率为0，则：

年维修费=（900×4 200+800×4 600）×（1-0）÷60×80%×10⁻⁴=9.95（万元）

②年管理费用：取年收入的4%，则：

年管理费用=500.49×4%=20.02（万元）

③年保险费：取房屋造价的2‰，则：

年保险费=（900×4 200+800×4 600）×2‰×10⁻⁴=1.49（万元）

④年房产税：依据《中华人民共和国房产税暂行条例》的规定，房产税按房产余额的1.2%计，房产余额是房产原值一次扣除一定比例（一般为30%）后的余额，则：

年房产税=（900×4 200+800×4 600）×（1-30%）×1.2%×10⁻⁴=6.27（万元）

⑤年营业税金及附加：按年收入的5.65%计，则：

年营业税金及附加=500.49×5.65%=28.28（万元）

⑥年经营费用：网球室、KTV包房、餐饮部、休闲清吧、舞厅、桑拿理疗部的年经营费用（含装修及设备设施更新改造费用）分别为相应年收入的40%、40%、70%、60%、50%、50%。

年经营费用=65.32×40%+50.33×40%+43.20×70%+23.04×60%+16.20×50%+302.40×50%

　　　　　　=249.62（万元）

年费用合计：9.95+20.02+1.49+6.27+28.28+249.62=315.62（万元）

（3）报酬率的确定

报酬率=安全利率+风险调整值

安全利率取目前国家一年期存款利率为2.25%；风险调整值（0~9%）取6%，则：

报酬率=2.25%+6%=8.25%

（4）尚可使用年限的确定

委托人拥有估价对象房地产30年（2014年2月1日至2044年1月31日）的使用权，至价值时点已使用1.5年，故尚可使用年限为28.5年。

（5）估价对象房地产租赁权收益价格的确定

收益价格=（500.49-315.62）÷8.25%×[1-1÷（1+8.25%）^{28.5}]=2 006.85（万元）

2.成本法测算过程

（1）采用比较法测算估价对象土地使用权价格

根据估价师的现场查勘情况，得出可比实例与估价对象基本情况表（见表10-20），确定因素修正系数表（见表10-21）。

表10-20　　　　　　　　　　**可比实例与估价对象基本情况表**

项目 ＼ 可比实例及估价对象	可比实例A	可比实例B	可比实例C	估价对象
坐落	××路	××路	××路	××路225号
地段等级	五级	五级	五级	五级
土地取得方式	出让	出让	出让	出让
用途	综合	综合	综合	综合
土地生熟程度	熟地	熟地	熟地	熟地
交易情况	正常	正常	正常	—
交易时间	近期	近期	近期	—
地价（元/平方米）	1 480	1 500	1 650	—

表10-21　　　　　　　　　　**因素修正系数表**

项目 ＼ 可比实例及估价对象	可比实例A	可比实例B	可比实例C
交易情况修正	100/100	100/100	100/100
市场状况调整	100/100	100/100	100/100
区位状况调整	100/95	100/95	100/105
实物状况调整	100/95	100/100	100/100

注：①交易情况修正：可比实例A、B、C均属正常交易，交易情况不需要修正，则可比实例A、B、C的交易情况修正系数分别为100/100、100/100、100/100；

②市场状况调整：近期土地使用权转让市场无大变化，则可比实例A、B、C的市场状况调整系数分别为100/100、100/100、100/100；

③区位状况调整：可比实例A在交通便捷度方面略差于估价对象，可比实例B在环境、卫生方面略差于估价对象，而可比实例C在环境、卫生方面优于估价对象，则可比实例A、B、C的区位状况调整系数分别为100/95、100/95、100/105；

④实物状况调整：可比实例A在土地生熟程度、土地使用权剩余年限方面稍劣于估价对象，而可比实例B、C在临街状况、土地生熟程度、土地使用权剩余年限等实物状况方面与估价对象相仿，则可比实例A、B、C实物状况调整系数分别为100/95、100/100、100/100。

根据修正系数测算估价对象土地使用权比准价格，则：

修正单价A=1 480×（100÷100）×（100÷100）×（100÷95）×（100÷95）
　　　　　=1 640（元/平方米）

修正单价B=1 500×（100÷100）×（100÷100）×（100÷95）×（100÷100）
　　　　　=1 579（元/平方米）

修正单价C=1 650×（100÷100）×（100÷100）×（100÷105）×（100÷100）

　　　　　=1 571（元/平方米）

取平均值得：

比准单价=（1 640+1 579+1 571）÷3=15 97（元/平方米）

又知土地面积为6 000平方米，则：

估价对象土地使用权比准价格=1 597×6 000×10⁻⁴=958.20（万元）

（2）开发成本

①建筑物建筑安装工程费。估价对象建筑物包括俱乐部综合楼及网球室。其中：俱乐部综合楼为3层框架结构综合楼，建筑面积为4 200平方米；网球室为全钢网结构，建筑面积为4 600平方米。评估人员根据委托人提供的施工合同及预决算书，综合考虑社会平均水平，取俱乐部综合楼建筑安装工程费单价为900元/平方米估价，网球室建筑安装工程费单价为800元/平方米估价，则：

建筑物建筑安装工程费=（900×4 200+800×4 600）×10⁻⁴=746.00（万元）

②城市建设配套费等费用。城市建设配套费取123.2元/平方米，则：

城市建设配套费等费用=8 800×123.2×10⁻⁴=108.42（万元）

开发成本合计：746.00+108.42=854.42（万元）

（3）管理费用

管理费用取开发成本的4%，则：

管理费用=854.42×4%=34.18（万元）

（4）投资利息

利率取国家一年期贷款利率5.85%，开发期取一年，计息期取开发期的一半，则：

投资利息=（854.42+34.18）×5.85%×1×50%=25.99（万元）

（5）开发利润

利润率取××市房地产开发平均利润率的12%，则：

开发利润=（854.42+34.18+25.99）×12%=109.75（万元）

注：估价对象土地使用权价格是通过比较法测算而得，即其价格为市场现值，故上述测算过程中未计算土地使用权价格的管理费用、投资利息、开发利润。

（6）估价对象房地产（完全产权）积算价格

积算价格=958.20+854.42+34.18+25.99+109.75=1 982.54（万元）

（7）估价对象房地产租赁权积算价格

1 982.54×[1−1÷（1+8.25%）²⁸·⁵]÷[1−1÷（1+8.25%）⁵⁰⁻²·⁵]=1 817.60（万元）

（八）估价结论及确定理由

经以上计算，估价对象房地产租赁权的收益价格为2 006.85万元，积算价格为1 817.60万元。估价师考虑到估价对象自身的特点以及本次评估目的，确定收益价格取权重系数为50%，积算价格取权重系数为50%，则：

估价对象房地产租赁权价格=2 006.85×50%+1 817.60×50%=1 912.23（万元）

（九）附件（略）

分析：

该报告是为××网球俱乐部房地产尚剩28.5年租赁权提供公开市场价值的评估报告。

①该报告遵循房地产估价原理、原则，依据网球俱乐部房地产有收益等特点，选择收

益法、成本法作为其基本估价方法，思路清晰、技术正确。

②该报告符合房地产估价的总体要求，全面、公正、客观、准确地记述了估价过程、结论。

③房地产一定年限租赁权价值的评估，实质是房地产一定年限内使用权价值的评估。该报告通过对估价对象在28.5年使用期内的公开市场价值的评估，实现了租赁权价值的评估，抓住了租赁权价值评估的实质。

不足之处：

①用比较法评估土地使用权价值时，区位状况调整、实物状况调整中的因素分析、比较过于简单，甚至出现前后矛盾。比如土地生熟程度，在表10-20中均描述为熟地，在实物状况调整中描述为"可比实例A在土地生熟程度方面稍劣于估价对象"。土地使用权年限不一致，必须按照相应公式计算调整。

②在成本法中，应该对专业费用、前期费用、市政基础设施建设配套费等规费及开发周期确定的依据、标准予以说明；否则，报告难免欠严谨。土地取得相关税费没有计算。对于投资利息的计算是错误的，正确的应为：

投资利息= (854.42+34.18) × [(1+5.85%)$^{0.5}$−1] =25.62（万元）

③在收益法中，计算年维修费时所取折旧年限不妥，因为土地使用年限为50年，建筑物耐用年限长于土地使用权年限时，应按土地使用权年限计算折旧。

10.7　房地产损害赔偿估价

10.7.1　房地产价值损失的原因及种类

随着《物权法》的出台和实施，人们的财产保护意识越来越强，对用法律保护自己的财产有了更加迫切的需求，对于因各种各样原因而造成物业价值的减损尤为敏感，所以因物业价值的减损而涉及索赔和诉讼需要对其进行估价的情况也越来越多。

一般来说，房地产损害是指房屋本身的损害，主要包括房屋实体损害、功能损害、经济损害及环境损害等方面。由于房连着地，房地为一体，受损害的房屋在实体贬值、功能贬值、经济贬值的同时，连同房屋占用的土地也会发生经济价值贬值。房地产价值损失是指由于房地产所在区域环境发生变化或者房地产本身出现各种质量问题导致的估价对象房地产的价值和正常房地产之间的差值。引起房地产价值损失的原因和种类主要有：

1）因规划修改给房地产权利人的合法权益造成损失

《中华人民共和国城乡规划法》第五十条规定："在选址意见书、建设用地规划许可证、建设工程规划许可证或者乡村建设规划许可证发放后，因依法修改城乡规划给被许可人合法权益造成损失的，应当依法给予补偿。经依法审定的修建性详细规划、建设工程设计方案的总平面图不得随意修改；确需修改的，城乡规划主管部门应当采取听证会等形式，听取利害关系人的意见；因修改给利害关系人合法权益造成损失的，应当依法给予补偿。"因规划修改、变更对房地产价值造成损失的具体情况主要体现在以下几个方面：①房屋本身的规划修改、变更导致的房地产价值损失；②小区内部的规划修改、变更导致的房地产价值损失；③小区周边规划修改、变更导致的房地产价值损失；④房地产所在的区域规划修改、变更导致的房地产价值损失；⑤房地产所在区域大型基础设施建设修改、变更导致的房地产价值损失。

2）因在相邻土地上建造建筑物给相邻房地产造成价值损失

《中华人民共和国民法通则》第八十三条规定："不动产的相邻各方，应当按照有利生产、方便生活、团结互助、公平合理的精神，正确处理截水、排水、通行、通风、采光等方面的相邻关系。给相邻方造成妨碍或者损失的，应当停止侵害，排除妨碍，赔偿损失。"例如，在自己的土地上建造建筑物妨碍了相邻建筑物的通风、采光和日照等而使相邻房地产价值减损；又如，新买的商品房，开发商承诺的内容在交房时未能兑现，对面又修了一幢楼，购房者自身房屋的采光、通风受到损害而使其居住品质降低。

3）因环境污染造成房地产价值损失

房地产周边环境受到污染，如受到噪声、辐射、水、土壤和空气等污染，必然会给房地产的使用者造成较大的身心损害，从而导致房地产价值减损。例如，开发商将曾经存在污染的工业用地（如化工工业用地）直接转变为住宅用地进行开发，由于工业生产的残留物会在环境中形成物理辐射、有害气体、地下水和土壤污染等而影响居住者的身心健康。又如，开发商将小区花园变了停车场而使邻近房屋经常受到噪声的影响等。

4）因工程质量缺陷造成房地产价值损失

工程质量缺陷损失是指由于房屋工程质量缺陷造成房屋买受人的权利、使用功能、人身安全受到侵害而导致的房地产经济价值的减损。例如，预售的商品房在交付使用后发现存在工程质量问题，如墙体开裂、地面渗水、装饰材料粘贴不牢固并有损坏、室内空气质量不符合国家标准等而对购房人造成的价值损失。

5）因施工中挖基础不慎使邻近建筑物受损，造成邻近房地产价值损失

例如，由于地铁施工，破坏了地铁沿线相邻房屋的基础结构、房屋主体结构，导致相邻房屋的价值减损甚至报废。

6）因异议登记不当，造成房地产权利人损害

《物权法》第十九条规定："异议登记不当，造成权利人损害的，权利人可以向申请人请求损害赔偿。"例如，开发商对小区建筑物共有部分的所有权登记缺失、登记模糊，将应当属于小区所有业主共有的配套建筑设施对外进行销售，从而使业主丧失了对该共有部分的产权；又如，开发商将已经设定了抵押权等他项权利的商品房对外销售，造成了房屋受让人的房产存在潜在处置的风险，使受让人权利受到损害。

7）因非法批准征收、使用土地，给当事人造成损失

《土地管理法》第七十八条规定："无权批准征收、使用土地的单位或者个人非法批准占用土地的，超越批准权限非法批准占用土地的，不按照土地利用总体规划确定的用途批准用地的，或者违反法律规定的程序批准占用、征收土地的，其批准文件无效。""非法批准征收、使用土地，对当事人造成损失的，依法应当承担赔偿责任。"

8）因未能履约使他人工程停缓建，给他人造成损失

例如，材料供货商未按合同约定如期供货、资金提供方未按合同约定如期供款导致工程停建、缓建，造成工程无法按期完成，从而给相关当事人造成损失。

9）因对房地产权利行使不当限制，给房地产权利人造成损失

例如，法院在进行房地产查封处理时，将不属于查封的房地产进行查封，由此给房地产权利人造成损失。

10.7.2 房地产损害造成的损失分析

1）房地产损害的分类

（1）按照房地产受损害的部位划分

按照房地产受损害的部位不同，房地产损害可分为三种类型：①实物损害（又可分为实体损害和功能损害）；②权益损害；③区位损害（也称环境损害）。

（2）按照损害是否可以修复划分

按照损害是否可以修复，房地产损害可分为可修复的损害和不可修复的损害。

可修复的损害是指恢复到损害前的状况或者好于损害前的状况，有的是修理，有的是更换。也就是说，如果预计采用最合理的修复方案予以修复的必要费用（包括正常的成本、费用、税金和利润等，以下简称修复费用）小于或者等于修复所能带来的房地产增值额，则是可修复的损害，即：

修复费用≤损害前的房地产价值−损害后的房地产价值

不可修复的损害是指技术上不可能或经济上不可行，因而不能修复的损害，即：

修复费用＞损害前的房地产价值−损害后的房地产价值

（3）按照损害是否可以完全消除划分

按照损害是否可以完全消除，房地产损害可分为暂时性的损害和永久性的损害。

暂时性的损害是指房屋修复后，因质量缺陷造成的房屋损害可以完全消除，安全、耐久、适用等方面能够符合国家相应标准以及合同约定。

永久性的损害是指不可修复，或虽经修复后房屋可以安全使用，但在耐久、适用等方面达不到原标准的质量缺陷。

2）房地产损害的赔偿金额

房地产损害造成的损失主要包括价值减损和相关经济损失，房地产损害赔偿金额的确定主要有以下几种方法：

①可修复的赔偿金额为修复费用加上相关经济损失，即：

赔偿金额=修复费用+相关经济损失

②不可修复的赔偿金额为房地产价值减损额，即：

赔偿金额=损害前的房地产价值−损害后的房地产价值

③可一定程度修复的，但不能完全恢复房地产价值的，赔偿金额为部分修复费用、房地产价值减损额、相关经济损失之和，即：

赔偿金额=部分修复费用+房地产价值减损额+相关经济损失

④造成不可挽回损失的，赔偿金额为重置成本。

10.7.3 房地产损害赔偿评估的内涵及特点

1）房地产损害赔偿评估的内涵

房地产损害赔偿评估是对房屋本身损害贬值和房屋贬值引起占用土地经济价值贬值的共同体贬值的评估。房地产损害赔偿估价，应区分被损害房地产价值减损评估、因房地产损害造成的其他财产损失评估、因房地产损害造成的搬迁费用评估、因房地产损害造成的临时安置费用评估、因房地产损害造成的停产停业损失评估等。

2）房地产损害赔偿评估的价值类型

房地产损害赔偿评估的价值标准采用公开市场价值标准。商品房质量缺陷评估的价值类型应当是价值时点的商品房实体缺陷状况、权利缺陷状况、区位缺陷状况造成的商品房价值减损的市场值。

3）房地产损害赔偿评估的特点

房地产损害赔偿评估与一般价值评估相比，其估价的不同点主要体现在以下几点：

①损害赔偿评估包括正价值评估与负价值评估；

②损害赔偿评估不仅包括负价值评估，还包括相关经济损失评估；

③损害赔偿评估的独一无二性强，难以寻找到类似损害的赔偿实例；

④损害赔偿评估对建筑等专业知识要求更高，需要大量的专业帮助，需要损害程度鉴定；

⑤损害当事人双方对估价结果都很关注，要求估价更加精准，说服力强。通常需要出庭作证（专家证人），专家证人要有较强的语言表达能力。

4）被损害房地产价值减损评估，应符合下列规定：

①应调查并在估价报告中说明被损害房地产在损害发生前后的状况；

②应区分并分析、测算、判断可修复和不可修复的被损害房地产价值减损及房地产损害中可修复和不可修复的部分；

③对可修复的被损害房地产价值减损和房地产损害中可修复的部分，宜采用修复成本法测算其修复成本作为价值减损额；

④对不可修复的被损害房地产价值减损，应根据估价对象及其所在地的房地产市场状况，分析损失资本化法、价差法等方法的适用性，从中选择适用的方法进行评估。

【实战演练10-7】

××县××房屋保险事故损伤修复费用评估报告（节选）

估价结果报告

（一）估价委托人（略）

（二）房地产估价机构（略）

（三）估价目的

确定估价对象的损伤修复费用，为保险事故赔偿提供参考。

（四）估价对象概况

1. 估价缘由

本公司受太平洋保险公司重庆分公司××办事处委托，对其承保的某东风货车失控撞伤农房而对农房造成的直接损失进行评估。该东风货车在太平洋保险公司投保了车辆损失险及第三者责任险，此次事故经现场交警出具责任认定书，由东风货车负全责。

2. 估价对象实体状况

估价对象位于××县××镇华严村七组，距离县城中心约20千米，三面周围与农地相临，一面临乡村公路。受损建筑物为砖混结构，共两层，建筑物横墙承重，承重墙厚24厘米，楼梯间空花墙厚12厘米，其余墙厚18厘米，楼梯间及非承重墙的黏合材料采用黄沙石灰混合砂浆，石灰所占比例较少，砂浆强度等级较低。建筑物外墙初级抹灰，室内水泥砂浆地面，普通木门窗。

3. 事故损伤情况分析

该东风货车在斜坡下行途中突然失去控制，冲出公路，经过路边缓冲带时翻车。货车在翻滚过程中由于惯性作用撞上农房，与农房外侧非承重墙正面接触，造成建筑物第一层外侧墙（非承重墙）洞穿，洞径横向最大尺寸为1.0米，竖向最大尺寸为1.2米，洞底距地面高度0.3米；楼梯间外侧墙坍塌，坍塌后形成一个横向最大尺寸为2.1米、竖向最大尺寸为2.86米的洞；与外侧墙垂直的一段承重墙轻微裂缝；楼梯踏步及梯间转角板完好，阳台栏板及阳台板各损坏一块，卧室非承重墙微偏，部分门窗受损。

经房屋安全鉴定人员现场鉴定：受损建筑物基础完好，承重墙绝大部分未受损，非承重墙局部受损，房屋受损可以修复，为非危房。修复方案为：按照受创面竖向扩大拆除，再按原状恢复。

4. 估价范围

估价范围根据房屋修复方案确定，即受创面的竖向扩大拆除费用，以及恢复原状所需费用。

（五）价值时点

2015年5月21日。

（六）估价原则（略）

（七）估价依据（略）

（八）估价方法

1. 本次估价所采用的方法

估价对象是受损农房的一部分，而不是房屋全部。根据房屋安全鉴定人员现场查勘的情况，该房屋不属于危房，可采用先在原损伤部位竖向扩大拆除受损构件，再按照结构标准进行修复的方案，已被双方当事人认可。

由于估价对象所涉及的工程量及费用标准可参照同类工程的普遍标准进行逐一测算、累积，故估价师决定采用成本法估价。

2. 成本法的定义

本次所用成本法是指以计算受损房屋先拆除受损部位，再恢复原状所需耗费的各项费用之和，得出估价对象价格的一种方法。

（九）估价结果

估价师根据估价目的、估价原则、估价程序，选择科学的估价方法，并结合估价师的经验，评估确定估价对象房地产在价值时点的修复费用为人民币7 080元，大写为：人民币柒仟零捌拾元整。

（十）注册房地产估价师（略）

（十一）估价作业日期

2015年5月21日至2015年5月24日。

（十二）估价报告使用期限

自2015年5月24日至2016年5月23日。

（十三）附件（略）

估价技术报告

（一）估价的技术思路

估价对象不是整幢房屋，而是受损房屋的一部分。根据房屋安全鉴定人员和估价师现场查勘的情况，认为房屋只是部分非承重结构构件受损，不会危及整幢房屋的安全，故只需先拆除受损部位，再按原结构进行修复。

　　测算时应先测算受损部分的拆除费用，再计算修复受损部分的修复费用。由于此类受损房屋的修复工作是为了弥补房屋所受损伤，故不论原房屋的使用保养状况如何，在对修复费用进行测算时，不考虑扣减房屋的折旧，即应该"修坏如新"，而不能"修坏如旧"。

　　由于类似工程的价格计算已有成熟的建筑工程和修缮工程定额标准，且已被广泛应用，因此在用成本法计算时，参照了定额标准。

　　（二）工程造价计算表

　　工程量以现场测量数据为依据，按照房屋修复方案计算。

　　1. 拆除工程资料（见表 10-22）

表 10-22　　　　　　　　　　　拆除工程资料表

定额编号	项目名称	单位	定额基价（元/单位）	工程量（单位）	总价（元）
5A0011	墙体拆除	1 立方米	10.20	13.817	140.93
5A0026	楼板拆除	1 立方米	34.50	2.91	100.40
合计					241.33

　　2. 脚手架及支架保护措施资料（见表 10-23）

表 10-23　　　　　　　　脚手架及支架保护措施资料表

定额编号	项目名称	单位	定额基价（元/单位）	工程量（单位）	总价（元）
5D0002	单项脚手架	100 平方米	324.03	0.4	129.61
	构件支护费				300.00（估算）
合计					429.61

　　3. 砌筑工程资料（见表 10-24）

表 10-24　　　　　　　　　　砌筑工程资料表

定额编号	项目名称	单位	定额基价（元/单位）	工程量（单位）	总价（元）
5C0003	砖砌体	10 立方米	1 540.34	1.53	2 356.72
合计					2 356.72

　　4. 预制混凝土构件资料（见表 10-25）

表 10-25　　　　　　　　　预制混凝土构件资料表

定额编号	项目名称	单位	定额基价（元/单位）	工程量（单位）	总价（元）
1E0383	空心板	10 立方米	1 793.67	0.291	521.96
1E0529	预制钢筋	1 吨	2 762.91	0.15（估计）	414.44
1E0511	空心板安装、灌浆	10 立方米	518.59	0.291	150.91
合计					1 087.31

5．木门窗工程资料（见表10-26）

表10-26　　　　　　　　　　　**木门窗工程资料表**

定额编号	项目名称	单位	定额基价（元/单位）	工程量（单位）	总价（元）
1G	拼板木制门	100平方米	6 294.28	0.046	289.54
1G	拼板门安装	100平方米	1 324.41	0.046	60.92
1G	木窗制作	100平方米	4 880.63	0.023	112.25
1G	木窗安装	100平方米	2 775.15	0.023	63.83
合计					526.54

6．定额直接费

定额直接费=241.33+429.61+2 356.72+1 087.31+526.54=4 641.51（元）

7．造价

（1）基价直接费

基价直接费为4 641.51元。

（2）综合费

综合费=4 641.51×15.73%=730.11（元）（按三级施工企业计费）

（3）劳动保险费

劳动保险费=4 641.51×3.15%=146.21（元）（按三级施工企业计费）

（4）利润

利润=4 641.51×6.64%=308.20（元）（按三级施工企业计费）

（5）允许按实际计算的费用及材料价差

允许按实际计算的费用及材料价差为1 000.00元。

（6）定额编制及定额测定费

定额编制及定额测定费=（4 641.51+730.11+146.21+308.20+1 000.00）×1.8‰
　　　　　　　　　　　=12.29（元）

（7）税金

税金=（4 641.51+730.11+146.21+308.20+1 000.00+12.29）×3.56%
　　=243.44（元）（按三级施工企业计费）

（8）造价

造价=4 641.51+730.11+146.21+308.20+1 000.00+12.29+243.44=7 081.76（元）

取整为7 080元。

分析：

①本报告的估价目的是房地产保险事故发生后的损失价值评估，估价师对估价对象作了认真的、专业的勘估界定，并充分考虑了直接损失及间接损失（费用）价值，并结合工程造价专业知识进行估价，很有特色。

②采用成本法估价损失（费用）价值，提出"修坏如新"的原则，说明估价师能实事求是，具体问题具体分析，不拘泥于书本，具有较强的专业素养。

③报告思路清晰，内容简明精练，文字流畅。

10.8　房地产税收估价

房地产税收估价，应区分房地产持有环节税收估价、房地产交易环节税收估价和房地产开发环节税收估价，并应按相应税种为核定其计税依据进行估价。房地产税收估价宜采用公开市场价值标准，并应符合相关税法的有关规定。

房地产税收估价，应兼顾公平、精准、效率和成本。对同类房地产数量较多、相互间具有可比性的房地产，宜优先选用批量估价的方法进行估价。对同类房地产数量较少、相互间可比性差、难以采用批量估价的方法进行估价的房地产，应采用个案估价的方法进行估价。

房地产持有环节税收估价，各宗房地产的价值时点应相同。房地产交易环节税收估价，各宗房地产的价值时点应为各自的成交日期。

10.8.1　房产税估价

为课征房产税进行的估价，应以《中华人民共和国房产税暂行条例》（以下简称《房产税暂行条例》）和当地制定的实施细则为依据。房产税的计税依据为房产余值或租金收入。

依据《房产税暂行条例》的规定，房产余值是房产原值一次扣除一定比例（一般为30%）后的余额，按房产余值征收的税率为1.2%，适用于企业出租或自用房产的房产税征收；租金指实际获得的毛租金收入，包括货币收入和实物收入，按租金收入征收的税率为12%，适用于事业单位出租房产的房产税征收。

10.8.2　土地增值税估价

为课征土地增值税进行的估价，应以《中华人民共和国土地增值税暂行条例》《中华人民共和国土地增值税暂行条例实施细则》为依据。土地增值税的计税依据为土地增值额。

土地增值额=转让房地产所取得的收入-扣除项目金额

土地增值税估价的关键是土地增值税扣除项目金额的估算。但对于纳税人申报的转让房地产所取得的收入明显低于市场价格又无正当理由的，应对其转让价格进行评估，核定其转让房地产所取得的收入。

10.8.3　契税估价

为课征契税而进行的估价，一般发生在房地产权属发生转移或变更时，当申报纳税的成交价格与房地产实际价值有较明显差异时，应按房地产转让的估价方法，评估其客观合理价格或价值，并以此作为征收契税的依据。对于房地产赠与和交换时课征契税的估价，也应采用公开市场价值标准对该房地产的市场价格或交换差价进行评估。

为课征契税进行的估价，应以《中华人民共和国契税暂行条例》及其实施细则为依据。契税的计税依据为成交价格（国有土地使用权出让、土地使用权出售、房屋买卖行为）、市场价格（土地使用权赠与、房屋赠与行为）和交换差价（土地使用权交换、房屋交换行为）[①]。

---

① 廖俊平，陆克华. 房地产估价案例与分析［M］. 北京：中国建筑出版社，2005.

【实战演练10-8】

××区××路2栋1-5-4号房地产课税价格评估（节选）

××区××路2栋1-5-4号房地产估价报告简表见表10-27。

表10-27　　　　　　　　　　　　估价报告简表

委托方	××	
估价方	××评估有限公司	
估价师	报告审核人： 注册房地产估价师：（签章）	报告主评人： 注册房地产估价师：（签章）
估价目的	为房地产交易课税提供依据	
价值时点	二〇一五年六月十一日	
估价作业 日期	二〇一五年六月十一日至二〇一五年六月十三日	
估价对象 范围	估价对象房地产为位于××市××区××路2栋1-5-4号的一宗房地产，产权人为××，"房屋所有权证"证号为：×房房私字第04-51090号，产权类别为私有房产，建筑面积为109.98平方米；"国有土地使用证"证号为：×国用（改2014）字第7262号，地号D07010012-02，图号189，分摊土地面积为13.75平方米，土地用途为住宅，土地使用者为××。经委托方确认，估价对象无租赁纠纷	
估价对象 概况	经评估人员现场查勘，估价对象所在楼为混合结构，建于20世纪90年代中期，共八层，用途为住宅。该栋楼外墙为水刷石，内墙刷白，楼梯为水泥踏步，水泥扶手。 估价对象位于其中的第五层，房型结构为三室二厅，其中有两间房朝北，一间房朝南。估价对象室内为木包门、木窗，客厅地面为地砖，三间卧室为实木地板地面，未吊顶，厨房及卫生间地面均为马赛克，墙面贴瓷砖，厨房内有无烟灶台。 评估人员现场查勘情况：主楼地基基础无不均匀沉降，承重构件完好，非承重墙完好，防水层、隔热层、保温层保养情况一般，排水畅通，墙体面层完好。上下水管道畅通，电器设备线路、各种照明装置完整，绝缘良好，其他设备使用正常。 估价对象地处××市城区住宅用地二级地段，北临××路，东距××大道约150米，西、南面皆为多层居民住宅，该处为××区的饮食、餐饮聚集地。有多条公交路线途经××大道，居民出行便捷度较好	
估价过程	估价师经过现场查勘、收集相关资料，秉承独立、客观、公正的原则，遵守《房地产估价规范》，遵循科学的估价程序，参照有关政策、法律、法规和我公司掌握的房地产市场资料和长期积累的房地产估价经验数据，并结合委托方提供的资料、本次估价目的、估价对象特点、目前的房地产市场行情、供求关系状况，综合分析影响房地产价格的各项因素，选取适宜的估价方法（比较法和成本法），经过仔细分析测算，最终确定估价对象及其占用分摊的土地使用权在2015年6月11日的市场价值为人民币13.41万元，大写为：人民币壹拾叁万肆仟壹佰元整，平均单价为1 219.31元/平方米	
估价结果	小写：人民币13.41万元 大写：人民币壹拾叁万肆仟壹佰元整	

续表

估价说明	①本报告的估价结果为 2015 年 6 月 11 日在本地正常的房地产市场状况下的公允市场价值，有效期为半年。随着区域经济形势、国家金融政策、法律法规、房地产市场的供求关系、时间及相关价格影响因素的变化，该估价结果应作相应调整。 ②本报告的估价结果是估价对象在本次估价目的的特定条件下根据公开市场原则形成或者成立的客观合理的现行公允市价，并没有考虑快速变现、税费转嫁等特殊交易方式，可能发生的办理抵押登记、权利转移相关费用对本报告的估价结果的影响，以及遇有自然力和其他不可抗力等因素可能对本报告的估价结果的影响。 ③本估价报告中的建筑面积及分摊土地面积参考委托方提供的估价对象"房屋所有权证"和"国有土地使用证"中载明的数据。 ④本报告估价结果的计算是以估价对象在价值时点的状况和估价报告对估价对象的假设和限制条件为依据进行的，如房地产状况或估价报告中对估价对象房地产的假设和限制条件发生变化，估价结果应作相应调整。 ⑤本次评估是以估价对象能够按照目前使用用途持续使用为假设前提。 ⑥本报告评估结果是在假设当地房地产交易市场中存在足够的买方和卖方，估价对象处于正常使用状态，并无异常情况出现的情况下最可能成交的价格。 ⑦本估价报告依据委托方提供的相关资料，委托方对其资料的合法性、真实性负责，因资料失实造成的估价结果有误及由此产生的后果，我公司及估价师不承担相应的责任。 ⑧根据委托方的要求，估价方以简要报告的形式为委托方提供房地产估价服务

房地产估价技术报告

（一）实物状况分析（略）

（二）区位状况分析（略）

（三）权益状况分析（略）

（四）市场背景分析（略）

（五）最高最佳利用分析

本报告以估价对象的现在用途（即住宅）为其最高最佳利用。

（六）估价方法选用（略）

（七）估价测算过程

1．采用比较法分析测算

（1）可比实例的选取

可比实例情况见表 10-28。

表 10-28　　　　　　　可比实例情况表

项目 \ 可比实例	可比实例 A	可比实例 B	可比实例 C
坐落	××村	××路	××小区
地段级别	二级	二级	二级
结构	砖混结构	砖混结构	砖混结构
用途	住宅	住宅	住宅
土地使用权取得方式	划拨	划拨	划拨
交易情况	正常	正常	正常
交易时间	2015 年 3 月	2015 年 3 月	2015 年 4 月
交易均价（元/平方米）	1 264	1 659	1 257

（2）可比实例修正系数表（见表10-29）

表10-29　　　　　　　　　　**可比实例修正系数表**

项目 ＼ 可比实例	可比实例A	可比实例B	可比实例C
交易情况修正系数	100/100	100/100	100/100
市场状况调整系数	100/100	100/100	100/100
房地产状况调整系数	100/102	100/105	100/102

注：①交易情况修正：可比实例A、B、C均属正常交易，交易情况不需要修正，故确定修正系数分别为100/100、100/100、100/100。

②市场状况调整：由于可比实例交易日期和价值时点相距较近，××市房地产市场房价在这段时间里较稳定，故确定修正系数分别为100/100、100/100、100/100。

③房地产状况调整：可比实例A、B、C在房地产状况方面与估价对象进行比较，综合确定可比实例A、B、C的房地产状况修正系数分别为100/102、100/105、100/102。

（3）修正价格表（见表10-30）

表10-30　　　　　　　　　　**修正价格表**

项 目	可比实例A	可比实例B	可比实例C
交易单价(元/平方米)	1 264	1 659	1 257
修正单价(元/平方米)	1 239.22	1 580.00	1 232.35

取平均值，则：

比准单价=（1 239.22+1 580.00+1 232.35）÷3=1 350.52（元/平方米）

比准价格=1 350.52×109.98=148 530.19（元）

2.采用成本法分析测算

（1）土地部分

基准地价系数修正法的基本计算公式为：

$$P=P_0 \times \frac{(1+r)^{(N-n)}[(1+r)^n-1]}{(1+r)^N-1} \times f \times s \times (1-35\%)$$

式中：P_0为基准地价，根据××市公布的城区基准地价，住宅用地二级地段的基准地价为2 481元/平方米；r为土地还原利率，根据中国人民银行公布的一年期银行存款利率为1.98%，考虑到一定的风险因素，取风险调整值为5%，综合分析土地还原利率确定为6.98%；N为估价对象所占用土地的法定出让年限，确定为70年；n为设定估价对象所占用土地的剩余使用年限，确定为69年；f为影响地价因素的综合修正系数，估价对象区位条件较好，取$f=1.2$；s为根据委托方提供的权证资料，估价对象所分摊的土地面积，确定为13.75平方米。

将上述数据代入公式计算得：

$P=26\ 592.07$元

（2）建筑物部分

①根据××市建筑管理站公布的2015年第一季度造价指数（×建价字〔2015〕15

号）查得砖混结构的造价为660.79元/平方米。对照房屋重置价格标准说明，根据已使用年限、保养状况、朝向、采光、通风、绿化、污染等因素，并参考××市房地产管理局发布的《2014年××市房地产市场情况分析报告》及×房指数，住宅楼价格稳定增长，综合将其重置价格修正为：

重置价格=109.98×660.79×（1+10%）=79 941.05（元）

②项目建设有关的前期税费。根据《××市人民政府关于取消和调整部分收费项目及标准进一步改善投资环境的通知》（×政〔2012〕20号），项目建设有关的前期税费取113.25元/平方米，则：

有关的前期税费=109.98×113.25=12 455.24（元）

③对照房屋重置价格标准说明及实地查勘，确定估价对象的成新率为80%，则：

建筑物部分价值=（79 941.05+12 455.24）×80%=73 917.03（元）

估价对象的评估值=26 592.07+73 917.03=100 509.10（元）

（八）估价结论的确定

估价师根据估价目的，秉承客观、公正、独立的原则，遵循科学的估价程序，选取适宜的估价方法，在认真分析现有资料的基础上，结合估价经验，综合分析影响房地产价格的各项因素，经过仔细分析测算，确定估价对象在价值时点的价值为（取比准价格的权重为0.7，取积算价格的权重为0.3）：

房地产总价格=（148 530.19×0.7+100 509.10×0.3）×10^{-4}=13.41（万元）

平均单位价格=13.41÷109.98×10^4=1 219.31（元/平方米）

（九）附件（略）

分析：

①该估价报告采用简表的形式，但能全面地反映估价的基本内容，也是符合《房地产估价规范》要求的。

②在计算建筑物价值时，计算了前期税费，这一点很好。因为类似的估价报告，很多会遗漏此项。

不足之处：

①没有说明土地使用权的取得日期及方式，在比较法计算过程中列出土地取得方式为划拨，但在成本法中用基准地价系数修正法计算地价时虽扣除35%，但未作说明，且35%这个数据没有来源依据。

②比较法中进行房地产状况调整，应细化。

③成本法中计算建筑物的重置成本时，10%没有数据来源说明。

④估价报告应用有效期没有说明从何时起。

10.2　房地产纠纷估价

房地产纠纷估价，应对有争议的房地产评估价值、赔偿金额、补偿金额、交易价格、市场价格、租金、成本、费用分摊、价值分配等进行鉴别和判断，提出客观、公平、合理的鉴定意见，为和解、调解、仲裁、行政裁决、行政复议、诉讼等方式解决纠纷提供参考依据或证据。

随着房地产市场的发展以及人们对房地产重要性认识的提高，涉及房地产纠纷的估价呈逐渐上升趋势。例如，房地产开发商与建筑承包商之间就在建工程已投入成本的纠纷，写字楼租赁双方就租金调整幅度的纠纷，城市被拆迁居民与开发商或政府之间就拆迁补偿金额的纠纷，金融机构与贷款人就作为抵押担保品的房地产的处置价格的纠纷，以及政府税务部门为了征收房地产税费与房地产购买者之间在购买价格方面的纠纷等。这些纠纷的解决，经常需要估价师为纠纷仲裁方、纠纷的一方或双方，或者人民法院提供估价服务。房地产纠纷估价，应根据纠纷的类型，按相应估价目的的房地产估价进行。房地产纠纷估价，应了解纠纷双方的利益诉求，估价结果应平衡纠纷双方的利益，有利于化解纠纷。

房地产纠纷估价不同于其他目的的房地产估价，具有自己的特殊性。房地产纠纷估价可分为两类：一是房地产价格（价值）纠纷，主要是针对房地产的价值、交易价格、造价、成本、租金、补偿金额、赔偿金额的纠纷，其估价通常由法院、仲裁机构聘请房地产估价机构完成；二是估价结果纠纷，主要是针对估价结果本身的纠纷，其估价由专门的估价仲裁部门或组织（如估价专家委员会）出面对估价结果作出鉴定和裁决。

10.9.1 房地产价格（价值）纠纷及其特点

房地产价格（价值）纠纷的调节与处理需要聘请专业房地产估价师进行估价。估价师了解房地产价格（价值）纠纷的一般特点和各类房地产纠纷的具体特点，有利于作出客观、公平的估价，也有利于纠纷的解决。房地产价格（价值）纠纷的特点是：

①房地产纠纷中的民事法律关系复杂。一宗房地产纠纷案件中往往同时存在两个以上的民事法律关系，并且还彼此牵连。例如，房屋产权、房屋继承与析产往往交织在一起；房屋买卖与房屋租赁交织在一起；房地产的开发经营也常常会涉及土地使用权的出让和转让。

②房地产纠纷争议标的价值一般较大。这是由房地产本身的特点决定的。

③房地产纠纷涉及面广。房地产纠纷往往会涉及诸多与房地产建设、管理有关的部门，如规划部门、城建部门、土地管理部门、房产管理部门等。这些部门有时会以第三者的身份对房地产纠纷进行调节与处理，有时它们直接是纠纷中的一方当事人。有的房地产纠纷中还涉及几个家庭、几代人、几个单位的切身利益，牵扯面极广。

④房地产纠纷政策性强，适用法律的难度较大。

10.9.2 房地产估价结果纠纷及其特点

房地产估价结果纠纷是由于当事人对估价结果有不同看法而产生的纠纷。近年来，随着城市化进程的加快和城市规模的扩大，拆迁补偿价值评估结果纠纷越来越多。房地产估价结果纠纷的特点如下：

①房地产估价结果纠纷是针对估价机构已经作出的估价结论。与房地产价格（价值）纠纷不同，房地产估价结果纠纷不是针对未确定的房地产价格（价值），而是针对已经作出的房地产估价结论，并且这种结论是由专业的房地产估价机构作出的。

②房地产估价结果纠纷的调节与处理必须由专门的估价仲裁机构（或鉴定组织）进行，否则无法让原来提供估价结果报告的估价机构信服，也无法让纠纷的其他当事人接受。

10.9.3 房地产纠纷估价应注意的几个问题

房地产纠纷估价应注意纠纷的性质和协议、调解、仲裁、诉讼等解决纠纷的不同方式，并将其作为估价依据，以协调当事人各方的利益。房地产纠纷估价应注意下列几个问题：

1）房地产的合法性

房地产的合法性是房地产评估的前提，只有符合规划、用途合法的房地产才能进行评估。

由于房地产纠纷估价的委托方一般为人民法院、检察院、纪委、仲裁机构等有关部门，与房地产权利人无直接利害关系，无法提供评估所需的全部资料；而涉及的房地产权利人一般为纠纷方，均存在明显的敌对现象，很难得到他们的积极配合。因此，对于估价机构而言，原始资料不齐全，就无法断定房地产的合法性。估价师除了要耐心说服以取得房地产权利人的配合外，同时还要到房地产档案部门查阅，到实地进行调查，委托具有测绘资格的部门进行丈量，切实调查、了解估价对象房地产的合法性。在确实无法确认估价对象产权的合法性的前提下，必须在估价报告中说明估价过程和结论只有在假定估价对象具有合法产权的情况下才是有效的。

2）房地产的价值时点

房地产纠纷估价相对于其他目的的房地产估价具有更强的时间相关性。其他房地产估价委托方一般为房地产权利人，目的简单，价值时点比较容易确定；而房地产纠纷估价涉及执法机关、发生纠纷的双方当事人等，关系复杂，价值时点较难把握。因此在估价之前，估价师必须确定估价目的，了解发生房地产纠纷的前因后果，征询纠纷双方以及执法部门的意见，以便确定具体时日的客观合理价格或价值，而不能机械地以现场查勘日或估价作业日期为价值时点。例如，对于房地产转让与租赁缴纳税费纠纷、房地产交易价格纠纷、房屋拆迁补偿纠纷，在进行估价时，一般应以房地产交易协议、拆迁补偿协议的签字日期或协议所载的日期为价值时点；对于遗产、共有财产中的房地产分配纠纷，在进行估价时，一般应以继承关系、共有财产关系确定日期为价值时点；对于土地共有人占有共有土地份额纠纷，在进行估价时，一般应以最近一次确定的共有土地纳税金额的日期为价值时点；对于房地产估价服务纠纷，在进行估价结论检验时，一般应以原估价报告所载估价日期为检验、评估的价值时点。

3）房地产纠纷估价依据的资料

房地产纠纷估价依据的资料，一般来说，只能是房地产纠纷发生前的近期客观资料。为解决房地产纠纷而进行价格评估、价格重新评估、价格结论检验时，不管采用何种技术思路、何种估价方法，其所依据的房地产市场资料、成本资料、收益资料、政策法规、收益率及利率等资料，都只能是房地产纠纷发生前的近期客观资料。房地产纠纷发生时的真实、客观、合理价格，只能依靠纠纷发生前的近期客观资料等来推测、判断。

4）原房地产估价结论的判断

不能以当前房地产市场的实际价格作为判断原估价结论是否真实、客观、合理的标准。当前房地产市场的真实价格是以前房地产市场价格动态变化的延续，是包括以前房地产市场价格等价格影响因素共同作用的结果。但当前房地产市场价格的形成，不是以前的房地产市场价格这一唯一因素影响的结果。若以当前房地产市场价格作为判断以前房地产估价结论是否真实、客观、合理的依据，是因果关系的颠倒。对原估价结论有效与否的确认，应该以房地产估价的程序、思路、方法等是否符合估价原理、原则、实践及法规等的要求、规定为依据。

5）建筑物的折旧

建筑物的折旧包括物质折旧、功能折旧和外部折旧，三者必须全面考虑。房地产纠纷估价特别是涉及诉讼案件的估价，由于处理时间比较长，待估房屋空置时间也较长，因此在利用成本法估价这类案件时，估价师除了要亲临现场，直接观察实际损耗外，更要考虑建筑物在功能方面的落后和建筑物以外的各种不利因素造成的损失。当然，在具体对某一建筑物的评估过程中，三个因素并不一定都能涉及，有的可能只有物质上的折旧，有的可能是几方面因素的结合，具体情况必须具体分析。

6）遵守职业道德

估价师和估价机构在执行任何一宗房地产估价时都必须遵守职业道德，房地产纠纷估价突出体现为公正原则、回避原则和保密原则。

①公正原则。房地产纠纷估价可以为解决纠纷提供参考依据，房地产纠纷估价的结果关系到房地产权利人及其关系人的切身利益。如果估价结果有失公平合理，不但解决不了纠纷，还有可能激化矛盾。因此，进行房地产纠纷估价时，估价师更应该站在公正的立场上，不能有丝毫的偏见和倾斜，更不能受金钱、权势的诱惑，以确保评估的公正性。

②回避原则。《房地产估价规范》明确规定："估价师和估价机构应保持估价的独立性，必须回避与自己、亲属及其他利害关系人有关的估价业务。"限于房地产纠纷估价的特殊性，估价师和评估机构必须坚持回避原则，对于亲戚朋友的不正当要求，要主动回避，以避免估价工作遭受不正之风的干扰，确保估价工作的顺利开展。坚持回避原则也是保证估价结果公正的前提之一。

③保密原则。对估价报告要坚守保密原则，特别是对于检察院、纪委等有关单位委托的估价，尤要注意。对委托方提交的资料要妥善保管，未经委托方同意，不得向任何人（包括不相关的人）出示。

【实战演练10-9】

××市××区××大道128号一楼门面房地产价值评估（节选）
房地产估价结果报告

（一）估价委托人（略）

（二）房地产估价机构（略）

（三）估价目的

为××市××区人民法院执行案件提供价值参考。

（四）估价对象

1.估价对象实体状况

估价对象房地产位于××区××大道128号1-1号房一楼门面。该房屋所在地块属于××市城区商业用地三级地段，其四临分别为：东临××集团大门、南临××大道、西临云海大酒店、北临××大院。

依据委托方提供的"××市房屋所有权证"附图记载：套内面积为725.63平方米，分摊共有面积为97.59平方米，权属建筑面积为823.22平方米。

估价师的现场查勘情况为：估价对象房地产所在建筑物为混合结构，为六层商务楼，1995年建成。其装饰情况为：外墙为蓝白色马赛克饰面，内墙、天棚为乳胶漆饰面，地面部分为大理石饰面，部分为瓷砖饰面，通水、通电，目前该房地产处于出租状态。

2.估价对象权属状况

估价对象房地产所有权属于××集团公司。

（五）价值时点

2015年9月10日。

（六）价值类型

本估价报告所给出的价值为估价对象房地产在价值时点及公开市场条件下的客观合理价值。

（七）估价原则（略）

（八）估价依据（略）

（九）估价方法（略）

（十）估价结果

估价师根据估价目的，遵循估价原则，按照估价程序，采用科学合理的估价方法，在认真分析现有资料的基础上，结合估价经验，综合分析影响房地产价值的各项因素，经过仔细分析测算，确定估价对象房地产在价值时点2015年9月10日的客观合理价值为人民币438.69万元，大写为：人民币肆佰叁拾捌万陆仟玖佰元整。

（十一）注册房地产估价师（略）

（十二）估价作业日期

2015年9月10日至2015年9月15日。

（十三）估价报告使用期限

本报告有效期为半年，即从2015年9月10日至2016年3月9日。

房地产估价技术报告

（一）实物状况分析（略）

（二）区位状况分析（略）

（三）权益状况分析（略）

（四）市场背景分析（略）

（五）最高最佳分析

本报告以商务为最高最佳利用。

（六）估价方法选用

估价师认真分析所掌握的资料，进行了实地勘察和调查，根据估价对象的特点及估价目的，确定运用比较法和收益法作为本次估价的基本方法。

（七）估价测算过程

1.比较法

比较法是依据替代原则，将估价对象房地产与在近期发生交易的类似房地产进行比较、对照，根据已知的可比实例房地产价格，通过对交易情况、市场状况、房地产状况的修正、调整，得出估价对象房地产价格的评估方法。

经筛选，选取A、B、C三个可比实例，确定其基本情况表（见表10-31）、比较因素条件说明表（见表10-32）、比较因素修正系数表（见表10-33）。

表 10-31　　　　　　　　　　可比实例情况表

项目 ＼ 可比实例及估价对象	可比实例 A	可比实例 B	可比实例 C	估价对象
坐落	××路	××大道	××路	××大道
地段	商业三级	商业三级	商业三级	商业三级
结构	砖混	砖混	砖混	砖混
用途	商业	商业	商业	商业
交易日期	近期	近期	近期	—
销售价格（元/平方米）	6 000	5 500	5 800	—

表 10-32　　　　　　　　　　比较因素条件说明表

项目 ＼ 可比实例及估价对象		可比实例 A	可比实例 B	可比实例 C	估价对象
交易日期		近期	近期	近期	2015 年 9 月
交易情况		正常	正常	正常	
土地等级		商业三级	商业三级	商业三级	商业三级
用途		商业	商业	商业	商业
区位状况	商业繁华度	较好	较好	好	一般
	交通便捷度	好	较好	较好	较好
	环境质量	一般	较好	一般	一般
	城市规划	较好	较好	一般	一般
实物状况	新旧程度	九成	九成	九成	七点五成
	装修	一般	一般	一般	一般
	临街宽度	一般	较好	较好	较好

表 10-33　　　　　　　　　　比较因素修正系数表

项目 ＼ 可比实例及估价对象		可比实例 A	可比实例 B	可比实例 C	估价对象
交易日期		100/100	100/100	100/100	—
交易情况		100/100	100/100	100/100	—
土地等级		100/100	100/100	100/100	—
区位状况	商业繁华度	100/101	100/101	100/102	—
	交通便捷度	100/102	100/100	100/100	—
	环境质量	100/100	100/101	100/100	—
	城市规划	100/101	100/101	100/100	—
实物状况	新旧程度	100/102	100/102	100/102	—
	装修	100/100	100/100	100/100	—
	临街宽度	100/99	100/100	100/100	—
交易价格（元/平方米）		6 000	5 500	5 800	—
比准价格（元/平方米）		5 710	5 234	5 575	5 506

用比较法，求得估价对象一楼门面部分的比准单价为 5 506 元/平方米，则：

房地产总价=5 506×823.22÷10 000=453.26（万元）

2. 收益法

（1）纯收入的确定

①年租金收入。经本公司估价师实地勘测和市场调查得知，估价对象房地产所在区域的类似房地产出租价格为：平均月租金水平为 40 元/平方米（使用面积），参考市场水平确定办公用房空置率为 20%，则：

年租金收入=40×725.63×（1-20%）×12÷10 000=27.86（万元）

②年折旧费。房屋年折旧费指房屋在使用过程中因损耗而在租金中补偿的那部分价值。如按正常耐用年限折旧，估价对象为混合结构，混合结构房屋造价为 710 元/平方米，耐用年限为 50 年，残值率为 2%，则：

年折旧费=房屋重置价格×（1-残值率）÷耐用年限
　　　　=710×725.63×（1-2%）÷50÷10000
　　　　=1.01（万元）

③年维修费。维修费用取折旧费用的 80%，则：

年维修费=1.01×80%=0.81（万元）

④年管理费用。按年租金收入的 3%计，则：

年管理费用=27.86×3%=0.84（万元）

⑤年保险费。取房地产年租金收入的 3‰，则：

年保险费=27.86×3‰=0.08（万元）

⑥年房地产税。

房产税：依据税法及税务部门资料，房产税税额为房地年总收益的 12%，则：

房产税税额=房地年总收益×12%=27.86×12%=3.34（万元）

营业税：（现已改征增值税）营业税为房地年租金的 5%，则：

营业税税额=房地年总收益×5%=27.86×5%=1.39（万元）

城市维护建设税：城市维护建设税为营业税税额的 7%，则：

城市维护建设税=1.39×7%=0.10（万元）

教育费附加：教育费附加为营业税税额的 3%，则：

教育费附加=1.39×3%=0.04（万元）

税金合计为：3.34+1.39+0.10+0.04=4.87（万元）

房地出租年总费用=管理费+维修费+房屋年折旧费+保险费+税金
　　　　　　　　=0.84+0.81+1.01+0.08+4.87
　　　　　　　　=7.61（万元）

⑦年纯租金收入。

年纯租金收入=27.86-7.61=20.25（万元）

（2）报酬率的确定

《房地产估价规范》（GB/T 50291—2015）第 4.3.14 条规定："以安全利率加风险调整值作为报酬率。安全利率可选用国务院金融主管部门公布的同一时期一年定期存款年利率或一年期国债年利率；风险调整值应为承担额外风险所要求的补偿，并应根据估价对象及其所在地区、行业、市场等存在的风险来确定。"本项估价的折现率取一年期定期存款利率（1.98%）和风险报酬率（2%）之和，即为3.98%。

从投资的角度看，要投资就必须要承担一定的风险，也要有相应的风险补偿，风险补偿额相对于风险投资额的比率即为风险报酬率。风险报酬率含有行业风险、经营风险和财务风险等成分，本项评估对象租赁经营收益受制于以上风险。据此，估价师确定了上述风险报酬率。

（3）估价对象收益价格的确定

估价对象房地产土地使用权终止日期为2049年，自价值时点起，该土地剩余使用年限为34年，根据该房屋的具体情况，该房屋的剩余收益年限为34年，则：

收益价格=20.25÷3.98%×[1-1÷(1+3.98%)^{34}]=373.82（万元）

因此，估价对象房地产总价为373.82万元，则：

估价对象房地产单价=373.82×100 00÷725.63=5 152（元/平方米）

3.房地产价格确定

由于两种估价结果比较接近，取比较法和收益法的简单算术平均数基本上能够反映当地房地产的价值，因此取比较法和收益法的算术平均数作为最终估价结果，则：

估价对象房地产单价=（5 506+5152）÷2=5 329（元/平方米）

估价对象房地产总价=5 329×823.22÷10 000=438.69（万元）

（八）估价结果确定

经以上计算，估价对象房地产价值为人民币438.69万元，大写为：人民币肆佰叁拾捌万陆仟玖佰元整。

分析：

①该报告符合房地产估价的总体要求，全面、公正、客观地记述了估价过程及结论。

②本报告为一份书面的、叙述式的、按照《房地产估价规范》要求整体组成的、内容较为完整的估价报告。

不足之处：

①房地产纠纷估价案例尤其要注意说明房地产权属的合法性及有关内容的完整性。估价报告没有说明土地使用权类型及取得土地的时间等与土地相关的文件。

②报告没有说明纠纷原因和纠纷类型。

③在比较法中，可比实例均为近期，没有说明具体交易时间，可比实例交易日期应具体到某年某月某日；估价对象的成新率没有来源说明；比较因素修正系数表中的各项数据亦无来源说明。

④在收益法中，在计算净收益时，扣除了房屋折旧。《房地产估价基本术语标准》第6.2.10条规定："运营费用包括房地产税（为房地产持有环节的税收，如目前的房产税、城镇土地使用税）、房屋保险费、物业服务费、维修费、管理费用、水电费等。运营费用是从估价角度出发的，与会计上的成本费用有所不同，通常不包含房地产抵押贷款还本付息额、房地产折旧费、房地产改扩建费用和所得税。"

⑤混淆建筑面积、套内面积与使用面积。在收益法中，平均月租金是按使用面积（40元/平方米）计算的；在计算单价时，却是除以套内面积；最后在确定估价对象总价时，又乘以建筑面积。

本章小结

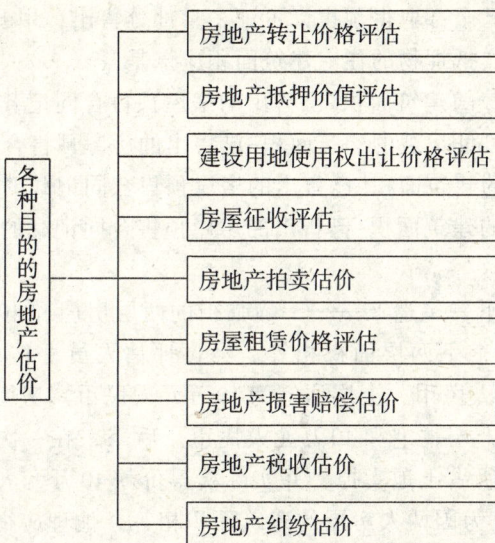

各种目的的房地产估价
- 房地产转让价格评估
- 房地产抵押价值评估
- 建设用地使用权出让价格评估
- 房屋征收评估
- 房地产拍卖估价
- 房屋租赁价格评估
- 房地产损害赔偿估价
- 房地产税收估价
- 房地产纠纷估价

主要概念

房地产征收估价　房地产税收估价　房地产抵押估价

基础知识练习

1.选择题

甲开发商开发建设一住宅小区，已取得"国有土地使用证"，正在施工，尚未封顶。

（1）甲开发商拟以该在建工程抵押，申请贷款，则下列表述中正确的是（　　）。

A.甲开发商可以向银行申请企业流动资金贷款

B.甲开发商不能以该在建工程作为抵押物向银行申请贷款

C.该在建工程只有取得销售许可证后方可用于抵押贷款

D.该在建工程只有取得预售许可证后方可用于抵押贷款

（2）下列关于办理房地产抵押登记的表述中，正确的是（　　）。

A.该宗地为出让土地使用权，可以单独办理抵押登记

B.该宗地无论是划拨还是出让土地使用权，因已取得"建设用地规划许可证"和"建设工程规划许可证"，所以可单独办理抵押登记

C.该在建工程在取得"国有土地使用证"和"房屋所有权证"后才能办理抵押登记手续

D.该在建工程已取得"建设用地规划许可证"和"建设工程规划许可证"，虽未取得"施工许可证"，也可办理抵押登记手续

（3）若该在建工程已整体抵押，在无法确定优先受偿款的情况下，欲估算抵押物的变现价值，则测算结果应为（　　）。

A.抵押价值

B.处分抵押物时的市场价值

C.抵押价值-处分抵押物的费用及税费

D.处分抵押物时的市场价值-处分抵押物的费用及税费

（4）若该项目目前已全部取得预售许可证，且部分售出，甲开发商若以尚未售出住宅部分申请贷款，则可用作抵押物的住宅建筑面积应该是（　　）。

A.土地出让合同记载的建筑面积-已售出的房屋预售合同记载的建筑面积

B.建设工程规划许可证记载的建筑面积-已售出的房屋预售合同记载的建筑面积

C.施工许可证记载的建筑面积-已售出的房屋预售合同记载的建筑面积

D.预售许可证记载的建筑面积-已售出的房屋预售合同记载的建筑面积

2.分析题

（1）张某临终前留下一笔遗产——一幢临街的两层房屋和40万元人民币。房屋底层为店面，上层为住宅，上下两层面积相等。经过评估人员评估，其价格为60万元人民币，其中底层为50万元人民币，上层住宅为10万元人民币。房屋继承时大儿子张华继承底层，小儿子张军继承上层住宅和40万元人民币。后来，在一次大火中房屋被烧毁，为此张家兄弟决定把房屋所占土地卖掉，并实际卖得价款40万元人民币。张华认为他应得到5/6的地价款，张军认为因两人房屋的建筑面积相等，他理应得到50%的地价款。张家兄弟为此产生纠纷，并诉讼至法院，请你作为一名估价师为法院提供咨询意见。

（2）钟某欲将其以标准价购买的住宅拿去银行抵押，由于银行知道钟某当时购买该套住宅的实际费用为8 000元，因此银行认为，该套住宅的实际价值为8 000元。请问银行的观点对不对，请写出你的评估技术思路。

（3）某一处房屋已列入拆迁改建范围，"房屋所有权证"载明实用性质为住宅，但该房屋的所有权人已在五年前办理了工商营业执照，实际营业并缴纳了税款。在确定如何进行拆迁补偿时，拆迁人认为应按住宅房屋进行补偿，房屋所有权人认为应按营业房进行补偿。你认为应当怎样补偿？

3.思考题

（1）试述国有划拨土地使用权抵押价值的评估思路与方法。

（2）试述对幼儿园拆迁补偿价值评估的思路与方法。

（3）试述比较法、收益法、成本法、假设开发法、基准地价系数修正法的实质、重点与难点。

实践操作训练

△案例题

指出并改正下面估价报告片断中的错误。

估价对象为一宗10 000平方米的"七通一平"用地，土地使用权出让时间为2015年3月1日，土地使用权出让年限为50年，容积率为5。根据规划拟建一幢商业、住宅综合楼，钢筋混凝土结构，共18层，其中1～3层主要为商业用途，建筑面积为9 000平方米（含独立使用的车棚300平方米），其余建筑面积均为商品住宅。该区域公布的钢筋混凝土结构建筑物重置价格为15 007元/平方米。工程自2015年9月1日开工，预计2017年9月1日建成。现需评估2015年9月1日的土地交易价格。有关资料如下：

（1）房地产转让中卖方需要缴纳的营业税金及附加等为售价的5.5%，买方需要缴纳的契税等相关税费为售价的4%。

（2）建筑安装工程费为1 100元/平方米，专业及管理费为建筑安装工程费的8%。

（3）商业用房建成半年后可全部用于出租，出租空置率及租金损失率共为10%。按建筑面积计月租赁收入会稳定在50元/平方米，运营费用率为24%。

（4）商品住宅建成半年时可售出30%，平均价格为2 700元/平方米，建成一年时可售出60%，平均价格为2 800元/平方米。剩余的10%会在建成一年后售出，平均价格为2 900元/平方米，广告宣传和销售代理费等销售费用为售价的3.5%。

（5）房地产报酬率为8%，折现率为12%，贷款年利率为6%，销售利润率为20%。

评估测算过程如下（节选）：

采用动态分析法测算估价对象于2015年9月1日的土地公开市场价值。

（1）开发完成后的房地产总价值

开发完成后的房地产总建筑面积=10 000×5=50 000（平方米）

住宅总面积=50 000-9 000=41 000（平方米）

①商铺开发完成后的房地产总价值：

每平方米商铺的有效毛收入=月租赁收入×12×（1-空置损失等租金损失率）

　　　　　　　　=50×12×（1-10%）

　　　　　　　　=540（元/平方米）

每平方米商铺的净收益=有效毛收入×（1-运营费用率）

　　　　　　　　=540×（1-24%）

　　　　　　　　=410.40（元/平方米）

商铺开发完成后的单价=410.40÷8%×$[1-1÷(1+8\%)^{47}]$×$[1÷(1+8\%)^{2.5}]$

　　　　　　　　=4118.45（元/平方米）

商铺开发完成后的总价=4 118.45×9 000÷10 000=3 706.61（万元）

②住宅开发完成后的总价值=41 000×$[30\%×2\ 700÷(1+12\%)^{2.5}+60\%×2\ 800÷(1+12\%)^{3}+10\%×2\ 900÷(1+12\%)^{3.5}]$÷10 000

　　　　　　　　=8 204.06（万元）

③开发完成后的房地产总价值=3 706.61+8 204.06=11 910.67（万元）

（2）扣除项目

①建安工程费=50 000×1 100÷（1+12%）÷10 000=4 910.71（万元）

②专业及管理费用=4 910.71×8%=392.86（万元）

③销售费用和销售税费总额=11 910.67×（3.5%+5.5%）=1 071.96（万元）

④销售利润=11 910.67×20%=23 82.13（万元）

⑤买方购买该宗熟地应负担的税费=V×4%=0.04V

（3）总地价

V=11 910.67-4 910.71-392.86-1 071.96-2 382.13-0.04V

V=3 031.74（万元）

△实训题

试对某经济适用房转让以及抵押贷款两种目的进行价格评估，并说明这两种目的估价的异同。

综合实训

【综合实训一】某正常生产的工厂位于某城市市区，距市中心直线距离约15千米，土地面积为7 672平方米；自用生产车间建筑面积为3 300平方米；办公楼建筑面积为1 050平方米；临街商业用房建筑面积为580平方米，已出租。商业用房的用地已于2010年办理了土地使用权出让手续，出让年限为40年，其余自用房屋的用地为国有划拨土地。该厂已取得了"国有土地使用证"和"房屋所有权证"。规划部门已将该区域规划为居住区，某房地产开发商有意投资该宗土地，遂请房地产估价机构预测开发效益。

请问：房地产估价机构应收集哪些资料？

【综合实训二】2015年，某著名百货公司将其拥有的某商场一部分出租给银行，租期5年，剩余部分统一招商和经营管理，并对招商引进的商户收取较高的管理费。现该百货公司欲转让该商场而委托评估其转让价格。

请问：

（1）该商场周边近期有较多权利性质相似的临街铺面正常交易的实例，可否选取其作为可比实例？为什么？

（2）确定出租部分的潜在毛收入时应注意的主要问题是什么？

（3）确定自营部分的净收益时应注意的主要问题是什么？

【综合实训三】请指出下面材料中出现的差错。

××交易中心房地产估价报告

封面及目录（略）

致委托方函（略）

估价师声明（略）

估价的假设和限制条件（略）

××交易中心房地产估价结果报告

一、估价委托人

××市商业局（法定代表人：××；住所：××）

二、房地产估价机构

××市房地产评估事务所（法定代表人：××；住所：××；估价资格等级：一级）

三、估价目的

为××交易中心整体转让提供价值参考。

四、估价对象

××市商业局所属××交易中心。××交易中心是××市商业局2011年4月1日以出让方式获得土地使用权（使用权年限为40年），并自筹资金开始建设，于2013年4月全部竣工并交付××交易中心使用。

五、估价日期

2015年3月10日至2015年3月20日。

六、估价时间

2015年4月1日。

七、估价依据（略）

八、估价原则（略）

九、价值类型

本次估价采用公开市场价值标准。

十、采用的估价方法

根据估价对象概况、估价目的、房地产市场状况及对所收集资料的分析，首先采用收益法对其进行整体估价，然后采用成本法再评估其价值。最后，运用两种方法进行综合分析，确定估价对象的最终评估价值。

十一、估价结果

2015年4月1日估价对象评估值为人民币1 237万元（大写为：人民币壹仟贰佰叁拾柒万元整）。

十二、注册房地产估价师（略）

十三、估价报告使用期限（略）

××交易中心房地产估价技术报告

一、实物状况分析

××交易中心为八层钢筋混凝土现浇框架结构，建筑面积为6 611平方米，土地面积为1 502平方米。现以对外出租方式经营。其中，1~2层建筑面积为2 000平方米，月租金每平方米使用面积80元。3~4层建筑面积为2 000平方米，月租金每平方米建筑面积60元。5~6层建筑面积为2 000平方米，月租金每平方米建筑面积40元。7层建筑面积为410平方米，月租金每平方米建筑面积为20元。8层建筑面积为201平方米，月租金每平方米建筑面积为10元。1~6层、7层、8层建筑面积与使用面积之比分别是1：0.80、1：0.75、1：0.70。1~6层、7~8层空置率及租金损失率分别为10%和20%。

二、区位状况分析

××交易中心位于××市××区××大街××号，距火车客运站约1千米，××大街市区道路东与××省道相接，西与市区环城道相连，目前有1、2、3、11路环城线公共汽车通过，交通方便，是理想的商业经营之地。

三、权益状况分析（略）

四、市场背景分析（略）

五、最高最佳利用分析（略）

六、估价方法选用

根据估价对象的具体情况和估价目的，本报告采用收益法和成本法分别进行估价。

七、估价测算过程

（一）收益法估价过程

1.年有效毛收入

①1~2层年总收益：A=2 000×80÷0.8×12×90%÷10 000=216（万元）

②3～4层年总收益：B=2 000×60×12×90%÷10 000=129.6（万元）

③5～6层年总收益：C=2 000×40×12×90%÷10 000=86.4（万元）

④7层年总收益：D=410×20×12×88%÷10 000=8.66（万元）

⑤8层年总收益：E=201×10×0.7×88%÷10 000=0.12（万元）

有效毛收入合计：A+B+C+D+E=440.78（万元）

2.年运营费用

①土地使用费：每平方米500元，则：

土地使用费=500×1502÷10 000=75.1（万元）

②管理费：按年收益的6%计。

③维修费：按年收益的5%计。

④广告、宣传费：按年收益的3%计。

⑤保险费：按年收益的7%计。

⑥税费：按年收益的12.5%计。

⑦水电费：按年收益的15%计。

年运营费用合计：75.1+（6%+5%+3%+7%+12.5%+15%）×440.78=288.88（万元）

3.计算年利润

按当地同类房地产的平均利润率20%计，则：

利润=288.88×20%=57.78（万元）

4.计算净收益

净收益（a）=440.78−288.88−57.78=94.12（万元）

5.确定报酬率

根据当地银行年存款利率6.9%，物价上涨率7%，确定报酬率r为7%。

6.计算收益价格

$$收益价格（V）=\frac{a}{r}\left[1-\frac{1}{(1+r)^n}\right]=\frac{94.12}{7\%}\times\left[1-\frac{1}{(1+7\%)^{40}}\right]=1\ 254.78（万元）$$

（二）成本法估价过程

1.土地费用

购买土地使用权，以××市某房地产开发公司购买南市区五星街商业用地（该块土地的面积为4 120平方米，出让期为40年，出让金为3 700元/平方米）为依据，则：

购地费用=37 00×1502÷10 000=555.74（万元）

2.建筑物费用

①新建与××交易中心同结构、同规模的建安费用是800元/平方米，则：

建安费用=6 611×800÷10 000=528.88（万元）

②建房的其他费用按购地费、建安费用的15%计，则：

其他费用=（555.74+528.88）×15%=162.69（万元）

3.重置成本

重置成本是土地费用和建筑物费用之和，即：

重置成本=555.74+528.88+162.69=1 247.31（万元）

4.房地产现值

按耐用年限80年，残值率10%，已使用2年计算，则：

房地产现值=1 247.31×［1-（1-10%）×2÷80］=1 219.25（万元）

（三）最终结论

（1 254.78+1 219.25）÷2=1 237（万元）

八、估价结论

经过评估，××交易中心，在2015年4月1日的客观市场价格为1 237万元（大写为：人民币壹仟贰佰叁拾柒万元整），折合建筑面积为1 871元/平方米。

九、说明事项（略）

附件（略）

附录　叙述式估价报告的规范格式及内容要求

封面

1.估价报告名称，宜为房地产估价报告，也可结合估价对象和估价目的给估价报告命名。

2.估价报告编号，应反映估价机构简称、估价报告出具年份，并应按顺序编号，不得重复、遗漏、跳号。

3.估价项目名称，应根据估价对象的名称或位置和估价目的，提炼出简洁的名称。

4.估价委托人，当为单位时，应写明其名称；当为个人时，应写明其姓名。

5.房地产估价机构，应写明其名称。

6.注册房地产估价师，应写明所有参加估价的注册房地产估价师的姓名和注册号。

7.估价报告出具日期，应与致估价委托人函中的致函日期一致。

致估价委托人函

1.致函对象，应写明估价委托人的名称或姓名。

2.估价目的，应写明估价委托人对估价报告的预期用途，或估价是为了满足估价委托人的何种需要。

3.估价对象，应写明估价对象的财产范围及名称、坐落、规模、用途、权属等基本状况。

4.价值时点，应写明所评估的估价对象价值或价格对应的时间。

5.价值类型，应写明所评估的估价对象价值或价格的名称；当所评估的估价对象价值或价格无规范的名称时，应写明其定义或内涵。

6.估价方法，应写明所采用的估价方法的名称。

7.估价结果，应写明最终评估价值的总价，并应注明其大写金额；除估价对象无法用单价表示外，还应写明最终评估价值的单价。

8.特别提示，应写明与评估价值和使用估价报告、估价结果有关的引起估价委托人和估价报告使用者注意的事项。

9.致函落款，致估价委托人函应加盖房地产估价机构公章，不得以其他印章代替；法定代表人或执行事务合伙人宜在其上签名或盖章。

10.致函日期，应注明致函的年、月、日。

目录

1.估价师声明。

2.估价假设和限制条件。

3.估价结果报告。

4.估价技术报告（当按估价委托合同约定不向估价委托人提供估价技术报告时，估价报告的目录中可不列出估价技术报告及其各个组成部分，但在估价技术报告中应有单独的目录，且该目录中应按前后次序列出估价技术报告各个组成部分的名称及对应的页码）。

5.附件。

要求：目录应按前后次序列出下列估价报告各个组成部分的名称及对应的页码。

估价师声明

估价师声明应写明所有参加估价的注册房地产估价师对其估价职业道德、专业胜任能力和勤勉尽责估价的承诺和保证。不得将估价师声明的内容与估价假设和限制条件的内容相混淆，或把估价师声明变成注册房地产估价师和房地产估价机构的免责声明。

鉴证性估价报告的估价师声明应包括下列内容：

①注册房地产估价师在估价报告中对事实的说明是真实和准确的，没有虚假记载、误导性陈述和重大遗漏；

②估价报告中的分析、意见和结论是注册房地产估价师独立、客观、公正的专业分析、意见和结论，但受到估价报告中已说明的估价假设和限制条件的限制；

③注册房地产估价师与估价报告中的估价对象没有现实或潜在的利益，与估价委托人及估价利害关系人没有利害关系，也对估价对象、估价委托人及估价利害关系人没有偏见；

④注册房地产估价师是按照有关房地产估价标准的规定进行估价工作，撰写估价报告。

非鉴证性估价报告的估价师声明的内容，可根据实际情况对鉴证性估价报告的估价师声明的内容进行适当增减。

参加本次估价的所有注册房地产估价师（至少有两名）的姓名、注册号并签名，不得以印章代替签名。

估价假设和限制条件

估价假设应针对估价对象状况等估价前提，作出必要、合理且有依据的假定；不得为了规避应尽的检查资料、调查情况等勤勉尽责估价义务或为了高估、低估估价对象的价值或价格而滥用估价假设。

估价假设和限制条件应说明下列内容：

1.一般假设，应说明对估价所依据的估价对象的权属、面积、用途等资料进行了检查，在无理由怀疑其合法性、真实性、准确性和完整性且未予以核实的情况下，对其合法、真实、准确和完整的合理假定；对房屋安全、环境污染等影响估价对象价值或价格的重大因素给予了关注，在无理由怀疑估价对象存在安全隐患且无相应的专业机构进行鉴定、检测的情况下，对其安全的合理假定等。

2.未定事项假设，应说明对估价所必需的尚未明确或不够明确的土地用途、容积率等事项所做的合理的、最可能的假定。当估价对象无未定事项时，应无未定事项假设。

3.背离事实假设，应说明因估价目的的特殊需要、交易条件设定或约定，对估价对象状况所做的与估价对象的实际状况不一致的合理假定。当估价设定的估价对象状况与估价对象的实际状况无不一致时，应无背离事实假设。

4.不相一致假设，应说明在估价对象的实际用途、登记用途、规划用途等用途之间不一致，或不同权属证明上的权利人之间不一致，估价对象的名称或地址不一致等情况下，对估价所依据的用途或权利人、名称、地址等的合理假定。当估价对象状况之间无不一致时，应无不相一致假设。

5.依据不足假设，应说明在估价委托人无法提供估价所必需的反映估价对象状况的资料及注册房地产估价师进行了尽职调查仍然难以取得该资料的情况下，缺少该资料及对相应的估价对象状况的合理假定。当无依据不足时，应无依据不足假设。

6.估价报告使用限制，应说明估价报告和估价结果的用途、使用者、使用期限等使用范围及在使用估价报告和估价结果时需要注意的其他事项。其中的估价报告使用期限应自估价报告出具之日起计算，根据估价目的和预计估价对象的市场价格变化程度确定，不宜超过一年。

估价结果报告

1.估价委托人，当为单位时，应写明其名称、住所和法定代表人姓名；当为个人时，应写明其姓名和住址。

2.房地产估价机构，应写明房地产估价机构的名称、住所、法定代表人或执行事务合伙人姓名、资质等级和资质证书编号。

3.估价目的，应说明估价委托人对估价报告的预期用途，或估价是为了满足估价委托人的何种需要。

4.估价对象，应概要说明估价对象的财产范围及名称、坐落、规模、用途、权属等基本状况；对土地基本状况的说明，还应包括四至、形状、开发程度、土地使用期限；对建筑物基本状况的说明，还应包括建筑结构、设施设备、装饰装修、新旧程度。

5.价值时点，应说明所评估的估价对象价值或价格对应的时间及其确定的简要理由。

6.价值类型，应说明所评估的估价对象价值或价格的名称、定义或内涵。

7.估价原则，应说明所遵循的估价原则的名称、定义或内涵。

8.估价依据，应说明估价所依据的有关法律、法规和政策，有关估价标准，估价委托书、估价委托合同、估价委托人提供的估价所需资料，房地产估价机构、注册房地产估价师掌握和搜集的估价所需资料。

9.估价方法，应说明所采用的估价方法的名称和定义。当按估价委托合同约定不向估价委托人提供估价技术报告时，还应说明估价测算的简要内容。

10.估价结果，应符合下列要求：

1）除房地产抵押估价外，当估价对象为单宗房地产时，可按表1说明不同估价方法的测算结果和最终评估价值。

表1   估价结果汇总表1   币种

相关结果 ／ 估价方法				
测算结果	总价（元或万元）			
	单价（元/平方米）			
评估价值	总价（元或万元）			
	单价（元/平方米）			

2）除房地产抵押估价外，当估价对象为多宗房地产时，可按表2说明不同估价方法

的测算结果和最终评估价值。

表2   **估价结果汇总表2**   币种

估价对象及结果 \ 估价方法及结果		测算结果	估价结果
估价对象	总价（元或万元）		
	单价（元/平方米）		
估价对象	总价（元或万元）		
	单价（元/平方米）		
估价对象	总价（元或万元）		
	单价（元/平方米）		
⋮	总价（元或万元）		
	单价（元/平方米）		
汇总评估价值	总值（元或万元）		
	平均单价（元/平方米）		

3）房地产抵押估价中假定未设立法定优先受偿权下的价值，可按表1或表2说明不同估价方法的测算结果和最终评估价值；房地产抵押价值评估结果，可按表3说明最终评估价值。

表3   **房地产抵押价值评估结果汇总表**   币种

项目及结果 \ 估价对象		估价对象1	估价对象2	估价对象3	⋯
1.假定未设定法定优先受偿权下的价值	总价（元或万元）				
	单价（元/平方米）				
2.估价师知悉的法定优先受偿款	总额（元或万元）				
2.1已抵押担保的债权数额	总额（元或万元）				
2.2拖欠的建设工程款	总额（元或万元）				
2.3其他法定优先受偿款	总额（元或万元）				
3.抵押价值	总价（元或万元）				
	单价（元/平方米）				

4）当估价对象无法用单价表示时，最终评估价值可不注明单价，除此之外的最终评估价值均应注明单价和总价，且总价应注明大写金额。

5）当最终评估价值的币种为外币时，应说明国务院金融主管部门公布的价值时点的人民币市场汇率中间价，并应注明最终评估价值的单价和总价所折合的人民币价值。

11.注册房地产估价师，应按表4写明所有参加估价的注册房地产估价师的姓名和注册号，并应由本人签名及注明签名日期，不得以个人印章代替签名。

表4 参加估价的注册房地产估价师

姓名	注册号	签名	签名日期
			年　月　日
			年　月　日
			年　月　日

12.实地查勘期，应说明实地查勘估价对象的起止日期，具体为自进入估价对象现场之日起至完成实地查勘之日止。

13.估价作业期，应说明估价工作的起止日期，具体为自受理估价委托之日起至估价报告出具之日止。

估价技术报告

1.估价对象描述与分析，应有针对性地较详细说明、分析估价对象的区位、实物和权益状况。区位状况应包括位置、交通、外部配套设施、周围环境等状况，单套住宅的区位状况还应包括所处楼幢、楼层和朝向。土地实物状况应包括土地的面积、形状、地形、地势、地质、土壤、开发程度等；建筑物实物状况应包括建筑规模、建筑结构、设施设备、装饰装修、空间布局、建筑功能、外观、新旧程度等。权益状况应包括用途、规划条件、所有权、土地使用权、共有情况、用益物权设立情况、担保物权设立情况、租赁或占用情况、拖欠税费情况、查封等限制权利情况、权属清晰情况等。

2.市场背景描述与分析，应简要说明估价对象所在地区的经济社会发展状况和房地产市场总体状况，并应有针对性地较详细说明，分析过去、现在和可预见的未来同类房地产的市场状况。

3.估价对象最高最佳利用分析，应说明以估价对象的最高最佳利用状况为估价前提，并应有针对性地较详细分析、说明估价对象的最高最佳利用状况。当估价对象已为某种利用时，应从维持现状、更新改造、改变用途、改变规模、重新开发及它们的某种组合或其他特殊利用中分析、判断何种利用为最高最佳利用。当根据估价目的不以最高最佳利用状况为估价前提时，可不进行估价对象最高最佳利用分析。

4.估价方法适用性分析，应逐一分析比较法、收益法、成本法、假设开发法等估价方法对估价对象的适用性。对理论上不适用而不选用的，应简述不选用的理由；对理论上适用但客观条件不具备而不选用的，应充分陈述不选用的理由；对选用的估价方法，应简述选用的理由并说明其估价技术路线。

5.估价测算过程，应详细说明所选用的估价方法的测算步骤、计算公式和计算过程及其中的估价基础数据和估价参数的来源或确定依据等。

6.估价结果确定，应说明不同估价方法的测算结果和最终评估价值，并应详细说明最终评估价值确定的方法和理由。

附件

1.估价委托书复印件。

2.估价对象位置图。

3.估价对象实地查勘情况和相关照片，应说明对估价对象进行了实地查勘及进行实地查勘的注册房地产估价师。未能进入估价对象内部进行实地查勘的，可不包括估价对象的内部状况照片，应说明未进入估价对象内部进行实地查勘及其具体原因。相关照片应包括估价对象的内部状况、外部状况和周围环境状况的照片。

4.估价对象权属证明复印件，当估价委托人不是估价对象权利人且估价报告为非鉴证性估价报告时，可不包括估价对象权属证明复印件，但应说明无估价对象权属证明复印件的具体原因，并将估价对象权属状况作为估价假设中的依据不足假设在估价报告中说明。

5.估价对象法定优先受偿款调查情况，应说明对估价对象法定优先受偿权设立情况及相应的法定优先受偿款进行了调查，并应提供反映估价对象法定优先受偿款的资料。当不是房地产抵押估价报告时，可不包括该情况。

6.可比实例位置图和外观照片。当未采用比较法进行估价时，可不包括该图和照片。

7.专业帮助情况和相关专业意见。当有《房地产估价规范》（GB/T 50291—2015）第3.0.9条规定的情形时，应说明有专业帮助，并应说明专业帮助的内容及提供专业帮助的专家或单位的姓名或名称，相关资格、职称或资质；当有《房地产估价规范》（GB/T 50291—2015）第3.0.10条规定的情形时，应提供相关专业意见复印件，并应说明出具相关专业意见的专业机构或专家的名称或姓名，相关资质或资格、职称；当没有专业帮助或未依据相关专业意见时，应说明没有专业帮助或未依据相关专业意见。

8.估价所依据的其他文件资料。

9.房地产估价机构营业执照和估价资质证书复印件。

10.注册房地产估价师估价资格证书复印件。

主要参考文献

［1］柴强. 房地产估价理论与方法［M］. 北京：中国建筑工业出版社，2015.

［2］史贵镇，黑敬祥. 2012全国房地产估价师执业资格考试历年真题精析［M］. 6版. 北京：机械工业出版社，2012.

［3］廖俊平，陆克华，等. 房地产估价案例与分析［M］. 北京：中国建筑工业出版社，2011.

［4］吴庆玲. 房地产价格评估［M］. 北京：中国建筑工业出版社，2004.

［5］全国土地估价师资格考试委员会. 土地评估理论与方法［M］. 北京：地质出版社，2004.

［6］曹振良. 房地产经济学通论［M］. 北京：北京大学出版社，2003.

［7］叶剑平. 房地产估价［M］. 北京：中国人民大学出版社，2002.

［8］艾建国，吴群. 不动产评估［M］. 北京：中国农业出版社，2002.

［9］葛京凤. 地产价格评估原理与方法［M］. 北京：中国环境科学出版社，2002.

［10］韩立英. 土地使用权评估［M］. 北京：中国人民大学出版社，2002.

［11］王人己，姚玲珍. 房地产估价［M］. 上海：上海财经大学出版社，2002.

［12］中华人民共和国住房和城乡建设部，中华人民共和国国家质量监督检验检疫总局. 房地产估价规范（GB/T 50291—2015）［S］. 北京：中国建筑工业出版社，2015.

［13］中华人民共和国住房和城乡建设部，中华人民共和国国家质量监督检验检疫总局. 房地产估价基本术语标准（GB/T 50899—2013）［S］. 北京：中国建筑工业出版社，2013.

［14］中华人民共和国国家质量监督检验检疫总局，中国国家标准化管理委员会. 城镇土地估价规程（GB/T 18508—2014）［S］. 北京：中国质检出版社，2014.

［15］中华人民共和国国家质量监督检验检疫总局. 城镇土地分等定级规程（GB/T 18507—2014）［S］. 北京：中国标准出版社，2014.

［16］国家标准化管理委员会. 农用地估价规程（GB/T 28406—2012）［S］. 北京：中国标准出版社，2012.